金履祥卷

北山四先生全書

黄靈庚　李聖華　主編

上海古籍出版社

禮記批注

〔宋〕金履祥／批注　黄靈庚／整理

浙江文化研究工程重大項目成果
中共金華市委宣傳部重大文化研究工程項目成果

首都師範大學中國詩歌研究中心成果
浙江師範大學江南文化研究中心成果
浙江省越文化傳承與創新研究中心成果

二〇二一年國家古籍整理出版資助項目

浙江省文化研究工程指導委員會

浙江文化研究工程成果文庫總序

習近平

有人將文化比作一條來自老祖宗而又流向未來的河，這是説文化的傳統，通過縱向傳承和横向傳遞，生生不息地影響和引領着人們的生存與發展；有人説文化是人類的思想、智慧、信仰、情感和生活的載體、方式和方法，這是將文化作爲人們代代相傳的生活方式的整體。我們説，文化爲群體生活提供規範、方式與環境，文化通過傳承爲社會進步發揮基礎作用，文化會促進或制約經濟乃至整個社會的發展。文化的力量，已經深深熔鑄在民族的生命力、創造力和凝聚力之中。

在人類文化演化的進程中，各種文化都在其内部生成衆多的元素、層次與類型，由此決定了文化的多樣性與複雜性。

中國文化的博大精深，來源於其内部生成的多姿多彩；中國文化的歷久彌新，取決於其變遷過程中各種元素、層次、類型在内容和結構上通過碰撞、解構、融合而產生的革故鼎新的强大動力。

中國土地廣袤、疆域遼闊，不同區域間因自然環境、經濟環境、社會環境等諸多方面的差異，建構了不同的區域文化。區域文化如同百川歸海，共同匯聚成中國文化的大傳統，這種大傳統如同春風化雨，滲透於各種區域文化之中。在這個過程中，區域文化如同清溪山泉潺潺不息，在中國文化的共同價值取向下，以自己的獨特個性支撑着、引領着本地經濟社會的發展。

從區域文化入手，對一地文化的歷史與現狀展開全面、系統、扎實、有序的研究，一方面可以藉此梳理和弘揚當地的歷史傳統和文化資源，繁榮和豐富當代的先進文化建設活動，規劃和指導未來的文化發展藍圖，增强文化軟實力，爲全面建設小康社會、加快推進社會主義現代化提供思想保證、精神動力、智力支持和輿論力量；另一方面，這也是深入瞭解中國文化、研究中國文化、發展中國文化、創新中國文化的重要途徑之一。如今，區域文化研究日益受到各地重視，成爲我國文化研究走向深入的一個重要標誌。我們今天實施浙江文化研究工程，其目的和意義也在於此。

千百年來，浙江人民積澱和傳承了一個底蘊深厚的文化傳統。這種文化傳統的獨特性，正在於它令人驚嘆的富於創造力的智慧和力量。

浙江文化中富於創造力的基因，早早地出現在其歷史的源頭。在浙江新石器時代最爲著名的跨湖橋、河姆渡、馬家浜和良渚的考古文化中，浙江先民們都以不同凡響的作爲，在中華民族的文明之源留下了創造和進步的印記。

浙江人民在與時俱進的歷史軌迹上一路走來，秉承富於創造力的文化傳統，這深深地融匯在一代代浙江人民的血液中，體現在浙江人民的行爲上，也在浙江歷史上衆多傑出人物身上得到充分展示。從大禹的因勢利導、敬業治水，到勾踐的卧薪嘗膽、勵精圖治；從錢氏的保境安民、納土歸宋，到胡則的爲官一任、造福一方；從岳飛、于謙的精忠報國、清白一生，到方孝孺、張蒼水的剛正不阿、以身殉國；從沈括的博學多識、精研深究，到竺可楨的科學救國、求是一生；無論是陳亮、葉適的經世致用，還是黄宗羲的工商皆本；無論是王充、王陽明的批判、自覺，還是龔自珍、蔡元培的開明、開放，等等，都展示了浙江深厚的文化底蘊，凝聚了浙江人民求真務實的創造精神。

代代相傳的文化創造的作爲和精神，從觀念、態度、行爲方式和價值取向上，孕育、形成和發展了淵源有自的浙江地域文化傳統和與時俱進的浙江文化精神，她滋育着浙江的生命力、催生着浙江的凝聚力、激發着浙江的創造力、培植着浙江的競争力，激勵着浙江人民永不自滿、永不停息，在各個不同的歷史時期不斷地超越自我、創業奮進。

悠久深厚、意韵豐富的浙江文化傳統，是歷史賜予我們的寶貴財富，也是我們開拓未來的豐富資源和不竭動力。黨的十六大以來推進浙江新發展的實踐，使我們越來越深刻地認識到，與國家實施改革開放大政方針相伴隨的浙江經濟社會持續快速健康發展的深層原因，就在於浙江深厚的文化底蘊和文化傳統與當今時代精神的有機結合，就在於發展先進生産力與發展先進文化的有機結合。今後一個時期浙江能否在全面建設小康社會、加快社會主義現代化建設進程中繼續走在前列，很大程度上取決於我們對文化力量的深刻認識、對發展先進文化的高度自覺和對加快建設文化大省的工作力度。我們應該看到，文化的力量最終可以轉化爲物質的力量，文化的軟實力最終可以轉化爲經濟的硬實力。文化要素是綜合競爭力的核心要素，文化資源是經濟社會發展的重要資源，文化素質是領導者和勞動者的首要素質。因此，研究浙江文化的歷史與現狀，增强文化軟實力，爲浙江的現代化建設服務，是浙江人民的共同事業，也是浙江各級黨委、政府的重要使命和責任。

二〇〇五年七月召開的中共浙江省委十一届八次全會，作出《關於加快建設文化大省的決定》，提出要從增强先進文化凝聚力、解放和發展生産力、增强社會公共服務能力入手，大力實施文明素質工程、文化精品工程、文化研究工程、文化保護工程、文化産業促進工程、文化陣地工程、文化傳播工程、文化人才工程等「八項工程」，實施科教興國和人才强國戰略，加快建設教育、科技、衛生、體育等「四個强省」。作爲文化建設「八項工程」之一的文化研究工程，其任務就是系統研究浙江文化的歷史成就和當代發展，深入挖掘浙江文化底蘊、研究浙江現象、總結浙江經驗、指導浙江未來的發展。

浙江文化研究工程將重點研究「今、古、人、文」四個方面，即圍遶浙江當代發展問題研究、浙江歷史文化專題研究、浙江名人研究、浙江歷史文獻整理四大板塊，開展系統研究，出版系列叢書。在研究内容上，深入挖掘浙江文化底蘊，系統梳理和分析浙江歷史文化的内部結構、變化規律和地域特色，堅持和發展浙江精神；研究浙江文化與其他地域文化的異同，釐清浙江文化在中國文化中的地位和相互影響的關係；圍遶浙江生動的當代實踐，深入解讀浙江現象，總結浙江經驗，指導浙江發展。在研究力量上，通過課題組織、出版資助、重點研究基地建設、加强省内外大院名校合作、整合各地各部門力量等途徑，形成上下聯動、學界互動的整體合力。在成果運用上，注重研究成果的學術價值和應用價值，充分發揮其認識世界、傳承文明、創新理論、咨政育人、服務社會的重要作用。

我們希望通過實施浙江文化研究工程，努力用浙江歷史教育浙江人民、用浙江文化熏陶浙江人民、用浙江精神鼓舞浙江人民、用浙江經驗引領浙江人民，進一步激發浙江人民的無窮智慧和偉大創造能力，推動浙江實現又快又好發展。

今天，我們踏着來自歷史的河流，受着一方百姓的期許，理應負起使命，至誠奉獻，讓我們的文化綿延不絕，讓我們的創造生生不息。

二〇〇六年五月三十日於杭州

浙江文化研究工程成果文庫序言

袁家軍

浙江是中華文明的發祥地之一，歷史悠久、人文薈萃，素稱「文物之邦」「人文淵藪」，從河姆渡的陶竈炊烟到良渚的文明星火，從吴越争霸的千古傳奇到宋韵文化的風雅氣度，從革命紅船的揚帆起航到建國初期的篳路藍縷，從改革開放的敢爲人先到新時代的變革創新，都留下了彌足珍貴的歷史文化財富。縱覽浙江發展的歷史，文化是軟實力，也是硬實力，是支撑力，也是變革力，爲浙江幹在實處、走在前列、勇立潮頭提供了獨特的精神激勵和智力支持。

二〇〇三年，習近平總書記在浙江工作時作出「八八戰略」重大決策部署，明確提出要進一步發揮浙江的人文優勢，積極推進科教興省、人才强省，加快建設文化大省。二〇〇五年七月，習近平同志主持召開省委十一届八次全會，親自擘畫加快建設文化大省的宏偉藍圖。在習近平同志的親自謀劃、親自布局下，浙江形成了文化建設「3＋8＋4」的總體框架思路，即全面把握增强先進文化的凝聚力、解放和發展文化生産力、提高社會公共服務力等「三個着力點」，啓動實施文明素質工程、文化精品工程、文化研究工程、文化保護工程、文化産業促進工程、文化陣地工程、文化傳播工程、文化人才工程等「八項工程」，加快建設教育、科技、衛生、體育等「四個强省」，構建起浙江文化建設的「四梁八柱」。這些年來，我們按照習近平總書記當年作出的戰略部署，堅持一張藍圖繪到底、一任接着一任幹，不斷推進以文鑄魂、以文育德、以文圖强、以文傳道、以文興業、以文惠民、以文塑韵，走出了一條具有中國特色、時代特徵、浙江特點的文化發展之路。

文化研究工程是浙江文化建設最具標誌性的成果之一。隨着第一期和第二期文化研究工程的成功實施，産生了一批重點研究項目和重大研究成果，培育了一批具有浙江特色和全國影響的優勢學科，打造了一批高水平的學術團隊和在全國有影響力的學術名師、學科骨幹。二〇一五年結束的第一批浙江文化研究工程共立研究項目八百十一項，出版學術著作千餘部。二〇一七年三月啓動的第二期浙江文化研究工程，已開展了五十二個系列研究，立重大課題六十五項、重點課題二百八十四項，出版學術著作一千多部。特别是形成了《宋畫全集》等中國歷代繪畫大系、《共和國命運的抉擇與思考——毛澤東在浙江的七百八十五個日日夜夜》等領袖與浙江研究系列、《紅船逐浪：浙江「站起來」的革命歷程與精神傳承》等「浙一百年」研究系列、《浙江通史》《南宋史研究》等浙江歷史專題史研究系列、《良渚文化研究》等浙江史前文化研究系列、《儒學正脈——王守仁傳》等浙江歷史名人研究系列、《吕祖謙全集》等浙江文獻集成系列。可以説，浙江文化研究工程，賡續了浙江悠久深厚的文化血脈，挖掘了浙江深層次的文化基因，提升了浙江的文化軟實力，彰顯了浙江在海内外的學術影響力，爲浙江當代發展提供了堅實的理論支撑和智力支持，爲堅定文化自信提供了浙江素材。

當前，浙江已經踏上了實現第二個百年奮斗目標的新征程，正在奮力打造「重要窗口」，争創社會主義現代化先行省，高質量發展建設共同富裕示範區。文化工作在浙江高質量發展建設共同富裕示範區中具有决定性作用，是關鍵變量；展現共同富裕美好社會的圖景，文化是最富魅力、最吸引人、最具辨識度的標識。我們要發揮文化鑄魂塑形賦能功能，爲高質量發展建設共同富裕示範區注入强大文化力量，特别是要堅持把深化文化研究工程作爲打造新時代文化高地的重要抓手，努力使其成爲研究闡釋習近平新時代中國特色社會主義思想的重要陣地、傳承創新浙江優秀傳統文化革命文化社會主義先進文化的重要平臺、構建中國特色哲學社會科學的重要載體、推廣展示浙江文化獨特魅力的重要窗口。

新時代浙江文化研究工程將延續「今、古、人、文」主題，重點突出當代發展研究、歷史文化研究、「新時代浙學」建構，努力把浙江的歷史與未來貫通起來，使浙學品牌更加彰顯、浙江文化形象更加鮮明、中國特色哲學社會科學的浙江元素更加豐富。新時代浙江文化研究工程將堅守「紅色根脈」，更加注重深入挖掘浙江紅色資源，持續深化「習近平新時代中國特色社會主義思想在浙江的探索與實踐」課題研究，努力讓浙江成爲踐行創新理論的標杆之地、傳播中華文明的思想之窗；擦亮以宋韵文化爲代表的浙江歷史文化金名片，從思想、制度、經濟、社會、百姓生活、文學藝術、建築、宗教等方面全方位立體化系統性研究闡述宋韵文化，努力讓千年宋韵更好地在新時代「流動」起來、「傳承」下去；科學解讀浙江歷史文化的豐富内涵和時代價值，更加注重學術成果的創造性轉化，探索拓展浙學成果推廣與普及的機制、形式、載體、平臺，努力讓浙學成果成爲有世界影響的東方思想標識；充分動員省内外高水平專家學者參與工程研究，堅持以項目引育高端社科人才，努力打造一支走在全國前列的哲學社會科學領軍人才隊伍；系統推進文化研究數智創新，努力提升社科研究的科學化水平，提供更多高質量文化成果供給。

偉大的時代，需要偉大作品、偉大精神、偉大力量。期待新時代浙江文化研究工程有更多的優秀成果問世，以浙江文化之窗更好地展現中華文化的生命力、影響力、凝聚力、創造力，爲忠實踐行「八八戰略」、奮力打造「重要窗口」，争創社會主義現代化先行省，高質量發展建設共同富裕示範區，提供强大思想保證、輿論支持、精神動力和文化條件。

目録

總序

南宋乾淳間，吕祖謙東萊之學、陳亮永康之學、唐仲友説齋之學同時並起，金華之學彬彬稱盛。吕祖謙尤著，與朱熹、張栻并稱「東南三賢」，又與朱熹、陸九淵并稱「朱陸吕三大家」。祖謙惜早逝，麗澤門人無大力者繼之，永康、説齋之學亦無紹傳。嘉定而後，何基、王柏振起。何基（一一八八—一二六九），字子恭，金華人。親炙於朱熹高弟子黄榦，居北山之陽，學者稱北山先生。門人王柏（一一九七—一二七九），字會之，一字仲會，號長嘯，改號魯齋，金華人。家學源於朱、吕，而已則師於何基。何、王轉承朱子之統，王柏又私淑東萊。王柏門人金履祥（一二三二—一三〇三），字吉父，號次農，蘭溪人。從學王柏，并得何基指授。宋、元易代，以遺民終，隱居講學，許謙、柳貫諸子從學。許謙（一二六九—一三三七），字益之，號白雲山人，東陽人。年三十一師履祥，爲元世大儒。後世推許何、王、金、許，并稱「金華四賢」「金華四先生」「金華四子」「何王金許四君子」，又稱「北山四先生」。

四先生爲講學家之流，名相并稱始於元末，流行於明初。杜本《吴先生墓誌銘》：「浙之東州有數君子，爲海内所師表。蓋自朱子之學一再傳，而何、王、金、許實能自外利榮，蹈履純固，反身克己，體驗精切，故其育德成仁，顯有端緒。」①黄溍《吴正傳文集序》：「初，紫陽朱子之門人高弟曰勉齋黄氏，自黄氏四傳，曰北山何氏、魯齋王氏、仁山金氏、白雲許氏，皆婺人。」②宋濂《故丹谿先生朱公石表辭》：「而考亭之傳，又唯金華之四賢續其世胤之正。」③張以寧《翫山存稿序》：「婺爲郡儒先東萊吕成公之里也。近何、王、金、許氏，得勉齋黄公之傳於徽國朱文公者，以經學教於鄉。」④蘇伯衡《洗心亭記》：「伯圭，何文定公、王文憲公、金文安公、許文懿公里中子，而四賢實以朱文公之學相授受。」⑤鄭楷《翰林學士承旨宋公行狀》：「初，宋南渡後，新安朱文公、東萊吕成公並時而作，皆以斯道爲己任。婺實吕氏倡道之邦，而其學不大傳。朱氏一再傳，爲何基氏、王柏氏，又傳之金履祥氏、許謙氏，皆婺人，而其傳遂爲朱學之世適。」⑥以上爲元末明初諸家并提四家之説。導江張𤇍爲王柏高弟子，「以其道顯於

---

① 吴師道《禮部集》附録，文淵閣《四庫全書》本。
② 黄溍《金華黄先生文集》卷十八，元刻本。
③ 宋濂《宋學士文集》卷十九，明天順五年黄譽刻本。
④ 張以寧《翠屏文集》卷三，明成化間刻本。
⑤ 蘇伯衡《蘇平仲文集》卷八，《四部叢刊》景明正統刻本。
⑥ 程敏政《明文衡》卷六十二，《四部叢刊》景明本。

北方」①，柳貫與許謙同學於履祥，元時又有黄溍、吴萊、吴師道、胡長孺并著聞，何以不入「四賢」之目？以上所引諸説已明言之：一則四先生遞相師承，非嫡傳不入；二則四先生於吕學既衰之後，上接紫陽之傳，以講學明道爲己任，非一般詞章文士；三則皆不肯仕，高蹈遠引，以經學教於鄉；四則學行著述堪爲師表，足傳道脈。元末明初學者多稱説「何王金許」、「金華四賢」，盛明而後始多稱「金華四先生」。「北山四先生」之稱，則始於全祖望修補《宋元學案》，改《金華學案》爲《北山四先生學案》。蓋以北山一脈起於何基，何基居金華北山下，取以自號，王柏、金履祥亦居北山之下，隱於斯，遊於斯，講學於斯。北山秀奇，得四先生名益彰，北山有靈，亦莫大幸焉。

在中國學術史上，四先生成就雖不足與朱、陸、吕三大家相提并論，但皆不愧一代學者。且其上承朱、吕，下啓明清理學及浙學一脈，有功於浙學與宋元明清儒學匪淺，學術貢獻不下於王陽明、黄宗羲諸大家。

① 吴師道《敬鄉録》卷十四，明抄本。

一、朱子世適，兼取東萊

四先生爲朱子嫡脈，除何基「確守師説」外，餘三家承朱子之學，繼朱子之志，鑒取東萊之學，兼容并包，已構成朱學之變。即浙學而言，由此復興，雖與東萊、永康、永嘉所引領浙學初興有異，但亦是浙學之「新變」。全祖望《北山四先生學案序録》稱金履祥爲「浙學之中興」，卓有見解。

（一）傳朱一脈

金華爲東萊講學之邦，何基、王柏奮起於吕學衰没之際，承朱學之統，亦自有故。按王柏《何北山先生行狀》，何基早歲從鄉先生陳震習舉子業，已能潛心義理。弱冠隨父伯慧宦遊臨川，適黄榦爲令，伯慧令二子何南、何基師事之。黄榦首教以「爲學須先辨得真實心地，刻苦工夫」，臨别告以「但讀熟《四書》，使胸次浹洽，道理自見」。何基「終身服習，不敢頃刻忘也。一室危坐，萬卷横陳，存此心於端莊静一之中，窮此理於研精覃思之際。每於聖賢微詞奥義疑而未釋者，必平其心，易其氣，舒徐容與，不忘不助，待其自然貫通，未嘗參以己意。不立異以爲高，不狥人而少變。蓋其思之也精，是以守之也固。充其知而反於身者，莫不踐其實」①。

雖説何基開金華朱學之門，但居鄉里未嘗開門授徒，聞名而來學者，亦未嘗爲立題目、作話頭。王柏從學何基，及金履祥從學王柏、許謙問師履祥，皆有偶然性。王柏身出望族，少慕諸葛亮之爲人，年逾三十，與友人汪開之同讀《四書》，取《論孟集義》求朱子去取之意，以黄榦《四書通釋》尚闕答問，乃約爲《語録精要》以足之，題曰《通旨》。問從朱子門人楊與立、劉炎、陳文蔚問朱門傳授之端，與立告何基得朱氏之傳，即往從學②。何基授以「立志居敬」之旨，舉胡宏之言曰：「立志以定其本，居敬以持其志。志立乎事物之表，敬行乎事物之内。」③王柏自是發憤讀書，來學者必先教之讀《大學》。

金履祥年十八試中待補太學生，有能文聲。旋自悔，屏舉子業，研解《尚書》。與同郡王相爲友，知向濂洛之學。聞何基得朱子之傳，欲往從之無由。年二十三，由王相之介，得從王柏受業。初見，問爲學之方，即教以「立志居敬」，問讀書之目，則曰「自《四書》始」。未幾，由王柏之介進於何基之門，自是講貫益密，造詣益精，講求禔躬搆物，如何、王所訓「存敬畏心，

① 何基《何北山先生遺集》卷四，《金華叢書》本。
② 金履祥《仁山文集》卷三，明萬曆二十七年刻本。
③ 王柏《復吴太清書》，《魯齋集》卷八，明崇禎刻本。

尋恰好處」，「真實心地，刻苦工夫」。柳貫《故宋迪功郎史館編校仁山先生金公行狀》云：「二先生鄉丈人行，皆自以爲得之之晚，而深啓密證，左引右掖，期底于道。雖孫明復之於石守道，胡翼之之於徐仲車，不是過也。然文定之所示曰『省察克治』，文憲之所示曰『涵養充拓』，語雖甚簡，而先生服之終身，嘗若有所未盡焉者。」①

大德五年，履祥年七十，講道蘭江之上，許謙始來就學，年已三十一。明年，履祥設教金華呂祖謙祠下，許謙從之卒業。履祥告曰：「吾儒之學，理一而分殊。理不患其不一，所難者分殊耳。」許謙由是致辨於分之殊，而要歸於理之一。屏居八華山，率衆講學，教人「以五性人倫爲本，以開明心術變化氣質爲先，以爲己爲立心之要，以分辨義利爲處事之制」②。吴師道《祭許徵君益之文》云：「烏乎紫陽！朱子之傳，其在吾鄉，曰何與王。傳之仁山，以及於公，其道彌光。仁山之門，公晚始到。獨超等夷，遠詣深造。」③

① 柳貫《柳待制文集》卷二十，《四部叢刊》景元至正本。
② 黄溍《白雲許先生墓誌銘》，《金華黄先生文集》卷三十二。
③ 吴師道《吴禮部文集》卷二十，《金華叢書》本。

（二）兼采吕學

何、王崛起於吕學衰落之際，傳朱子之學。然生於東萊講學之鄉，麗澤之潤已入士人肌理。故自王柏以下，返本溯源，遂成學朱爲主、參諸吕學之格局。此一變化自王柏始。

王柏家學出於吕氏。按葉由庚《王魯齋先生壙誌》，王柏祖師愈從楊時受《易》《論語》，後與朱、張、吕遊。父瀚與其叔季執經問難於考亭、麗澤之門，世其家學。王柏早孤，抱志宏偉，三十而後「始知家學授受之原，慨然捐去俗學以求道」。既師何基，發憤奮厲，「研窮愈刻深，則義理愈呈露；涵養愈細密，則趣味愈無窮」①。金履祥《魯齋先生文集目後題》追溯魯齋家學云：「初，公之大父焕章公與朱、張、吕三先生爲友，父仙都公早從麗澤，又以通家子登滄洲之門。公天資超卓，未及接聞淵源之論而早孤。年長以壯，謂科舉之學不足爲也，而更爲文章偶儷之文；又以偶儷之文不足爲也，而從學於古文、詩律之學，工力所到，隨習輒精。今存於《長嘯醉語》者，蓋存而未盡去也，公意不謂然。因閲家書，而得師友淵源之緒，間從撝堂先生劉公、船山先生楊公、克齋先生陳公考問朱門傳授之端。而於楊公得聞北山何子恭父之名，於是尋訪盤溪之上，盡棄

① 王柏《魯齋王文憲公文集》附録，《金華叢書》本。

所學而學焉。」①所言王柏既見何基，「盡棄所學」，非謂盡棄家學，而指前之所好。吴師道《仙都公所與子書》亦載：「魯齋先生之學，世有自來矣。先生大父崇政講書直焕章閣致仕，諱師愈，師事龜山楊公，後又從朱、張、吕三公遊，朱子誌墓稱其有本有文者也。父朝奉郎、主管仙都觀，諱瀚，執經朱、吕之門，克世其學。此其所與子書，莫非《小學》書、《少儀外傳》之旨也。」②

東萊之學，與朱、陸有同有異。概言之，東萊主於經史不分，《五經》、史學皆擅；近接北宋理學之緒，遠采漢儒考據訓詁，并重義理、考據；博收廣覽，以文獻見長，講求通貫；重於用實，揆古用今。吕祖謙與陳亮等人好讀史，學問「博雜」，朱熹深有不滿，指爲「浙學」風習。然東萊之學自成一系。王柏嘗爲履祥作《三君子贊》，分贊「東南三賢」朱熹、張栻、吕祖謙，《吕成公》云：「片言妙契，氣質盡磨。八世文獻，一身中和。手織雲漢，心衡今古。鼎峙東南，乾淳鄒魯。」③於東萊評價高矣。然王、金諸子終不明言取則東萊，而標榜傳朱一脈。葉由庚《壙誌》、金履祥《後題》、吴師道《仙都公所與子書》追溯王柏家學出於吕氏，亦皆重於載述從何基接軌朱子一脈，而不言返本吕學。

① 金履祥《仁山先生文集》卷三。
② 吴師道《吴禮部文集》卷十七。
③ 金履祥《濂洛風雅》卷一，清雍正間金律刻本。

論四先生之學，當察其言，觀其行，亦必考其實跡，始可得真實全貌。王、金、許三家，於《五經》之好不減《四書》，既重性理探求，復事於訓詁考據；守朱子之説，而欲爲「忠臣」，以求是爲本；朱子不喜學者嗜讀史，三家未盡遵行；朱子不喜浙學「博雜」，三家貫通經史、諸子百家，喜輯録文獻；朱子不喜浙人好言事功，三家負經濟之略，而身在草萊，心存當世，欲出所學措諸政事。柳貫《金公行狀》稱履祥「先生夙有經世大志，而尤肆力于學，凡天文地形、禮樂刑法、田乘兵謀、陰陽律曆，靡不研究其微，以充極於用」。史學、考據乃東萊所長，朱子亦借助訓詁，并出其餘力研史，此史學、考據終爲其所短。王、金、許三家取朱子言性理之長，去其所短，兼師東萊，遂精於史學、考據。

王、金、許三家援漢儒訓詁考據以治《四書》《五經》，得力於東萊頗多。生於東萊講學舊邦，風氣霑熏，有其不自知者。尤可言者，四先生好「標抹點書」，殆傳東萊文獻之學。東萊標抹圈點之書，如《儀禮》《漢書》《史記》《資治通鑑》等，久爲士林所重。吕喬年稱其「一字一句，點畫皆有深意，而所得之精，多見於此」①。吴師道屢言四先生「標抹點書」，乃鑒用東萊之法。《請傳習許益之先生點書公文》：「當職生長金華，聞標抹點書之法始自東萊吕成公，至今故

---

① 吴師道《吴禮部文集》卷十八。

家所藏猶有《漢書》《資治通鑑》之類。」①《題程敬叔讀書工程後》：「蓋自東萊吕成公用工諸書，點正句讀，加以標抹，後儒因之，北山何先生基子恭、魯齋王先生柏會之俱用其法」，「金、張亦皆有所點書，其淵源有自來矣。」②章懋《楓山語録》云：「何最切實，王、金、許不免考索著述多些。」又，「東萊於香溪，四賢於東萊，皆無干涉」③。王、金、許「考索著述多些」，即三家重於文獻。然稱四先生與東萊「無干涉」，未盡合於實。東萊文獻之學冠於海内，四先生生長其鄉，著述相接，故論者曰：「吾婺固東南鄒魯也，中原文獻之傳甲於天下。」④全祖望稱王應麟承東萊文獻之學，爲「明招之大宗」。以文獻之傳而言，王、金、許何嘗不可稱「明招之大宗」？

四先生緣何不明言取徑東萊，今蠡測之，蓋有數因：一則重於師承，稱説師門，但言朱子，不言其他。二則東萊之學不能無弊，麗澤後學治經，輯討文獻，或疏於性理求索；四先生以明道爲先務，篤信朱子問學要義。三則朱子批評浙人「好功利」，四先生亦警醒，關注世用而不急功求利，不標舉東萊之學，或有此故。由此不難理解葉由庚《壙誌》所言：「證古難也，

① 吴師道《吴禮部文集》卷二十。
② 吴師道《吴禮部文集》卷十七。
③ 章懋《楓山語録》，文淵閣《四庫全書》本。
④ 張祖年《婺學志》集前序，清刻本。

復古尤難也，明道難也，任道尤難也。朱、張、吕三先生同生於一時，皆以承濂洛之統爲身任者也。張、吕不得其壽，僅及終身，經綸未展，論著靡竟。獨文公立朝之時少，居閑之日多，大肆其力於聖經賢傳，刊黜《詩》《書》之小序，紹復《易》《春秋》之元經，定著《論語》《孟子》《中庸》《大學》章句，以立萬世之法程。北山、魯齋二先生同生於一鄉，亦皆以續考亭之傳爲身任者也。」①

四先生之學，以朱學爲本，參諸東萊，朱、吕互爲表裏。海寧查慎行爲黄宗羲高弟子，《得樹樓雜鈔》卷一云：「魯齋上承吕、何之緒，下開金、許之傳，其功尤大。」②卓有識見。數百年來，學者罕直言四先生私淑東萊，而述及學統，或指出接緒朱、吕。成化三年，浙江按察司僉事辛訪奏請將宋儒何基等封爵從祀，下禮部尚書兼翰林學士陳文議：「昔者晦庵朱文公熹與東萊吕成公祖謙皆傳聖道，而金華郡儒者何基、王柏、金履祥、許謙師徒，累葉出於文公之後，以居于成公之鄉，其於斯道不爲不造其涯涘，然達淵源則未也；不爲不躡其徑庭，然造堂奥則未也。」③張祖年《八婺理學淵源序》云：「子朱子挺生有宋，疏洙泗，瀹濂洛，決横渠，排金

① 王柏《魯齋王文憲公文集》附録《壙誌》。
② 查慎行《得樹樓雜鈔》卷一，民國《適園叢書》本。
③ 姚夔《姚文敏公遺稿》卷十，明弘治間姚璽刻本。

谿，補苴罅漏，千古理學淵源，渾涵渟滀，稱會歸矣。維時吾婺東萊成公倡道東南，而子朱子、南軒宣公聲應氣求，互相往來」，「是麗澤一泓，固八婺理學淵源也，猗歟盛哉！三先生爲東南理學鼎峙，吾婺學者翕然宗之」，「而毅然卓見斯道者，未之有聞。幸北山先生父伯慧者，佐治臨川，欽勉齋黄氏學，命北山師事之，遂載紫陽的傳而歸。以授之魯齋，魯齋以授之仁山，仁山以授之白雲，踵武繩繩，機籥相印，而麗澤溶瀁灝瀚矣」①。胡宗楙謂趙宋南渡，婺學昌盛，鉤稽派别，可約分政學、理學、文學三派，其理學則自范浚以下，繼以東萊，復繼以四先生。《續金華叢書序》云：「一曰理學，香溪《心箴》導其先河。東萊吕氏，麗澤講席。北山、魯齋，溯源揚波。仁山、白雲，一脈相嬗。莘莘學子，追蹤鄒魯。咸淳之際，於斯爲盛。」②當然，論者迄今仍多只認四先生爲朱子嫡傳。近歲，我們昌言「浙學復興」，强調四先生兼傳東萊之學，諸論始有所改觀。

（三）從「確守師説」到「要歸於是」

四先生中，何、王歿於宋，金履祥由宋入元，許謙則爲元世名儒。四先生尊德性，道問學，

① 張祖年《婺學志》集前序。

② 胡宗楙《夢選樓文鈔》卷上，民國二十五年刊本。

遞相師傳，百餘年間亦有前後變化。兼采吕學，即是自王柏後一大變化。另一顯著變化，即從「確守師説」到願爲「朱子之忠臣」，篤於求是。

何基之學，立志以定本，恭敬以持志，力學以致知，篤守朱、黄之傳，虚心體察，不欲參以己意，不以立異爲高。王柏《何北山先生行狀》稱「思之也精」，「守之也固」。《啓蒙發揮後序》又説：「晚年纂輯朱子之緒論，羽翼朱子之成書，不敢自加一字，而條理粲然，羣疑盡釋。」①《同祭北山何先生》則云：「公獨屹然，堅守勿失」，「發揮師言，以會於歸」②。黄宗羲論云：「北山之宗旨，熟讀《四書》而已」，「北山確守師説，可謂有漢儒之風焉。」③

王柏問學，重視求於《四書集注》《周易本義》之内，然好探朱子發端而未竟之義，考訂索隱朱子所未及，視此爲繼朱子之志，較何基已有變化。葉由庚《壙誌》云：「先生學博而義精，心平而識遠，考訂羣書，如干將、莫邪，所向肯綮，迎刃自解。凡文公發其端而未竟，致其疑而未決，與夫諸儒先開明之所未及者，莫不該攝融會，權衡裁斷，以復經傳之舊」，「上自羲畫，下逮魯經，莫不索隱精訂，以還道經之舊，以承考亭之志，確乎其任道之勇也！」金履祥《祭魯齋

---

① 王柏《魯齋王文憲公文集》卷五，明崇禎間刻本。
② 王柏《魯齋王文憲公文集》卷十九。
③ 黄百家《金華學案》。

先生文》云：「論定諸經，決訛放淫。辯析羣言，折衷聖人。究其分殊，萬變俱融。會諸理一，天然有中。見其全體，靡所不具。」①

金履祥爲王柏所授，重於求是，不標新奇之論，亦不拘於一説，欲爲「朱子之忠臣」。《論孟集注考證跋》云：「文公《集注》，多因門人之問更定，其問所不及者，亦或未修，而事跡名數，文公亦以無甚緊要略之，今皆爲之修補。或疑此書不無微牾者，既是再考，豈能免此？但自我言之，則爲忠臣；自他人言之，則爲讒賊爾。此履祥將死真切之言，二三子其詳之！」②李桓《論孟集注考證序》云：「其於《集注》也，推其意之未發，佐其力之不及，以簡質之文，達精深之義，而名物度數、古今實事之詳，一皆表其所出。後儒之説，可以爲之羽翼者，間亦採摭而附入之。觀之時若不同，實則期乎至當，故先生嘗自謂朱子之忠臣。夫忠臣者，固不爲苟同，而其心豈欲背戾以求異哉？蓋將助之而已矣。斯則《考證》之修所以有補於《集注》者也。」③

許謙承履祥之傳，於先儒之説未當處不敢苟同，敷説義理，歸於平實，考據訓詁，「要歸於

① 金履祥《仁山文集》卷三。
② 金履祥《孟子集注考證》，《率祖堂叢書》本。
③ 陸心源《皕宋樓藏書志》卷十，清同治、光緒間刻《潛園總集》本。

是」。黄溍《白雲許先生墓誌銘》云：「先生於書無不觀，窮探聖微，蘄於必得，雖殘文羡語，皆不敢忽。有不可通，則不敢强。於先儒之説，有所未安，亦不敢苟同也。讀《四書章句集注》，有《叢説》二十卷。敷繹義理，惟務平實」，「讀《詩集傳》，有《名物鈔》八卷。正其音釋，考其名物度數，以補先儒之未備，仍存其逸義，旁採遠援，而以己意終之。讀《書集傳》，有《叢説》六卷。時有與蔡氏不能盡合者，每誦金先生之言曰：『自我言之，則爲忠臣；自他人言之，則爲讒賊。』要歸於是而已。」①

四先生之學，從何基「確守師説」，到金履祥、許謙「要歸於是」，乃其前後一大變化。四先生傳朱子之學，重於涵養功夫、踐履真實。何基常是一室危坐，存此心於端莊静一之中，研精覃思。履祥從學何、王，何基示曰「省察克治」，王柏示曰「涵養充拓」，履祥服之終身，常若有所未足。許謙習静，晚年尤以涵養本原爲務，講授之餘，齋居凝然。應典《八華精舍義田記》云：「迨其晚年，有謂：聖賢之學，心學也。後之學者雖知明諸心，非諸事，而涵養本原，弗究弗圖，則雖博極群書，修明勵行，而與聖賢之心猶背而馳也。」②

---

① 黄溍《金華黄先生文集》卷三十二。
② 党金衡纂修《道光東陽縣志》卷十，民國三年石印本。

（四）發揮表箋，漢宋互參

何基「確守師説」，毋主先入，毋師己意，虚心體察，述自得之意，名其著述曰「發揮」，所撰有《易學啓蒙發揮》《易大傳發揮》《大學發揮》《中庸發揮》《語孟發揮》《太極通書西銘發揮》。《近思録發揮》未詮定而歿，金履祥與同門汪蒙、俞卓續抄校訂，付其家藏之。柳貫《金公行狀》云：「凡文公語録、文集諸書，商確考訂之所及，取其已定之論，精切之語，彙敘而類次之，名爲《發揮》，已與諸書並傳於世矣。而若文公、成公所輯周、程、張子之微言曰《近思録》者，宜爲宋之一經，而顧未有爲之解者，亦隨文箋義，爲《近思録發揮》，未詮定而文定歿。」

自王柏以下，雖力戒先入之見，不標榜己意，然欲爲通儒，折衷羣言，出入經史百家，索隱朱子發端而未竟之義，考訂朱子所未及之書，故不苟同先儒之見，且倚重於訓詁考據，已不能不與何基有異。所著述於「標抹點書」「發揮」外，或名「考證」，或曰「精義」「衍義」「疏義」「指義」，或曰「表注」「叢説」。王柏考訂羣書，葉由庚《壙誌》稱「無一書一集不加標注，於《四書》《通鑑綱目》，精之又精。一言之題，一點之訂，辭不加費而義以著明，無非發本書之精髓，開後學之耳目」。又論其與何基異同云：「北山深潛沖澹，精體默融，志在尚行，訒於立言；魯齋通睿絶識，足以窮聖賢之精藴，雄詞偉論，足以發理象之微著。」履祥出入經史，天文地理、禮樂刑法、田乘兵謀、陰陽律曆無不究研。謂古書有注必有疏，作《論孟集注考證》，以爲朱子《集注》有疏，補所未備，增釋事物名數。注解《尚書》，推本父師之意，正句畫段，提其章旨，析其義理之微，考證文字之誤，表於四闌之外，曰《尚書表注》。柳貫《行狀》云：「研窮經義，以究窺聖賢心術之微；歷考傳注，以服襲儒先識鑒之確。無一理不致體驗，參伍錯綜，所以約其變；無一書不加點勘，鉛黄朱墨，所以發其凡。」許謙《上劉約齋書》云：「其爲學也，於書無所不讀，而融會於《四書》，貫穿於《六經》，窮理盡性，誨人不倦，治身接物，蓋無毫髮歉，可謂一世通儒。」①許謙追步王、金，欲爲一世通儒。黄溍《白雲許先生墓誌銘》云：「先生於天文地理、典章制度、食貨刑法、字學音韻、醫經數術，靡不該貫，一事一物，可爲傳聞多識之助者，必謹志之。至於釋老之言，亦皆洞究其藴，謂學者孰不日闢異端，苟不深探其隱，而識其所以然，能辨其同異、别其是非也幾希。」許謙每念履祥所言欲爲「朱子之忠臣」、「要歸於是」，所著《詩集傳名物鈔》《讀書叢説》《讀四書叢説》，考訂索隱，以補先儒所未備，存其逸義，而終以己意。在王、金、許三家看來，其著述不離於孔孟遺意，惟求是求真，乃可繼朱子之志。

四先生著述，無論彙敘發揮、隨文箋義，抑或考證衍義、辨誤訂訛，都不離於言説義理。王、金、許三家治學，與何基有所不同。總體以觀，有三大特點：一是治《五經》而貫穿性理，治《四書》而倚重訓詁考據，《四書》《五經》融會貫通。二是以理學爲本，兼采漢學。漢、宋兼

① 許謙《許白雲先生文集》卷三，明成化二年陳相刻本。

采，本爲東萊所長，三家蓋以朱學爲主，兼采東萊。三是欲爲通儒之學，貫穿經史百家，重於世用，不避「博雜」之嫌，此亦與東萊之學相通。

二、四先生治《四書》《五經》及其史學、文學

四先生長於《四書》，自王柏以下，《五經》貫通，兼治史學，重於文獻。其治《四書》，義理闡説與訓詁考據并重；治《五經》，疑古考索，尚於求是，并重義理；研史則經史互參，會通朱、吕；詩文雖其餘事，不離於講學家風習，然發攄性靈，陶冶性情，文以載道，裨益教化，各具其致。以文章合於道，扶翼經義、世教，通於世用，故金、許傳人尚文風氣日盛。以下分作論述：

（一）《四書》學

朱子之學，萃於《四書集注》。門人黄榦得其傳，有《四書通論》。世推四先生爲朱子適傳，亦以其得朱門《四書》之傳也。

何基從學黄榦，黄榦臨别告以熟讀《四書》，道理自見。何基以此爲讀書爲學之要，教門人治學以《四書》爲主，以《朱子語録》爲輔。嘗曰：「學者讀書，先須以《四書》爲主，而用

《語録》以輔翼之」，「但當以《集注》之精嚴，折衷《語録》之疏密；以《語録》之詳明，發揮《集注》之曲折。」王柏《行狀》稱「此先生編書之規模也，他書亦本此意」。何基後又覺得《四書》「義理自足」，當深探本書，「截斷四邊」。王柏稱「此先生晚年精詣造約，終不失勉齋臨分之意」（《何北山先生行狀》）。

王柏得北山之教，深味其旨，教門人爲學亦以《四書》爲本。寶祐二年，履祥來學，問讀書之目，告以「自《四書》始」。是年冬，履祥作《讀語論管見》，凡有得於《集注》言意之外者則録之。王柏讀後，勸説當沉潛涵泳於《集注》之内，有所自得，不當固求言外之意，發爲新奇之論①。履祥終生沉潛涵泳不輟，作《論孟集注考證》。殁前一歲，即大德六年，在金華城中講學，以《大學》爲第一義，諸生執經問難，爲之毫分縷析，開示藴奥，因成《大學指義》一書。許謙聞履祥緒論，精研《四書》。黄溍《白雲許先生墓誌銘》稱其每戒學者曰：「聖賢之心盡在《四書》，而《四書》之義備於朱子。顧其立言，辭約意廣，讀者或得其粗，而不能悉究其義。或以一篇之致自異，而初不知未離其範圍。世之詆訾貿亂、務爲新奇者，其弊正坐此耳。始予三四讀，自以爲了然，已而不能無惑，久若有得，覺其意初不與己異，愈久而所得愈深，與己意合者，亦大異於初矣。童而習之，白首不知其要領者何限？其可以易心求之哉！」

① 王柏《金吉甫管見》，《魯齋王文憲公文集》卷九。

四先生闡説性理，遞相師承，治《四書》皆所擅長。何基有《大學發揮》《中庸發揮》《語孟發揮》，王柏有《論語通旨》《論語衍義》《魯經章句》《孟子通旨》《批點標注四書》，金履祥有《大學疏義》《中庸表注》《論語集注考證》《孟子集注考證》，許謙有《讀四書叢説》。從朱子《四書章句集注》《四書或問》，到黄榦《四書通釋》，再到四先生著述十餘種，可見四先生《四書》學淵源，亦可見朱學流傳及其盛行浙東之況。

何基《四書發揮》，取朱子已定之論、精切之説，以爲發揮，守師説甚固，研思亦精。王柏、金履祥、許謙三家，傳何基之學，復繼朱子之志，索隱微義，考證注疏，以爲羽翼。其索隱考證，倚於訓詁考據，以性理爲本，重於求是。許謙《論孟集注考證序》云：「先師之著是書，或檃栝其説，或演繹其簡妙，或攄其幽，發其粹，或補其古今名物之略，或引羣言以證之。大而道德性命之精微，細而訓詁名義之弗可知者，本隱以之顯，求易而得難。吁！盡在此矣。」吴師道《讀四書叢説序》稱《四書》自二程肇明其旨，至朱子集其大成，然一再傳之後，泯没畔涣，「其能的然久而不失傳授之正，則未有如於吾鄉諸先生也。蓋自北山取《語録》精義，以爲《發揮》，與《章句集注》相發明；魯齋爲標注點抹，提挈開示；仁山於《大學》有《疏義》《指義》，《論》《孟》有《考證》，《中庸》有《標抹》，又推所得於何、王者，與其己意併載之」，「今觀《叢説》之編，其於《章句集注》也，奥者白之，約者暢之，要者提之，異者通之，畫圖以形其妙，析段以顯其義。至於訓詁名物之缺，考証補而未備者，又詳著焉。其或異義微牾，則曰：『自我言之，則爲忠臣，自他人言之，則爲殘賊。金先生有是言也。』此可以見其志之所存矣」（《吴禮部文集》卷十七）。《四庫全書總目》著録《論孟集注考證》，《提要》云：「其書於朱子未定之説，但折衷歸一，於事蹟典故，考訂尤多。蓋《集注》以發明理道爲主，於此類率沿襲舊文，未遑詳核，故履祥拾遺補闕，以彌縫其隙，於朱子深爲有功」，「然其旁引曲證，不苟異，亦不苟同，視胡炳文輩拘墟迴護，知有注而不知有經者，則相去遠矣。」此可見四先生《四書》學及其「家法」之大端。

（二）《五經》學

朱子研《易》《詩》，并涉獵禮制，而東萊則《五經》貫通。何基於《五經》僅《易經》有撰著，仍題曰「發揮」。其治《四書》，雖與《五經》參讀，大抵「發揮師言，以會於歸」。自王柏以下，不惟尊德性，且好治經研史。王、金、許三家研討《五經》，既通於朱子經學，又通於東萊經學及文獻之學。概言之，一是崇義理而并事訓詁考據。二是好纂輯、音釋、標抹、考訂、表注，以翼經傳。三是好考證名物度數，補先儒之未備。四是不苟同，不苟異，「要歸於是」。前已言及，此更舉例以明之。

王柏於《五經》皆有撰述，著《讀書記》十卷、《讀詩記》十卷、《讀春秋記》八卷、《書附傳》四十卷、《詩可言》二十卷、《詩疑》二卷、《書疑》九卷、《涵古易説》一卷、《大象衍義》一卷、《左氏正傳》十卷等。葉由庚《壙誌》稱其嗜於索隱考訂，好「復經傳之舊」，「先生一更一定，皆有授證，一析一合，不添隻字，秩秩乎其舊經之完也，炳炳乎其本旨之明也」。并舉其大端如：於《易》，作《易圖》，推明《河圖》《洛書》先後。謂《河圖》爲先天後天之宗祖，逐位奇偶之交，後天爲統體奇偶之交。古之册書，作上下兩列，故《易》上下經非標先後。謂今之三百五篇非盡孔子之三百五篇，孔子所删，或有存於閭巷浮薄之口者，漢儒概謂古詩，取以補亡。乃定二《南》各十一篇，還兩兩相配之舊，退《何彼穠矣》《甘棠》歸之《王風》，而削去《野有死麕》。若風、雅、頌，亦必辨其正變，次其先後，謂鄭、衛淫詩，皆當在削。

世人或稱經以講解辯訂而明，釐析類合則陋，王柏則不以爲然，好參訂疑經。何基嘗告之：「治經當謹守精玩，不必多起疑端。有欲爲後學言者，謹之又謹可也。」①然王柏終勇於「任道」「求是」，《書疑序》云：「不幸秦火既焰，後世不得見先王之全經也。惟其不全，固不可得而不疑。所疑者，非疑先王之經也，疑伏生口傳之經也。讀書者往往因于訓詁，而不暇思經文之大體，間有疑者，又深避改經之嫌，寧曲説以求通，而不敢輕議以求是」，「聖人之經不可改，伏氏之言亦不可正乎？糾其繆而刊其贅，訂其雜而合其離，或庶幾乎得復聖人之舊，此

①　戴殿江《金華理學粹編》。

有識者之不容自已。」①

後世於王柏疑經，頗多争議。錢維城《王柏删詩辯》：「宋儒之狂妄無忌憚，未有如王柏之甚者也」，「朱子惟過於慎，故寧爲固而不敢流於穿鑿，而孰知一再傳之後，其徒之肆無忌憚，乃至於此也。」②成僎《詩説考略》卷二《王柏詩疑之舛亂》：「夫以孔子所不敢删者，而魯齋删之；以孔子所不敢變易者，而魯齋變易之。世儒猶以其淵源於朱子而不敢議，此竹垞所以嗤爲無是非之心也。」《四庫全書總目》著録《書疑》九卷，《提要》云：「然柏之學，名出朱子，實則師心，與朱子之謹嚴絶異」，「柏作是書，乃動以脱簡爲辭，臆爲移補」，「至於《堯典》《臯陶謨》《説命》《武成》《洪範》《多士》《多方》《立政》八篇，則純以意爲易置，一概托之於錯簡」，「是排斥漢儒不已，並集矢於經文矣，豈濂、洛、關、閩諸儒立言垂教之本旨哉？托克托等修《宋史》，乃與其《詩疑》之説並特録於本傳，以爲美談，何其寡識之甚乎？」又著録《詩疑》二卷，《提要》云：「《書疑》雖頗有竄亂，尚未敢删削經文。此書則攻駁毛、鄭不已，並本經而攻駁之；攻駁本經不已，又並本經而删削之。」爲之辯護析論者亦多。如胡鳳丹《重刻王魯齋詩疑序》：「朱子所攻駁者《小序》耳，於本經未嘗輕置一議也。先生黜陟《風》《雅》，竄易篇次，非

① 王柏《魯齋王文憲公文集》卷五。
② 錢維城《茶山文鈔》卷八，清乾隆四十一年眉壽堂刻本。

惟排詆漢儒，且幾幾乎欲奪宣聖删定之權而伸其私説。其自信之堅，抑何過哉」，「是書設論新奇，雖不盡歸允當，而本其心所獨得，發爲議論，自成一家，俾世之讀其書者足以開拓心胸，增廣識見，引而伸之，觸類而長之，未始非卓犖觀書之一助也。」①皮錫瑞《論王柏書疑疑古文有見解特不應並疑今文》：「王氏失在並今文而疑之耳，疑古文不得謂其失也。」「王氏知古文之僞，不知今文之真。其並疑今文，在誤以宋儒之義理準古人之義理，以後世之文字繩古人之文字。」「《書疑》多本前人，亦非王氏獨創，特王氏於《尚書》篇篇獻疑，金履祥等從而和之，故其書在當時盛行，而受後世之掊擊最甚。平心而論，疑經改經，宋儒通弊，非止王氏，皆由不信經爲聖人手定。（注：王氏《詩疑》删鄭、衛詩，竄改《雅》《頌》，僭妄太甚，《書疑》猶可節取。）」②王柏以義理治《詩》《書》，索隱太過，不免其弊，後人盡黜之則未當，宜小心考求，平允論之。

金履祥承王柏疑經之緒，以爲秦火之後全經不存，漢儒拘於訓詁，輕於義理，循守師傳，曲説不免。亦自勇於「任道」「求是」。其考訂諸經，用力最多乃在《尚書》，有《尚書注》十二卷、《尚書表注》二卷。《尚書表注序》稱全書不得見，「考論不精，則失其事迹之實；字辭不

① 胡鳳丹《退補齋文存》卷二，清同治十二年退補齋鄂州刻本。

② 皮錫瑞《經學通論》，清光緒間思賢書局刻本。

辨，則失其所以言之意」，「夫古文比今文固多且正，但其出最後，經師私相傳授最久，其間豈無傳述附會」，「後之學者，守漢儒之專門，開元之俗字，長興之板本，果以爲一字不可刊之典乎？幸而天開斯文，周、程、張、朱子相望繼作，雖訓傳未備，而義理大明，聖賢之心傳可窺，帝王之作用易見」①。履祥鈎玄探賾，折衷群説，力求平心易氣，不爲浚深之求，無證臆決，考訂較王柏爲慎。《四庫全書總目》著録《尚書表注》二卷，《提要》云：「大抵攟摭舊説，折衷己意，與蔡沈《集傳》頗有異同。其徵引伏氏、孔氏文字同異，亦確有根原。」胡鳳丹《重刻尚書表注序》云：「故先生之功在注釋，而先生之志在表章。以視抱經硜硜索解於章句之末者，其相去爲何如耶？」陸心源《重刊金仁山先生尚書注序》云：「《尚書》則用功尤深，《表注》一書，爲一生精力所萃。是書即《表注》之權輿，訓釋詳明，頗多創解。」②

按柳貫《行狀》，履祥歿時，所注書僅僅脱稿，未及正定，悉以授門人許謙。許謙遵其遺志，讎校刻板以傳。許謙考訂諸經，用力尤勤者在《詩》《書》，撰《讀書叢説》六卷、《詩集傳名物鈔》八卷，長於正音釋、考證名物度數。讀《春秋三傳》，撰《温故管窺》。讀《三禮》，參互考訂，發明經義。句讀標抹《九經》《儀禮》《三傳》，注明大旨要解、錯簡衍文。吴師道《詩集傳名

① 金履祥《仁山文集》卷三。

② 金履祥《書經注》集前序，《十萬卷樓叢書》本。

物鈔序》云：「君念朱《傳》猶有未備者，旁搜博采，而多引王、金氏，附以己見，要皆精義微旨，前所未發。又以《小序》及鄭氏、歐陽氏《譜》世次多舛，一從朱子補定。正音釋，考名物度數，粲然畢具。其有功前儒，嘉惠後學，羽翼朱《傳》於無窮，豈小補而已哉！」（《吴禮部集》卷十五）《名物鈔》羽翼《詩集傳》，猶金履祥作《論孟集注考證》爲《集注》之疏。王柏重訂《詩經》篇目，《名物鈔》取用之，然未盡鑒採《詩疑》。蓋《名物鈔》於朱子《詩集傳》、王柏《詩疑》各有訂正。要之，折衷群説，能指明師説之不然。《四庫全書總目提要·詩集傳名物鈔》云：「研究諸經，亦多明古義。故是書所考名物音訓，頗有根據，足以補《集傳》之闕遺。惟王柏作《二南相配圖》」，「而謙篤守師説，列之卷中，猶未免門户之見」，「然書中實多採用陸德明《釋文》及孔穎達《正義》，亦未嘗株守一家」。許謙繼履祥作《讀書叢説》，大指類於《名物鈔》，以《書集傳》出於朱子門人蔡沈之手，尤當疏注辨明。《叢説》多有與《書集傳》意見不合者。張樞《讀書叢説序》云：「先生嘗誦金先生之言曰：『在我言之，則爲忠臣，在人言之，則爲殘賊。』要歸於是而已，豈不信哉！」《四庫全書總目提要·讀書叢説》云：「謙獨博核事實，不株守一家，故稱《叢説》」，「然宋末元初説經者多尚虚談，而謙於《詩》考名物，於《書》考典制，猶有先儒篤實之遺，是足貴也。」

（三）史學

歷來論四先生之學，大都明其傳朱子之統，講説性理。至於自王柏以下兼采東萊史學、文獻之學，研經兼通史，宗程朱兼取法於漢儒，則鮮有討論。

浙學興起之初，吕祖謙、陳亮諸子好讀史，朱熹指爲「博雜」，告誡門人讀書以《四書》爲本。何基謹守師説，問學欲求朱子之醇。王柏、金履祥、許謙欲爲一世通儒，出入經史百家，研史與治經相發明，雖與東萊經史不分、漢宋互參，重於文獻有所不同，但也多有相通之處。此一變化，一定程度上體現了王柏等人向浙學的回歸。

王柏標注《通鑑綱目》，著《續國語》四十卷、《擬道學志》二十卷、《江右淵源》五卷、《雜志》二卷、《地理考》二卷等書。金履祥著《通鑑前編》十八卷、《舉要》二卷。《尚書表注》經史互證，探求義理，綜概事跡，考正文字，《通鑑前編》亦取此義。司馬光作《資治通鑑》，周威烈王二十三年之前事未載，劉恕《外紀》紀前事，不本於經，而信百家之説。履祥以爲出《尚書》諸經者爲可考信，出子史雜書者多流俗傳聞、鄙陋之説，因撰《通鑑前編》，一以《尚書》爲主，下及《詩》《禮》《春秋》，旁采舊史諸子，表年繫事，考訂辨誤，斷自唐堯，以下接《資治通鑑》。履祥《通鑑前編序》兼言朱、吕，云：「朱子曰：『古史之體可見也，《書》《春秋》而已。《春秋》編年通紀，以見事之先後；《書》則每事别紀，以具事之始末。』」「今本之以經，翼之以史子傳記，附之以諸家之論。且考其繫年之故，解其辭事，辨其疑誤。如東萊吕氏《大事記》，而不敢盡倣其例。」朱子編《通鑑綱目》，裁剪《通鑑》，考訂嫌於疏淺。東萊邃於史，《大事紀》頗有史裁。如《四庫全書總目提要·大事紀》所云：「當時講學之家，惟祖謙博通史傳，不專言性命。《宋史》以此黜之，降置《儒林傳》中，然所學終有根柢」，「凡《史》《漢》同異，及《通鑑》得失，皆縷析而詳辨之。又於名物象數旁見側出者，並推闡貫通，夾注句下」。履祥頗取法《大事紀》，第不盡倣其例。即經史不分而言，履祥較王柏更近於東萊。《通鑑前編》一書，履祥生前未遑刊定，臨殁屬之許謙。天曆元年《通鑑前編》刻行，鄭允中采録進呈。《元史·金履祥傳》評云：「凡所引書，輒加訓釋，以裁正其義，多儒先所未發。」許謙著《觀史治忽幾微》。黄溍《白雲許先生墓誌銘》云：「倣史家年經國緯之法，起太皞氏，訖宋元祐元年秋九月尚書左僕射司馬光卒，備其世數，總其年歲，原其興亡，著其善惡。蓋以爲光卒，則宋之治不可復興。誠一代理亂之幾，故附於續經而書孔子卒之義，以致其意也。」

王、金、許三家研討經義，兼及治史，以史翼經，與東萊史學有相通處，然相較東萊經史并重，經史不分，仍有所不同。

（四）文學

宋代理學大興，儒者「大要尚道義而下詞章」，昌學古者「崇理致，黜崛奇而主平易，忌艱深而貴敷逰」，又恐沿襲而少變，故「其詞紆餘而曲折」。後來學者「融之以訓詁，發之以論説，專務明乎理，是以其詞詳盡而周密。其於詩也亦然」①。朱、陸、吕爲講學大家，不廢詩文。四先生尊德性、道問學，詩文亦自可觀，各自有集。

總體來説，四先生文章扶翼經義、世教，文以載道，闡明義理，裨益教化，通於世用。詩發攄性靈，陶冶性情，既爲悟道之具，又得天機自然之趣，超然物表，不事雕琢藻繢，非激壯之音，亦無寒蹙之態。

王柏《何北山先生行狀》稱何基：「以其餘事言之，先生之文，温潤融暢；先生之詩，從容閒雅，皆自胸中流出，殊無雕琢辛苦之態。雖工於詞章者，反不足以闖其藩籬。」王柏早歲爲文章，縱心古文、詩律，有《長嘯醉語》。及師北山，乃棄所學，餘力所及，文集尚有七十五卷之多，又編《文章指南》十卷、《朝華集》十卷、《紫陽詩類》五卷等集。何基文章「温潤融暢」，詩歌「從容閒雅」，而王柏文章於温雅外，尚多雄偉之辭，詩於沖澹外，復好剛健之調。楊溥《魯齋集序》云：「金華王文憲公，天資高爽，學力精至，以其實見發爲文章，足以明道德。使其見用，足以建事功，而卒老於丘園，惜哉！若其詩歌，又其餘事也。」《四庫全書總目提要・魯齋集》云：「其詩文雖亦豪邁雄肆，然大旨乃一軌于理。」

① 張以寧《甑山存稿序》，《翠屏文集》卷三，明成化間刻本。

金履祥詩文自訂爲四集，又編集《濂洛風雅》七卷。唐良瑞《濂洛風雅序》云：「『詩者，志之所之也。』志有正有偏，有通有蔽，則詩有純有駁，有晦有明。故偏滯之詞，不若中正之發，而放曠悲愁之態，不若和平沖淡之音」，「然皆涵暢道德之中，歆動風雩之意，淡平者有淳厚之趣，而浩壯者有義理自然之勇」，「竊以爲今之詩，非風雅之體，而濂洛淵源諸公之詩，則固風雅之意也。」①履祥詩和平沖澹，不事字句工拙，不倚於奇崛跳踉、發揚蹈厲之辭。文則湛深經史，辭義高古，醇潔精深，非矜句飾字者可比。徐用檢《仁山金先生文集序》云：「愚惟先生之文，析微徹義，自成一家言；律詩取意而不泥律，古風宣而語勁，純如也。」

許謙與履祥相近，詩沖澹自然，文湛深經史，辭意深厚，然亦有變化，即詩歌理氣漸少，文頗有韓、柳、歐、蘇法度。黄溍《白雲許先生墓誌銘》云：「文主於理，詩尤得風人之旨。」《四庫全書總目提要·白雲集》云：「謙初從金履祥遊，講明朱子之學，不甚留意於詞藻，然其詩理趣之中頗含興象。五言古體，尤諧雅音，非《擊壤集》一派惟涉理路者比。文亦醇古，無宋人語録之氣，猶講學家之兼擅文章者也。」

四先生之學傳朱一脈，自王柏以下有變，詩文自王柏以下亦有一小變，至許謙及北山後學更有一大變，能文之士日衆，宋濂、王禕則其尤著者。文爲載道之器，道爲出治之本，文道

① 唐良瑞《濂洛風雅》集前序。

不相離，乃許謙及其門人所持重之義。許謙延祐二年《與趙伯器書》云：「道固無所不在，聖人修之以爲教，故後欲聞道者，必求諸經。然經非道也，而道以經存；傳注非經也，而經以傳顯。由傳注以求經，由經以知道，藴而爲德行，發之爲文章事業，皆不倍乎聖人，則所謂行道也。」①皇慶二年（一三一三），元仁宗詔復科舉，至是年始開科取士。許謙發爲此論，非爲科舉。王褘《宋景濂文集序》追溯金華文章源流，稱南渡後，吕祖謙、唐仲友、陳亮「其學術不同，其見於文章，亦各自成其家」，范浚、時少章「皆博極乎經史，爲文温潤縝練，復自成一家之言」，入元以後，柳貫、黄溍精文章，「羽翼乎聖學，而黼黻乎帝猷」，又有四先生傳朱學，理學遂以嫳爲盛。因論云：「所貴文章之有補者，非以其明夫理乎？理之明，不由其學術之有素乎」，「然爲其學者，上而性命之微，下而訓詁之細，講説甚悉。其頗見於文章者，亦可以驗其學術之所在矣」②。《送胡先生序》又辯稱吕、唐、陳之學「雖不能苟同，然其爲道皆著於文也，其文皆所以載道也，文義、道學，曷有異乎哉」。金、許以道學名家，胡長孺、柳貫、黄溍、吴師道以文知名，「雖若門户異趨，而本其立言之要，道皆著於文，文皆載乎道，固未始有不同焉者」，「以故八十年間，踵武相望，悉爲世大儒，海内咸所宗師。夫何後生晚進，顧乃因其所不

① 許謙《許白雲先生文集》卷四。
② 王褘《王忠文公集》卷五，明嘉靖元年刻本。

同而疑其所爲同，言道學者以窮研訓詁爲極致，言文章者以修飭辭語爲能事，各立標榜，互相排抵，而不究夫統宗會元之歸，於是諸公之志日微，而學術之弊遂有不可勝言者矣」①。

黄百家纂《金華學案》，留意北山一脈前後變化，於宋濂傳後案云：「金華之學，自白雲一輩而下，多流而爲文人。夫文與道不相離，文顯而道薄耳。雖然，道之不亡也，猶幸有斯。」學案前又有案語：「而北山一派，魯齋、仁山、白雲既純然得朱子之學髓，而柳道傳、吴正傳以逮戴叔能、宋潛溪一輩，又得朱子之文瀾，蔚乎盛哉！」有一派學問，有一派文章。此説有其道理，但稱金華之學「多流而爲文人」，歸柳貫、宋濂等人文章爲「朱子之文瀾」，仍未盡然。自王柏以下，北山一脈文章已非僅朱子之文餘波。且北山一脈文道不相離，尚文别有意屬，許謙、王褘言之已明。全祖望承黄百家之説，《宋文憲公畫像記》更論云：「予嘗謂婺中之學，至白雲而所求於道者疑若稍淺，觀其所著，漸流於章句訓詁，未有深造自得之語，視仁山遠遜之，婺中學統之一變也。義烏諸公師之，遂成文章之士，則再變也。至公而漸流於佞佛者流，則三變也。猶幸方文正公爲公高弟，一振而有光於先河，幾幾乎可以復振徽公之緒。惜其以凶終，未見其止，而并不得其傳。」②其説亦未可盡信。金、許傳人多文章之士，亦躬行之士，文章

① 王褘《王忠文公集》卷七。

② 全祖望《鮚埼亭集外編》卷十九，清嘉慶十六年刻本。

明道經世，載出治之本。此乃一時風氣。迨孝孺以金華一脈好文而不免輕於明道，遂糾正其偏。此亦一時風氣。

三、四先生與「浙學之中興」

學術史發展變遷，是一種歷史存在，也是學術批評接受的結果。明人此一述朱，彼一述朱，審視宋元學術多於此下論其合與不合。清初學者著意區分漢、宋，兼采居主。乾嘉而後，宗漢流行，學者多不囿於述朱之説。近四百年來，有關四先生的認識，深受時代學術風尚影響。而清初以後，學者又頗沿《宋元學案》之論，以迄於今。以下略述四先生與浙學中興之關係及其學術史意義。

（一）從《金華學案》到《北山四先生學案》

清康熙間，黄宗羲以周汝登《聖學宗傳》、孫奇逢《理學宗傳》未粹，多所遺闕，撰《明儒學案》，繼而發凡《宋元學案》，子百家纂輯初稿。清道光間何紹基重刊本《宋元學案》卷八十二爲《北山四先生學案》，總目標云：「黄氏原本，全氏修定。」卷端録全祖望案語：「勉齋之傳，得金華而益昌。説者謂北山絶似和靖，魯齋絶似上蔡，而金文安公尤爲明體達用之儒，浙學之中興也。述《北山四先生學案》。」王梓材案：「是卷梨洲本稱《金華學案》，謝山《序録》始稱《北山四先生學案》。」自黄宗羲發凡起例，至何紹基刊百卷本，《宋元學案》成書歷時逾百五十年。書成於衆手，黄百家、楊開沅、顧諟、全祖望、黄璋、黄徵乂、王梓材、馮雲濠等各有補訂。《北山四先生學案》究何人所撰？檢黄璋、徵乂父子校補《宋元學案》稿本，知原出百家之手。稿本第十七册收《金華學案》不分卷，抄寫不避「胤」、「弘」；「玄」字凡三見，兩處不避，一處缺末筆。由是知寫於康熙間，即道光重刊本所標「黄氏原本」。然爲録副，非百家手稿。至於宗羲生前得見此否，則未可知。百家《金華學案》，祖望改題《北山四先生學案》。細作考證，《北山四先生學案》實馮雲濠、王梓材據《金華學案》另一録副本，參酌黄璋、徵乂校補本（黄直垕謄清稿），訂補成稿，而非據全氏修訂本增删而成。馮、王誤以爲所見《金華學案》録副即「梨洲原本」，亦即「謝山原稿」，《北山四先生學案》所標注全氏「修」、「補」大都未確。不過，二人發揮全氏校補《宋元學案》之義，博徵文獻，廣大其流，《北山四先生學案》遂成大觀。

從《金華學案》到《北山四先生學案》，不僅見後世如何認識評價四先生，亦可見學風轉移於學術史撰著之作用。

元末明初，黄溍、杜本、宋濂、王禕、蘇伯衡、鄭楷皆專視四先生爲朱學嫡傳。宋濂學於柳貫，爲金履祥再傳，念吕學之衰，思繼絶學。鄭楷《翰林學士承旨宋公行狀》載：「婺實吕氏倡道之邦，而其學不大傳」，「先生既間因許氏門人而究其説，獨念吕氏之傳且墜，奮然思繼其絶學。」①王褘《宋太史傳》傳述此語②。在諸子看來，「吕氏之傳且墜」終有未妥。

明人論四先生，大抵以述朱爲中心。章懋有志復興浙學，《楓山語録》稱「吾婺有三巨擔」，其一即「自何、王、金、許没，而道學不講」。戴殿泗《金華三擔録》載其語曰：「自朱子一傳爲黄勉齋，再傳爲何、王、金、許，而東萊吕公則親與朱子相麗澤者也。道學正宗，我金華實得之。」③周汝登《聖學宗傳》過於疏略，未登録黄榦、四先生。劉鱗長欲「以浙之先正，呼浙之後人」，編《浙學宗傳》，自楊時至陳龍正得四十一人。宋元十家，朱、陸、吕、何、許、金、王并在列。四先生與宋濂、劉基、方孝孺、吴沉等八人，皆見於《北山四先生學案》。自王守仁以下共十七人，皆陽明一脈。一部《浙學宗傳》，上半部爲東萊、北山之學，下半部爲陽明之學。鱗長《浙學宗傳序》云：「弔寶婺舊墟，撫然嘆曰：『於越東萊先生，與吾里二亭夫子，問道質疑，卒揆於正，教澤所漸，金華四賢，稱朱學世嫡焉，往事非邈也。』擊楫姚江，溯源良知，覺我明道

① 程敏政《明文衡》卷六十二。
② 王褘《王忠文公集》卷二十一。
③ 戴殿泗《風希堂文集》卷四，清道光八年九靈山房刻本。

學，於斯爲盛。」①

黄宗羲、百家《宋元學案》以朱、陸爲綱，論列南宋至元代之學，未及爲東萊立學案。《金華學案》附宗羲、百家案語數則，可見其論四先生及北山之學大概。卷首列百家案語，述作《金華學案》大旨，即以北山一派爲朱學嫡傳，故獨立一案。全祖望於樸學大興之際，傳浙東史學、東萊文獻，創爲《東萊學案》《深寧學案》，重提朱、陸、吕三家並立之説，修訂其他諸案。《北山四先生學案》雖非出於祖望修訂，然全氏《序録》提出一個重要命題，即金履祥「尤爲明體達用之儒，浙學之中興也」。黄璋、徵乂父子未盡解其意，校補《金華學案》，以校讎爲多。馮雲濠、王梓材能味謝山之旨，校補《北山四先生學案》，沿於全氏所言兩點，即「勉齋之傳，得金華而益昌」、「浙學之中興」，廣而大之，遍及南北學者。所顯現四先生一脈，非復金華學者之學，而爲宋末至明初學術之主流。《金華學案》改題《北山四先生學案》，蓋亦寓此意。

以上略述《北山四先生學案》由來。述四先生之學，不當非僅摘某作某説、某作某評而已。惟有明其源流，始可知其大體，考其通變。

① 劉麟長《浙學宗傳》，明末刻本。

（二）四先生與浙學中興之關係

以今論之，浙學中興有廣義、狹義之別。從狹義言，金履祥學問出入經史，明體達用，沿何、王上承朱、黄，又接麗澤遺緒。此殆全氏發爲此論之意。從廣義言，四先生繼東萊之後，重振東浙之學，北山一脈延亘至明初，蔚爲壯觀，足以標誌浙學中興。東萊、永康、永嘉開啓浙學風氣，朱、陸之學亦傳入，相與滲透，互爲離立，共成浙學源頭。浙學凡歷數變，就大者言，一變而爲北山之學，再變而爲陽明之學，三變而爲梨洲之學，四變而爲樸學浙派。全氏雖不言之，未必不有此看法。此就廣義略説四先生及北山一脈與浙學中興之關係。

其一，自何基爲始，朱學「得金華益昌」。金華本東萊講學之地，麗澤學人遍東南，以金華爲最多。東萊之學衰没，而有何、王崛起，金華成爲朱學興盛之地，此亦朱熹身前所未料及。其時金華傳朱者，尚有朱子門人楊與立，字子權，浦城人，知遂昌，因家於蘭溪，學者稱船山先生。著有《朱子語略》二十卷。又有何基兄何南，號南坡，亦師黄榦。然引朱學昌於金華，何基最爲有力。王柏以下，傳朱爲主，兼法東萊。四先生重新構建浙學一脈理學宗傳。金履祥《北山之高壽北山何先生》：「維何夫子，文公是祖。是師黄父，以振我緒」，「昔在理宗，維道之崇。既表程朱，亦躋吕張。謂爾夫子，纘程朱緒。」①所編《濂洛風雅》亦可見大端。集中收周敦頤、程顥、程頤、張載、邵雍、朱熹、張栻、吕祖謙、何基、王柏、王偘等人詩文。王崇炳《濂洛風雅序》：「《濂洛風雅》者，仁山先生以風雅譜婺學也。吾婺之學，宗文公，祖二程、濂溪。則其所自出也，以龜山爲程門嫡嗣，而吕、謝、游、尹則支；以勉齋爲朱門嫡嗣，而西山、北溪、㧑堂則支。由黄而何而王，則世嫡相傳，直接濂洛。程門之詩以共祖收，朱門之詩以同宗收，非是族也，則皆不録，恐亂宗也。」②

其二，因四先生倡朱學，浙學播於江左，流及大江南北。查容《朱近修爲可堂文集序》：「宋南渡後，吕東萊接中原文獻之傳，倡道於婺，何、王、金、許遂爲紫陽之世嫡，慈湖楊氏又爲象山之宗子，而浙之理學始盛矣。」③朱學之傳幾遍大江之南，而金華、台州特盛。趙汝騰、蔡抗、楊棟官金華，嘆麗澤講席久空，延王柏主之。台州上蔡書院落成，台守趙星緯聘王柏主教席。王柏至則首講謝良佐居敬窮理之訓，推轂朱學播傳於台州。高弟子張𩃬僑寓江左，至元中行臺中丞吴曼慶延致江寧學宫講學，中州士大夫欲子弟習朱子《四書》，多遣從遊。金履祥

---

① 金履祥《仁山集》卷一。
② 王崇炳《濂洛風雅》集前序。
③ 沈粹芬、黄人編《國朝文匯》卷十七，宣統元年上海國學扶輪社石印本。

與門人許謙、柳貫各廣開講席，許謙及門弟子至逾千人。黄溍《白雲許先生墓誌銘》：「屏迹八華山中，學者翕然贏糧笥書而從之。居再歲，以兄子喪而歸，户屨尤多，遠而幽冀齊魯，近而荆揚吴越，皆百舍重趼而至。」

其三，《四書》學之盛，爲浙學中興之基石。東萊談義理，研《論》《孟》，未如朱熹用力勤且專。朱門弟子多撰《四書》之説，以爲羽翼。自何基承黄榦之教，治學以《四書》爲本始，《四書》遂爲北山一脈所擅。四先生撰著前已述之，其學侣、門人、後學纂述亦富有，葉由庚《論語纂遺》、倪公晦《學庸約説》、潘墀《論語語類》、孟夢恂《四書辨疑》、牟楷《四書疑義》、陳紹大《四書辨疑》、范祖幹《大學大庸發微》、葉儀《四書直説》、吕洙《大學辨疑》、吕溥《大學疑問》、戚崇僧《四書儀對》、蔣玄《中庸注》《四書箋惑》等皆是。《四書》學之盛，不惟推動浙學復興，亦成浙學傳承重要内容。

其四，《五經》貫通，兼治諸史，爲浙學復興之助。自王柏以下，北山一脈勤研《五經》，兼治諸史。王柏、汪開之、戚崇僧等人追溯家學，皆源出東萊。黄百家《金華學案》僅戚崇僧小傳言及「貞孝先生紹之孫也，家學出于吕氏」，馮、王校補《北山四先生學案》沿之，復增數則文字，述及北山學者家學源於吕氏：《文憲王魯齋先生柏》小傳下馮雲濠案云：「父瀚，東萊弟子。」《汪先生開之》小傳爲參酌《金華府志》新增，有云：「東萊弟子獨善之孫也。」《修職王成齋先生珹》小傳爲參酌《王忠文公集》新增，有云：「其子瀚受業吕成公之門，其孫文憲公柏傳道于何文定，得于朱子門人黄文肅公。先生于文憲爲諸孫，又在弟子列，未嘗輒去左右。」既述朱子師傳，又述家學出於吕氏，蓋發揮全氏所言「浙學之中興」之意。《五經》及史學撰著，北山一脈著述頗豐。王柏、金履祥、許謙撰述前已述之，其學侣、門人、後學撰著如倪公晦《周易管窺》，倪公武《風雅質疑》，周敬孫《易象占》《尚書補遺》《春秋類例》，黄超然《周易通義》二十卷、《或問》五卷、《發例》三卷、《釋象》五卷，張䎖《釋奠儀注》《喪服總數》《四經歸極》《闕里通載》及《孝經口義》一卷，張樞《三傳歸一》三十卷、《刊定三國志》六十五卷、《續後漢書》七十三卷、《林下竊議》一卷、《宋季逸事》，吴師道《春秋胡傳補説》、《易書詩雜説》八卷、《戰國策校注》十卷，孟夢恂《七政疑解》《漢唐會要》，楊剛中《易通微説》，牟楷《九書辯疑》《河洛圖書説》《春秋建正辯》《深衣刊誤》，范祖幹《讀書記》《讀詩記》《羣經指要》，唐懷德《六經問答》，胡翰《春秋集義》，戚崇僧《春秋纂例原旨》三卷、《昭穆圖》一卷、《歷代指掌圖》二卷，馬道貫《尚書疏義》六卷，戴良《春秋經義考》三十二卷、《七十子説》、《鄭氏家範》三卷，楊璲《注詩傳名物類考》，徐原《五經講義》，宋濂、王禕等纂《元史》，宋濂《浦陽人物記》《平漢録》《皇明聖政紀》，王禕《續大事記》七十七卷等皆是。北山一脈經學所擅，乃在《易》《詩》《春秋》，亦與東萊相近。其《五經》學成就與《四書》學相埒，史學次之。

（三）中興浙學之功及學術史貢獻

自四先生崛起，朱學與浙學交融於東浙，陸學復播於四明，朱、陸、吕三家並傳，其間會融、分立不一，肇開浙學新格局。以四先生爲代表的浙學中興，意味著朱學的繁榮及東萊之學的賡續。從浙學流變來看，吕祖謙、陳亮、葉適爲初興，四先生及北山後學爲中興，陽明一脈爲三興，其後更有蕺山、梨洲之四興，樸學浙派之五興。從婺學流變來看，吕祖謙、陳亮、唐仲友稱初興，四先生爲再興，柳貫、黄溍、吴師道、宋濂、王禕、方孝孺諸子爲三興，其後金華之學漸衰。自陽明而後，浙學中心移至紹興，金華學壇不復舊觀。

論四先生與浙學及理學之關係，以下諸説皆可鑒採：黄溍《吴正傳文集序》：「近世言理學者，婺爲最盛。」①方孝孺《文會疏》：「浙水之東七郡，金華乃文獻之淵林」，「自宋南渡，有吕東萊，繼以何、王、金、許，真知實踐，而承正學之傳。復生胡、柳、黄、吴，偉論雄辭，以鳴當代之盛，遂使山海之域，居然鄒魯之風。」②魏驥《重修麗澤書院記》：「四賢之學，其道蓋亦出於東萊派者也」，「竊念書院，昔人雖爲東萊之設，朱、張二先生亦嘗講道其地，人亦蒙其化者，曷

---

① 黄溍《金華黄先生文集》卷十八。

② 方孝孺《遜志齋集》卷八，明嘉靖四十年張可大刻本。

若於今書院論其道派，以朱、吕、張三先生之位設之居堂之中，而併何、王、金、許四先生之位設居其傍，爲配以享之。」①章鋆《重修崇文書院記》：「吾浙自唐陸宣公蔚爲大儒，至宋吕成公得中原文獻之傳，昌明正學，厥後何、王、金、許，逮明方正學、王陽明、劉蕺山，以及國朝陸清獻，其學者粹然一出於正，千百年來，流風尚在。」②張祖年《婺學志》亦具識見，其説可與《宋元學案》相參看。祖年作《婺學圖》，以范浚、吕祖謙、朱熹、張栻爲四宗，以「麗澤講學」爲婺學開宗。黄榦傳朱、吕、張之學，四先生即朱、吕、張之嫡脈。祖年之譜四先生，視闞較黄百家《金華學案》稍闊大。

四先生學術史貢獻，王禕《元儒林傳》言之詳且確矣，其論曰：「程氏之道，至朱氏而始明；朱氏之道，至金氏、許氏而益尊。用使百年以來，學者有所宗嚮，不爲異説所遷，而道術必出于一，可謂有功於斯道者矣。大抵儒者之功，莫大于爲經。經者，斯道之所載焉者也。有功于經，即其所以有功于斯道也。金氏、許氏之爲經，其爲力至矣，其於斯道謂之有功，非耶？」③商輅《重建正學祠記》亦有見解：「三代以下，正學在《六經》，治道在人心，非有諸儒闡

---

① 魏驥《南齋先生魏文靖公摘稿》卷六，明弘治間刻本。
② 章鋆《望雲館文稿》，清光緒十四年刻本。
③ 王禕《王忠文公集》卷十四。

明之，則天下貿貿焉，又惡知孔孟之書爲正學之根柢，治道之軌範」，「四先生生東萊之鄉，出紫陽之後，觀感興起，探討服行，師友相成，所得多矣」，「夫正學具於《六經》，原於人心者，其體也；見於治道者，其用也。《六經》既明，則人心以正，治道以順，而正學之功，於斯至矣。然則四先生有功於《六經》，即有功於正學；有功於人心，即有功於治道。」①

世人於四先生之貢獻，仍不無異辭，如吕留良《程墨觀略論文》三則其二云：「程子曰：今之學有三，而異端不與焉，一訓詁，一文章，一儒者。余按：今不特儒者絶於天下，即文章、訓詁皆不可名學，獨存者異端耳。昔所謂文章，蘇、王之類也；訓詁，則鄭、孔之類也。今有其人乎？故曰不可名學也。而有自附於訓詁者，則講章是也。儒者正學，自朱子没，勉齋、漢卿僅足自守，不能發皇恢張。再傳盡失其旨，如何、王、金、許之徒，皆潛畔師説，不止吴澄一人也。自是講章之派，日繁月盛，而儒者之學遂亡，惟異端與講章觭互勝負而已。」②陸隴其《松陽鈔存》卷上引吕氏此説，論云：「愚謂吕氏惡禪學，而追咎於何、王、金、許以及明初諸儒，乃《春秋》責備賢者之義，亦拔本塞源之論也。然諸儒之拘牽附會，破碎支離，潛背師説者

---

① 商輅《商文毅公集》卷十，明萬曆三十年劉體元刻本。
② 吕留良《吕晚村先生文集》卷五，清雍正三年吕氏天蓋樓刻本。

誠有之，而其發明程朱之理以開示來學者，亦不少矣。」①姚椿《何王金許合論》辯説：「至謂四氏之説，或有潛畔其師者，雖陸氏亦有是言。夫毫釐秒忽之間，誠不可以不辨」，「自漢學盛行，競言訓詁，學使者試士，至以四先生之學爲背繆。夫四先生之學，愚誠不敢謂其與孔、孟、程、朱無絲毫之異，然言漢學者，不敢詆孔、孟，而無不詆程、朱。詆程、朱者，詆孔、孟之漸也。夫既以程、朱爲非，則其于四先生也何有？是視向者觝排之微辭，其相去益以遠矣。夫四家言行，各有所至，要皆力務私淑，以維朱子之緒，其居心不可謂不正，而立言不可謂不公。」②又引許謙《與趙伯器書》「由傳注以求經，由經以知道，藴而爲德行，發之爲文章事業」之説③，論云「四氏之學，大約盡於此言」④。所言庶幾允當矣。

① 陸隴其《松陽鈔存》卷上，清刻《陸子全書》本。
② 姚椿《晚學齋文集》卷一，清咸豐二年刻本。
③ 許謙《許白雲先生文集》卷三。
④ 姚椿《晚學齋文集》卷一。

四、四先生著述概況

宋元人著述體例，不當以今之標準來衡論。四先生解經，重於義理，自王柏以下，兼重訓詁考據，講求融會貫通。其解經之法，承朱、吕著述之統，諸如編次勘定、標抹點書、句讀段畫、表箋批注、節録音釋，皆以爲真學問，與經傳注疏之學相通。在王柏等人看來，經書篇目勘定次第、去取分合，意義甚而在撰文立説之上，「標抹點書」亦撰著之一體。故王柏《行狀》盛贊何基「無一書一集，不加標注」①，「無一書一集，不施朱抹，端直切要」②。葉由庚《壙誌》稱説王柏「無一書一集，不加標注」，「一言之題，一點之訂，辭不加費而義以著明」。柳貫《金公行狀》載金履祥「無一書不加點勘，鉛黄朱墨，所以發其凡」。黄溍《墓誌銘》謂許謙句讀《九經》《儀禮》《三傳》，鉛黄朱墨，明其宏綱要旨、錯簡衍文。因此，四先生「標抹點書」，當亦列入著述。四先生著述數量，以王柏最富，何基最少，金履祥、許謙數量大體相當。以下分作考述：

---

① 王柏《何北山先生遺集》卷四附録，《金華叢書》本。

② 王柏《何北山先生遺集》卷四附録。

（一）何基著述

葉由庚《壙誌》稱何基「志在尚行，訒於立言」。《金華叢書》本《何北山先生遺集》卷四録王柏《行狀》稱：「先生平時不著述，惟研究考亭之遺書」，編類《大學發揮》十四卷、《中庸發揮》八卷、《易大傳發揮》二卷、《易啓蒙發揮》二卷、《太極通書西銘發揮》三卷，「有力者皆已板」，又有《近思録發揮》未刊定，《語孟發揮》未脱稿，「《文集》一十卷，裒集未備也」。何基次子何鉉《北山先生文定公家傳》稱：「先生不甚爲文，亦不留稿，今所裒類《文集》，得三十卷。從先生遊者，惟魯齋王聘君剛明造詣，問答之書前後凡百數。」①《文定公壙記》又云：「《文集》三十卷，編未就。」②《宋史》本傳稱《文集》三十卷，吴師道《節録何、王二先生行實寄文史局諸公》則曰：「先生集三十卷，而與王公問辨者十八卷。」③王柏撰《行狀》，不見於明刻本《魯齋集》，亦罕見他集載及。《金華叢書》本作「《文集》一十卷」，其「一」字疑爲「三」字之誤。檢萬曆《金華府志》卷十六《人物》之《何基傳》，摘録王柏《行狀》，作「《文集》三十卷」。康熙《金華

① 《東陽何氏宗譜》卷二，清咸豐己未重修本。
② 《東陽何氏宗譜》卷二，清咸豐己未重修本。
③ 吴師道《吴禮部文集》卷二十。

縣志》卷七《雜志類》著録《北山集》三十卷，亦可證之。

何鉉《北山四先生文定公家傳》云：「其他諸經有標題者，皆未就緒，今不復見成書矣。」吴師道《節録何、王二先生行實寄文史局諸公》稱何基：「所標點諸書，存者皆可傳世垂則也。」①以上諸書外，何基尚有「標抹點書」數種：

《儀禮點本》，佚。吴師道《題儀禮點本後》：「北山何先生標點《儀禮》，其本用永嘉張淳所校定者。某從其曾孫景瞻借得之……夫以難讀之書，使按考注疏，切訂文義，以分句讀，非數月之功不可。今蒙先正之成而趣辦于半月之間，可謂易矣。……張淳校本，朱子猶有未滿。今先生間標一二，于字音圈法甚畧，或發一二字而餘不及，蓋使人必其自求之耳。今悉仍其舊，而不敢有所增也。」②

《四書點本》，存佚未詳。吴師道《請傳習許益之先生點書公文》：「何氏所點《四書》，今温州有板本。」又，《題程敬叔讀書工程後》：「北山師勉齋，魯齋師北山，其學則勉齋學也。二公所標點，不止於《四書》，而《四書》爲顯。」程端禮《程氏家塾讀書分年日程》卷一「自八歲入學之後」條言讀《四書》應至爛熟爲止，仍參看「何北山、王魯齋、張達善句讀、批抹、畫截、表

① 吴師道《吴禮部文集》卷二十。
② 吴師道《吴禮部文集》卷十八。

注、音考」①。

何基標抹其他經傳之書，俟再考證。其著述雖少，不計標抹之書，亦逾六十卷。

（二）王柏著述

王柏考訂羣書，經史子集，靡不涉獵，著述逾八百卷。王三錫《題文憲公集後》：「生平博覽群書，參微抉奥，往往發前人所未發，當時著述八百餘卷。」②馮如京《重刻魯齋遺集序》：「闡《六經》，羽翼聖傳，即天文地理，旁及稗史，靡不精究，著述不下八百餘卷。」③吴師道《節録何、王二先生行實寄文史局諸公》詳記王柏著述：「有《讀易記》《讀書記》《讀詩記》各十卷、《讀春秋記》八卷、《論語衍義》七卷、《太極圖衍義》一卷、《伊洛精義》一卷、《研機圖》一卷、《魯經章句》三十卷、《論語通旨》二十卷、《孟子通旨》七卷、《書附傳》四十卷、《左氏正傳》十卷、《續國語》四十卷、《闡學之書》四卷、《文章續古》三十五卷、《文章復古》七十卷、《濂洛文統》二百卷、《擬道學志》二十卷、《朱子指要》十卷、《詩可言》二十卷、《天文考》一卷、《地理

① 黄宗羲等《宋元學案》卷八十七。
② 王柏《魯齋王文憲公文集》。
③ 王柏《魯齋集》，清順治十一年馮如京刻本。

考》二卷、《墨林考》十六卷、《大爾雅》五卷、《六義字原》二卷、《正始之音》七卷、《帝王曆數》二卷、《江右淵源》五卷、《伊洛指南》八卷、《涵古圖書》一卷、《詩辨説》一卷、《書疑》九卷、《涵古易説》一卷、《大象衍義》一卷、《雜志》二卷、《周子》二卷、《發遺三昧》二十五卷、《文章指南》十卷、《朝華集》十卷、《紫陽詩類》五卷、《文集》七十五卷、《家乘》五十卷。又有親校刊刻諸書，無不精善。比年婺屢毁，散落已多。」所載諸書通計七百九十四卷，標抹諸經尚未記。

吴師道《敬鄉録》卷十四又云：「北山所著少，而有諸書發揮，傳布已久。魯齋所著甚多，比年燼於火，傳抄者僅存。」德祐二年以後，王柏著述大都散失。至元二十六年至二十七年間，金履祥募得諸稿，攜同門士各以類集，雜著卷帙少者用《朱子大全集》之例各附入，編爲《王文憲公文集》。履祥《魯齋先生文集目後題》：「今存於《長嘯醉語》者，蓋存而未盡去也」，「間因述所考編，以求訂證，謂之《就正編》」。迨至端平甲午，學成德進，粹然一出於正。自是以來，一年一集，以自考其所進之淺深，所論之精粗。自甲午至癸卯，凡五卷，謂之《甲午稿》。其後類述倣此，《甲辰稿》二十五卷、《甲寅稿》二十五卷、《甲子稿》二十五卷。其雜著成編者，《論語衍義》七卷、《涵古圖書》一卷、《研幾圖》一卷、《詩辯説》二卷、《書疑》九卷、《涵古易説》一卷、《大象衍義》一卷、《太極衍義》一卷。其餘編集不在此數也。其程課、交際、出處、事爲、著述前後，則見於《日記》。履祥又嘗集公與北山先生來往問答之詞，爲《私淑編》」，「《就正編》

《大象衍義》，北山先生亦俱有答語，與履祥所集《私淑編》，當依《延平師友問答》之例，別爲一書。但《大象》乃公所拈出，謂爲夫子一經，故其《衍義》亦自入集。講義雖嘗刊於天台而未盡，間亦有再講者，今皆入集。」所述《長嘯醉語》《就正編》《日記》《上蔡書院講義》、履祥所輯王柏與何基往來問答之《私淑編》，皆不見於吴師道《節録何、王二先生行實寄文史局諸公》載記。《詩辯説》二卷，即《詩疑》二卷。《讀易記》十卷、《讀書記》十卷、《讀詩記》十卷不傳，今未詳《詩辯説》《書疑》諸書與之内容重複之況。

今人程元敏撰《王柏之生平與學術》，《自序》云：「王氏遺書，爲世人所習知者，不過《書疑》《詩疑》及《魯齋文集》而已。及檢書目，又得《研幾圖》與後人纂輯之《魯齋正學編》。復於《程氏讀書工程》中，見《正始之音》全文。而《詩準》《詩翼》，諸家目録誤題爲何、倪二氏所作者，亦因考之縣志而正其誤，於是總得七書。然去魯齋本傳所言八百卷之數尚遠。因更考其師友與元明人著作，復得魯齋佚詩文數百條。」①第二編《著述考》，按經、史、子、集詳考王柏著述，今録吴師道《節録行實》列目未書、金履祥《魯齋先生文集目後題》所未載及，鑒采程元敏考據，列之如下，并略作補證：

《易疑》，佚。王崇炳雍正七年序金履祥《大學疏義》：「魯齋博學弘文，著書滿車，今所存

---

① 程元敏《王柏之生平與學術》，華東師範大學出版社，二〇一二年，第五頁。

亦少，而《大學定本》《詩疑》《禮疑》《易疑》等編，曾於四明鄭南溪家見之。」①

《繫辭注》二卷，佚。《授經圖》卷四《諸儒著述》附歷代《三易》傳注，云：「《繫辭注》二卷，王柏。」然程元敏謂「殊可疑」。

《禹貢圖說》一卷，佚。見《聚樂堂藝文目録》《萬卷堂書目》《金華經籍志》《經義考》。

《詩考》，佚。康熙《金華縣志》著録。

《禮疑》，佚。王崇炳嘗於鄭性家見之。

《紫陽春秋發揮》四十卷，殘。見葉由庚《壙誌》引王柏題《春秋發揮》。

《春秋左傳注》二十卷，佚。《授經圖》卷十六《諸儒著述》附歷代《春秋》傳注著録。然程元敏謂「洵可疑」。

《大學疑》，殘。《晁氏寶文堂分類書目》著録。

《大學定本》，佚。王崇炳嘗於鄭性家見之。

《訂古中庸》二卷，佚。《經義考》著録。

《標抹點校四書集注》，佚。宋定國等《國史經籍志》載王柏「手校《四書集注》二十四册，抄本」。吴師道《題程敬叔讀書工程後》：「某頃年在宣城見人談《四書集注》批點本，亟

---

① 金履祥《大學疏義》，《金華叢書》本。

稱黄勉齋，因語之曰：『此書出吾金華，子知之乎？』其人咈然怒而不復問也。……四明程君敬叔著《讀書工程》以教學者，舉批點《四書》例，正魯齋所定，引列於編首者，而亦誤以爲勉齋，毋乃惑於傳聞而未之察歟？」程端禮《程氏家塾讀書分年日程》卷一言熟讀《四書》，仍參看「何北山、王魯齋、張達善句讀、批抹、畫截、表注、音考」，卷二《批點經書凡例》列《勉齋批點四書例》，即吴師道所言「正魯齋所定」。又，吴師道《請傳習許益之先生點書公文》：「王氏所點《四書》及《通鑑綱目》，傳布四方。」程元敏《著述考》既列此條，又列《批點標注四書》一條：「《批點標注四書》二卷，殘。」《批點標注四書》又見《經義考》《金華經籍志》著録。細察吴師道《題程敬叔讀書工程後》《請傳習許益之先生點書公文》，所標注《四書》，即《四書集注》。

《標抹點校資治通鑑綱目》五十九卷，佚。見葉由庚《壙誌》、吴師道《請傳習許益之先生點書公文》。

《朱子繫年録》，佚。見王柏《朱子繫年録跋》。

《重改庚午循環曆》，殘。見王柏《重改庚午循環曆序》。

《重改石筍清風録》十卷，殘。見王柏《重改石筍清風録序》。

《（魯齋）故友録》一卷，殘。王柏編，見萬曆《金華縣志》存《自序》。

《魯齋清風録》十五卷，殘。見王柏《魯齋清風録序》。

《考蘭》四卷，殘。見王柏《考蘭序》。

《陽秋小編》一卷，佚。見王柏《跋徐彦成考史》。

《天地萬物造化論》一卷，存。王柏撰，明周顒注。

《批注敬齋箴》十章，佚。朱熹箴，王柏批注。金履祥《濂洛風雅》卷一録《敬齋箴》，注云：「王魯齋嘗批注，又講于天台。」

《上蔡書院講義》一卷，殘。金履祥《魯齋先生文集目後題》：「《講義》雖嘗刊於天台而未盡。」吴師道《題程敬叔讀書工程後》篇末注：「魯齋亦有《類聚朱子讀書法》一段，在《上蔡書院講義》中。」

《天官考》十卷，佚。《世善堂書目》著録。

《雅藏録》，佚。見王柏《跋寬居帖》。

《朱子詩選》，佚。見王柏《朱子詩選跋》。

《朱子文選》，佚。見宋濂《題北山先生尺牘後》。

《雅歌集》，殘。見王柏《雅歌序》。

《五先生文粹》一卷，佚。《聚樂堂藝文目録》《萬卷堂書目》《千頃堂書目》著録。

《勉齋北溪文粹》，殘。王柏編，何基增定。見王柏《跋勉齋北溪文粹》。

《詩準》四卷、《詩翼》四卷，存。《四庫全書總目提要》：「舊本題宋何無適、倪希程同撰」，

「疑爲明人所僞托。觀其《岣嶁山碑》全用楊慎釋文，而《大戴禮·几銘》並用鍾惺《詩歸》之誤本，其作僞之迹顯然也。」程元敏考辨以爲臺圖藏明郝梁刻《詩準》四卷、《詩翼》四卷，爲王柏所編集，四庫館臣所見之本乃僞作①。又考何欽字無適，咸淳五年夏卒。倪普字君澤，改字希程，婺州人，淳祐十年進士，歷官刑部尚書、簽書樞密院事。今按：《詩準》《詩翼》，宋本尚存國圖。哈佛燕京圖書館藏明朱紱等編《名家詩法彙編》十卷，萬曆五年刻本（四册），卷九爲《詩準》，卷十爲《詩翼》，卷端皆題：「宋金華王柏選輯，明潛川徐珪校正，潛川談緑編次。」末附王柏淳祐三年《序》、楊成成化十六年《序》、嘉靖二年邵鋭《序》。王柏《序》：「友人何無適、倪希程前後相與編類，取之廣，擇之精，而又放黜唐律，法度益嚴。予因合之，前曰《詩準》，後曰《詩翼》。」是書殆王柏次定之力爲多，《詩準》《詩翼》當題何欽、倪普編類，王柏次定。

程元敏輯考《上蔡師説》《魯齋詩話》等，嫌於牽强，其他大都詳覈，多所發明。

（三）金履祥著述

金履祥著述，按徐袍《宋仁山金先生年譜》：寶祐二年，作《讀論語管見》；咸淳六年，自弱冠以後至是歲雜詩文三册，彙爲《昨非存稿》；德祐元年，自咸淳七年至是歲雜詩文二册，

① 程元敏《王柏之生平與學術》上册，第四二八頁。

自題《仁山新稿》；至元十七年，撰成《資治通鑑前編》，凡十八卷，《舉要》二卷；至元二十八年，自德祐二年至是年雜詩文二册，自題《仁山亂稿》；至元二十九年，是歲以後雜詩文題《仁山噫稿》；元貞二年，編次《濂洛風雅》成；大德六年，《大學指義》成。又有《大學疏義》，早年所作；《尚書表注》《尚書注》《論語集注考證》《孟子集注考證》，不知成於何年；編王柏與何基往來問答之詞爲《私淑編》。

以上通計之，凡十四種。標抹批注又有數種：

《樂記標注》，佚。柳貫《金公行狀》：履祥疑前儒《樂記》十一篇之説，反復玩繹，「則見所謂十一篇者，節目明整，了然可考，而《正義》所分，猶爲未盡，於是一加段畫，而旨義顯白，無復可疑」①。

《中庸標注》，佚。吴師道《讀四書叢説序》：「仁山於《大學》《論》《孟》有《考證》，《中庸》有《標抹》。」②章贄《仁山金文安公傳畧》：「若《大學疏義》《中庸標注》《論孟考證》，我成祖皆載入《大全》，固已萬世不磨矣。」③吴師道《題程敬叔讀書工程後》「金氏《尚書表注》《四書疏義考

① 柳貫《柳待制文集》卷二十。
② 吴師道《吴禮部文集》卷十一。
③ 金履祥《仁山先生金文安公文集》卷五，清雍正九年東藕堂刻本。

證》。」注云：「金止有《大學疏義》《論孟考證》。」

《四書集注點本》，佚。吴師道《請傳習許益之先生點書公文》：「金氏、張氏所點，皆祖述何、王。」

《禮記批注》，存。江西省圖書館藏宋本《鄭注禮記》二十卷，顧廣圻《跋》：「此撫州公使庫刻本《禮記》，是南宋淳熙四年官書，於今日爲最古矣。」書中批注千餘條，黄靈庚先生考證謂履祥批注。今按：《禮記》卷四《王制第五》「凡四海之内，九州」以下數章，眉批：「履祥按：方百里，惟以田計。青、兖、徐、豫，山少田多，故疆界若狹。冀與雍，田少山多，故疆界其闊。」可與履祥《答趙知縣百里千乘説》相參證。履祥有《中庸標注》《大學指義》《大學疏義》《樂記標注》，其中《中庸》《大學》無批注，《樂記》僅間有夾批注明數字之音，則不可解。

《夏小正注》，存。國圖藏明刻本楊慎集解《夏小正解》一卷，卷端題：「戴氏德傳，王氏應麟集校，金氏履祥輯。」國圖藏清乾隆十年黄叔琳刻本《夏小正》一卷，卷端題：「戴德傳，金履祥注，濟陽張爾岐稷若輯定，北平黄叔琳崑圃增訂，海虞顧鎮備九參校。」二本所載履祥注，皆録自《通鑑前編》。

《仁山文集》，存。履祥詩文先後自訂爲四稿，集久散落。明正德間，董遵收拾散佚，刻爲《仁山先生文集》五卷，卷一至卷四爲履祥自作詩文，卷五爲附録。正德刻本不存，今傳明萬曆二十七年金應騶等校刻本、明抄本、舊抄本等，雖有三卷、四卷、五卷之異，然皆祖于正德本，僅有篇目多寡、附録增删之異。

（四）許謙著述

許謙著述，按黄溍《白雲先生墓誌銘》：《讀四書叢説》二十卷；《詩集傳名物鈔》八卷；《讀書叢説》六卷；《温故管窺》若干卷；《治忽幾微》若干卷。又有《三傳義例》《讀書記》「皆稿立而未完」；門人編《日聞雜記》「未及詮次」；有《自省編》，「晝之所爲，夜必書之，迨疾革，始絶筆」。載及書名者，以上凡九種。朱彝尊《經義考》卷一百九十四著録《春秋温故管闚》，云：「未見。陸元輔曰：先生於《春秋》有《温故管闚》，又著《三傳義例》。《義例》未成。」[①]錢大昕《元史藝文志》卷一著録《春秋温故管闚》《春秋三傳義疏》。《義疏》，當即《義例》。以上九種外，黄溍《墓誌銘》載及而未言書名，及所未載及者，又有十餘種：

《假借論》一卷，佚。焦竑《國史經籍志》卷二著録「許謙《假借論》一卷」[②]。《焦氏筆乘》卷六載及「許謙《假借論》」[③]。并見《千頃堂書目》《元史藝文志》著録。

---

① 朱彝尊《經義考》卷一百九十四，清乾隆二十年盧見曾續刻本。

② 焦竑《國史經籍志》卷二，明刻本。

③ 焦竑《焦氏筆乘》卷六，明萬曆三十四年謝與棟刻本。

《詩集傳音釋》二十卷，存。《經義考》卷一百十一著録《羅氏復詩集傳音釋》二十卷，存。云：「按：曹氏静惕堂有藏本，乃合白雲許氏《名物鈔》而音釋之。」①《鐵琴銅劍樓目録》卷三著録元刊本《詩集傳音釋》二十卷：「題東陽許謙名物鈔音釋，後學羅復纂輯。黄氏《千頃堂書目》始著於録，流傳頗少。《凡例》後有墨圖記云：『至正辛卯孟夏，雙桂書堂重刊。』猶元時舊帙也。其書全載集傳，俱雙行夾注，音釋即次集傳末，墨圍『音釋』二字以别之」，「蓋以《名物鈔》爲主，更采他説以附益之，與《凡例》所云正合。然此但摘録許書音釋，而其考訂名物則不具載，且音釋亦間有不録者。」②

《絳守居園池記注》一卷，存。《四庫全書總目提要》：「唐樊宗師撰，元趙仁舉、吴師道、許謙注」，「皇慶癸丑，吴師道病其疏漏，爲補二十二處，正六十處。延祐庚申，許謙仍以爲未盡，又補正四十一條。至順三年，師道因謙之本，又重加刊定，復爲之跋。二十年屢經竄易，尚未得爲定稿，蓋其字句皆不師古，不可訓詁考證，不過據其文義推測，鉤貫以求通。」

《四書集注點本》，佚。吴師道《請傳習許益之先生點書公文》：「乃金氏高弟，重點《四書章句集注》。」

① 朱彝尊《經義考》卷一百十一。

② 瞿鏞《鐵琴銅劍樓目録》卷三，清光緒間常熟瞿氏家塾刻本。

《儀禮經注點校》，佚。吴師道《儀禮經注點校記異後題》：「許君益之點抹是書，按據注疏，參以朱子所定，將使讀者不患其難。」①黄溍《白雲許先生墓誌銘》：「於《三禮》，則參伍考訂，求聖人制作之意，以翼成朱子之説」，「又嘗句讀《九經》《儀禮》《三傳》，而於其宏綱要旨，錯簡衍文，悉别以鉛黄朱墨，意有所明，則表見之。其後友人吴君師道得吕成公點校《儀禮》，視先生所定，不同者十有三條而已，其與先儒意見吻合如此。」

《九經點校》，佚。見上引黄溍《白雲許先生墓誌銘》。吴師道《請傳習許益之先生點書公文》稱許謙「重點《四書章句集注》，及以廖氏《九經》校本再加校點。他如《儀禮》、《春秋》《公》《穀》二『傳』並注，《易程氏傳》、朱氏《本義》，《詩朱氏傳》，《書蔡氏傳》，朱子《家禮》，皆有點本，分别句讀，訂定字音，考正謬訛，標釋段畫，辭不費而義明。用功積年，後出愈精，學士大夫咸所推服」。宋末廖瑩中刊《九經》，即《周易》《尚書》《毛詩》《禮記》《周禮》《左傳》《論語》《孝經》《孟子》，有《孝經》，無《儀禮》，有《論語》《孟子》，無《公羊傳》《穀梁傳》。故黄溍《墓誌銘》並舉《九經》《儀禮》《三傳》。

《三傳點校》，佚。見上引黄溍《白雲許先生墓誌銘》、吴師道《請傳習許益之先生點書公文》。許謙校點，除句讀外，尚訂定字音，考正訛謬，標釋段畫。

① 吴師道《吴禮部文集》卷十五。

文》。許謙《春秋温故管闚》《春秋三傳義疏》并佚，與《三傳點校》殆各沿其例爲書。

《書蔡氏傳點校》，佚。許謙《回南臺都事鄭鵬南浼點書傳書》：「近辱蕭侯傳示教命，俾點《書傳》。舊不曾傳點善本前輩，方欲辭謝，又恐有辜盛意，遂以己意謾分句讀」，「圈之假借字樣，舊頗曾考求，往往與衆不合，今以異於衆者，具别紙上呈。標上舊題爲《蔡氏書傳》。謹按：古來傳注，必先題經名，然後曰某人注」，「乞命善書者易題曰《書蔡氏傳》，庶幾於義而安。」①又一書云：「某比辱指使點正《書傳》，不揣蕪陋，弗克辭謝，輒分句讀，汙染文籍。」②鄭雲翼字鵬南，延祐二年官南臺都事，延祐六年遷廣東道肅政廉訪使，泰定元年陞兵部尚書。許謙應雲翼之請點校蔡沈《書集傳》，吴師道《請傳習許益之先生點書公文》亦言及是書，今未見傳。

《易程氏傳點校》，佚。見上引吴師道《請傳習許益之先生點書公文》。其不名《程氏易傳》，《回南臺都事鄭鵬南浼點書傳書》已言之。

《易朱氏本義點校》，佚。見上引吴師道《請傳習許益之先生點書公文》。《易朱氏本義》，即《周易本義》。其不名《朱氏易本義》，《回南臺都事鄭鵬南浼點書傳書》已明之。

---

① 許謙《許白雲先生文集》卷三。

② 許謙《許白雲先生文集》卷四。

《詩朱氏傳點校》，佚。見上引吴師道《請傳習許益之先生點書公文》。《詩朱氏傳》，即《詩集傳》。其不名《朱氏詩傳》，《回南臺都事鄭鵬南浼點書傳書》已明之。

《家禮點校》，佚。見上引吴師道《請傳習許益之先生點書公文》。

《典禮》，佚。許鴻烈《八華山志》卷中《金仁山、許白雲立謚咨文》：「若《三傳義疏》《典禮》《讀書記》，皆未脱稿者也。」末署「元至正七年八月初九日」①。此又見於清宣統三年重修本《桐陽金華宗譜》卷一，題作《爲金、許二先生請謚咨文始末》。黄溍《墓誌銘》僅言「有《三傳義例》《讀書記》，皆稿立而未完」。《典禮》，疑爲《三傳典禮》。許謙熟於古今典禮政事，黄溍《墓誌銘》：「搢紳先生至於是邦，必即其家存問焉。或訪以典禮政事，先生觀其會通而爲之折衷，聞者無不厭服。」今難得其詳，俟再考證。

《八華講義》，佚。許謙《八華講義》：「講問辨析，有分寸之知，敢不傾竭爲諸君言？苟所不知，不敢穿鑿爲諸君誑。」②許謙講學八華山中，四方來學。《八華山志》卷中《道統志》收許謙題《八華講義》及所撰《八華學規》《童稚學規》《答門人問》。《八華講義》蓋爲講義之題，非止一篇題作，未刻行，久佚。明正德間陳綱重刻《許白雲先生文集》，改《八華講義》作《金華講義》。

---

① 許鴻烈《八華山志》卷中，民國戊寅重修本。

② 許謙《許白雲先生文集》卷四。

《歷代統系圖》，佚。戚崇僧《白雲歷代指掌圖説》：「白雲先生《歷代統系圖》，自帝堯元載甲辰，迄至元十三年丙子，總三千六百三十三年，取義已精，愚約爲《指掌》，以便觀玩。」末署「至正乙酉，金華戚崇僧述」①。崇僧爲許謙高弟子，字仲咸，金華人。著有《春秋纂例原指》三卷、《四書儀對》二卷、《歷代指掌圖》二卷等書。雍正《浙江通志》著録《歷代指掌圖》二卷，注云：「金華戚崇僧著，見黄溍《戚君墓誌》。」②《歷代指掌圖》二卷，今佚。按崇僧《序》，其書乃據許謙《歷代統系圖》「約爲《指掌》」。季振宜《季滄葦書目》著録「抄本《歷代統系圖》，一本」③，未詳即許謙之書否。

《許氏詩譜鈔》，存。吴騫《元東陽許氏詩譜鈔跋》：「元東陽許文懿公嘗以鄭、歐之譜世次容有未當，别纂《詩譜》，繫於《詩集傳名物鈔》」，「特所序諸國傳世曆年甚悉，有足資討覈者。爰爲輯訂，附於《詩譜補亡》之後。」④許謙不滿於鄭玄《詩譜》、歐陽修《詩譜》，以爲世次有所未當，别纂《詩譜》，附《詩集傳名物鈔》各卷之末，未單行。吴騫輯訂《詩譜補亡》，從《名物

① 《蓉麓戚氏宗譜》卷二，民國十九年庚午重修本。
② 雍正《浙江通志》卷二百四十三，清文淵閣《四庫全書》本。
③ 季振宜《季滄葦書目》，清嘉慶十年黄氏士禮居刻本。
④ 吴騫《愚谷文存》卷四，清嘉慶十二年刻本。

鈔》採録《許氏詩譜》一書，有拜經樓刻本。

《白雲集》存。黄溍《白雲許先生墓誌銘》：「其藏於家者，有詩文若干卷。」不言集名。按《八華山志》，東陽許三畏字光大，自幼師事許謙，許謙殁，「乃萃其遺稿，手鈔家藏，待後以傳，賴以不墜」。明人李伸幼時得許謙殘編於祖妣王氏家，皆許氏手稿，明正統間編次《白雲集》四卷。成化二年，張瑄得金華陳相之助，刻行於世。正德間，金華陳綱重刻之，改題《白雲存稿》。

五、關於《全書》整理的幾點説明

四先生自王柏以下貫通經史，考訂羣書，著述弘富。據各類文獻著録可知，王柏著作逾八百卷，金履祥、許謙著作亦多。何基篤守師説，其書題作「發揮」者即有七種，《文集》三十卷裒集未備。惜四先生著述大都散佚，今存不足三十種，多爲精華。如何基著作，胡鳳丹編《何北山先生遺集》四卷，凡詩一卷、文一卷、《解釋朱子齋居感興詩》一卷、附録一卷，篇章寥寥。然四先生解經沿朱、吕之統，若考訂篇目、編類勘定、標抹點校、句讀段畫、批注音釋等，皆爲所重，以爲真學問，可羽翼經傳，有補聖賢之學。此次編纂四先生傳世著述，囊括四部，廣作蒐討，復作甄選，批注、次定之書，亦在收録範圍，冀得四先生著作大全。

前此已述「北山四先生」之目其來有自，故兹編四先生著述名曰《北山四先生全書》（以下簡稱《全書》）。《全書》分爲「何基卷」「王柏卷」「金履祥卷」「許謙卷」凡四編，别附《北山四先生全書外編》（以下簡稱《外編》）一册。收録内容如下：

何基卷：《何北山先生遺集》四卷。

王柏卷：《書疑》九卷；《詩疑》二卷；《研幾圖》一卷；《天地萬物造化論》一卷；《魯齋王文憲公文集》二十卷。

金履祥卷：《尚書注》十二卷；《尚書表注》二卷；《禮記批注》二十卷；《宋金仁山先生大學疏義》一卷；《論語集注考證》十卷；《孟子集注考證》七卷；《通鑑前編》十八卷、《舉要》二卷；《仁山先生文集》三卷；《濂洛風雅》七卷。

許謙卷：《讀書叢説》六卷；《讀四書叢説》八卷；《詩集傳名物鈔》八卷；附《詩集傳名物鈔音釋纂輯》二十卷；《許白雲先生文集》四卷；《絳守居園池記注》一卷。

《全書》并收四先生批注、編類之書，惜所得已尠，僅金履祥編《濂洛風雅》、許謙等人《絳守居園池記注》一卷而已。何基《解釋朱子齋居感興詩二十首》，胡鳳丹已編入《何北山先生遺集》。王柏《正始之音》不分卷，收入《魯齋王文憲公文集》附録。楊慎輯解《夏小正解》一卷、吴騫編訂《許氏詩譜鈔》一卷，分從《資治通鑑前編》《詩集傳名物鈔》中輯録，且有文字改易，雖單行於世，《全書》不重複收録。羅復纂輯《詩集傳音釋》二十卷，亦與《名物鈔》重複，且有改易，然今存《名物鈔》最早傳本爲明抄二種，《詩集傳音釋》存元正至雙桂書堂刊本，可相參證，故附收之。

又有四先生詩文佚篇、講學語録、零句斷章，散見他書。《全書》則廣考方志史料、經史典籍、宗譜家乘、别集總集，勾稽佚篇，以詩文爲主，録爲補遺，附於各集之後。《全書》補遺增至二百餘篇。大略《何北山先生遺集》增《補遺》一卷，凡詩文、語録各一卷，更補附録三卷。《魯齋王文憲公文集》增《補遺》、附録各一卷。《仁山先生文集》增《補遺》二卷、附録四卷。《許白雲先生文集》增《補遺》二卷、附《八華山志》一種、附録五卷。至於王柏、金履祥、許謙語録、雜著，可輯爲條目者尚有不少，因考校非短時可畢功，姑俟將來。

另外，整理者各竭其力，輯録年譜、碑傳志銘、序跋題贈等爲附録，凡一家之資料，分附各卷後，而四先生合評之資料則另編爲《外編》一册，綴於《全書》之末。

本次整理之特點，大體有以下四點：

一是内容全備，首次結集。本書所收四先生著述，盡量蒐羅完備，拾遺補缺，并附研究資料之集成。四先生著作已出整理本數種，《全宋詩》《全宋文》《全元詩》《全元文》各沿體例，收録四先生詩文。《全書》之整理或酌情鑒採前賢時哲已有成果，廣泛蒐討有價值校本，以成新編；或别覓良善底本、校本，新作董理；或未有整理本，首次進行校勘標點。至於蒐輯補遺、編類附録，用力頗勤。故《全書》編校之事可謂首創，求全、求備、求精，雖未臻其目標，然自有新意，覽者可察之。

二是底本、校本良善。在當前條件下，搜集購訪底本、參校本已較過去爲易，然亦非没有難度。先是用時幾近半年進行調查研究，甄選整理底本、參校本。如許謙《讀四書叢説》，今傳八卷本，有元刻本、清刻本及抄本多種。國圖藏元刻本八卷，《讀論語叢説》三卷原缺，常熟瞿氏以所得德清徐氏藏元刻本配之，遂爲合璧本。國圖藏清嘉慶間何元錫影抄元本與《宛委别藏》本《讀論語叢説》三卷，并據德清徐氏舊藏本影寫。臺北故宫博物院藏元刻本八卷殘帙，又藏舊抄本八卷，據元刻本寫録，顯非據於德清徐氏舊藏元本。浙圖藏明藍格抄本八卷，有清佚名校注。國圖藏瞿氏鐵琴銅劍樓影元抄本，據合璧本影抄。此外，又有國圖藏嘉慶間何元錫刻本、《經苑》本、《金華叢書》本。今訪得諸本，詳作考訂，乃以元刻八卷合璧本爲底本，參校殘元本五卷、舊抄本八卷、明藍格抄本八卷等本。

三是勾稽拾遺。以四先生著述多散佚，遍檢方志、宗譜、總集等，勾稽佚作，用力仍多在詩文，所得逾二百篇。如《魯齋集》輯佚詩六十六首、詞一闋、文十七篇。《仁山集》輯佚作四十三篇，附存疑六篇，約當本集三之一。《白雲集》輯佚文三十四篇（含殘篇二篇）、佚詩十四首及許謙之子許亨文二篇，約當本集四之一。

四是立足考據。在研究的基礎上進行校點整理，有關考證涉及版本源流、篇目真僞、文獻輯佚等方面。如《仁山文集》，傳世明抄本、舊抄本庶幾見正德本原貌，而抄寫多誤字，萬曆刻本經履祥裔孫校勘，訛誤爲少，勝於後來春暉堂、東藕堂及退補齋諸刻。東藕堂刻本有補苴之功，惜文字臆改居多，徒增歧説，非别有善本據依。《金華叢書》本、《四庫全書》本少有校讎之功，復多擅改之弊，實無足觀。故此次整理，以萬曆刻本爲底本，僅參校明抄本、舊抄本、春暉堂刻本、東藕堂刻本。又如輯佚，翻覽宗譜數千種，所得篇目亦豐。然據宗譜勾稽，可信度下方志一等。宗譜良莠不齊，時見攀附僞托之作，且編集校印多不精，故異姓之譜常見一人同篇，同宗之譜時見一篇分署多人。或一望而知假托，或詳考而始明真僞，採輯遂不得不慎。附録資料亦然，篇目真僞亦需考辨。如《芋園叢書》本《金氏尚書注》集前《金氏尚書注自序》末署「寶祐乙卯重陽日，蘭溪吉父金仁山書」，實宋人方岳之筆，見於《秋崖集》卷四十《滕和叔尚書大意序》，朱彝尊《經義考》作「方岳序」，不誤。《碧琳琅館叢書》本《金氏尚書注》集前亦録此僞作。《芋園叢書》本《金氏尚書注》又有王柏《金氏尚書注序》，并是僞托。《碧琳琅館叢書》本《金氏尚書注》又有《金氏尚書注跋》一篇，末署「歲在丁巳仲春望日，桐陽叔子金履祥書於桐山書軒」，實方時發之筆。署柳貫《書經周書注敍》及佚名《金氏尚書注跋》，皆係僞托。今人蔡根祥、許育龍等已證《芋園叢書》本、《碧琳琅館叢書》本《金氏尚書注》繫僞作。今鑒取相關成果，詳作考辨，盡量避免僞作羼入。

《全書》整理之議，始於二〇一四年。先是浙江師範大學與金華市政協合作編纂《吕祖謙全集》，歷時八年，成十六册，二〇〇八年由浙江古籍出版社印行。繼與金華市委宣傳部合作編纂《重修金華叢書》，歷時七年，彙輯二百册，二〇一三至二〇一四年由上海古籍出版社印行。其時我們以復興浙學爲己任，提倡從基礎文獻梳理與學術史建構兩方面對浙學展開研究，以爲四先生有功浙學匪小，整理四先生之書亟爲當前所需，遂於《重修金華叢書》首發式上，倡議整理《北山四先生全書》。經多方呼籲，金華市委宣傳部於二〇一七年聯合浙師大啓動《全書》編纂，委托我們負責組織團隊，開展整理工作。陳開勇、王鯤、慈波、崔小敬、宋清秀教授，孫曉磊、鮑有爲、方媛、李鳳立、金曉剛博士先後參與進來。二〇二〇年，《全書》入選「浙江文化研究工程」重大項目。前後歷時四年，今夏終於完稿。各書整理者名氏已標册端，此不一一介紹。黄靈庚、李聖華擬定體例，通讀全稿，并各自承擔校勘任務。

《全書》整理出版，無疑是浙學研究史上一件盛事。我們參與其中，投入心力，可謂人生之幸事。在此衷心感謝金華市委宣傳部副部長曹一勤女士，浙師大副校長鍾依均教授，上海古籍出版社高克勤社長、奚彤雲編審、劉賽副編審給予大力支持，一編室黄亞卓、楊晶蕾編輯等人悉心校讀全稿，多所訂正，使得《全書》得以減少訛誤，在此一併表示謝意。

由於整理者學識水平所限，《全書》整理定會存在不妥及錯誤之處，祈盼讀者不吝指正。

黄靈庚　李聖華

二〇二一年九月二十日

凡例

一、《全書》所收四先生著述，在廣徵版本基礎上，考訂其源流、異同、得失、優劣，從而裁定底本與校本。金律刻《率祖堂叢書》本、胡鳳丹編《金華叢書》本及文淵閣《四庫全書》本（簡稱「庫本」），皆因擅自改易而慎爲取用。大體庫本在棄用之列；若其他版本難稱良善，始取《率祖堂叢書》本、《金華叢書》本用作底本，或作校補之用。

二、《全書》校勘、輯佚以及各書附録編集，皆留意考證，力求黜僞存真。因補遺之文托名僞作不乏見，且多得自宗譜家乘，慮其編纂校印良莠不齊，故採輯謹慎，以免濫入。

三、《全書》整理成於衆手，分册出版，整理者名氏標於册端。各册均由整理者撰寫前言或點校説明，以述明本册整理情況。底本卷端或標編次、校刊名氏，今均省去，於書前點校説明略載述之。

四、《全書》校勘大體遵循以下規則：一般底本不誤，他本誤者，不出校記。底本文字顯有譌誤，如訛、脱、衍、倒等，宜作改易，撰寫校記。偶有文字漫漶殘損者，用他本校補；無可補者，用缺字符□標識，并出校記。諱字回改，古人刻抄習見己、已、巳不分之類，徑用其正字。異體字、通假字、古今字，均不出校。虚字非關涉文意者，亦不出校。校記不徒列異文，間列考據，庶明其是非、高下。

整理説明

黄靈庚

宋本鄭注《禮記》批注，附於《禮記》漢鄭玄注宋淳熙四年撫州公使庫鋟刻本。末有清顧廣圻嘉慶丙寅題跋，云：「此撫州公使庫刻本《禮記》，是南宋淳熙四年官書，於今日爲最古矣。末有名銜一紙，裝匠誤分入《釋文》首，不知者輒認以爲舊監本。非也。」又署「澗蘋」爲題跋語一通，衹敘此書重雕始末。但是，顧氏對於眉端、行間批語，其爲何人所作，終無一語道及。粗略統計，批語近一千條，少者一字，多者數百言，錯落其間。且識斷多精到，斷非庸儒所能語。

批語稱「履祥按」者有五條：《檀弓》下「工尹商陽」一段，眉批曰：「程子不亦爲然。《家語》此章之下，『子路怫然而進曰：「人臣之節，當君大事，唯力所及，死而後已，夫子何善此？」子曰：「然如汝言也。吾取其有不忍殺人之心而已。」』履祥按：《家語》所載詳備，程子似不必疑。」《王制》首批云：「虞氏中云：『此篇乃漢文帝博士諸生所作。』李氏曰：『劉氏《七略》，其《本制》、《兵制》、《服制》等篇。今但有一篇。疑小戴所删。』履祥按：文公《儀禮》有《王制》十篇，蓋得古意。」《王制》「凡四海之内」一段，眉批曰：「封建，制禄。文公曰：『漢儒之説，只是立一個算法，非惟施之當今不可，求之昔時，亦有難曉者。且如九州之地，冀州極闊，雍州亦闊，若青、兗、徐、豫則疆界有不足者矣。設是夏時封建之國，革命之後不成地，多者削其國以予少者，如此則彼未必服，或以生亂。又如周王以原田與晉文公，其民不服，至於伐之。蓋世守其地，不欲從它人。若封王弟子，必須有空地方可封。』履祥按：方百里惟以田計。青、兗、徐、豫山少田多，故疆界若狹。冀與雍田少山多，故疆界其闊。」《月令》「孟春行夏令」一段，眉批曰：「或問：『孟春行夏令等處，不知是天行令，是人行令？』文公曰：『是人行此令，則召天之災。』履祥按：《月令》每月自有當行之政，若不行當月之政，而行它時之政，則它時之氣應之，而災異至矣。」《祭義》「氣也者神之盛也」一段，眉批曰：「文公曰：『夫子答宰我問鬼神一段，好。陰陽乍離之際，彷佛如有所睹。昭明所謂光景者，焄蒿是升騰氣象，悽愴是令人感動模樣。墟墓之間，未施哀於民而民哀是也。洋洋乎如在其上，如在其左右，正謂此。』履祥按：『洋洋乎』二句是説昭明焄蒿，『墟墓之間』是説悽愴。」從書寫字跡看，所有批語皆當出於一人，而「履祥」者，即爲本書批注之人，不庸置疑。

但是，考以「履祥」爲名或字者，自宋以下蓋亦夥頤。舉其大較，如宋季有曾穎瑞字履祥，建昌南城人（見程鉅夫《曾履祥墓誌銘》）。元初，有趙重福字履祥，豐州人（見《金史·循吏傳》）。有汪克寬字履祥，新安人（見丁丙《善本書室藏書志》）。明代更多，洪武間，有應履祥，浙東奉化人（見陳道《（弘治）八閩通志》）。有楊譓字履祥，浦城人（見張昶《吳中人物志》）。

有名「羅履祥」（見程敏政《三月三十日遣興呈羅履祥黄彭叟詩》）。有韓履祥，號采芝，海鹽人，作詩曰《懷惟則大師》（見徐象梅《兩浙名賢録》）。有楊履祥，崑山人（見方鵬《崑山人物志》）。永樂間，有葉孟禎字履祥，閩人（見葉向高《家譜》）。弘治間，有趙履祥，字旋夫，涇縣人（見董天錫《（嘉靖）贛州府志》）。成化間，有顧履祥，顧眉臣次子，崑山人（見陸深《文康顧公行狀》）。正德間，有龍履祥，陽明先生門人（見陳繼儒《見聞録》卷六）。隆慶間，有張履祥，長汀縣人（見張朝瑞《皇明貢舉考》卷八）。嘉靖間，有徐履祥，長洲人（見范守己《皇明肅皇外史》）。有陳瑞字履祥，江浦人（見黄佐《南廱志》）。有陳履祥字光庭，祁門人（見鄒元標《願學集·文臺陳公傳》）。有馮履祥字君德，慈溪人（見凌迪知《古今萬姓統譜》）。天啓間，鄭履祥（見陳建撰，江旭奇集要《皇明通紀集要》卷五八）。方履祥，吴興人（見程嘉燧《仲姨丈方翁素川兄八十壽序》）。崇禎末，有沈履祥，字其旋，慈溪人（見清查繼佐《魯春秋》）。清初，亦有張履祥，號考甫，人稱楊園先生，桐鄉人（見陳和志《（乾隆）震澤縣志》）。用排除之法逐一稽審，以上諸人皆無緣批注宋本鄭注《禮記》，以其多非講學者流。縱或爲理學先賢若明之龍履祥、清之張履祥者，論之以時及所批内容，似不宜如是之晚矣，又比勘其筆迹，亦甚不類。

據筆者所斷，其實批注者即蘭溪金履祥。金氏之學，爲朱子嫡傳：朱子傳其婿黄榦，黄榦傳何基，何基傳王柏，王柏傳金履祥，金履祥傳東陽許謙。史稱「金華四先生」或「北山四先生」。金氏批語，引「文公」（朱説）最多，且以「文公」之説爲是非準的或立論依據。如，《曲禮》

上「禮聞取於人不聞取人」批注引文公曰：「取於人，是有朋自遠方來，童蒙求我；取人，是好爲人師，我求童蒙。」《檀弓》上「其慎也」句批注：「慎引，文公謂此處未可曉。」《學記》「一年視離經辨志」句批注：「文公曰：『此段是致知之要，上二字説學，下二字説所得。』」《孔子閒居》「嗜欲將至，有開必先」句，批引文公曰：「《家語》作『有物將至，其兆必先』。却是若説嗜欲，則又成不好底意。」類此凡四十餘條，蓋其篤信師説，故承傳其學如此。

除文公外，復引「劉瓛説」。瓛，字子珪，沛國相人。南齊時，官步兵校尉。著《周易繫辭義疏》《周易乾坤義》《毛詩序義疏》《孝經説》等，今皆放失不存，蓋金氏之時猶存其説。復引「伊川程子説」。程子即程頤，字正叔，號伊川。宋神宗元豐八年，以通直郎召授崇政殿説書，入侍經筵。紹聖中，孔文仲奏程頤爲「五鬼之魁」。其於《禮》學言説，散見於二程《語録》。復引「王安石説」。安石字介甫，撫州臨川人。宋仁宗慶曆二年進士，累除知制誥。神宗時，召爲翰林學士。熙寧三年，拜中書門下平章事。七年罷。明年再入相，九年罷。謚文公。復引「胡明仲説」。即胡寅也，字明仲，福建崇安人。寅，胡安國弟之子，宋徽宗宣和進士。南渡後，官起居郎。著有《讀史管見》、《斐然集》等，有關《禮記》論述，散見於其所著。復引「藍田吕氏説」。即吕大臨，字與叔，京兆人。官秘書省正字。著有《芸閣禮記解》十六卷。陳振孫《直齋書録解題》：「《館閣書目》作一卷，止有《表記》、《冠》、《昏》、《鄉》、《射》、《燕》、《聘義》、《喪服四制》凡八篇。今又有《曲禮》上下、《中庸》、《緇衣》、《大學》、《儒行》、《深衣》、《投壺》八篇。此晦庵朱氏所傳本，刻之臨漳射垛書坊。稱芸閣呂氏解者，即其書也。《續書目》始别載之。」其所引文，蓋出於《芸閣禮記解》。復有「陳止齋説」。止齋，即陳傅良，字君舉，號止齋，温州瑞安人。宋孝宗乾道八年進士，歷官吏部員外郎，擢秘書少監，兼嘉王府贊讀，除起居舍人、起居郎等。著《周禮説》三卷，所引「止齋説」，蓋出于此。或引「秀巖李氏」説。即李氏心傳，字微之，號秀巖。隆州井研人。宋寧宗慶元間，賜進士出身。理宗端平間，官工部侍郎。著《禮辯》二十三卷，其所引「李氏説」，蓋出于此。復引「勉齋説」，即黄榦，字直卿，號勉齋，著《儀禮通解續》、《孝經本旨》等，引文皆出於此。如，《雜記》上「大夫士喪服」一段批曰：「大夫士喪之變，王肅非之。黄勉齋謂從肅説。」亦是從其師説之意。復引「嚴陵方氏」，即方逢辰。字君錫，淳安人，居蛟峰，因以爲號。宋淳祐十年舉進士第一。著有《孝經解》、《易外傳》、《尚書釋傳》、《大學中庸注釋》等格物入門諸書行於世。以上諸家，皆爲金履祥以前先哲、前賢，未見有在其後者。又，《深衣》引「慈溪黄氏曰」，即黄震是也。震字東發，號文潔，慈溪人。引文見《黄氏日抄·讀禮記》。震與金履祥大略同時。金履祥生於宋理宗紹定五年壬辰，卒於元大德七年癸卯；黄震生於宋寧宗嘉定六年癸酉，卒於元至元十七年庚辰。二人同出朱子，道相同，學亦相承，得聞其説而引之，亦不足爲怪。

再者，觀其字跡端正不苟，與履祥所存遺墨比勘，似不分軒輊。據上三端，斷其爲金履祥所批注，當無可疑慮。且此刻本雖爲南宋孝宗淳熙間所録，在金氏之時尋常可見，故塗抹批改，亦不甚珍惜。傳至元、明以後，則已爲珍稀賣籍，其珍藏之唯恐不及，何至於如此塗改耶？推之以事理，亦絶無可能。

《内則》一篇，數引《通解》。或者頗疑謂明郝敬所作《禮記通解》，遂斷爲明人郝敬以後名「履祥」者所批注。非也。案《通解》者，其批注又稱「《儀禮通解》」。《喪大記》「君設大盤造冰焉」一句，眉批曰：「用冰，《儀禮通解》在『沐浴』章内。」《儀禮通解》，朱熹之所作。是其内證。知其引《通解》，非《禮記通解》明甚。又，《内則》篇首眉批：「《通解》，《内則》第五。《通解》一『后王』止『共帥』、『時子婦孝者』止『與之』。」又，「男不言内女不言外」段眉批：「《通解》三『爲堂室辨内外』止『女不出』、『男不言内』止『由左入』。」又，「適子、庶子，祗事宗子」段眉批：「《通解》別入《五宗解》(案在第七)。」又，於「羹食」段眉批：「飲食之等，《通解》『羹食』以下至『稻米爲酏』並入《五學篇》(在第三十二)。」又，「曾子曰：孝子之養老也」段眉批：「孝子養老，《通解》此節別入。」又，「故妾雖老」段眉批：「妾禮。《通解》四『夫婦之禮』止『當夕』。」又，「妻將生子」段：「生子，《通解》五『妻將生子』止『女否』。」逐條核對，無一不與朱子《儀禮通解》合，而與郝敬《禮記通解》比勘，無一吻合。則以爲《禮記通解》云云，謬甚。由此可知，此書批注，歸爲宋金履祥之所作，庶幾可以定讞矣。

《禮記》四十九篇，究爲何人所作？歷來紛紜聚訟，莫衷一是。金氏於各篇之首，皆爲眉批自斷。其於各篇要旨、性質、作者及内容所因等多所稽考、論列，且出己見，極有參考價值。

如：《曲禮》上批曰：「劉氏《别録》屬制度，禮之本。」《曲禮》下批曰：「朱子曰：『《曲禮》必别有一書叶韻，如《弟子職》之類。如篇首「若思」、「定辭」、「民哉」，及「上堂」、「聲揚」、「入户」、「必下」，皆叶韻。今上、下篇，却是後人補湊而成，不是成篇做底。』」《檀弓》上：「《檀弓》上、下篇多記喪禮，疑出子游之筆及其門人所記。」《王制》：「劉氏《别録》屬制度。」《月令》：「李氏心傳曰：『《月令》，《别録》屬《明堂陰陽》。』」《曾子問》：「文公曰：『《曾子問》一篇，都是問喪祭變禮微細處，想是經禮聖人平日已説底，都一一理會了。只是變禮未説底，須要人逐一問過。』」《禮運》：「劉氏《别録》屬《通論》。」又曰：「《禮運》一篇，子游所作，其發明有過高之意。首章易流於《莊子》之失，然《莊子》則誇大□而訑□皇，慕高虚而滅禮法，所以害道。此章首推大道世而言，風氣既開，風俗既流，三代聖人於是因禮以持之。今三代之禮既失，周禮又廢壞，所以爲亂。人君欲治天下，則莫大於禮。積而至於大順，則亦可以復大同之世矣。」又曰：「或問《禮運》似與《老子》同。文公曰：『不是聖人書。胡明仲曰：「《禮運》是子游所作，《樂記》是子貢所作。」子游亦不至如此淺近。』」見其所批，説有據依。又見金氏亦並不默守師説，而是廣覽博取，未守一家。其學術風貌頗類吕祖謙。黄宗羲稱其爲「浙學中興」，確爲篤實之論。

據批注内容，字義訓詁居之太半，見金氏小學功夫深厚、精湛，體現浙學據實求真學術品格，大致類分爲五端。一是校正宋本《禮記》文字，求版本之真。如，《檀弓》下「人喜則斯陶，陶斯咏，咏斯猶，猶斯舞，舞斯愠，愠斯戚，戚斯歎，歎斯辟，辟斯踴矣」批曰：「三字誤衍。喜陶、咏摇、舞愠、戚歎、辟踴。」其謂「舞斯愠」爲衍文，當删。二是徵引他書，臚列文字異文，以資參考之需。如，《月令》「鴻雁來」，引《吕氏》、《淮南》作「候雁社」。三是金氏注音，多補前所不及。其注音或用反切或爲直音，皆爲側批於所注之字，是研究宋代語音的重要文獻。如，《曲禮》上「毋咤食」之「咤」批「陟嫁」、「徹飯齊」之「齊」批「牋西」、《曲禮》下「苞屨」之「苞」批「白表」之類。四是字義訓釋。如，《曲禮》上「長者不及，毋儳言」句批曰：「儳，倉鑒切。暫，雜也。《唐書》『儳路』，音同。」《檀弓》上「細人之愛人也以姑息」句批曰：「姑息，王介甫曰：『且止也。』」若此類者，雖不常見，蓋在於明其比喻之旨。五是審辨句讀，亦即斷句。如，《曲禮》上篇，以「人生十年曰幼學」、「二十曰弱冠」、「三十曰壯有室」等句，「幼」下、「弱」下、「壯」下皆宜斷句，稱「陸司農句，文公是之」。《學記》「大學之教也」下，稱「學習之方」，舊讀「學」字爲句，屬下文，以語對章指觀之，當與上句爲偶。以「退息必有居學」六字爲句。蓋古者大學以時聚會，而教之必有正業，其退息之時，又必有閑居之學。正業者學中之常程，居學者閑居之博習。若上文操縵、博依、興藝，皆閑居之所學也，故以藏息游脩總之。又按文公《語録》亦曰「大學之教也」作一句，「時教必有正業」句，「退息必有居學」句。

金氏發明禮義，不遺餘力，雖廖廖數語，往往提綱絜領，直至淵奥。僅略舉《曲禮》上、下二篇數則爲例，讀之皆得頓悟之妙。如，《曲禮》上篇「鸚鵡能言，不離飛鳥」句批曰：「人異於禽獸者以禮。」又,「往而不來,非禮也」句批曰:「交際之禮。」又,「人生十年曰幼,學。二十曰弱,冠。三十曰壯,有室」句批曰:「年德之節。」禮儀中以喪禮最爲繁複,治禮者以見其頭緒爲難。《問喪》一篇,專講喪禮,金氏藉此以發明行禮序次、關節。篇首至「身不安美也」一段批曰「始死」,言孝子父母始死之時所爲也。「三日而斂」至「迎精而反」一段批曰「斂」,謂行斂禮。「其往送也」至「心絶志悲而已矣」一段批曰「反哭」,謂孝子不見親人之哀戚心境。古之「容禮」,業已放失。而《玉藻》「凡行」一段爲士、大夫「容禮」遺存。金氏批「凡行,容愓愓,廟中齊齊,朝廷濟濟翔翔。君子之容舒遲,見所尊者齊遬。足容重,手容恭,目容端,口容止,聲容静,頭容直,氣容肅,立容德,色容莊」一段曰「容」,蓋以爲古之「容禮」。「坐如尸」句批曰「坐容」;「燕居告温温」句批曰「燕容」;「凡祭,容貌顔色,如見所祭者」句批曰「祭容」;「喪容纍纍,色容顛顛,視容瞿瞿梅梅,言容繭繭」句批曰「喪容」;「戎容暨暨,言容詻詻,色容厲肅,視容清明。立容辨卑,毋讇,頭頸必中。山立,時行,盛氣顛實揚休」一節批曰「戎容」。據其所言,「容」之佚禮亦可窺測大概。金氏批注尤其注意上下文關節,可視初讀《禮記》之嚮導。如,《檀弓》上篇「孔子少孤,不知其墓」句批曰:「上文『孔子既得合葬防』,宜在此章之下。」蓋追尋其行文脈絡所在。又,「夏后氏尚黑」一段批曰:「三代所尚之色。」意謂此以下所以明夏黑、商赤、周黄之服色。《玉藻》「史進象笏」句批曰:「笏,因進笏而并書。」又,「凡尊」句批曰:「尊,因賜爵而并書。」金氏批語時或發揮禮制、禮儀、禮節等名目之旨。如《檀弓》上篇「司寇惠子之喪，子游爲之麻衰，牡麻絰」句批曰：「立適，古人不必親相與言，以禮相示而已。然亦是文子則可，若它人責之，亦不喻也。」講立適禮制。又，「拜而後稽顙」句批曰：「《家語》：子張有父之喪，公明儀相焉。門稽顙於孔子，孔子曰『拜而後稽顙』云云。」講求拜、稽禮儀。《檀弓》下篇「晉獻公之喪，秦穆公使人弔公子重耳」一段批曰：「秦穆公使人弔重耳，亦弔夷吾。重耳不私而夷吾致私。穆公雖賢重耳而先納夷吾，私其賂也。穆公本明，而私欲昏之耳。」講藉弔禮以行公私。《喪大記》：「君將大斂」一段批曰：「入斂，則尸南首，故父兄反在堂下，臨首也。外宗南面臨之也。」講入斂禮之節目。釋禮制之等列。《禮運》「醆斝及尸君」句批曰：「醆斝，先王之爵，惟王者之後用之，其餘諸侯用之者僭也。」是明用器之等列。又，「是謂幽國」句批曰：「祝嘏辭説，藏於有司，而君不知其義，是謂幽國。」蓋取其不知禮之意。故於「故政者，君之所以藏身也」一段批曰：「此後推明人君欲治天下非禮不可。」重申其義。如此等等，則不勝其舉也。

《禮》經所稱「陰厭」、「陽厭」、「綏祭」者，究爲何義？《曾子問》一篇雖提及之，然略而不詳。金氏批曰：「厭祭，祝酌奠於硎南。祝奠訖，且復以辭享告神，是室奧陰陽之處，故云『陰厭』。旅酬之後，祝告禮成，尸起，主人降佐食，徹尸俎，設於西北隅，所謂『陽厭』。旅，旅酬也。受嘏之後，嗣子舉奠訖，賓生取薦南之爵，酬長兄弟，長兄弟酬衆賓。衆賓酬衆兄弟。嘏祝與二佐食取黍以授尸，尸執以命祝，祝受以東北面嘏于主人曰：『皇尸命工祝承致多福于汝孝孫。』綏祭尸出，迎尸，尸入即席，坐而執祝前之觶。祝命尸綏祭，尸取菹于醢祭于豆間及祭黍稷肺等，是謂尸綏祭也。尸酢主人，主人拜受爵，工佐食取黍稷肺，授主人。主人受佐食坐，祭之，所謂『綏祭』也。」則其庶無遺義。又，何謂「權制」？金氏概括《喪服四制》「八者權制」之義，批曰：「一、父在爲母，二、童子婦人，三、言而後事行者，四、身自執事者，五、秃者，六、傴者，七、跛者，八、老病者。」謂以爲以上八類行喪者不能以常禮繩之，如執杖、踴、袒、食酒肉與否，皆可以權宜行事。

金氏修正舊説，發明新意。《郊特牲》「大夫强而君殺之」句批曰：「大夫强而君殺之，義也。《正義》謂大夫盛强君能殺之，以消絶惡，原其得義。按文義，當云『大夫而饗君，非禮也』，此乃臣强君弱之意。其事由三桓始。」《仲尼燕居》「是故以之居處」一段批曰：「嚴陵方氏曰：『居言其常居，處言其暫處，田以所處之利言，獵以所獲之物言之。室有奥阼，席有上下，所謂居處有禮也。故長幼辨，父父、子子、兄兄、弟弟、夫夫、婦婦，所謂閨門有禮也，故族和。設官分職，列爵分土，所謂朝廷有禮也，故官爵序。春蒐夏苗，秋獮冬狩，所謂田獵有禮也，故戎事閑。進退有度，左右有局，所謂軍旅有禮也，故武功成。戎以器言，武以道言。三族：父子、兄弟、夫婦。』」又，「敢問夔其窮與」句批曰：「《舜典》，命伯夷典禮，而伯拜稽首，讓於夔龍。則夔非不達於禮者。此亦後世流傳之辭，夫子亦因其言戒學者耳。」

金氏論禮在於躬行其事，體現在日常生活中。其以爲禮貴於心誠，外在表現爲敬。《祭義》：「先王之所以治天下者五：貴有德，貴貴，貴老，敬長，慈幼。」批曰：「因孝以及忠順弟慈。」所謂由仁至忠、由内及外。又，「宰我曰吾聞鬼神之名」一段批曰：「文公曰：『夫子答宰我問鬼神一段，好。陰陽乍離之際，仿佛如有所睹。昭明所謂光景者。焄蒿是升騰氣象，悽愴是令人感動模樣。墟墓之間，未施哀於民而民哀是也。洋洋乎如在其上，如在其左右，正謂此。』履祥按：『洋洋乎』二句是説昭明焄蒿，『墟墓之間』是説悽愴。」誠於内而見於外之意。《表記》「君子莊敬日强」句批曰：「伊川先生甚愛此論。」又曰：「君子不可一日使其心蹔然雜，便如不可度日。蓋不肯一日墮於非正也。」金氏又謂禮之用至大至廣，而亡國之君往往不知。《哀公問》「君臣嚴」一段批曰：「於當時事體尤切，哀公不能詳問。『夫婦别，父子親』，亦是其本原。」意謂「君臣嚴」由「夫婦别」、「父子親」起。又，「大昏」句批曰：「自『大昏』爲大問答，附會絮緩，殊不簡切。然哀公之病亦或有。」又，「仁人不過乎物」句批曰：「『不過乎物，此義甚大。惜乎哀公不能詳問。」又，篇末「孔子對曰」句批曰：「孔子再引起，哀公訖不能問。」

金氏批《仲尼燕居》「郊社之義」一段曰：「鄭氏曰：『仁猶存也。凡存此者，所以全善之道也。』孔氏曰：『仁，謂仁恩，相存念也。』馬氏曰：『郊社、嘗禘、饋奠之禮，所以全好於其幽者也。射饗，饗之禮，所以全好於其明者也。仁者有推恩而及之之義。郊社，外之祭也，所以仁鬼神。嘗禘，外之祭也，所以仁昭穆。嘗禘，可以言鬼神，而郊社不可以言昭穆。事天地，主於敬，故於郊社言鬼神。事宗廟主於愛，故於禘嘗言昭穆。饋奠之禮，始死之奠也。始死而致祭之，則不仁。此饋奠，所以仁死喪也。習射尚功，所以使之争。習鄉尚齒，所以使之讓。有所争，則壯者有以勵。有所讓，則頒白者不負戴，而車徒避老者。此鄉射之禮，所以待鄉黨者盡矣。故曰鄉射所以仁鄉黨，食以示其愛，饗以示其敬。食饗，所以待賓客者盡矣。然禮始於冠，本於昏，重於喪祭，尊於朝聘，和於射鄉。此不及冠昏者，蓋冠昏在我之事，在我則不可推恩及之，是以不言。』」《表記》「虞夏之道」一段引孔氏曰：「生無私言，序爵必以德，子民如父母愛子也。愛民之志，悽愴惻怛，有忠恕利益之教。君子謂虞朝之臣，君聖臣賢，由舜而得然也。」又引藍田吕氏曰：「節於物，義也。周於物，仁也。尊而有教，義也。親而有愛，仁也。此君子所以尊仁畏義也。所謂君子貴者也，賢者也。有道之世，惟賢者得在高位，富而有禮，故耻費，恐用之不以道也。惠而能散，故輕實，蓋不必藏於己也。實之爲言，財貨之謂也，費則費用其財而已。愛之至，則必忠，忠至於犯則不敬。敬至則有義。一以義斷，或入於不順，則不愛。敬主於别，别則文，文煩則不静。愛主於恩，恩則寬，寬而踰則無辨。故忠而不犯，義而順，文而静，寬而有辨，皆尊仁畏義、親而尊之之道也。」則謂仁愛之義無所不存。

此次整理，爲便於索解，將原本天頭處金氏批注排入正文相應文字下方，以楷體小字出之，以别於宋體小字的《禮記》原注。

禮學深邃，《禮記》難讀，無數十年治學積蓄，恐難勝任。若余者學識凡陋，根柢不實，故其整理不免有悠謬之處，祈高明批評諟正。壬寅之年季春三月七十九翁浙江師範大學人文學院黄靈庚識於古婺麗澤花苑。

禮記卷第一

曲禮上第一 劉氏《别録》屬制度。

禮記　　鄭氏注

《曲禮》曰：禮之本。毋不敬，禮主於敬。儼若思，儼，矜莊貌。人之坐思，貌必儼然。安定辭，審言語也。《易》曰：「言語者，君子之樞機。」安民哉。此上三句可以安民，説《曲禮》者，美之云耳。

敖不可長，欲不可從，志不可滿，樂不可極。四者慢遊之道，桀紂所以自禍。賢者狎而敬之，狎，習也，近也，謂附而近之，習其所行也。《月令》曰：「雖有貴戚近習。」畏而愛之。心服曰畏。曾子曰：「吾先子之所畏。」愛而知其惡，憎而知其善。謂凡與人交，不可以己心之愛憎，誣人之善惡。積而能散，謂己有蓄積，見貧窮者則當能散以賙救之，若宋樂氏。安安而能遷。謂己今安此之安，圖後有害，則當能遷。晉舅犯與姜氏醉重耳而行，近之。臨財毋苟得，爲傷廉也。臨難毋苟免，爲傷義也。很毋求勝，分毋求多。爲傷平也。很，鬩也，謂爭訟也。《詩》云：「兄弟鬩於墻。」疑事毋質，質，成也。彼己俱疑而己成言之，終不然則傷知。直而勿有。直，正也。己若不疑，則當稱師友而正之，謙也。

若夫言若欲爲丈夫也。《春秋傳》曰：「是謂我非夫。」坐如尸，視貌正。立如齊，磬且聽也。齊謂祭祀時。禮從宜，事不可常也。晉士匄帥師侵齊，聞齊侯卒，乃還。《春秋》善之。使從俗。亦事不可常也。牲幣之屬，則當從俗所出。《禮器》曰：「天不生，地不養，君子不以爲禮，鬼神不饗。」

夫禮者，所以定親疏，決嫌疑，別同異，明是非也。禮不妄説人，爲近佞媚也。君子説之，不以其道，則不説也。不辭費。爲傷信。君子先行其言而後從之。禮不踰節，不侵侮，不好狎。爲傷敬也。人則習近爲好狎。脩身踐言，謂之善行。踐，履也。言履而行之。行脩言道，禮之質也。言道，言合於道。質猶本也，禮爲之文飾耳。禮聞取於人，不聞取人。謂君人者，取於人，謂高尚其道。取人，謂制服其身。文公曰：「取於人，是有朋自遠方來，童蒙求我；取人，是好爲人師，我求童蒙。」禮聞來學，不聞往教。尊道藝。

道德仁義，非禮不成；教訓正俗，非禮不備；分争辨訟，非禮不決；君臣上下，父子兄弟，非禮不定；宦學事師，非禮不親；班朝治軍，涖官行法，非禮威嚴不行；禱祠祭祀，供給鬼神，非禮不誠不莊。分、辨，皆別也。宦，仕也。班，次也。涖，臨也。莊，敬也。學或爲御。是以君子恭敬、撙節、退讓以明禮。撙，猶趨也。鸚鵡能言，不離飛鳥；猩猩能言，不離禽獸。今人而無禮，雖能言，不亦禽獸之心乎！人異於禽獸者以禮。夫唯禽獸無禮，故父子聚麀。聚猶共也。鹿牝曰麀。是故聖人作爲禮以教人，使人以有禮，知自別於禽獸。

大上貴德，大上帝皇之世，其民施而不惟報。其次務施報。三王之世，禮始興焉。禮尚往來。往而不來，非禮也。來而不往，亦非禮也。交際之禮。人有禮則安，無禮則危。故曰：禮者，不可不學也。夫禮者，自卑而尊人，雖負販者，必有尊也，而況富貴乎！負販者，尤輕佻志利，宜若無禮然。富貴而知好禮，則不驕不淫；貧賤而知好禮，則志不懾。懾，猶怯惑。

人生十年曰幼，學。名曰幼，時始可學也。《内則》曰：「十年，出就外傅，居宿於外，學書計。」二十曰弱，冠。三十曰壯，有室。有室，有妻也。妻稱室。四十曰强，而仕。五十曰艾，服官政。艾，老也。六十曰耆，指使。指事，使人也。六十不與服戎，不親學。七十曰老，而傳。傳家事，任子孫，是謂宗子之父。八十、九十曰耄。耄，惛忘也。《春秋傳》曰：「謂老將知，耄又及之。」七年曰悼。悼，憐愛也。悼與耄，雖有罪，不加刑焉。愛幼而尊老。百年曰期，頤。期猶要也。頤，養也。不知衣服食味，孝子要盡養道而已。大夫七十而致事。致其所掌之事於君而告老。年德之節。陸司農句，文公是之。若不得謝，謝，猶聽也。君必有命，勞苦辭謝之。其有德尚壯，則不聽耳。則必賜之几杖，行役以婦人，適四方，乘安車，自稱曰「老夫」。几杖、婦人、安車，所以養其身體也。安車，坐乘，若今小車也。老夫，老人稱也，亦明君貪賢。《春秋傳》曰：「老夫耄矣。」於其國則稱名。君雖尊異之，自稱猶若臣。越國而問焉，必告之以其制。鄰國來問，必問於老者以答之。制，法度。

謀於長者，事長之禮。必操几杖以從之。從，猶就也。長者問，不辭讓而對，非禮也。當謝不敏，若曾子之爲。

凡爲人子之禮，事親之禮。冬温而夏清，昏定而晨省，安定其牀衽也。省問其安否何如。在醜夷不爭。醜，衆也。夷，猶儕也。四皓曰：「陛下之等夷。」

夫爲人子者，三賜不及車馬。三賜，三命也。凡仕者，一命而受爵，再命而受衣服，三命而受車馬。車馬而身所以尊者備矣。卿大夫士之子不受，不敢以成尊比踰於父；天子諸侯之子不受，自卑遠於君。故州閭鄉黨稱其孝也，兄弟親戚稱其慈也，僚友稱其弟也，執友稱其仁也，交遊稱其信也。不敢受重賜者，心也，如此而五者備有焉。《周禮》：二十五家爲閭，四閭爲族，五族爲黨，五黨爲州，五州爲鄉。僚友，官同者。執友，志同者。見父之執，不謂之進不敢進，不謂之退不敢退，不問不敢對，敬父同志如事父。此孝子之行也。

夫爲人子者，出必告，反必面，告、面同耳，反言面者，從外來，宜知親之顏色安否。所遊必有常，所習必有業，緣親之意欲知之。恒言不稱老。廣敬。事長。年長以倍，則父事之。謂年二十於四十者。人年二十，弱冠成人，有爲人父之端，今四十於二十者有子道。《内則》曰：「年二十，惇行孝弟。」十年以長，則兄事之。五年以長，則肩隨之。肩隨者，與之並行差退。群居五人，則長者必異席。席以四人爲節，因宜有所尊。

爲人子者，居不主奧，坐不中席，行不中道，立不中門。謂與父同宫者也，不敢當其尊處。室中西南隅謂之奧。道有左右。中門，謂棖、闑之中央。《内則》曰：「由命士以上，父子皆異宫。」食饗不爲槩，槩，量也。不制待賓客饌具之所有。祭祀不爲尸，尊者之處，爲其失子道。然則尸卜筮無父者。聽於無聲，視於無形，恒若親之將有教使然。不登高，不臨深，不苟訾，不苟笑。爲其近危辱也。人之性，不欲見毁訾，不欲見笑，君子樂然後笑。

孝子不服闇，不登危，懼辱親也。服，事也。闇，冥也。不於闇冥之中從事，爲卒有非常，且嫌失禮也。男女夜行以燭。父母存，不許友以死，爲忘親也。死，爲報仇讎。不有私財。

爲人子者，父母存，冠衣不純素。爲其有喪象也。純，緣也。《玉藻》曰：「縞冠玄武，子姓之冠也。縞冠素紕，既祥之冠也。」《深衣》曰：「具父母，衣純以青。」

孤子當室，冠衣不純采。早喪親，雖除喪，不忘哀也。謂年未三十者。三十壯有室，有代親之端，不爲孤也。當室，適子也。《深衣》曰：「孤子衣純以素。」

幼子常視毋誑，視，今之「示」字。小未有所知，常示以正物，以正教之，無誑欺。少儀。童子不衣裘、裳。裘，大温，消陰氣，使不堪苦，不衣裘、裳，便易。立必正方，不傾聽。習其自端正。事長之禮。長者與之提攜，則兩手奉長者之手。習其扶持尊者。提攜，謂牽將行。負、劍，辟咡詔之，負，謂置之於背。劍，謂挾之於旁。辟咡詔之，謂傾頭與語。口旁曰咡。則掩口而對。習其鄉尊者，屏氣也。

從於先生，不越路而與人言。尊不二也。先生，老人教學者。遭先生於道，趨而進，正立拱手。爲有教使。先生與之言則對，不與之言，則趨而退。爲其不欲與己並行。從長者而上丘陵，則必鄉長者所視。爲遠視不察有所問。登城不指，城上不呼。爲惑人。游謁之禮。

將適舍，求毋固，謂行而就人館。固，猶常也。求主人物，不可以舊常，或時乏無，《周禮·土訓》：「辨地物，原其生，以詔地求。」其類。將上堂，聲必揚。警内人也。户外有二屨，言聞則入，言不聞則不入。入户之儀。將入户，視必下。不干掩人之私也。入户奉扃，視瞻毋回。奉扃，敬也。户開亦開，户闔亦闔。不以後來變先。有後入者，闔而勿遂。示不拒人。毋踐屨，毋踖席，摳衣趨隅，必慎唯諾。趨隅，升席必由下也。慎唯諾者，不先舉，見問乃應。

大夫、士出入君門，由闑右。臣統於君。闑，門橛。不踐閾。閾，門限也。入大門至寢門之儀。凡與客入者，每門讓於客。下賓也，敵者迎於大門外。《聘禮》曰：「君迎賓於大門内。」客至於寢門，則主人請入爲席，爲，猶敷也。雖君亦然。然後出迎客。客固辭，又讓先入。主人肅客而入。肅，進也。進客謂道之。入門之儀。主人入門而右，客入門而左。右就其右，左就其左。主人就東階，客就西階。客若降等，則就主人之階。降，下也。謂大夫於君，士於大夫也，不敢輒由其階。卑統於尊，不敢自專。主人固辭，然後客復就西階。復其正。主人與客讓登，升堂之儀。主人先登，客從之，拾級聚足，拾，當爲「涉」，聲之誤也。級，等也。涉等聚足，謂前足躡一等，後足從之併。連步以上。重蹉跌也。連步，謂足相隨不相過也。上於東階則先右足，上於西階則先左足。近於相鄉敬。

帷薄之外不趨，不見尊者，行自由，不爲容也。入則容。行而張足曰趨。堂上不趨，爲其迫也。堂下則趨。執玉不趨，志重玉也。《聘禮》曰：「上介授賓玉於廟門外。」堂上接武，武，迹也。迹相接，謂每移足，半躡之。中人之迹尺二寸。堂下布武，武，謂每移足，各自成迹，不相躡。室中不翔。又爲其迫也。行而張拱曰翔。並坐不橫肱，爲害旁人。授立不跪，授坐不立。爲煩尊者俛仰受之。

凡爲長者糞之禮，必加帚於箕上。拚禮。如是，得兩手奉箕，恭也。謂初執而往時也。《弟子職》曰：「執箕膺揭，厥中有帚。」以袂拘而退，其塵不及長者。謂埽時也。以袂擁帚之前，埽而却行之。以箕自鄉而扱之。扱，讀曰吸，謂收糞時也。箕去棄物，以鄉尊者則不恭。奉席如橋衡。横奉之，令左昂右低，如有首尾然。橋，井上㮙槔，衡上低昂。席禮。請席何鄉？請衽何趾？順尊者所安也。衽，卧席也。坐問鄉，卧問趾，因於陰陽。席南鄉北鄉，以西方爲上。東鄉西鄉，以南方爲上。布席無常，此其順之也。上，謂席端也。坐在陽則上左，坐在陰則上右。

若非飲食之客，則布席，席間函丈。謂講問之客也。函，猶容也。講問宜相對容丈，足以指畫也。飲食之客，布席於牖前。丈，或爲杖。主人跪正席，雖來講問，猶以客禮待之，異於弟子。客跪，撫席而辭。撫之者，答主人之親正。客徹重席，主人固辭。徹，去也。去重席，謙也。再辭曰固。客踐席，乃坐。客安，主人乃敢安也。講問宜坐。主人不問，客不先舉。客自外來，宜問其安否無恙，及所爲來故。將即席，容毋怍，怍，謂顔色變也。兩手摳衣，去齊尺。齊，謂裳下緝也。衣毋撥，撥，發揚貌。足毋蹶，蹶，行遽貌。

先生書策，琴瑟在前，坐而遷之，戒勿越。廣敬也。在前，謂當行之前。虛坐盡後，謙也。食坐盡前。爲污席。坐必安，執爾顔。執，猶守也。長者不及，毋儳言。儳，猶暫也。非類雜。儳，倉鑒切。蹔，雜也。《唐書》儳路，音同。正爾容，聽必恭。聽先生之言，既説又敬。毋勦説，勦，猶擥也。謂取人之説以爲己説。毋雷同。雷之發聲，物無不同時應者。人之言當各由己，不當然也。《孟子》曰：「人無是非之心，非人也。」必則古昔，稱先王。言必有依據。侍坐於先生，侍坐之儀。先生問焉，終則對。不敢錯亂尊者之言。請業則起，請益則起。尊師重道也。起，若今摳衣前請也。業，謂篇卷也。益，謂受説不了，欲師更明説之。子路問政，子曰：「先之勞之。」請益，曰：「無倦。」父召無諾，先生召無諾，唯而起。應辭「唯」恭於「諾」。侍坐於所尊敬，毋餘席，必盡其所近尊者之端，爲有後來者。見同等不起。不爲私敬。燭至，起；異晝夜。食至，起。爲饌變。上客，起。敬尊者。燭不見跋。跋，本也。燭盡則去之，嫌若燼多，有厭倦。尊客之前不叱狗。主人於尊客之前不敢倦，嫌若風去之。讓食不唾。嫌有穢惡。

侍坐於君子，君子欠伸，撰須究。杖屨，視日蚤莫，侍坐者請出矣。以君子有倦意也。撰，猶持也。

侍坐於君子，君子問更端，則起而對。離席對，敬異事也。君子必令復坐。侍坐於君子，若有告者曰：

「少閒，願有復也。」則左右屏而待。復，白也。言欲須少空閒有所白也。屏，猶退也，隱也。凡起居之儀。毋側聽，嫌探人之私也。側聽，耳屬於垣。毋噭應，毋淫視，毋怠荒。遊毋倨，立毋跛，坐毋箕，寢毋伏。斂髮毋髢，冠毋免，勞毋袒，暑毋褰裳。皆爲其不敬。噭，號呼之聲也。淫視，睇眄也。怠荒，放散身體也。跛，偏任也。伏，覆也。髢，髲也，毋垂餘如髲也。免，去也。褰，袪也。髢，或爲肆。

侍坐於長者，屨不上於堂。屨儀。屨賤，空則不陳於尊者之側。解屨不敢當階。爲妨後升者。就屨，跪而舉之，屏於側。謂獨退也。就，猶著也。屏亦不當階。鄉長者而屨，跪而遷屨，俯而納屨。謂長者送之也。不得屏，遷之而已。俯，俛也。納，内也。遷，或爲還。

離坐離立，毋往參焉。進退之儀。離立者，不出中間。爲干人私也。離，兩也。男女不雜坐，不同椸枷，不同巾櫛，不親授。男女之儀。嫂叔不通問，諸母不漱裳。外言不入於梱，内言不出於梱。女子許嫁，纓，非有大故，不入其門。姑、姊妹、女子子，已嫁而反，兄弟弗與同席而坐，弗與同器而食。皆爲重別，防淫亂。不雜坐，謂男子在堂，女子在房也。椸，可以枷衣者。通問，謂相稱謝也。諸母，庶母也。漱，澣也。庶母賤，可使漱衣，不可使漱裳。裳賤。尊之者，亦所以遠別。外言、内言，男女之職也。不出入者，不以相問也。梱，門限也。女子許嫁繫纓，有從人之端也。大故，宮中有災變，若疾病，乃後入也。女子有宮者，亦謂由命士以上也。《春秋傳》曰：「群公子之舍，則已卑矣。」女子十年而不出嫁，及成人可以出矣，猶不與男子共席而坐，亦遠別也。父子不同席。異尊卑也。男女，非有行媒，不相知名。見媒往來傳昏姻之言，乃相知姓名。非受幣，不交不親。重別，有禮乃相纏固。故日月以告君，《周禮》：「凡取判妻入子者，媒氏書之。」以告君，謂此也。齊戒以告鬼神，《昬禮》：「凡受女之禮皆於廟，爲神席以告鬼神。」謂此也。爲酒食以召鄉黨僚友，會賓客也。以厚其別也。厚，重慎也。取妻，不取同姓，故買妾不知其姓則卜之。爲其近禽獸也。妾賤，或時非媵，取之於賤者，世無本繫。寡婦之子，非有見焉，弗與爲友。辟嫌也。有見，謂有奇才卓然，衆人所知。賀取妻者曰：「某子使某，聞子有客，使某羞。」謂不在賓客之中，使人往者。羞，進也，言進於客。古者謂候爲進，其禮蓋壺酒束脩若犬也。不斥主人，昏禮不賀。貧者不以貨財爲禮，老者不以筋力爲禮。禮許儉，不非無也。年五十始杖，八十拜君命，一坐再至。

名子者，名字。不以國，不以日月，不以隱疾，不以山川。此在常語之中，爲後難諱也。《春秋傳》曰：「名，終將諱之。」隱疾，衣中之疾也，謂若黑臀、黑肱矣。疾在外者，雖不得言，尚可指擿，此則無時可辟，俗語云：「隱疾難爲醫。」

男女異長。各自爲伯季也。男子二十，冠而字。成人矣，敬其名。父前子名，君前臣名。對至尊，無大小皆相名。女子許嫁，笄而字。以許嫁爲成人。凡進食之禮，賓客飲食之禮。左殽右胾，食居人之左，羹居人之右。皆便食也。殽，骨體也。胾，切肉也。食，飯屬也。居人左右，明其近也。殽在俎，胾在豆。膾炙處外，醯醬處內，殽胾之外內也。近醯醬者，食之主。膾炙皆在豆。葱渫裔。處末，渫，烝葱也，處醯醬之左。言末者，殊加也。渫在豆。酒漿處右。處羹之右。此言若酒若漿耳，兩有之則左酒右漿。此大夫士與賓客燕食之禮，其禮食，則宜放《公食大夫禮》云。以脯脩置者，左朐劬。右末。亦便食也。屈中曰朐。客若降等，執食興辭，辭者，辭主人之臨己食，若欲食於堂下然。主人興，辭於客，然後客坐。復坐。主人延客祭，延，道也。祭，祭先也。君子有事，不忘本也。客不降等，則先祭。祭食，祭所先進。主人所先進，先祭之，所後進，後祭之，如其次。殽之序，遍祭之。謂胾、炙、膾也，以其本出於牲體也。《公食大夫禮》：「魚、腊、湆、醬，不祭也。」三飯，主人延客食胾，然後辯遍殽。先食胾，後食殽。殽，尊也。凡食殽，辯於肩，食肩則飽也。主人未辯，客不虛口。俟主人也。虛口，謂酳也。客自敵以上，其酳不待主人飽，主人不先飽也。

侍食於長者，主人親饋，則拜而食。勸長者食耳。雖賤，不得執食興辭，拜而已，示敬也。主人不親饋，則不拜而食。以其禮於己不隆。

共食不飽，謙也，謂共羮飯之大器也。共飯不澤手。爲汗生不絜也。澤，謂挼莎也。禮，飯以手。澤，或爲「擇」。毋摶飯，爲欲致飽不謙。毋放飯，去手餘飯於器中，人所穢。毋流歠，大歠，嫌欲疾。毋咤陟嫁。食，嫌薄之。毋齧骨，爲有聲響不敬。毋反魚肉，爲己歷口人所穢。毋投與狗骨，爲其賤飲食之物。毋固獲，爲其不廉也。欲專之曰固，爭取曰獲。毋揚飯，飯黍毋以箸，毋嚃羮，亦嫌欲疾也。嚃，爲不嚼菜。毋絮羮，爲其詳於味也。絮，猶調也。毋刺齒，爲其弄口也。口容止。毋歠醢。亦嫌詳於味也。歠者，爲其淡故。客絮羮，主人辭不能亨。客歠醢。主人辭以窶。優賓。濡肉齒決，決，猶斷也。乾肉不齒決，堅宜用手。毋嘬炙。爲其貪食甚也。嘬，謂一舉盡臠。《特牲》、《少牢》：「嚌之，加于俎。」卒食，客自前跪，徹飯齊，牋西。以授相者。謙也。自，從也。齊，醬屬也。相者，主人贊饌者。《公食大夫禮》「賓卒食，北面取粱與醬以降」也。主人興，辭於客，然後客坐。不聽親徹。

侍飲於長者，酒進則起，拜受於尊所。降席拜受，敬也。燕飲之禮鄉尊。長者辭，少者反席而飲。

長者擧未釂，子妙。少者不敢飲。不敢先尊者。盡爵曰釂。《燕禮》曰「公卒爵而後飲」也。長者賜，少者賤者不敢辭。不敢亢禮也。賤者，僮僕之屬。賜果於君前，其有核者懷其核。嫌棄尊者物也。木實曰果。御食於君，君賜餘，器之溉者不寫，其餘皆寫。重汚辱君之器也。溉，謂陶梓之器。不溉，謂萑竹之器也。寫者，傳己器中乃食之也。勸侑曰御。餕餘不祭，父不祭子，夫不祭妻。食人之餘曰餕。餕而不祭，唯此類也。食尊者之餘，則祭盛之。餕餘之物不以祭，父不以是祭子，夫不以是祭妻。御同於長者，雖貳不辭，謂侍食於長者，饌具與之同也。貳，謂重殽膳也。辭之，爲長者嫌。偶坐不辭。盛饌不爲己。偶坐盛饌不爲己。羹之有菜者用梜，其無菜者不用梜。梜，猶箸也。今人或謂箸爲梜提。

爲天子削瓜者，副普逼。之，巾以絺；副，析也。既削，又四析之，乃横斷之，而巾覆焉。爲國君者華之，巾以綌；華，中裂之，不四析也。爲大夫累力果。之，累，倮也，謂不巾覆也。士疐帝。之，不中裂，横斷去疐而已。庶人齕之。不横斷。

父母有疾，冠者不櫛，行不翔，憂不爲容也。言不惰，徒禾。憂不在私好。琴瑟不御，憂不在樂。食肉不至變味，飲酒不至變貌，憂不在味。笑不至矧，怒不至詈。憂在心，難變也。齒本曰矧，大笑則見。疾止復故。自若常也。有憂者側席而坐，側，猶特也。憂不在接人，不布他面席。有喪者專席而坐。降居處也。專，猶單也。

水潦降，獻遺之禮。不獻魚鼈。不饒多也。獻鳥者佛符勿。其首，爲其喙害人也。佛，戾也。蓋爲小竹籠以冒之。畜鳥者則勿佛也。畜，養也。養則馴。獻車馬者，執策綏。獻甲者，執冑。獻杖者，執末。獻民虜者，操右袂。獻粟者，執右契。獻米者，操量鼓。獻孰食者，操醬齊。獻田宅者，操書致。凡操、執者，謂手所舉以告者也。設其大者，舉其小者，便也。甲，鎧也。胄，兜鍪也。民虜，軍所獲也。操其右袂，制之。契，券要也。右爲尊。量鼓，量器名。凡遺人弓者，張弓尚筋，弛弓尚角。弓有往來體，皆欲令其下曲，隤然順也。遺人無時，已定體則張之，未定體則弛之。右手執簫，左手承弣。簫，弭頭也。謂之簫，簫，邪也。弣，把中。尊卑垂帨。帨，佩巾也。磬折則佩垂。授受之儀，尊卑一。若主人拜，拜，受也。則客還辟，闢。辟拜。辟拜，謙不敢當。主人自受，由客之左，接下承弣，由，從也。從客之左，右客，尊之。接下，接客手下也。承弣，却手則簫覆手與。鄉與客並，然後受。於堂上則俱南面，禮敵者並授。進劍者左首。左首尊也。進戈者前其鐏，在困。後其刃。進矛戟者前其鐓。隊。後刃，敬也。三兵鐏、鐓，雖在下猶爲首。鋭底曰鐏，取其鐏地。平底曰鐓，取其鐓地。進几杖者拂之。尊者所馮依。拂去塵，敬。效馬效羊者右牽之。用右手便。效，猶呈見。效犬者左牽之。犬齛齧人，右手當禁備之。執禽者左首。左首尊。飾羔雁者以繢。繢，畫也。諸侯大夫以布，天子大夫以畫。受珠玉者以掬。慎也。掬手中。受弓劍者以袂。敬也。飲玉爵者弗揮。爲其寶而脆。凡以弓劍、苞苴、簞笥問人者，問，猶遺也。苞苴，裹魚肉，或以葦，或以茅。簞笥，盛飯食者。圓曰簞，方曰笥。操以受命，如使之容。謂使者。

凡爲君使者，使禮。已受命君言，不宿於家。急君使也。言，謂有故所問也。《聘禮》曰：「君有言，則以束帛，如享禮。」君言至，則主人出拜君言之辱。使者歸，則必拜送于門外。敬君命也。此謂國君問事於其臣。若使人於君所，則必朝服而命之。使者反，則必下堂而受命。此臣有所告請於其君。

博聞强識而讓，廣博之文，高强之識。敦善行而不怠，謂之君子。敦厚。禮之本。君子不盡人之歡，不竭人之忠，以全交也。歡，謂飲食。忠，謂衣服之物。《禮》曰：「君子抱孫不抱子。」此言孫可以爲王父尸，子不可以爲父尸。尸，尸必以孫，孫幼則使人抱之。以孫與祖昭穆同。爲君尸者，大夫、士見之則下之，君知所以爲尸者則自下之。尊尸也。下，下車也。國君或時幼少，不能盡識群臣，有以告者，乃下之。尸必式，禮之。乘必以几。尊者慎也。齊者，齊。不樂不弔。爲哀樂則失正，散其思也。

居喪之禮，居喪之禮。毁瘠不形，視聽不衰，爲其廢喪事。形，謂骨見。升降不由阼階，出入不當門隧。常若親存。隧，道也。居喪之禮，頭有創則沐，身有瘍羊。則浴，有疾則飲酒食肉，疾止復初。不勝喪，乃比於不慈不孝。勝，任也。五十不致毁，六十不毁，七十唯衰麻在身，飲酒食肉，處於内。所以養衰老人。五十始衰也。生與來日，死與往日。與，猶數也。生數來日，謂成服杖以死明日數也。死數往日，謂殯斂以死日數也。此士禮貶於大夫者，大夫以上皆以來日數。《士喪禮》曰：「死日而襲，厥明而小斂，又厥明大斂而殯。」則死三日而更言「三日成服杖」，似異日矣。《喪大記》曰：「士之喪，二日而殯，三日之朝，主人杖。」二者相推，其然明矣。與，或爲「予」。知生者弔，知死者傷。因居喪及弔禮。知生而不知死，弔而不傷。知死而不知生，傷而不弔。人恩各施於所知也。弔、傷，皆謂致命辭也。《雜記》曰：「諸侯使人弔，辭曰：『寡君聞君之喪，寡君使某，如何不淑！』此施於生者，傷辭未聞也。説者有弔辭云：『皇天降災，子遭罹之，如何不淑！』此施於死者，蓋本傷辭。辭畢，退皆哭。」弔喪弗能賻，因弔贈及遺饋。不問其所費。問疾弗能遺，不問其所欲。見人弗能館，不問其所舍。賜人者不曰來取，與人者不問其所欲。皆謂傷恩也。見人，見行人。館，舍也。與人不問其所欲，己物或時非其所欲，將不與也。

適墓不登壟。爲其不敬。壟，冢也。墓，塋域。

助葬必執紼，葬，喪之大事。紼，引車索。臨喪不笑，臨喪宜有哀色。揖人必違其位。禮以變爲敬。望柩不歌，入臨不翔。哀傷之無容樂。當食不歎。食，或以樂，非歎所。鄰有喪，舂不相。里有殯，不巷歌。助哀也。相，謂送杵聲。相，助杵之聲，如謳歌然，以忘勞也。適墓不歌，非樂所。哭日不歌，哀未忘也。送喪不由徑，送葬不辟塗潦。所哀在此。臨喪則必有哀色，執紼不笑，臨樂不歎，介胄則有不可犯之色。貌與事宜相配。介，甲也。故君子戒慎，不失色於人。色厲而內荏，貌恭心很，非情者也。國君撫式，在車之容。大夫下之。大夫撫式，士下之。撫，猶據也。據式小俛，崇敬也。乘車必正立。禮不下庶人，爲其遽於事，且不能備物。刑不上大夫。不與賢者犯法，其犯法，則在八議，輕重不在刑書。刑人不在君側。爲怨恨爲害也。《春秋傳》曰：「近刑人則輕死之道。」

兵車不式，行師之禮。尚威武，不崇敬。武車綏而追。旌，盡飾也。綏，謂垂舒之也。武車，亦兵車。德車結旌。不盡飾也。結，謂收斂之也。德車，乘車。史載戴。筆，士載言。謂從於會同，各持其職，以待事也。筆，謂書具之屬。言，謂會同盟要之辭。前有水則載戴。青旌，前有塵埃則載鳴鳶，前有車騎則載飛鴻，前有士師則載虎皮，前有摯獸則載貔貅。載，謂舉於旌首以警衆也。禮，君行師從，卿行旅從。前驅舉此，則士衆知所有。所舉各以其類象。青，青雀，水鳥。鳶鳴則將風。鴻，取飛有行列也。士師，謂兵衆。虎，取其有威勇也。貔貅，亦摯獸也。《書》曰：「如虎如貔。」士，或爲「仕」。行，前朱鳥而後玄武，左青龍而右白虎，招搖在上，急繕一如字。其怒。以此四獸爲軍陳，象天也。急，猶堅也。繕，讀曰勁。又畫招摇星於旌旗上，以起居堅勁軍之威怒，象天帝也。招摇星在北斗杓端，主指者。進退有度，度，謂伐與步數。左右有局，各司其局。局，部分也。

父之讎，讎。弗與共戴天，父者，子之天。殺己之天，與共戴天，非孝子也。行求殺之乃止。兄弟之讎不反兵，恒執殺之備。交遊之讎不同國。讎不吾辟，則殺之。交遊，或爲朋友。

四郊多壘，此卿大夫之辱也。恥。辱其謀人之國不能安也。壘，軍壁也。數見侵伐則多壘。地廣大，荒而不治，此亦士之辱也。辱其親民，不能安荒穢也。

臨祭祭。不惰。爲無神也。祭服敝則焚之，祭器敝則埋之，龜筴敝則埋之，牲死則埋之。此皆不欲人褻之也。焚之，必已不用。埋之，不知鬼神之所爲。凡祭於公者，必自徹其俎。臣不敢煩君使也。大夫以下，或使人歸之。祭於公，助祭於君也。

卒哭乃諱。諱。敬鬼神之名也。諱，辟也。生者不相辟名。衛侯名惡，大夫有名惡，君臣同名，《春秋》不非。禮，不諱嫌名，二名不偏諱。爲其難辟也。嫌名，謂音聲相近，若禹與雨、丘與區也。偏，謂二名不二諱也。孔子之母名徵在，言「在」不稱「徵」，言「徵」不稱「在」。逮事父母則諱王父母，不逮事父母則不諱王父母。逮，及也。謂幼孤不及識父母，恩不至於祖名。孝子聞名心瞿，諱之由心。此謂庶人。適士以上廟事祖，雖不逮事父母，猶諱祖。君所無私諱，謂臣言於君前，不辟家諱，尊無二。大夫之所有公諱。辟君諱也。《詩》《書》不諱，臨文不諱。爲其失事正。廟中不諱。爲有事於高祖，則不諱曾祖以下，尊無二也。於下則諱上。夫人之諱，雖質君之前，臣不諱也。臣於夫人之家，恩遠也。質，猶對也。婦諱不出門。婦親遠，於宮中言，辟之。大功、小功不諱。入竟而問禁，入國而問俗，入門而問諱。皆爲敬主人也。禁，謂政教。俗，謂常所行與所惡也。國，城中也。

外事以剛日，順其出爲陽也。出郊爲外事。《春秋傳》曰：「甲午祠兵。」內事以柔日。順其居內爲陰。凡卜筮日，卜日之禮。旬之外曰遠某日，旬之內曰近某日。旬，十日也。喪事先遠日，吉事先近日。孝子之心。喪事，葬與練、祥也。吉事，祭、祀、冠、取之屬也。曰：「爲日，假爾泰龜有常，假爾泰筮有常。」命龜筮辭。龜、筮於吉凶有常。大事卜，小事筮。卜筮不過三，求吉不過三。魯四卜郊，《春秋》譏之。卜筮不相襲。卜不吉則又筮，筮不吉則又卜，是瀆龜筴也。晉獻公卜取驪姬，不吉，公曰「筮之」是也。龜爲卜，筴爲筮。卜筮者，先聖王之所以使民信時日，敬鬼神，畏法令也，所以使民決嫌疑，定猶與也。故曰：疑而筮之，則弗非也。日而行事，則必踐一如字。之。弗非，無非之者。日，所卜筮之吉日也。踐，讀曰善，聲之誤也。筴，或爲「蓍」。

君車將駕，駕車之儀。則僕執策立於馬前；監駕，且爲馬行。已駕，僕展軨，展軨，具視。效駕，白已駕。奮衣由右上，取貳綏，奮，振去塵也。貳，副也。跪乘，未敢立，敬也。執策分轡驅之；五步而立。調試之。君出就車，則僕并轡授綏，車上僕所主。左右攘辟。謂群臣陪位侍駕者。攘，却也。或者攘，古「讓」字。車驅而騶，至于大門，君撫僕之手，而顧命車右就車門。閭溝渠必步。車右，勇力之士，備制非常者。君行則陪乘，君式則下步行。

凡僕人之禮，必授人綏。若僕者降等，則受，不然則否。若僕者降等，則撫僕之手，不然則自下拘之。撫，小止之，謙也。自下拘之，由僕手下取之也。僕與己同爵則不受。

客車不入大門，謙也。婦人不立乘，異於男子。犬馬不上於堂。非摯幣也。故君子式黃髮，敬老也。發句言「故」，明此衆篇雜辭也。下卿位，尊賢也。卿位，卿之朝位也。君出過之而上車；入，未至而下車。入國不馳，愛人也。馳善藺人也。入里必式。不誣十室。君命召，使容。雖賤人，大夫士必自御之。御，當爲「訝」。訝，迎也。君雖使賤人來，必自出迎之，尊君命也。《春秋傳》曰：「跛者御跛者，眇者御眇者。」皆訝也。世人亂之。介者不拜，軍容。爲其拜而蓌子卧。拜。蓌則失容節。蓌，猶詐也。祥車曠左。空神位也。祥車，葬之乘車。乘君之乘車，車馬之容。不敢曠左，左必式。君存，惡空其位。僕御婦人，則進左手，後右手。遠嫌。御國君，則進右手，後左手而俯。敬也。國君不乘奇車。出入必正也。奇車，獵衣之屬。車上不廣欬，爲若自矜。廣，猶弘也。不妄指，爲惑衆。立視五巂，携。立平視也。巂，謂規也，謂輪轉之度。巂，或爲「繫」。式視馬尾，小俛。顧不過轂。爲掩在後。國中以策彗卹蘇没。勿没。驅，塵不出軌。入國不馳。彗，竹帚。卹勿，搔摩也。國君下齊牛，式宗廟。當作「下宗廟，式齊車」。大夫士下公門，式路馬。乘路馬，必朝服，載鞭策，不敢授綏，左必式。步路馬，必中道。以足蹙路馬芻有誅，齒路馬有誅。皆廣敬也。路馬，君之馬。載鞭策，不敢執也。齒，欲年也。誅，罰也。

曲禮下第二

朱子曰：「《曲禮》必別有一書叶韻，如《弟子職》之類。如篇首『若思』、『定辭』、『民哉』，及『上堂』、『聲揚』、『入户』、『必下』，皆叶韻。今上、下篇，却是後人補湊而成，不是成篇做底。」

鄭氏注

凡奉者奉持之儀。當心，提者當帶。高下之節。執天子之器則上衡，謂高於心，彌敬也。此衡謂與心平。國君則平衡，大夫則綏妥。之，士則提之。綏，讀曰「妥」。妥之，謂下於心。凡執主器，執輕如不克。重慎之也。主，君也。克，勝也。執主器，操幣圭璧，則尚左手，行不舉足，車輪曳踵。重慎也。尚左手，尊左也。車輪，謂行不絶地。立則磬折垂佩，主佩倚則臣佩垂，主佩垂則臣佩委。君臣俛仰之節。倚，謂附於身。小俛則垂，大俛則委於地。執玉，其有藉者則裼，無藉者則襲。藉，藻也。裼、襲，文質相變耳。有藻爲文，裼見美亦文。無藻爲質，襲充美亦質。圭璋特而襲，璧琮加束帛而裼，亦是也。國君不名卿老、世婦，名稱之節。大夫不名世臣、姪迭。娣，士不名家相、長妾。雖貴，於其國家猶有所尊也。卿老，上卿也。世臣，父時老臣。君大夫之子，不敢自稱曰「余小子」。辟天子之子未除喪之名。君大夫，天子大夫有土地者。大夫、士之子，不敢自稱曰「嗣子某」，亦辟其君之子未除喪之名。不敢與世子同名。僻僭儗也。其先之生，則亦不改。世，或爲「大」。

君使士射，不能則辭以疾，應對之儀。言曰：「某有負薪之憂。」射者所以觀德，唯有疾可以辭也。使士射，謂以備耦也。憂，或爲「疾」。

侍於君子，不顧望而對，非禮也。禮尚謙也。不顧望，若子路帥爾而對。君子行禮，不求變俗。重本之意。求，猶務也。不務變其故俗，重本也。謂去先祖之國居他國。祭祀之禮，居喪之服，哭泣之位，皆如其國之故，謹脩其法而審行之。其法，謂其先祖之制度，若夏、殷。去國三世，去國。爵禄有列於朝，出入有詔於國。三世，自祖至孫，踰久可以忘故俗，而猶不變者，爵禄有列於朝，謂君不絶其祖祀，復立其族，若臧紇奔邾，立臧爲矣。詔，告也。謂與卿大夫吉凶往來，相赴告。若兄弟宗族猶存，則反告於宗後。謂無列無詔者。反告，亦謂吉凶也。宗後，宗子也。去國三世，爵禄無列於朝，出入無詔於國。唯興之日，從新國之法。以故國與己無恩。興，謂起爲卿大夫。

君子已孤不更名。亦重本。已孤暴貴，不爲父作謚。子事父無貴賤。

居喪未葬，讀喪禮。既葬，讀祭禮。喪復常，讀樂章。爲禮各於其時。居喪不言樂，祭事不言凶，公庭不言婦女。非其時也。

振書、端書於君前有誅，倒筴、側龜於君前有誅。臣不豫事，不敬也。振，去塵也。端，正也。倒，顛倒也。側，反側也。皆謂甫省視之。龜筴、几杖、席蓋、重素、袗絺綌，不入公門。龜筴，嫌問國家吉凶。几杖，嫌自長老。席蓋，載喪車也。《雜記》曰：「士輤，葦席以爲屋，蒲席以爲裳帷。」重素，衣裳皆素，喪服也。袗，單也。孔子曰：「當暑袗絺綌，必表而出之。」爲其形褻。苞白表。屨、扱衽、厭冠，不入公門。此皆凶服也。苞，藨也。齊衰藨蒯之菲也。《問喪》曰：「親始死，扱一衽。」厭，猶伏也。喪冠厭伏。苞，或爲「菲」。書方、衰、凶器，不以告，不入公門。此謂喪在內，不得不入，當先告君耳。方，板也。《士喪禮》下篇曰：「書賵於方，若九，若七，若五。」凶器，明器也。公事不私議。嫌若姦也。

君子將營宮室，宗廟爲先，廄庫爲次，居室爲後。重先祖及國之用。凡家造，祭器爲先，犧賦爲次，養器爲後。大夫稱家。謂家始造事。犧賦，以稅出牲。無田禄者，不設祭器。有田禄者，先爲祭服。祭器可假，祭服宜自有。君子雖貧，不粥祭器。雖寒，不衣祭服。爲宫室，不斬於丘木。廣敬鬼神也。粥，賣也。丘，壟也。大夫、士去國，祭器不踰竟。此用君禄所作，取以出竟，恐辱親也。大夫寓祭器於大夫，士寓祭器於士。寓，寄也，與得用者。言寄，覬己後還。大夫、士去國，去國之禮。踰竟，爲壇位，鄉國而哭。素衣、素裳、素冠，徹緣，鞮屨，素簚，乘髦馬，不蚤鬋，不祭食，不説人以無罪，婦人不當御。三月而復服。言以喪禮自處也。臣無君，猶無天也。壇位，除地爲位也。徹，猶去也。鞮屨，無絇之菲也。簚，覆苓也。髦馬，不鬄落也。蚤，讀爲爪。鬋，鬋鬢也。不自説於人以無罪，嫌惡其君也。御，接見也。三月一時，天氣變，可以遂去也。簚，或爲幕。

大夫、士見於國君，拜之節。君若勞之，則還辟再拜稽首。謂見君，既拜矣，而後見勞也。《聘禮》曰：「君勞使者及介，君皆答拜。」君若迎拜，則還辟，不敢答拜。嫌與君亢賓主之禮，迎拜，謂君迎而先拜之。《聘禮》曰：「大夫入門再拜，君拜其辱。」大夫、士相見，雖貴賤不敵，主人敬客則先拜客，客敬主人則先拜主人。尊賢。凡非弔喪，非見國君，無不答拜者。禮尚往來，喪賓不答拜，不自賓客也。國君見士，不答其拜，士賤。大夫見於國君，國君拜其辱。士見於大夫，大夫拜其辱。同國始相見，主人拜其辱。自外來而拜，拜見也。自内來而拜，拜辱也。君於士，不答拜也，非其臣則答拜之。不臣人之臣。大夫於其臣，雖賤，必答拜之。辟正君。男女相答拜也。嫌遠別不相答拜以明之。

國君春田不圍澤，田獵之禮。大夫不掩群，士不取麛迷。卵。生乳之時，重傷其類。歲凶，凶殺憂。年穀不登，登，成也。君膳不祭肺，馬不食穀，馳道不除，祭事不縣。大夫不食粱，士飲酒不樂。不樂，徹琴瑟也。皆爲自貶損，憂民也。禮食殺牲則祭先，有虞氏以首，夏后氏以心，殷人以肝，周人以肺。不祭肺，則不殺也。天子食，日少牢，朔月大牢。諸侯食，日特牲，朔月少牢。除，治也。不治道，爲妨民取蔬食也。縣，樂器鍾磬之屬也。粱，加食也。不樂，去琴瑟。

君無故玉不去身，大夫無故不徹縣，士無故不徹琴瑟。憂樂不相干也。故，謂災患喪病。

士有獻於國君，獻見。他日，君問之曰：「安取彼？」再拜稽首而後對。起，敬也。大夫私行出疆，必請。反，必有獻。士私行出疆，必請。反，必告。臣不敢自專也。私行，謂以己事也。士言告者，不必有其獻也，告反而已。君勞之，則拜。問其行，拜而后對。亦起敬也。問行，謂道中無恙及所經過。

國君去其國，去國。止之曰：「奈何去社稷也？」大夫，曰：「奈何去宗廟也？」士，曰：「奈何去墳墓也？」皆民臣殷勤之言。國君死社稷，死守。死其所受於天子也，謂見侵伐也。《春秋傳》曰：「國滅，君死之，正也。」大夫死衆，士死制。死其所受於君。衆，謂軍師。制，謂君教令所使爲之。

君天下，曰「天子」。天子各稱。朝諸侯，分職、授政、任功，曰「予一人」。皆擯者辭也。天下，謂外及四海也。今漢於蠻夷稱「天子」，於王侯稱「皇帝」。《覲禮》曰：「伯父寔來，予一人嘉之。」余、予，古今字。踐祚，臨祭祀，内事曰「孝王某」，外事曰「嗣王某」。皆祝辭也。唯宗廟稱孝，天地、社稷祭之郊内而曰「嗣王」，不敢同外內。臨諸侯，畛軫。於鬼神，曰「有天王某甫」。畛，致也。祝告至于鬼神辭也。曰「有天王某甫」，某甫，且字也。不名者，不親往也。《周禮》大會同，過山川，則大祝用事焉。鬼神，謂百辟卿士也。畛，或爲祇。崩，曰「天王崩」，史書策辭。復，曰「天子復」矣。始死時呼魄辭也。不呼名，臣不名君也。諸侯呼字。告喪，曰「天王登假」。告，赴也。登，上也。假，已也。上已者，若僊去云耳。措之廟，立之主，曰「帝」。同之天神。《春秋傳》曰：「凡君，卒哭而祔，祔而作主。」天子未除喪，曰「予小子」。謙未敢稱「一人」。《春秋傳》曰：「以諸侯之踰年即位，亦知天子之踰年即位，以天子三年然後稱王，亦知諸侯於其封內三年稱子。」生名之，死亦名之。生名之曰「小子王」，死亦曰「小子王」也。晉有小子侯，是僭取於天子號也。

天子有后，天子內官。有夫人，有世婦，有嬪，有妻，有妾。妻，八十一御妻，《周禮》謂之女御，以其御序於王之燕寢。妾，賤者。天子建天官，天子外官。先六大，曰大宰、大宗、大史、大祝、大士、大卜，典司六典。典，法也。此蓋殷時制也。周則大宰爲天官，大宗曰宗伯，宗伯爲春官，大史以下屬焉。大士，以神仕者。天子之五官，曰司徒、司馬、司空、司士、司寇，典司五衆。衆，謂群臣也。此亦殷時制也。周則司士屬司馬，大宰、司徒、宗伯、司馬、司寇、司空爲六官。天子之六府，曰司土、司木、司水、司草、司器、司貨，典司六職。府，主藏六物之稅者。此亦殷時制也。周則皆屬司徒。司土，土均也。司木，山虞也。司水，川衡也。司草，稻人也。司器，角人也。司貨，卝人也。天子之六工，曰土工、金工、石工、木工、獸工、草工，典制六材。此亦殷時制也。周則皆屬司空。土工，陶、旊也。金工，築、冶、鳧、栗、鍛、桃也。石工，玉人、磬人也。木工，輪、輿、弓、廬、匠、車、梓也。獸工，函、鮑、韗、韋、裘也。唯草工職亡，蓋謂作萑葦之器。五官致貢曰享。貢，功也。享，獻也。致其歲終之功於王，謂之獻也。《周禮·大宰》：「歲終，則令百官府各正其治，受其會，聽其致事，而詔王廢置。」五官之長曰伯，伯。謂爲三公者。《周禮》：「九命作伯。」是職方。職，主也。是伯分主東西者。《春秋傳》曰：「自陝以東，周公主之。自陝以西，召公主之。一相處乎内。」是，或爲「氏」。其擯於天子也，曰「天子之吏」。擯者辭也。《春秋傳》曰：「王命委之三吏。」謂三公也。天子同姓謂之「伯父」，異姓謂之「伯舅」。自稱於諸侯曰「天子之老」，於外曰「公」，於其國曰「君」。稱之以父與舅，親親之辭也。外，自其私土之外，天子畿内。九州之長，入天子之國曰「牧」。牧。每一州之中，天子選諸侯之賢者以爲之牧也。《周禮》曰：「乃施典於邦國而建其牧。」天子同姓謂之「叔父」，異姓謂之「叔舅」，於外曰「侯」，於其國曰「君」。牧，尊於大國之君，而謂之叔父，辟二伯也。亦以此爲尊。禮或損之而益，謂此類也。外，自其國之外，九州之中。曰侯者，本爵也。二王之後不爲牧。其在東夷、北狄、西戎、南蠻，九州之外長。雖大曰「子」。謂九州之外長也。天子亦選其諸侯之賢者以爲之子，子猶牧也。入天子之國曰「子」，天子亦謂之「子」，雖有侯伯之地，本爵亦無過子，是以同名曰「子」。於内自稱曰「不穀」，與民言之謙稱。穀，善也。於外自稱曰「王老」。威遠國也。外，亦其戎狄之中。庶方小侯，入天子之國曰「某人」，於外曰「子」，自稱曰「孤」。謂戎、狄子男君也。男者於外亦曰「男」，舉尊言之。

天子當依而立，朝會之名。諸侯北面而見天子，曰覲。天子當宁珍呂。而立，諸公東面，諸侯西面，曰朝。諸侯春見曰朝，受摯於朝，受享於廟，生氣，文也。秋見曰覲，一受之於廟，殺氣，質也。朝者，位於内朝而序進。覲者，位於廟門外而序入。王南面，立於依、宁而受焉。夏宗依春，冬遇依秋。春秋時，齊侯唁魯昭公，以遇禮相見，取易略也。《覲禮》今存，《朝》、《宗》、《遇禮》今亡。諸侯未及期相見曰遇，諸侯各稱。相見於郤地曰會。諸侯使大夫問於諸侯曰聘，約信曰誓，涖牲曰盟。及，至也。郤，閒也。涖，臨也。坎用牲，臨而讀其盟書。《聘禮》今存，《遇》、《會》、《誓》、《盟禮》亡。誓之辭，《尚書》見有六篇。

諸侯見天子，曰「臣某侯某」。謂嗇夫承命，告天子辭也。其爲州牧，則曰「天子之老臣某侯某奉圭請覲」。其與民言，自稱曰「寡人」。謙也。於臣亦然。其在凶服，曰「適子孤」。凶服，亦謂未除喪。臨祭祀，内事曰「孝子某侯某」，外事曰「曾孫某侯某」。稱國者，遠辟天子。死曰薨，亦史書策辭。復曰「某甫復」矣。某甫，且字。既葬，見天子曰「類見」，代父受國。類，猶象也。執皮帛，象諸侯之禮見也。其禮亡。言謚曰類。使大夫行，象聘問之禮也。言謚者，序其行及謚所宜。其禮亡。諸侯使人使於諸侯，使者自稱曰「寡君之老」。繫於君以爲尊也。此謂諸侯之卿，上大夫。

天子穆穆，貴賤之容。諸侯皇皇，大夫濟濟，士蹌蹌，庶人僬僬。皆行容止之貌也。《聘禮》曰：「賓入門皇。」又曰：「皇且行。」又曰：「衆介北面，鏘焉。」凡行容，尊者體盤，卑者體蹙。天子之妃貴賤之配。曰后，后之言後也。諸侯曰夫人，夫之言扶。大夫曰孺人，孺之言屬。士曰婦人，婦之言服。庶人曰妻。妻之言齊。公、侯公侯妻妾。有夫人，有世婦，有妻，有妾。貶於天子也。無后與嬪，去上、中。夫人自稱名稱。於天子曰「老婦」，自稱於天子，謂畿内諸侯之夫人助祭，若時事見。自稱於諸侯曰「寡小君」，謂饗來朝諸侯之時。自稱於其君曰「小童」。自世婦以下自稱曰「婢子」。小童，若云未成人也。婢之言卑也。於其君稱此，以接見體敵，嫌其當。子於父母，則自名也。臣子名稱。名父母所爲也。言子者，通男女。列國之大夫入天子之國曰「某士」，亦謂諸侯之卿也。三命以下，於天子爲士。曰「某士」者，若晉韓起聘於周，擯者曰「晉士起」。自稱曰「陪臣某」，陪，重也。於外曰「子」，子有德之稱。《魯春秋》曰：「齊高子來盟。」於其國曰「寡君之老」。使者自稱曰「某」。使，謂使人於諸侯也。某，名也。

天子不言出，《春秋》書法。諸侯不生名，君子不親惡。天子之言出，諸侯之生名，皆有大惡，君子所遠，出、名以絶之。《春秋傳》曰「天王出，居於鄭」、「衛侯朔入於衛」是也。諸侯失地，名。滅同姓，名。絶之。爲人臣之禮臣子忠愛。不顯諫，爲奪美也。顯，明也。謂明言其君惡，不幾微。三諫而不聽，則逃之。逃，去也。君臣有義則合，無義則離。

子之事親也，三諫而不聽，則號泣而隨之。至親無去，志在感動之。君有疾飲藥，臣先嘗之。親有疾飲藥，子先嘗之。嘗，度其所堪。醫不三世，不服其藥。慎物齊也。

儗人必於其倫。擬對之等。儗，猶比也。倫，猶類也。比大夫當於大夫，比士當於士。不以其類，則有所褻。

問天子之年，對曰：「聞之，始服衣若干尺矣。」既不敢言年，又不敢斥至尊所能。問國君之年，長曰：「能從宗廟、社稷之事矣。」幼曰：「未能從宗廟、社稷之事也。」問大夫之子，長曰：「能御矣。」幼曰：「未能御也。」問士之子，長曰：「能典謁矣。」幼曰：「未能典謁也。」問庶人之子，長曰：「能負薪矣。」幼曰：「未能負薪也。」皆言其能，則長幼可知。御，猶主也。《書》曰：「越乃御事。」謂主事者。謁，請也。謂能擯贊出入，以事請告也。《禮》：「四十强而仕，五十命爲大夫。」

問國君之富，數地以對，山澤之所出。問大夫之富，曰：「有宰食力，祭器衣服不假。」問士之富，以車數對。問庶人之富，數畜以對。皆在其所制以多少對。宰，邑士也。食力，謂民之賦稅。

天子祭天地，祭四方，祭山川，祭五祀，歲徧。祭祀之等。諸侯方祀，祭山川，祭五祀，歲徧。大夫祭五祀，歲徧。士祭其先。祭四方，謂祭五官之神於四郊也。句芒在東，祝融、后土在南，蓐收在西，玄冥在北。《詩》云：「來方禋祀。」方祀者，各祭其方之官而已。五祀，户、竈、中霤、門、行也。此蓋殷時制也。《祭法》曰：「天子立七祀，諸侯立五祀，大夫立三祀，士立二祀。」謂周制也。

凡祭，通論。有其廢之，莫敢舉也。有其舉之，莫敢廢也。爲其瀆神也。廢舉，謂若殷廢農祀棄，後不可復廢棄祀農也。後有德者繼之不嫌也。非其所祭而祭之，名曰淫祀。淫祀無福。妄祭，神不饗。天子以犧牛，諸侯以肥牛，大夫以索牛，士以羊、豕。犧，純毛也。肥，養於滌也。索，求得而用之。支子不祭，祭必告于宗子。不敢自專。謂宗子有故，支子當攝而祭者也。五宗皆然。

凡祭宗廟之禮，祝號。牛曰一元大武，豕曰剛鬣，豚曰腯突。肥，羊曰柔毛，雞曰翰音，犬曰羹獻，雉曰疏趾，兔曰明視，脯曰尹祭，槀考。魚曰商祭，鮮魚曰脡挺。祭，水曰清滌，酒曰清酌，黍曰薌合，粱曰薌萁，基。稷曰明粢，稻曰嘉蔬，韭曰豐本，鹽曰鹹鹺，玉曰嘉玉，幣曰量幣。號牲物者，異於人用也。元，頭也。武，迹也。腯，亦肥也。《春秋傳》作「腯」。腯，充貌也。翰，猶長也。羹獻，食人之餘也。尹，正也。商，猶量也。脡，直也。萁，辭也。嘉，善也。稻，菰蔬之屬也。豐，茂也。大鹹曰鹺，今河東云。幣，帛也。

天子死曰崩，吉凶名號。諸侯曰薨，大夫曰卒，士曰不禄，庶人曰死。異死名者，爲人褻其無知，若猶不同然也。自上顛壞曰崩。薨，顛壞之聲。卒，終也。不禄，不終其禄。死之言澌也，精神澌盡也。在牀曰尸，尸，陳也，言形體在。在棺曰柩。柩之言究也。羽鳥曰降，四足曰漬。自。異於人也。降，落也。漬，謂相瀸汙而死也。《春秋傳》曰：「大災者何？大漬也。」死寇曰兵。異於凡人，當饗禄其後。祭王父曰皇祖考，王母曰皇祖妣，父曰皇考，母曰皇妣，夫曰皇辟。必亦反。更設稱號，尊神，異於人也。皇，君也。考，成也。言其德行之成也。妣之言媲也，媲於考也。辟，法也，妻所取法也。生曰父、曰母、曰妻，死曰考、曰妣、曰嬪。嬪，婦人有法度者之稱也。《周禮》：「九嬪掌婦學之法，教九御婦德、婦言、婦容、婦功。」壽考曰卒，短折曰不禄。禄，謂有德行，任爲大夫士而不爲者。老而死，從大夫之稱，少而死，從士之稱。

天子，視節。視不上於袷劫，不下於帶。袷，交領也。天子至尊，臣視之，目不過此。國君，綏視。視國君彌高。綏，讀爲妥。妥視，謂視上於袷。大夫，衡視。視大夫又彌高也。衡，平也。平視，謂視面也。士，視五步。士視得旁遊目五步之中也。視大夫以上，上下遊目，不得旁。凡視，上於面則敖，敖則仰。下於帶則憂，憂則低。傾則姦。辟頭旁視，心不正也。傾，或爲側。

君命，言容。大夫與士肄，肄，習也。君有命大夫則與士展習其事，謂欲有所發爲也。在官言官，在府言府，在庫言庫，在朝言朝。唯君命所在，就展習之也。官，謂板圖文書之處。府，謂寶藏貨賄之處也。庫，謂車馬兵甲之處也。朝，謂君臣謀政事之處也。朝言不及犬馬。非公議也。輟朝而顧，不有異事，必有異慮。心不正，志不在君。輟，猶止也。故輟朝而顧，君子謂之固。固，謂不達於禮也。在朝言禮，問禮對以禮。於朝廷言，無所不用禮。

大饗，饗禮。不問卜，祭五帝於明堂，莫適卜也。《郊特牲》曰：「郊血，大饗腥。」不饒富。富之言備也。備而已，勿多於禮也。凡摯，摯禮之等。天子鬯，諸侯圭，卿羔，大夫雁，士雉，庶人之摯匹，童子委摯而退。摯之言至也。天子無客禮，以鬯爲摯者，所以唯用告神爲至也。童子委摯而退，不與成人爲禮也。説者以匹爲鶩。野外軍中無摯，以纓、拾、矢可也。非爲禮之處，用時物相禮而已。纓，馬繁纓也。拾，謂射韝。婦人之摯，椇、矩。榛、脯、脩、棗、栗。婦人無外事見以羞物也。椇、榛，木名。椇，枳也，有實，今邳、郯之東食之。榛實似栗而小。

納女於天子曰納女之辭。「備百姓」，於國君曰「備酒漿」，於大夫曰「備埽灑」。納女，猶致女也。婿不親迎，則女之家遣人致之，此其辭也。姓之言生也。天子、皇后以下百二十人，廣子姓也。酒漿、埽灑，婦人之職。

禮記卷第二

檀弓上第三《檀弓》上下篇多記喪禮，疑出子游之筆及其門人所記。　禮記　鄭氏注

公儀仲子之喪，檀弓免焉。故爲非禮以非仲子也。禮，朋友皆在他邦，乃袒免。仲子舍其孫而立其子，立孫。此其所立非也。公儀，蓋魯同姓。周禮，適子死，立適孫爲後。檀弓曰：「何居？何居，猶《書》云「何其」。我未之前聞也。」居讀爲「姬姓」之姬，齊魯之間語助也。前，猶故也。趨而就子服伯子於門右，曰：「仲子舍其孫而立其子，何也？」去賓位，就主人兄弟之賢者而問之。子服伯子，蓋仲孫蔑之玄孫子服景伯。蔑，魯大夫。伯子曰：「仲子亦猶行古之道也。昔者文王舍伯邑考而立武王，微子舍其孫腯徒本。而立衍也。夫仲子亦猶行古之道也。」伯子爲親者隱耳，立子非也。文王之立武王，權也。微子適子死，立其弟衍，殷禮也。子游問諸孔子，孔子曰：「否！立孫。」據周禮。

事親，父母。有隱而無犯。隱，謂不稱揚其過失也。無犯，不犯顔而諫。《論語》曰：「事父母，幾諫。」左右就養無方，左右，謂扶持之。方，猶常也。子則然，無常人。服勤至死，致喪三年。勤，勞辱之事也。致，謂戚容稱其服也。凡此以恩爲制。事君，君。有犯而無隱，既諫，人有問其國政者，可以語其得失。若齊晏子爲晉叔向言之。左右就養有方，不可侵官。服勤至死，方喪三年。方喪，資於事父。凡此以義爲制。事師，師。無犯無

隱，左右就養無方，服勤至死，心喪三年。心喪，戚容如父而無服也。凡此以恩義之間爲制。

季武子成寢，武子，魯公子季友之曾孫季孫夙。杜氏之葬才浪。在西階之下，請合葬焉，許之。合葬。入宮而不敢哭。武子曰：「合葬，非古也。自周公以來，未之有改也。自見夷人冢墓以爲宅，欲文過。吾許其大，而不許其細，何居？」命之哭。記此者，善其不奪人之恩。

子上之母死而不喪，喪出母。子上，孔子曾孫，子思伋之子，名白，其母出。門人問諸子思曰：「昔者子之先君子喪出母乎？」曰：「然。」禮，爲出母期，父卒，爲父後者不服耳。「子之不使白也喪之，何也？」子思曰：「昔者吾先君子無所失道，道隆則從而隆，道污則從而污，污，猶殺也。有隆有殺，進退如禮。伋則安能？自予不能及。爲伋也妻者，是爲白也母。不爲伋也妻者，是不爲白也母。」故孔氏之不喪出母，自子思始也。記禮所由廢，非之。

孔子曰：「拜喪拜。而后稽顙，《家語》：「子張有父之喪，公明儀相焉。門稽顙於孔子，孔子曰『拜而后稽顙』云云。」頹乎其順也。此殷之喪拜也。頹，順也。先拜賓，順於事也。稽顙而后拜，頎懇。乎其至也。此周之喪拜也。頎，至也。先觸地無容，哀之至。三年之喪，吾從其至者。」重者尚哀戚，自期如殷可。

孔子既得合葬於防，言既得者，少孤，不知其墓。曰：「吾聞之，古也墓而不墳。築墳。墓，謂兆域，今之封塋也。古，謂殷時也。土之高者曰墳。今丘也，東西南北之人也，不可以弗識也。」於是封之，崇四尺。東西南北，言居無常也。聚土曰封。封之，周禮也。《周禮》曰：「以爵等爲丘封之度。」崇，高也。高四尺，蓋周之士制。孔子先反，當脩虞事。門人後，雨甚至。後，待封也。孔子問焉，曰：「爾來何遲也？」曰：

「防墓崩。」言所以遲者，脩之而來。孔子不應。以其非禮。三，三言之，以孔子不問。孔子泫然流涕，曰：「吾聞之，古不脩墓。」脩，猶治也。

孔子哭子路於中庭，子路之死。寢中庭也。與哭師同，親之。有人弔者，而夫子拜之。爲之主也。既哭，進使者而問故。使者，自衛來赴者。故，謂死之意狀。使者曰：「醢之矣！」時衛世子蒯聵篡輒而立，子路死之。醢之者，示欲啗食以怖衆。遂命覆醢。覆棄之，不忍食。

曾子曰：「朋友之墓朋友之喪。有宿草而不哭焉。」宿草，謂陳根也。爲師，心喪三年。於朋友，期可。

子思曰：「喪三日而殯，殯。凡附於身者，必誠必信，勿之有悔焉耳矣。三月而葬，葬。凡附於棺者，必誠必信，勿之有悔焉耳矣。言其日月，欲以盡心脩備之。附於身，謂衣衾。附於棺，謂明器之屬。喪三年以爲極極，句，王肅點。亡，去已久遠，而除其喪。則弗之忘矣。則之言曾。故君子有終身之憂，念其親。而無一朝之患。毀不滅性。故忌忌。日不樂。」謂死日。言忌日不用舉吉事。

孔子少孤，不知其墓。訪墓。孔子之父郰叔梁紇與顏氏之女徵在野合而生孔子，徵在恥焉，不告。上文孔子既得合葬於防，宜在此章之下。殯於五父之衢。欲有所就而問之，孔子亦爲隱焉。殯於家，則知之者無由怪己。欲發問端。五父，衢名，蓋郰曼父之鄰。人之見之者，皆以爲葬也。見柩行於路。其愼也，蓋殯也。愼，當爲引。禮家讀然，聲之誤也。殯引，飾棺以輤。葬引，飾棺以柳翣。孔子是時以殯引，不以葬引，時人見者，謂不知禮。愼引，文公謂此處未可曉。問於郰曼父之母，然後得合葬於防。曼父之母與徵在爲鄰，相善。

鄰有喪，舂不相。里有殯，不巷歌。皆所以助哀也。相，謂以音聲相勸。喪冠不緌。助哀去飾。

去飾。

有虞氏四代棺制。瓦棺，始不用薪也。有虞氏上陶。夏后氏堲稷。周，火孰曰堲。燒土冶以周於棺也。或謂之土周，由是也。《弟子職》曰：「右手折堲。」殷人棺槨，槨，大也，以木爲之。言槨大於棺也。殷人上梓。周人牆置翣。牆，柳衣也。凡此言後王之制文。周人以殷人之棺槨葬長殤，以夏后氏之堲周葬中殤、下殤，以有虞氏之瓦棺葬無服之殤。略未成人。

夏后氏三代所尚之色。尚黑，以建寅之月爲正，物生色黑。大事斂用昏，昏時亦黑。此大事，謂葬事也。戎事乘驪，戎，兵也。馬黑色曰驪。《爾雅》曰：「騋：牝，驪。牡，玄。」牲用玄。玄，黑類也。殷人尚白，以建丑之月爲正，物牙色白。大事斂用日中，日中，時亦白。戎事乘翰，翰，白色馬也。《易》曰：「白馬翰如。」牲用白。周人尚赤，以建子之月爲正，物萌色赤。大事斂用日出，日出時亦赤。戎事乘騵，騵，駵馬白腹。牲用騂。騂，赤類。

穆公之母卒，魯穆公問喪禮。穆公，魯哀公之曾孫。使人問於曾子曰：「如之何？」問居喪之禮。曾子，曾參之子，名申。對曰：「申也聞諸申之父曰：『哭泣之哀，齊斬之情，饘粥之食，自天子達。子喪父母尊卑同。布幕，衛也。覆棺。縿幕，魯也。』」幕，所以覆棺上也。縿，縑也。縿，讀如綃。衛，諸侯禮。魯，天子禮。兩言之者，僭已久矣。幕，或爲幦。

晉獻公將殺其世子申生，信驪姬之譖。申生之恭。公子重耳謂之曰：「子蓋言子之志於公乎？」蓋，皆當爲「盍」。盍，何不也。志，意也。重耳欲使言見譖之意。重耳，申生異母弟，後立爲文公。世子曰：

「不可。君安驪姬，是我傷公之心也。」言其意則驪姬必誅也。驪姬，獻公伐驪戎所獲女也。申生之母蚤卒，驪姬嬖焉。曰：「然則蓋行乎？」行，猶去也。世子曰：「不可。君謂我欲弑君也。天下豈有無父之國哉！吾何行如之？」言人有父，則皆惡欲弑父者。使人辭於狐突曰：「申生有罪，不念伯氏之言也，以至于死。申生不敢愛其死。辭，猶告也。狐突，申生之傅，舅犯之父也。前此者，獻公使申生伐東山皋落氏，狐突謂申生，欲使之行。今言此者，謝之。伯氏，狐突别氏。雖然，吾君老矣，子少，國家多難，子，驪姬之子奚齊。伯氏不出而圖吾君。圖，猶謀也。不出爲君謀國家之政，然則自皋落氏反後，狐突懼，乃稱疾。伯氏苟出而圖吾君，申生受賜而死。」賜，猶惠也。再拜稽首乃卒。既告狐突，乃雉經。是以爲恭世子也。言行如此，可以爲恭，於孝則未之有。

魯人有朝祥而莫歌者，子路笑之。笑其爲樂速。夫子曰：「由！爾責於人，終無已夫！三年之喪，亦已久矣夫！」爲時如此，人行三年喪者希，抑子路以善彼。子路出，夫子曰：「又多乎哉？踰月，則其善也。」又，復也。

魯莊公及宋人戰于乘丘，十年夏。縣賁父御，卜國爲右。縣、卜，皆氏也。凡車右，勇力者爲之。馬驚敗績，驚奔失列。公隊，佐車授綏。戎車之貳曰佐。授綏乘公。公曰：「末之卜也。」末之，猶微哉。言卜國無勇。縣賁父曰：「他日不敗績，而今敗績，是無勇也。」公他日戰，其御馬未嘗驚奔。遂死之。二人赴敵而死。圉人浴馬，有流矢在白肉。圉人，掌養馬者。白肉，股裏肉。公曰：「非其罪也。」流矢中馬，非御與右之罪。遂誄之。誄其赴敵之功以爲謚。士之有誄，自此始也。記禮失所由來也。周雖以士爲爵，猶無謚也。殷大夫以上爲爵。

曾子寢疾，病。病，謂疾困。樂正子春坐於牀下，子春，曾參弟子。曾元、曾申坐於足，元、申，曾參之子。童子隅坐而執燭。隅坐，不與成人並。童子曰：「華而晥，大夫之簀與？」華，畫也。簀，謂牀笫也。説者以晥爲刮節目，字或爲「刮」。子春曰：「止。」以病困不可動。曾子聞之，瞿屨。然曰：「呼！」呼，虛憊之聲。曰：「華而晥，呼板。大夫之簀與？」曾子曰：「然。斯季孫之賜也，我未之能易也，元起易簀！」未之能易，已病故也。曾元曰：「夫子之病革矣，不可以變。幸而至於旦，請敬易之。」言「夫子」者，曾子親没之後，齊嘗聘以爲卿而不爲也。革，急也。變，動也。幸，覬也。曾子曰：「爾之愛我也不如彼。彼，童子也。君子之愛人也以德，成己之德。細人之愛人也以姑息。息，猶安也。言苟容取安也。姑息，王介甫曰：「且止也。」吾何求哉？吾得正而斃焉，斯已矣。」斃，仆也。舉扶而易之，反席未安而没。言病雖困，猶勤於禮。始死，哀之節。充充如有窮。既殯，瞿瞿如有求而弗得。既葬，皇皇如有望而弗至。練而慨然，祥而廓然。皆憂悼在心之貌也。求，猶索物。

邾婁閭。婁，邾之連稱，蓋反切之音也。復之以矢，蓋自戰於升陘始也。喪禮之由。戰於升陘，魯僖二十二年秋也。時師雖勝，死傷亦甚，無衣可以招魂。魯婦人之髽莊華。而弔也，自敗於臺鮐苔。始也。敗於臺鮐，魯襄四年秋也。臺，當爲壺，字之誤也。《春秋傳》作「狐鮐」。時家家有喪，髽而相弔。去纚而紒曰髽。禮，婦人弔服，大夫之妻錫衰，士之妻則疑衰與。皆吉笄無首，素總。南宮縚之妻之姑之喪，婦人喪飾。南宮縚，孟僖子之子南宮閲也，字子容，其妻孔子兄女。夫子誨之髽，曰：「爾毋從揔。從爾！爾毋扈扈爾！誨，教也。爾，女也。

從從，謂大高。扈扈，謂大廣。爾，語助。蓋榛以爲笄，長尺，而總八寸。」總，束髮垂爲飾。齊衰之總，八寸。

孟獻子禫，禫。縣而不樂，比卑。御而不入。可以御婦人矣，尚不復寢。孟獻子，魯大夫仲孫蔑。夫子曰：「獻子加於人一等矣。」加，猶踰也。

孔子既祥，五日彈琴，而不成聲，哀未忘。十日而成笙歌。踰月且異旬也。祥，亦凶事，用遠日。五日彈琴，十日笙歌，除由外也。琴以手，笙歌以氣。

有子蓋既祥祥。而絲屨、組纓。譏其早也。禮，既祥，白屨無絇，縞冠素紕。有子，孔子弟子有若。死而不弔者三：三不弔。謂輕身忘孝也。畏、人或時以非罪攻己，不能有以說之死之者。孔子畏於匡。厭、壓。行止危險之下。溺。不乘橋船。

子路除喪。有姊之喪，可以除之矣，而弗除也。孔子曰：「何弗除也？」子路曰：「吾寡兄弟而弗忍也。」孔子曰：「先王制禮。行道之人皆弗忍也。」行道，猶行仁義。子路聞之，遂除之。

大公封於營丘，比畀。及五世，皆反葬於周。不忘本。齊大公受封，留爲大師，死葬於周，子孫生焉，不忍離也。五世之後，乃葬於齊。齊曰營丘。君子曰：「樂，樂其所自生。禮，不忘其本。」言其似禮樂之義。古之人有言曰：「狐死正丘首，仁也。」正丘首，正首丘也。仁，恩也。

伯魚之母死，父在爲母。期而猶哭。伯魚，孔子子也，名鯉。猶，尚也。夫子聞之，曰：「誰與哭者？」門人曰：「鯉也。」夫子曰：「嘻！其甚也。」嘻，悲恨之聲。伯魚聞之，遂除之。

舜葬於蒼梧之野，舜征有苗而死，因留葬焉。《書》說舜曰：「陟方乃死。」蒼梧於周，南越之地，今爲郡。蓋三妃未之從也。古者不合葬。帝嚳而立四妃矣，象后妃四星，其一明者爲正妃，餘三小者爲次妃。帝堯因焉。至舜，不告而取，不立正妃，但三妃而已，謂之三夫人。《離騷》所歌《湘夫人》，舜妃也。夏后氏增以三三而九，合十二人。《春秋説》云：「天子取十二，即夏制也。」以虞夏及周制差之，則殷人又增以三九二十七，合三十九人。周人上法帝嚳，立正妃，又三二十七爲八十一人以增之，合百二十一人。其位：后也，夫人也，嬪也，世婦也，女御也。五者相三，以定尊卑。季武子曰：「周公蓋附。」附，謂合葬。合葬自周公以來。

曾子之喪，浴於爨室。浴。見曾元之辭易簀，矯之以謙儉也。禮，死浴於適室。

大功廢業。或曰：大功，誦可也。許其口習故也。

子張病，召申祥而語之曰：「君子曰終，終。小人曰死。申祥，子張子。欲使執喪成己志也。死之言澌也。事卒爲終，消盡爲澌。大史公傳曰：「子張，姓顓孫。」今曰「申祥」，周、秦之聲，二者相近，未聞孰是。吾今日其庶幾乎！」言易成也。

曾子曰：「始死之奠，其餘閣也與？」不容改新。閣，庋藏食物。

曾子曰：「小功不爲位也者，是委巷之禮也。譏之也。位，謂以親疏叙列哭也。委巷，猶街里委曲所爲也。子思之哭嫂也爲位，爲位而哭。善之也。禮，嫂叔無服。婦人倡踊。有服者，娣、姒婦小功。倡，先也。申祥之哭言思也亦然。」説者云：言思，子游之子，申祥妻之昆弟，亦無服。過此以往，獨哭不爲位。

古者冠縮縫，冠制。今也衡縫。縮，從也。今禮制，衡讀爲横。今冠横縫，以其辟積多。故喪冠之反吉，非古也。解時人之惑。喪冠縮縫，古冠耳。曾子謂子思毁瘠。曰：「伋，吾執親之喪也，水漿不入於口者七日。」言己以疾時禮而不如。子思曰：「先王之制禮也，過之者俯而就之，不至焉者跂棄而及之。故君子之執親之喪也，水漿不入於口者三日，杖而後能起。」爲曾子言難繼，以禮抑之。

曾子曰：「小功不税，他外。據禮而言也。日月已過，乃聞喪而服，曰税。大功以上然。小功輕不服。則是遠，兄弟終無服也，言相離遠者，聞之恒晚。而可乎？」以己恩怪之。

伯高之喪，伯高死時在衛，未聞何國人。孔氏之使者未至，賻贈。謂賻賵者。冉子攝束帛、乘馬而將之。冉子，孔子弟子冉有。攝，猶貸也。孔子曰：「異哉！徒使我不誠於伯高。」徒，猶空也。禮所以副忠信也。忠信而無禮，何傳乎？伯高死於衛，赴於孔子。赴，告也。凡有舊恩者，則使人告之。孔子聞喪之哭。曰：「吾惡乎哭諸？以其交會尚新。兄弟，吾哭諸廟。父之友，吾哭諸廟門之外。别親疏也。師，吾哭諸寢。朋友，吾哭諸寢門之外。所知，吾哭諸野。别輕重也。於野則已疏，於寢則已重。已，猶大也。夫由賜也見我，吾哭諸賜氏。」本於恩，哭於子貢寢門之外。遂命子貢爲之主，明恩所由。曰：「爲爾哭也來者，拜之。知伯高而來者，勿拜也。」異於正主。

曾子曰：「喪有疾，喪有疾。食肉飲酒，必有草木之滋焉。」增以香味，爲其疾不嗜食。以爲薑桂之謂也。爲記者正曾子所云，草木滋者，謂薑桂。

子夏喪其子朋友相弔蔵。而喪其明。明，目精。曾子弔之，曰：「吾聞之也，朋友喪明則哭之。」痛之。曾子哭，子夏亦哭，曰：「天乎！予之無罪也。」怨天罰無罪。曾子怒曰：「商！女何無罪也？吾與女事夫子於洙、泗之間，言其有師也。洙、泗，魯水名。退而老於西河之上，西河，龍門至華陰之地。使西河之民疑女於夫子，爾罪一也。言其不稱師也。喪爾親，使民未有聞焉，爾罪二也。言居親喪無異稱。喪爾子，喪爾明，爾罪三也。言隆於妻子。而曰女何無罪與？」子夏投其杖而拜曰：「吾過矣！吾過矣！謝之，且服罪也。吾離群而索悉各。居亦已久矣。」群，謂同門朋友也。索，猶散也。

夫晝居於內，寢處之禮。問其疾可也。似有疾。夜居於外，弔之可也。似有喪。是故君子非有大故，不宿於外。大故，謂喪憂。非致齊也，非疾也，不晝夜居於內。內，正寢之中。

高子皋之執親之喪也，執喪。子皋，孔子弟子，名柴。泣血三年，言泣無聲，如血出。未嘗見齒，言笑之微。君子以爲難。言人不能然。

衰，喪服。與其不當物也，寧無衰。惡其亂禮。不當物，謂精麤、廣狹不應法制。齊衰不以邊坐，大功不以服勤。爲褻喪服。邊，偏倚也。

孔子之衛，遇舊館人舊館人。之喪，前日君所使舍己。入，而哭之哀。出，使子貢說驂而賻之。賻，助喪用也。騑馬曰驂。子貢曰：「於門人之喪，未有所說驂。說驂於舊館，無乃已重乎？」言說驂大重，比於門人，恩爲偏頗。夫子曰：「予鄉者入而哭之，遇於一哀而出涕。遇，見也。舊館人恩雖輕，我入哭，見主人爲我盡一哀，是以厚恩待我，我爲出涕。恩重，宜有施惠。予惡夫涕之無從也，小子行之！」客行無他物可以易之者，使遂以往。

孔子在衛，有送葬者，葬。而夫子觀之，曰：「善哉爲喪乎！足以爲法矣，小子識之。」子貢曰：「夫子何善爾也？」曰：「其往也如慕，其反也如疑。」慕，謂小兒隨父母啼呼。疑者，哀親之在彼，如不欲還然。子貢曰：「豈若速反而虞乎？」速，疾。子曰：「小子識之！我未之能行也。」哀戚，本也。祭祀，末也。顏淵之喪，饋祥肉，祥。饋，遺也。孔子出受之。入，彈琴而後食之。彈琴以散哀也。

孔子與門人立，拱而尚右，喪尚右。二三子亦皆尚右。傚孔子也。孔子曰：「二三子之嗜學也，嗜，貪。我則有姊之喪故也。」二三子皆尚左。復正也。喪尚右，右陰也。吉尚左，左陽也。

孔子蚤作，夫子之終。或問此章，文公曰：「《檀弓》出於《雜記》，恐未必得其真。」作，起。負手曳杖，消搖於門，欲人之怪己。歌曰：「泰山其頹乎！泰山，衆山所仰。梁木其壞乎！梁木，衆木所放。哲人其萎乎！」哲人，亦衆人所仰放也。以上三句喻之。萎，病也。《詩》云：「無木不萎。」既歌而入，當户而坐。蚤坐，急見人也。子貢聞之，曰：「泰山其頹，則吾將安仰？梁木其壞，哲人其萎，則吾將安放？夫子殆將病也！」覺孔子歌意。殆，幾也。遂趨而入。夫子曰：「賜！爾來何遲也？坐則望之。夏后氏殯於東階之上，則猶在阼也。殷人殯於兩楹之間，則與賓主夾之也。周人殯於西階之上，則猶賓之也。以三王之禮占己夢。而丘也，殷人也。予疇昔之夜，夢坐奠於兩楹之間。是夢坐兩楹之間而見饋食也。言奠者，以爲凶象。疇，發聲也。昔，猶前也。夫明王不興，而天下其孰能宗予？予殆將死也。」孰，誰也。宗，尊也。兩楹之間，南面鄉明，人君聽治正坐之處。今無明王，誰能尊我以爲人君乎？是我殷家奠殯之象，以此自知將死。蓋寢疾七日而没。明聖人知命。

孔子之喪，師喪。門人疑所服。無喪師之禮。子貢曰：「昔者夫子之喪顏淵，若喪子而無服。

喪子路亦然。請喪夫子若喪父而無服。」無服，不爲衰，弔服而加麻，心喪三年。

孔子之喪，公西赤爲志章識。焉。公西赤，孔子弟子，字子華。志，謂章識。飾棺牆，牆之障柩，猶垣牆障家。置翣，牆，柳衣。翣，以布衣木，如攝與。設披，彼義。周也。設崇，殷也。綢練設旐，夏也。夫子雖殷人，兼用三王之禮，尊之。披，柩行夾引棺者。崇，崇牙，旌旗飾也。綢練，以練綢旌之杠。此旌，葬乘車所建也。旌之旒，緇布廣充幅，長尋，曰旐。《爾雅》説旌旗曰：「素錦綢杠。」

子張之喪，公明儀爲志焉。志，亦謂章識。褚幕丹質，以丹布幕爲褚，葬覆棺，不牆不翣。蟻結于四隅，畫褚之四角，其文如蟻行往來相交錯。蟻，蚍蜉也。殷之蟻結，似今蚍文畫。殷士也。學於孔子，傚殷禮。

子夏問於孔子曰：「居父母之仇，執仇。如之何？」夫子曰：「寢苫枕干，不仕，雖除喪，居處猶若喪也。干，盾也。弗與共天下也。不可以並生。遇諸市朝，不反兵而鬭。」言雖適市朝，不釋兵。曰：「請問居昆弟之仇，如之何？」曰：「仕弗與共國，銜君命而使，雖遇之不鬭。」爲負而廢君命。曰：「請問居從父昆弟之仇，如之何？」曰：「不爲魁，魁，猶首也。天文北斗，魁爲首，杓爲末。主人能，則執兵而陪其後。」爲其負，當成之。

孔子之喪，師友之喪。二三子皆絰而出，尊師也。出，謂有所之適。然則凡弔服加麻者，出則變服。群居則絰，出則否。群，謂七十二弟子相爲朋友服。子夏曰：「吾離群而索居。」

易墓，易墓。非古也。易，謂芟治草木。不易者，丘陵也。

子路曰：「吾聞諸夫子：喪禮，喪祭之禮。與其哀不足而禮有餘也，不若禮不足而哀有餘也。喪主哀。祭禮，與其敬不足而禮有餘也，不若禮不足而敬有餘也。」祭主敬。

曾子弔於負夏，既祖而弔。負夏，衛地。主人既祖填池，祖，謂移柩車去載處爲行始也。填池，當爲「奠徹」，聲之誤也。奠徹，謂徹遣奠，設祖奠。推柩而反之，反於載處。榮曾子弔，欲更始。降婦人而后行禮。禮，既祖而婦人降。今反柩，婦人辟之，復升堂矣。柩無反而反之，而又降婦人，蓋欲矜賓於此婦人，皆非。從者曰：「禮與？」怪之。曾子曰：「夫祖者且也，且，未定之辭。且胡爲其不可以反宿也？」給説。從者又問諸子游曰：「禮與？」疑曾子言非。子游曰：「飯於牖下，小斂於户内，大斂於阼，殯於客位，祖於庭，葬於墓，所以即遠也。故喪事有進而無退。」明反柩非。曾子聞之，曰：「多矣乎！予出祖者。」善子游言，且服。

曾子襲裘而弔，弔禮。子游裼裘而弔。曾子年少於子游，朋友之失，當面規，不當切議。或是曾子先在，子游後至也。已上二事，見曾子之服善。曾子指子游而示人曰：「夫夫也，爲習於禮者，如之何其裼裘而弔也？」曾子蓋知臨喪無飾。夫夫，猶言此丈夫也。子游於時名爲習禮。主人既小斂，袒、括髮，子游趨而出，襲裘、帶、絰而入。於主人變乃變也。所弔者朋友。曾子曰：「我過矣！我過矣！夫夫是也。」服且善子游。

子夏既除喪除喪。而見，見於孔子。予之琴，和之而不和，彈之而不成聲，樂由人心。作而曰：「哀未忘也，先王制禮而弗敢過也。」作，起。子張既除喪而見，予之琴，和之而和，彈之而成聲，作而曰：「先王制禮，不敢不至焉。」雖情異，善其俱順禮。

司寇惠子之喪，惠子，衛將軍文子彌牟之弟惠叔蘭也，生虎者。子游爲之麻衰，牡麻絰。惠子廢適立庶，爲之重服以譏之。麻衰，以吉服之布爲衰。立適，古人不必親相與言，以禮相示而已。然亦是文子則可，若它人責之，亦不喻也。文子辭曰：「子辱與彌牟之弟游，謝其存時。又辱爲之服，敢辭。」止之服也。子游曰：「禮也。」文子退，反哭。子游名習禮，文子亦以爲當然，未覺其所譏。子游趨而就諸臣之位。深譏之。大夫之家臣，位在賓後。文子又辭曰：「子辱與彌牟之弟游，又辱爲之服，又辱臨其喪，敢辭。」止之在臣位。子游曰：「固以請。」再不從命。文子退，扶適子南面而立，曰：「子辱與彌牟之弟游，又辱爲之服，又辱臨其喪，虎也敢不復位。」覺所譏也。虎，適子名。文子親扶而辭，敬子游也。南面而立，則諸臣位在門內北面明矣。子游趨而就客位。所譏行。

將軍文子之喪，既除喪，除喪。而後越人來弔，主人深衣練冠，待于廟，垂涕洟。主人，文子之子簡子瑕也。深衣練冠，凶服變也。待于廟，受弔不迎賓也。子游觀之，曰：「將軍文氏之子，其庶幾乎？亡於禮者之禮也，其動也中。」中禮之變。

幼名，名氏。冠字，五十以伯仲，死謚，周道也。絰也者，絰。實也。所以表哀戚。掘中霤而浴，毀竈以綴抽。足，及葬，毀宗躐行，出于大門，殷道也。殷喪禮。明不復有事於此。周人浴不掘中霤，葬不毀宗躐行。毀宗，毀廟門之西而出，行神之位在廟門之外。學者行之。學於孔子者行之，傚殷禮。

子柳之母死，子碩請具。具葬之器用。子柳，魯叔仲皮之子，子碩兄。喪具。子柳曰：「何以哉？」言無其財。子碩曰：「請粥庶弟之母。」粥，謂嫁之也。妾賤，取之曰買。子柳曰：「如之何其粥人之母以葬其母也？不可。」忠恕。既葬，子碩欲以賻布之餘具祭器。古者謂錢爲泉、布，所以通布貨財。子柳曰：「不可。吾聞之也，君子不家於喪。惡因死者以爲利。請班諸兄弟之貧者。」以分死者所矜也。禄多則與鄰里鄉黨。君子曰：「謀人之軍師，敗則死之。謀人之邦邑，危則亡之。」利己亡衆，非忠也。言亡之者，雖辟賢，非義退。死亡之義。此處或作軍、邦句，亦通。《家語》：「子路問於孔子曰：『臧武仲率師與郰人戰於狐鮐，遇敗焉，師人多喪而無罰。古之道也。』」然與孔子曰「謀人之軍師」云云。古之正也。

公叔文子升於瑕丘，蘧伯玉從。二子，衛大夫。文子，獻公之孫，名拔。文子曰：「樂哉斯丘也！死則我欲葬焉。」蘧伯玉曰：「吾子樂之，則瑗請前。」刺其欲害人良田。瑗，伯玉名。死不害於人。

弁人有其母死而孺子泣者，言聲無節。孔子曰：「哀則哀矣，此誠哀。而難爲繼也。失禮中。節哀。夫禮，爲可傳也，爲可繼也，故哭踊有節。」

叔孫武叔之母死，武叔，公子牙之六世孫，名州仇，毀孔子者。既小斂，舉者出户。出户袒，且投其冠，括髮。尸出户乃變服，失哀節。冠，素委貌。失節。子游曰：「知禮。」嗤之。

扶君。扶君。卜人師扶右，射人師扶左。謂君疾時也。卜當爲「僕」，聲之誤也。僕人、射人，皆平生時贊正君服位者。君薨以是舉。不忍變也。《周禮·射人》：「大喪，與僕人遷尸。」

從母之夫，舅之妻，二夫人相爲服，君子未之言也。二夫人，猶言此二人也。時有此二人同居，死相爲服者，甥居外家而非之。是作妻母兄弟之妻與母姨之夫說得不。兄弟之妻與姑之夫無服，時有相爲服者，甥見而服之。或曰：同爨緦。以同居生緦之親，可。

喪事欲其縱縱爾，趨事貌。縱，讀如「揔領」之揔。事疾徐之節。吉事欲其折折爾。安舒貌。《詩》云：「好人提提。」故喪事雖遽其據。不陵節，吉事雖止不怠。陵，躐也。止，立俟事時也。怠，惰也。故騷騷爾則野，謂大疾。鼎鼎爾則小人，謂大舒。君子蓋猶猶爾。疾舒之中。

喪具，喪具。君子恥具。辟不懷也。喪具，棺衣之屬。一日二日而可爲也者，君子弗爲也。謂絞、紟、衾、冒。

喪服，喪服隆殺。兄弟之子猶子也，蓋引而進之也。嫂叔之無服也，蓋推而遠之也。或引或推，重親遠別。姑、姊妹之薄也，蓋有受我而厚之者也。欲其一心於厚之者。姑、姊妹嫁，大功。夫爲妻期。

食於有喪者之側，未嘗飽也。助哀戚也。助戚。

曾子與客立於門側，其徒趨而出。徒，謂客之旅。曾子曰：「爾將何之？」曰：「吾父死，將出哭於巷。」以爲不可發凶於人館。曰：「反哭於爾次！」次，舍也。禮，館人使專之，若其自有然。曾子北面而弔焉。在館問喪。

孔子曰：「之死而致死之，不仁而不可爲也。之死而致生之，不知而不可爲也。之，往也。死之、生之，謂無知與有知也。爲，猶行也。是故竹不成用，瓦不成味，木不成斲。成，猶善也。竹不可善用，謂邊無縢。味，當作「沬」。沬，靧也。琴瑟張而不平，竽笙備而不和，無宫商之調。有鐘磬而無簨筍。虡。巨。不縣之也。橫曰簨，植曰虡。其曰明器，明器。神明之也。」言神明死者也。神明者，非人所知，故其器如此。

有子有若似聖人。問於曾子曰：「問喪於夫子乎？」有子，孔子弟子有若也。夫子卒後問此，庶有異聞也。喪，謂仕失位也。魯昭公孫於齊，曰：「喪人其何稱？」曰：「聞之矣：喪欲速貧，死欲速朽。」有子曰：「是非君子之言也。」貧、朽，非人所欲。曾子曰：「參也聞諸夫子也。」有子又曰：「是非君子之言也。」曾子曰：「參也與子游聞之。」有子曰：「然。然則夫子有爲言之也。」曾子以斯言告於子游。子游曰：「甚哉！有子之言似夫子也。昔者夫子居於宋，見桓司馬自爲石椁，三年而不成。桓司馬，宋向戌之孫，名魋。夫子曰：『若是其靡也，死不如速朽之愈也。』死之欲速朽，爲桓司馬言之也。靡，侈。南宮敬叔反，必載寶而朝。敬叔，魯孟僖子之子仲孫閱，蓋嘗失位去魯，得反，載其寶來朝於君。夫子曰：『若是其貨也，喪不如速貧之愈也。』喪之欲速貧，爲敬叔言之也。」曾子以子游之言告於有子，有子曰：「然。吾固曰非夫子之言也。」曾子曰：「子何以知之？」有子曰：「夫子制於中都，四寸之棺，五寸之椁，以斯知不欲速朽也。中都，魯邑名也。孔子嘗爲之宰，爲民作制。孔子由中都宰爲司空，由司空爲司寇。昔者夫子失魯司寇，將之荆，將應聘於楚。蓋先之以子夏，又申之以冉有，以斯知不欲速貧也。」言汲汲於仕得禄。陳莊子死，齊陳氏之喪。赴於魯，魯人欲勿哭。君無哭鄰國大夫之禮。陳莊子，齊大夫，陳恒之孫，名伯。繆公召縣子而問焉。縣子曰：「古之大夫，束脩之問不出竟，雖欲哭之，安得而哭之？以其不外交。今之大夫，交政於中國，雖欲勿哭，焉得而弗哭？言時君弱臣强，政在大夫，專盟會以交接。且臣聞之，哭有二道。有愛而哭之，有畏而哭之。」以權微勸之。公曰：「然。然則如之何而可？」縣子曰：「請哭諸異姓之廟。」明不當哭。於是與哭諸縣氏。

仲憲言於曾子曰：「夏后氏用明器，明器。示民無知也。所謂「致死之」。仲憲，孔子弟子原憲。殷人用祭器，示民有知也。所謂「致生之」。周人兼用之，示民疑也。」言使民疑於無知與有知。曾子曰：「其不然乎！其不然乎！非其説之非也。夫明器，鬼器也。祭器，人器也。夫古之人胡爲而死其親乎？」言仲憲之言，三者皆非。此或用鬼器，或用人器。

公叔木有同母異父之昆弟死，同母異父，兄弟之服。問於子游。木，當爲「朱」，《春秋》作「戍」，衛公叔文子之子，定公十四年奔魯。子游曰：「其大功乎？」疑所服也。親者屬，大功是。狄儀有同母異父之昆弟死，問於子夏。子夏曰：「我未之前聞也。魯人則爲之齊衰。」狄儀行齊衰。今之齊衰，狄儀之問也。

子思之母死於衛，子思，孔子孫，伯魚之子。伯魚卒，其妻嫁於衛。嫁母之喪。柳若謂子思曰：「子，聖人之後也。四方於子乎觀禮，子蓋慎諸！」柳若，衛人也，見子思欲爲嫁母服，恐其失禮，戒之嫁母齊衰期。子思曰：「吾何慎哉！吾聞之，有其禮，無其財，君子弗行也。謂時可行，而財不足以備禮。有其禮，有其財，無其時，君子弗行也。謂財足以備禮，而時不得行者。吾何慎哉！」時所止則止，時所行則行，無所疑也。喪之禮如子，贈襚之屬不踰主人。

縣子瑣曰：「吾聞之，古者不降，上下各以其親。古謂殷時也。上不降遠，下不降卑。殷爲服之制。滕伯文爲孟虎齊衰，其叔父也；爲孟皮齊衰，其叔父也。」伯文，殷時滕君也。爵爲伯，名文。

后木曰：「喪，吾聞諸縣子曰：『夫喪，不可不深長思也，后木，魯孝公子惠伯鞏之後。買棺喪具。

外内易。』我死則亦然。」此孝子之事，非所托。

曾子曰：「尸未設飾，故帷堂，小斂而徹帷。」帷室。仲梁子曰：「夫婦方亂，故帷堂，小斂而徹帷。」斂者動搖尸，帷堂，爲人褻之。言方亂非也。仲梁子，魯人也。小斂小斂。之奠，子游曰：「於東方。」曾子曰：「於西方。斂斯席矣。」曾子以俗説非。又大斂奠於堂，乃有席。小斂之奠在西方，魯禮之末失也。末世失禮之爲。縣子曰：「綌衰繐裳，非古也。」非時尚輕涼慢禮。衰不尚輕涼。

子蒲卒，哭者呼滅。滅，蓋子蒲名。哭不呼名。子臯曰：「若是野哉！」非之也。唯復呼名。子臯，孔子弟子高柴。哭者改之。

杜橋之母之喪，宫中無相，以爲沽也。沽，猶略也。喪不尚略。

夫子曰：「始死，羔裘玄冠者，易之而已。羔裘玄冠，夫子不以弔。」不以吉服弔喪。變服。

子游問喪具，喪具。夫子曰：「稱家之有亡。」子游曰：「有無惡乎齊？」惡乎齊，問豐省之比。齊，劑量之劑。夫子曰：「有，毋過禮。苟亡矣，斂首足形，形體。還葬，還之言便也。言已斂即葬，不待三月。縣棺而封，不設碑綍，不備禮。封，當爲「窆」。窆，下棺也。《春秋傳》作「堋」。人豈有非之者哉！」不責於人所不能。

司士賁告於子游曰：「請襲襲。於牀。」時失之也。禮，唯始死廢牀。子游曰：「諾。」縣子聞之，曰：「汏哉叔氏！專以禮許人。」當言「禮然」，言「諾」，非也。叔氏，子游字。

宋襄公葬其夫人，醯醢百甕。明器。曾子曰：「既曰明器矣，而又實之。」言名之爲明器，而與祭器皆實之，是亂鬼器與人器。

孟獻子之喪，獻子，魯大夫仲孫蔑。司徒旅賻贈。歸四布。旅，下士也。司徒使下士歸四方之賻布。夫子曰：「可也。」時人皆貪，善其能廉。讀賵，曾子曰：「非古也，是再告也。」曾子言非禮。祖而讀賵，賓致命。將行，主人之吏又讀賵，所以存録之。成子高寢疾，成子高，齊大夫國成伯高父也。慶遺入請，請後事。曰：「子之病革矣，如至乎大病，則如之何？」觀其意。革，急也。遺，慶封之族。子高曰：「吾聞之也，生有益於人，死不害於人。吾縱生無益於人，吾可以死害於人乎哉？我死，則擇不食之地而葬我焉。」不食，謂不墾耕。

子夏問諸夫子曰：「居君之母與妻之喪？」小君之喪。「居處、言語、飲食衎爾。」衎爾，自得貌。爲小君，惻隱不能至。賓客至，無所館。館，人生死所托。夫子曰：「生於我乎館，死於我乎殯。」仁者不厄人。國子高曰：「葬也者，葬義。藏也。藏也者，欲人之弗得見也。是故衣足以飾身，棺周於衣，椁周於棺，土周於椁，言皆所以爲深邃，難人發見之也。國子高，成子高也。成，謚也。反壤樹之哉！」反，復也。怪不如大古也，而反封樹之，意在於儉，非周禮。

孔子之喪，葬夫子。有自燕來觀者，舍於子夏氏。子夏曰：「聖人之葬人，與人之葬聖人也，聖人之葬人與人之葬聖人也。「與」字當作平聲，屬上句。與下「也」字相應。謂此豈聖人之葬人乎哉，乃人之葬聖人也。子何觀焉？與，及也。昔者夫子言之曰：『吾見封之若堂者矣，封，築土爲壟。堂形四方而高。見若坊防。者矣，坊形旁殺，平上而長。見若覆夏屋者矣，覆，謂茨瓦也。夏屋，今之門廡也，其形旁廣而卑。見若斧者矣。斧形旁殺，刃上而長。從若斧者焉。』孔子以爲刃上難登，狹又易爲功。馬鬣封之謂也。俗間名。今一日而三斬板，而已封，板，蓋廣二尺，長六尺。斬板，謂斷其縮也。三斷上之，旁殺。蓋高四尺，其廣袤未聞也。《詩》云：「縮板以載。」尚行夫子之志乎哉！」尚，庶幾也。

婦人不葛帶。婦服。婦人質，不變重者，至期除之。卒哭，變絰而已。

有薦新，薦新。如朔奠。重新物，爲之殷奠。

既葬，各以其服除。卒哭，當變衰麻者變之。或有除者，不視主人。

池視重霤。柳車。如堂之有承霤也。承霤，以木爲之，用行水，亦宮之飾也。柳，宮象也。以竹爲池，衣以青布，縣銅魚焉。今宮中有承霤，云以銅爲之。

君即位，而爲椑。僻。君爲椑。椑，謂杝棺親尸者。椑，堅著之言也。言天子椑内又有水、兕革棺。歲壹漆之，若未成然。藏焉。虚之不合。復、楔屑。齒、綴足、飯、設飾、帷堂並作。設飾，謂遷尸又加新衣。始死。父兄命赴者。謂大夫以上也。士，主人親命之。

君復於小寢、大寢、小祖、大祖、庫門、四郊。尊者，求之備也。亦他日所嘗有事。

喪不剥，奠也與？祭肉也與？剥，猶倮也。有牲肉則巾之，爲其久設，塵埃加也。脯醢之奠不巾。既殯既殯。旬，而布材與明器。木工宜乾臘，且豫成。材，椁材也。朝奠日出，夕奠逮日。陰陽交接，庶幾遇之。父母之喪，哭無時。使必知其反也。謂既練。或時爲君服金革之事，反必有祭。使謂既練，或爲君金革之役，反必有告練。練，練衣黄裏、縓云絹。緣，小祥練冠、練中衣，以黄爲内，縓爲飾。黄之色卑於纁。縓，纁之類，明外除。

葛要絰，繩屨無絇，角瑱。吐練。瑱，充耳也。吉時以玉。人君有瑱。鹿裘衡長袪。衡，當爲「横」字之誤也。袪，謂褎緣袂口也。練而爲裘，横廣之，又長之，又爲袪，則先時狹短無袪可知。吉時麛裘。袪，裼之可也。裼，表裘也。有袪而裼之，備飾也。《玉藻》曰：「麛裘青豻褎，絞衣以裼之。」鹿裘，亦用絞乎？

有殯，聞遠兄弟之喪，雖緦必往。重兄弟。親骨肉也。非兄弟，雖鄰不往。疏無親也。所識其兄弟不同居者皆弔。就其家弔之，成恩舊也。

天子天子喪禮。之棺四重：尚深邃也。諸公三重，諸侯再重，大夫一重，士不重。水、兕革棺被之，其厚三寸，以水牛、兕牛之革以爲棺被，革各厚三寸，合六寸也。此爲一重。杝移。棺一，所謂椑棺也。《爾雅》曰：「椵，杝。」梓棺二，所謂屬與大棺。四者皆周。周，帀也。凡棺，用能濕之物。棺束縮二衡三，衽每束一。衡，亦當爲「横」。衽，今小要。衽，或作「漆」，或作「髹」。柏椁以端長六尺。以端，題湊也，其方蓋一尺。

天子之哭諸侯也，爵弁絰，紂緇。衣。服士之祭服以哭之，明爲變也。天子至尊，不見尸柩，不弔服，麻不加於采。此言「絰」，衍字也。時人間有弁絰，因云之耳。《周禮》王弔諸侯，弁絰緦衰也。或曰：使有司哭之。非也。哀戚之事不可虚。爲之不以樂食。蓋謂殯斂之閒。

天子之殯也，菆塗龍輴春。以椁，菆木以周龍輴如椁而塗之。天子殯以輴車，畫轅爲龍。加斧于椁上，畢塗屋，斧謂之黼，白黑文也。以刺繡於縿幕，加椁以覆棺，已乃屋其上，盡塗之。天子之禮也。

唯天子之喪，有别姓而哭。使諸侯同姓、異姓、庶姓相從而爲位，别於朝、覲來時。朝、覲，爵同同位。

魯哀公誄誄。孔丘曰：「天不遺耆老，莫相予位焉。嗚呼哀哉！尼父！」誄其行以爲謚也。莫，無也。相，佐也。言孔子死，無佐助我處位者。尼父，因且字以爲之謚。

國亡大縣邑，失地。公卿大夫士皆厭冠，哭於大廟三日，君不舉。軍敗失地，以喪歸也。厭冠，今喪冠，其服未聞。或曰：君舉而哭於后土。后土，社也。孔子惡野哭者。野哭之非。爲其變衆。《周禮·銜枚氏》：「掌禁野叫呼歎嗚於國中者，行歌哭於國中之道者。」

未仕者未仕者。不敢稅人。如稅人，則以父兄之命。不專家財也。稅，謂遺予人。士備入士於君喪。而後朝夕踴。備，猶盡也。國君之喪，嫌主人哭，入則踴。

祥而縞。祥縞。縞，冠素紕也。是月禫，徙月樂。言禫，明月可以用樂。

君於士，君於士喪。有賜帟。帟，幕之小者，所以承塵。賜之則張於殯上，大夫以上，幕人職供焉。

禮記卷第三

檀弓下第四

君之適長殤，公卿殤子。車三乘。公之庶長殤，車一乘。大夫之適長殤車一乘。皆下成人也。自上而下，降殺以兩。成人遣車五乘，長殤三乘，下殤一乘。尊卑以此差之。庶子言公，卑遠之。《傳》曰：「大功之殤，中從上。」公之喪，諸達官之長杖。臣於君杖。謂君所命。雖有官職，不達於君，則不服斬。

君於大夫，將葬，弔於宮，君弔其臣。及出，命引之，三步則止。以義奪孝子。宮，殯宮。出，謂柩已在路。如是者三，君退。退，去也。三命引之，凡移九步。朝亦如之，哀次亦如之。君弔不必於宮。朝，喪朝廟也。次，他日賓客所受大門外舍也。孝子至此而哀，君或於是弔焉。五十無車者，不越疆而弔人。力衰不遠弔。氣力始衰。

季武子寢疾，季武子病且死。蟜矯。固不說齊衰而入見，曰：「斯道也，將亡矣。士唯公門說齊衰。」季武子，魯大夫季孫夙也。世爲上卿，强且專政，國人事之如君。蟜固能守禮，不畏之，矯失俗也。道，猶禮也。武子曰：「不亦善乎！君子表微。」時無如之何，佯若善之。表，猶明也。及其喪也，曾點倚其門而歌。明己不與也。點，字晳，曾參父。

大夫弔，吊禮。當事而至，則辭焉。辭，猶告也。擯者以主人有事告也。主人無事，則爲大夫出。弔於人，是日不樂。君子哀樂不同日。「子於是日哭則不歌」。婦人不越疆而弔人。不通於外。行弔之日，不飲酒食肉焉。以全哀也。弔於葬者，必執引。若從柩及壙，皆執紼。示助之以力。車曰引，棺曰紼。從柩，贏者。

喪，公弔之，必有拜者。往謝之。雖朋友州里、舍人可也。謂無主後。弔曰：「寡君承事。」示亦爲執事來。主人曰：「臨。」君辱臨其臣之喪。君遇柩於路，必使人弔之。君於民臣有父母之恩。大夫之喪，庶子不受弔。不以賤者爲有爵者主。

妻之昆弟爲父後者死，妻昆弟死。哭之適室，以其正也。子爲主，袒免哭踴。親者主之。夫入門右，北面，辟正主。使人立于門外，告來者，狎則入哭。狎，相習知者。父在，哭於妻之室。不以私喪干尊。非爲父後者，哭諸異室。有殯，聞遠兄弟之喪，有殯聞兄弟之喪。哭于側室。嫌哭殯。無側室，哭于門内之右。近南者爲之變位。同國則往哭之。喪無外事。

子張死，曾子有母之喪，齊衰而往哭之。朋友之喪。或曰：齊衰不以弔。以其無服非之。曾子曰：「我弔也與哉！」於朋友哀痛甚而往哭之，非若凡弔。

有若之喪，悼公弔焉。悼公，魯哀公之子。子游擯由左。喪擯。擯，相侑喪禮者。喪禮廢亡，時人以爲此儀當如詔辭而皆由右相，是善子游正之。《孝經説》曰：「以身擯侑。」

齊穀王姬之喪，主婚之喪。穀當爲「告」，聲之誤也。王姬，周女，齊襄公之夫人。魯莊公爲之大功。或曰：由魯嫁，故爲之服姊妹之服。或曰：外祖母也，故爲之服。陳止齋曰：「或之者疑之，則禮未之有也。禮未之有，而以義起之施之。不共戴天之讎，莊公不可以爲人子矣。」《春秋》周女由魯嫁，卒，服之如內女，服姊妹是也。天子爲之無服，嫁於王者之後乃服之。莊公，齊襄公女弟文姜之子，當爲舅之妻，非外祖母也。外祖母，又小功也。

晉獻公之喪，秦穆公使人弔公子重耳，晉文公。秦穆公使人吊重耳，亦弔夷吾。重耳不私而夷吾致私。穆公雖賢重耳而先納夷吾，私其賂也。穆公本明，而私欲昏之耳。獻公殺其世子申生，重耳辟難出奔，是時在翟，就弔之。且曰：「寡人聞之，亡國恒於斯，得國恒於斯。言在喪伐之際。雖吾子儼然在憂服之中，喪亦不可久也，時亦不可失也。孺子其圖之。」勸其反國，意欲納之。喪，謂亡失位。孺，穉也。以告舅犯。舅犯，重耳之舅狐偃也，字子犯。舅犯曰：「孺子其辭焉。喪人無寶，仁親以爲寶。寶，謂善道可守者。仁親，親行仁義。父死之謂何？又因以爲利，欲反國求爲後，是利父死。而天下其孰能說之？孺子其辭焉。」謝說，猶解也。公子重耳對客曰：「君惠弔亡臣重耳，身喪父死，不得與於哭泣之哀，以爲君憂之。父死之謂何？或敢有他志，以辱君義。」稽顙而不拜，哭而起，起而不私。他志，謂利心。子顯以致命於穆公。使者，公子縶也。盧氏云：「古者名字相配，顯當作『韅』。」穆公曰：「仁夫公子重耳？夫稽顙而不拜，則未爲後也，故不成拜。哭而起，則愛父也。起而不私，則遠利也。」

帷殯，帷殯。非古也。自敬姜之哭穆伯始也。穆伯，魯大夫，季悼子之子公甫靖也。敬姜，穆伯之妻，文伯歜之母也。禮，朝夕哭不帷。

喪禮，喪禮。哀戚之至也。節哀，順變也，君子念始之者也。始，猶生也。念父母生己，不欲傷其性。

復，盡愛之道也，有禱祠之心焉。復，謂招魂。且分禱五祀，庶幾其精氣之反。望反諸幽，求諸鬼神之道也。鬼神處幽闇，望其從鬼神所來。北面，求諸幽之義也。鄉其所從來也。禮，復者升屋，北面。拜稽顙，哀戚之至隱也。稽顙，隱之甚也。隱，痛也。稽顙者，觸地無容。飯用米、貝，弗忍虛也。不以食道，用美焉爾。尊之也。食道褻，米、貝美。銘，明旌也。神明之旌。以死者爲不可别已，故以其旗識之。不可别，形貌不見。愛之，斯録之矣。敬之，斯盡其道焉耳。謂重與奠。重，主道也。始死未作主，以重主其神也。重，既虞而埋之，乃後作主。《春秋傳》曰：「虞主用桑，練主用栗。」殷主綴拙。重焉，綴，猶聯也。殷人作主而聯其重，縣諸廟也。去顯考，乃埋之。周主重徹焉。周人作主，徹重埋之。奠以素器，以生者有哀素之心也。哀素，言哀痛無飾也。凡物無飾曰素。唯祭祀之禮，主人自盡焉爾，豈知神之所饗，亦以主人有齊敬之心也。哀則以素，敬則以飾，禮由人心而已。辟踊，哀之至也。有筭，爲之節文也。筭，數也。袒、括髮，變也。慍，哀之變也。去飾，去美也。袒、括髮，去飾之甚也。有所袒，有所襲，哀之節也。弁絰葛而葬，與神交之道也。接神之道，不可以純凶。天子諸侯變服而葬，冠素弁，以葛爲環絰。既虞卒哭，乃服受服也。《雜記》曰：「凡弁絰，其衰侈袂。」有敬心焉。踰時哀衰而敬生，敬則服有飾。大夫士三月而葬，未踰時。周人弁而葬，殷人冔而葬。周弁、殷冔，俱象祭冠而素，禮同也。歠主人、主婦、室老，爲其病也，君命食之也。尊者奪人易也。歠，歠粥也。反哭升堂，反諸其所作也。親所行禮之處。主婦入于室，反諸其所養也。親所饋食之處。反哭之弔也，哀之至也。反而亡焉，失之矣，於是爲甚。哀痛甚。殷既封而弔，周反哭而弔。封，當爲「窆」。窆，下棺也。孔子曰：「殷已慤，吾從周。」慤者，得哀之始，未見其甚。葬於北方，北首，三代之達禮也，之幽之故也。北方，國北也。既封，主人贈，而祝宿虞尸。贈以幣送死者於壙也。於主人贈，祝先歸。既反哭，主人與有司視虞牲。日中將虞，省其牲。有司以几筵舍奠於墓左，反，日中而虞。所使奠墓有司來歸，乃虞也。舍奠墓左，爲父母形體在此，禮其神也。《周禮·冢人》：「凡祭墓爲尸。」葬日虞，弗忍一日離也。弗忍其無所歸。是日也，以虞易奠。虞，喪祭也。卒哭曰「成事」。既虞之後，卒哭而祭，其辭蓋曰「哀薦成事」，成祭事也。祭以吉爲成。是日也，以吉祭易喪祭。卒哭吉祭。明日祔于祖父。祭吉於其祖之廟。其變而之吉祭也，比至於祔，必於是日也接，不忍一日末有所歸也。末，無也。日有所用接之，《虞禮》所謂「他用剛日」者。其祭，祝曰「哀薦」、曰「成事」。殷練而祔，周卒哭而祔。孔子善殷。期而神之人情。

君臨臣喪，君臨臣喪。以巫祝桃茢，執戈，惡之也。爲有凶邪之氣在側。君聞大夫之喪，去樂，卒事而往，未襲也。其已襲，則止巫，去桃茢。桃，鬼所惡。茢，萑苕，可掃不祥。所以異於生也。生人無凶邪。

喪有死之道焉，言人之死，有如鳥獸死之狀。鳥獸之死，人賤之。先王之所難言也。聖人不明說，爲人甚惡之。

喪之朝也，喪之朝。順死者之孝心也。朝，謂遷柩於廟。其哀離其室也，故至於祖考之廟而後行。殷朝而殯於祖，周朝而遂葬。

孔子謂：「爲明器者明器。知喪道矣，備物而不可用也。神與人異道，則不相傷。哀哉！死者而用生者之器也，不殆於用殉乎哉！殆，幾也。殺人以衛死者曰殉。用其器者，漸幾於用人。其曰明器，神明之也。神明，死者，異於生人。塗車、芻靈，自古有之。芻靈，束茅爲人馬。謂之靈者，神之類。明器之道也。」言與明器同。孔子謂「爲芻靈者善」，謂「爲俑者不仁，不殆於用人乎哉」。俑，偶人也，有面目，機發，有似於生人。孔子善古而非周。

穆公問於子思曰：「爲舊君反服，爲舊君反服。古與？」仕焉而已者。穆公，魯哀公之曾孫。子思曰：「古之君子進人以禮，退人以禮，故有舊君反服之禮也。今之君子進人若將加諸膝，退人若將隊諸淵，毋爲戎首，不亦善乎？又何反服之禮之有！」言放逐之臣不服舊君也。爲兵主來攻伐曰戎首。

悼公之喪，季昭子問於孟敬子三家於君殺禮。孟敬子任情失禮如此，生不能事死，又薄之，宜曾子諄諄有「鄗」、「倚」之戒。孟氏之得謚爲敬，其亦因曾子之戒而能敬也與？曰：「爲君何食？」悼公，魯哀公之子。昭子，康子之曾孫，名强。敬子，武伯之子，名捷。敬子曰：「食粥，天下之達禮也。吾三臣者之不能居公室也，四方莫不聞矣。言鄰國皆知吾等不能居公室，以臣禮事君也。三臣：仲孫、叔孫、季孫氏。勉而爲瘠，則吾能，毋乃使人疑夫不以情居瘠者乎哉！我則食食。」存時不盡忠，喪又不盡禮，非也。孔子曰：「喪事不敢不勉。」

衛司徒敬子死，司徒，官氏，公子許之後。子夏弔焉，游、夏行弔。主人未小斂，絰而往。子游弔焉，主人既小斂，子游出絰，反哭。皆以朋友之禮往，而二人異。子夏曰：「聞之也與？」曰：「聞諸夫子：主人未改服，則不絰。」

曾子曰：「晏子可謂知禮也已，晏子之儉。恭敬之有焉。」言禮者敬而已矣。有若曰：「晏子一狐裘三十年，遣車一乘，及墓而反。國君七個，遣車七乘；大夫五個，遣車五乘。晏子焉知禮？」言其大儉偪下，非之。及墓而反，言其既窆則歸，不留賓客有事也。人臣賜車馬者，乃得有遣車。遣車之差，大夫五，諸侯七，則天子九。諸侯不以命數，喪數略也。個，謂所包遣奠牲體之數也。《雜記》曰：「遣車視牢具。」曾子曰：「國無道，君子恥盈禮焉。國奢則示之以儉，國儉則示之以禮。」時齊方奢矯之是也。

國昭子之母死，問於子張曰：「葬及墓，及墓之位。男子、婦人安位？」國昭子，齊大夫。子張曰：「司徒敬子之喪，夫子相，男子西鄉，婦人東鄉。」夾羨道爲位。夫子，孔子也。曰：「噫，毋！」噫，不寤之聲。毋，禁止之辭。曰：「我喪也，斯沾。」斯，盡也。沾讀曰覘。覘，視也。國昭子自謂齊之大家，有事人盡視之，欲人觀之，法其所爲。爾專之，賓爲賓焉，主爲主焉，專，猶同也。時子張相。婦人從男子皆西鄉。非也。

穆伯之喪，敬姜晝哭。敬姜之賢。文伯之喪，晝夜哭。孔子曰：「知禮矣。」喪夫不夜哭，嫌思情性也。文伯之喪，敬姜據其牀而不哭，曰：「昔者吾有斯子也，吾以將爲賢人也，蓋見其有才藝。吾未嘗以就公室。未嘗與到公室觀其行也。季氏，魯之宗卿，敬姜有會見之禮。今及其死也，朋友諸臣未有出涕者，而內人皆行哭失聲。斯子也，必多曠於禮矣夫！」內人，妻妾。

季康子之母死，陳褻衣，褻衣非上服，陳之將以斂。敬姜曰：「婦人不飾，不敢見舅姑。將有四方之賓來，褻衣何爲陳於斯？」命徹之。言四方之賓，嚴於舅姑。敬姜者，康子從祖母。

有子與子游立，見孺子慕者。有子謂子游曰：「予壹不知夫喪之踴也，喪之踴。予欲去之久矣。情在於斯，其是也夫？」喪之踴，猶孺子之號慕。子游曰：「禮有微情者，節哭踴。有以故興物者，衰絰之制。有直情而徑行者，戎狄之道也。哭踴無節，衣服無制。禮道則不然。與戎狄異。人喜則斯陶，陶，鬱陶也。陶斯咏，咏，謳也。咏斯猶，猶，當爲摇，聲之誤也。摇，謂身動摇也。秦人猶、摇聲相近。猶斯舞，手舞之。舞斯愠，愠，猶怒也。愠斯戚，戚，憤恚。戚斯歎，歎，吟息。歎斯辟，辟，拊心。辟斯踴矣。踴躍。三字誤衍。喜陶、咏摇、舞愠、戚歎、辟踴。品節斯，斯之謂禮。舞踴皆有節，乃成禮。人死，斯惡之矣。無能也，斯倍之矣。無能，心謂之無所復能。是故制絞、爻。衾，設蔞、柳。翣，爲使人勿惡也。絞衾，尸之飾。蔞、翣，棺之牆飾。《周禮》「蔞」作「柳」。始死，脯醢之奠，將行，遣而行之，既葬而食之。將行，將葬也。葬有遺奠。食，反虞之祭。未有見其饗之者也，自上世以來未之有舍也，爲使人勿倍也。舍，猶廢也。故子之所刺於禮者，亦非禮之訾疵。也。」訾，病也。

吴侵陳，吴侵陳，事見魯哀公元年。斬祀殺厲。祀，神位有屋樹者。厲，疫病。吴侵陳，以魯哀元年秋。師還出竟，陳大宰嚭使於師。夫差謂行人儀二人名差互，夫差謂太宰嚭。曰：「是夫也多言，盍嘗問焉？師必有名，人之稱斯師也者，則謂之何？」大宰行人，官名也。夫差，吴子光之子。盍，何不也。嘗，猶試也。夫差脩舊怨，庶幾其師有善名。大宰嚭行人儀曰。曰：「古之侵伐者，不斬祀，不殺厲，不獲二毛。獲，謂係虜之。二毛，鬢髮斑白。今斯師也，殺厲與？其不謂之殺厲之師與？」欲微切之，故其言似若不審然。正言殺厲重人。曰：「反爾地，歸爾子，則謂之何？」子，謂所獲民臣。曰：「君王討敝邑之罪，又矜而赦之，師與有無名乎？」又微勸之，終其意。吴楚僭號稱王。

顏丁顏丁之賢。善居喪：顏丁，魯人。始死，皇皇焉如有求而弗得。及殯，望望焉如有從而弗及。既葬，慨焉如不及，其反而息。從，隨也。慨，憊貌。子張問曰：「《書》云：『高宗三年不言，梁闇之禮。言乃讙。』有諸？」時人君無行三年之喪禮者，問有此與？怪之也。讙，喜説也。言乃喜説，則民臣望其言久。仲尼曰：「胡爲其不然也？古者天子崩，王世子聽於冢宰三年。」冢宰，天官卿貳王事者。三年之喪，使之聽朝。

知悼子卒，未葬，悼子，晉大夫荀盈，魯昭九年卒。平公飲酒，與群臣燕。平公，晉侯彪。師曠、李調侍，侍，與君飲也。《燕禮記》曰：「請旅侍臣。」鼓鐘。樂作也。《燕禮》：「賓入門，奏《肆夏》，既獻而樂闋。」獻君亦如之。杜蕢自外來，聞鐘聲，曰：「安在？」怪之也。杜蕢，或作「屠蒯」。曰：「在寢。」燕於寢。杜蕢入寢，歷階而升，酌曰：「曠飲斯！」又酌曰：「調飲斯！」又酌，堂上北面坐飲之，降，趨而出。三酌皆罰。平公呼而進之，曰：「蕢！曩者爾心或開予，是以不與爾言。曩，鄉也。謂始來入時。開，謂諫争，有所發起。爾飲曠何也？」曰：「子卯不樂。紂以甲子死，桀以乙卯亡，王者謂之疾日，不以舉樂爲吉事，所以自戒懼。知悼子在堂，斯其爲子卯也大矣。君於卿喪。言大臣喪重於疾日也。《雜記》曰：「君於卿大夫，比葬不食肉，比卒哭不舉樂。」曠也大師也，不以詔，是以飲之也。」詔，告也。大師，典奏樂。「爾飲調何也？」曰：「調也君之褻臣也，爲一飲一食，忘君之疾，是以飲之也。」言調貪酒食。褻，嬖也。近臣亦當規君。疾，憂。「爾飲何也？」曰：「蕢也宰夫也，非刀匕是共，又敢與知防，是以飲之也。」防，禁放溢。平公曰：「寡人亦有過焉，酌而飲寡人！」聞義則服。杜蕢洗而揚觶。舉爵於君也。《禮》「揚」作「媵」。揚，舉也。賸，送也。揚近得之。公謂侍者曰：「如我死，則必毋廢斯爵也。」欲後世以爲戒。至于今，既畢獻，斯揚觶，謂之「杜舉」。此爵遂因杜蕢爲名。畢獻，獻賓與君。

公叔文子卒，文子，衛獻公之孫，名拔。或作「發」。其子戍請謚於君，謚法。曰：「日月有時，將葬矣，請所以易其名者。」謚者，行之迹。有時，猶言有數也。大夫士三月而葬。君曰：「昔者衛國凶饑，夫子爲粥與國之餓者，是不亦惠乎！君，靈公也。昔者衛國有難，夫子以其死衛寡人，不亦貞乎！難，謂魯昭公二十年，盜殺衛侯之兄縶也。時齊豹作亂，公如死鳥。夫子聽衛國之政，脩其班制，以與四鄰交，衛國之社稷不辱，不亦文乎！班制，謂尊卑之差。故謂夫子貞惠文子。」後不言「貞惠」者，文足以兼之。

石駘仲卒，駘仲，衛大夫石碏之族。無適子，有庶子六人，卜所以爲後者，卜後。莫適立也。曰：「沐浴佩玉則兆。」言齊絜則得吉兆。五人者皆沐浴佩玉。石祁子石祁子知禮。曰：「孰有執親之喪而沐浴佩玉者乎？」不沐浴佩玉。心正且知禮。石祁子兆，衛人以龜爲有知也。

陳子車死於衛，其妻與其家大夫謀以殉葬，子車，齊大夫。定而后陳子亢至。以告曰：「夫子疾，莫養於下，請以殉葬。」子亢，子車弟，孔子弟子。下，地下。子亢曰：「以殉葬，非禮也。雖然，則彼疾當養者，孰若妻與宰？得已，則吾欲已。不得已，則吾欲以二子者之爲之也。」度諫之不能止，以斯言拒之。已，猶止也。於是弗果用。果，決。

子路曰：「傷哉貧也，貧者之孝。生無以爲養，死無以爲禮也。」孔子曰：「啜菽飲水，盡其歡，斯之謂孝。斂手足形，還葬而無椁，稱其財，斯之謂禮。」還，猶疾也。謂不及其日月。

衛獻公出奔，反於衛，及郊，將班邑於從者而後入。欲賞從者，以懼居者。獻公以魯襄十四年出奔，齊二十六年復歸於衛。柳莊曰：柳莊之賢。「如皆守社稷，則孰執羈靮而從？如皆從，則孰守社稷？」言從、守若一。靮，紖也。君反其國而有私也，毋乃不可乎？」言有私則生怨。弗果班。

衛有大史曰柳莊，寢疾。公曰：「若疾革，雖當祭必告。」革，急也。公再拜稽首請於尸曰：「有臣柳莊也者，非寡人之臣，社稷之臣也。聞之死，請往。」急弔賢者。不釋服而往，遂以襚之。脱君祭服以襚臣，親賢也。所以此襚之者，以其不用襲也。凡襚以斂。與之邑裘氏與縣潘氏，書而納諸棺曰：「世世萬子孫毋變也。」所以厚賢也。裘、縣潘，邑名。

陳乾昔寢疾，屬其兄弟而命其子尊己曰：「如我死，則必大爲我棺，使吾二婢子夾我。」婢子，妾也。陳乾昔死，其子曰：「以殉葬，非禮也。況又同棺乎！」不從亂命。弗果殺。善尊己不陷父於不義。仲遂卒于垂，卿卒。壬午猶繹，《萬》入去《籥》。《春秋經》在宣八年，仲遂，魯莊公之子東門襄仲。先日辛巳有事於大廟，而仲遂卒，明日而繹，非也。《萬》，干舞也。《籥》，籥舞也。《傳》曰：「去其有聲者，廢其無聲者。」仲尼曰：「非禮也，卿卒不繹。」《家語》此章因子游之問云。

季康子之母死，季康子母死。公輸若方小。公輸若，匠師。方小，言年尚幼，未知禮也。斂，般班。請以機封，斂，下棺於椁。般，若之族，多技巧者，見若掌斂事而年尚幼，請代之而欲嘗其技巧。將從之。時人服般之巧。公肩假曰：「不可。夫魯有初，初，謂故事。公室視豐碑，言視者，時僭天子也。豐碑，斲大木爲之，形如石碑，於椁前後四角樹之，穿中，於間爲鹿盧，下棺以繂繞。天子六繂四碑，前後各重鹿盧也。三家視桓楹。時僭諸侯，諸侯下天子也。斲之，形如大楹耳。四植謂之桓。諸侯四綍二碑，碑如桓矣。大夫二綍二碑，士二綍無碑。般！爾以人之毋嘗巧，則豈不得以？以，「已」字。言寧有强使女者與？僭於禮，有似作機巧，非也。「以」與「已」字本同。其毋以嘗巧者乎？則病者乎？毋，無也。於女寧有病苦與？止之。噫！」不寤之聲。弗果從。

戰于郎，國殤。郎，魯近邑也。哀十一年，「齊國書帥師伐我」是也。公叔禺人遇負杖入保者息，遇，見也。見走辟齊師，將入保，罷倦，加其杖頸上，兩手掖之休息者。保，縣邑小城。禺人，昭公之子，《春秋傳》曰「公叔務人」。曰：「使之雖病也，謂時繇役。任之雖重也，謂時賦稅。君子不能爲謀也，士弗能死也，不可。君子，謂卿大夫也。魯政既惡，復無謀臣，士又不能死難，禺人耻之。我則既言矣。」欲敵齊師，踐其言。與其鄰重汪踦繼。往，皆死焉。奔敵死齊寇。鄰，鄰里也。重，皆當爲「童」。童，未冠者之稱，姓汪，名踦。鄰或爲「談」。《春秋傳》曰「童汪踦」。魯人欲勿殤重汪踦，見其死君事，有士行，欲以成人之喪治之。言魯人者，死君事，國爲斂葬。問於仲尼。仲尼曰：「能執干戈以衛社稷，雖欲勿殤也，不亦可乎！」善之。子路去魯，出處之死。謂顔淵曰：「何以贈我？」贈，送。曰：「吾聞之也，去國則哭于墓而後行，反其國不哭，展墓而入。」無君事，主於孝。哭，哀去也。展，省視之。謂子路曰：「何以處我？」處，猶安也。子路曰：「吾聞之也，過墓則式，過祀則下。」居者主於敬。

工尹商陽工尹商陽。與陳棄疾追吴師，及之。工尹，楚官名。棄疾，楚公子棄疾也。以魯昭八年帥師滅陳，縣之，楚人善之，因號焉。至十二年，楚子狩於州來，使蕩侯、潘子、司馬督、囂尹午、陵尹喜圍徐以懼吴，於時有吴師。陳，或作「陵」，楚人聲。陳棄疾謂工尹商陽曰：「王事也，子手弓而可。」手弓。「子射諸！」商陽仁，不忍傷人，以王事勸之。射之，斃一人，韔弓。不忍復射。斃，仆也。韔，韜也。又及，謂之，又斃二人。每斃一人，揜其目。揜其目，不忍視之。止其御曰：「朝不坐，燕不與，殺三人，亦足以反命矣。」朝、燕於寢，大夫坐於上，士立於下。然則商陽與御者皆士也。兵車參乘，射者在左，戈盾在右，御在中央。孔子曰：「殺人之中，又有禮焉。」善之。程子不亦爲然。《家語》此章之下，「子路怫然而進曰：『人臣之節，當君大事，唯力所及，死而後已，夫子何善此？』子曰：『然如汝言也，吾取其有不忍殺人之心而已。』」履祥按，《家語》所載詳備，程子似不必疑。

諸侯伐秦，曹桓公卒于會。魯成十三年，「曹伯廬卒於師」是也。廬，謚宣，言「桓」，聲之誤也。諸侯請含，以朋友有相啖食之道。使之襲。襲。非也。襲，賤者之事。襄公朝于荆，康王卒。在魯襄二十八年。康王，楚子昭也。楚言荆者，州言之。荆人曰：「必請襲。」欲使襄公衣之。魯人曰：「非禮也。」荆人强之，欲尊康王。曹宣公殁，王事故加等，然後諸侯襲，已非矣。楚康何爲而請曾襲？蓋楚僭而魯弱也。巫先拂柩，荆人悔之。巫祝桃茢，君臨臣喪之禮。滕成公之喪，魯昭三年。使子叔敬叔弔，進書，子叔敬叔，魯宣公弟叔肸之曾孫叔弓也。進書，奉君弔書。子服惠伯爲介。惠伯，慶父玄孫之子，名椒。介，副也。及郊，爲懿伯之忌不入。郊，滕之近郊也。懿伯，惠伯之叔父。忌，怨也。敬叔有怨於懿伯，難惠伯也。《春秋傳》曰：「敬叔不入。」惠伯曰：「政也不可以叔父之私不將公事。」政，君命所爲。敬叔於昭穆以懿伯爲叔父。遂入。惠伯强之乃入。

哀公使人弔蕢尚，喪不路弔。遇諸道，辟闢。於路，畫宮而受弔焉。哀公，魯君也。畫宮，畫地爲宮象。曾子曰：「蕢尚不如杞梁之妻之知禮也。行弔禮於野，非。齊莊公襲莒于奪，兑。杞梁死焉。魯襄二十三年「齊侯襲莒」是也。《春秋傳》曰：「杞殖、華還載甲夜入且于之隧。」隧、奪聲相近，或爲「兑」。梁，即殖也。其妻迎其柩於路而哭之哀。莊公使人弔之，對曰：『君之臣不免於罪，則將肆諸市朝，而妻妾執。肆，陳尸也。大夫以上於朝，士以下於市。執，拘也。君之臣免於罪，則有先人之敝廬在，君無所辱命。』」無所辱命，辭不受也。《春秋傳》曰：「齊侯弔諸其室。」

孺子𩏂它昆。之喪，魯哀公之少子。哀公欲設撥，撥，可撥引輴車，所謂紼。問於有若。有若曰：「其可也。君之三臣猶設之。」三家僭禮。猶，尚也。以臣況子也。三臣，仲孫、叔孫、季孫氏。顔柳曰：「天子龍輴而椁幬，輴，殯車也，畫轅爲龍。幬，覆也。殯以椁覆棺而塗之，所謂「菆塗龍輴以椁」。諸侯輴而設幬，輴不畫龍。爲榆沈，故設撥。以水澆榆白皮之汁，有急以播地，於引輴車滑。三臣者，廢輴而設撥，竊禮之不中者也，而君何學焉？」止其學非禮也。廢，去也。紼繫於輴，三臣於禮去輴，今有紼，是用輴，僭禮也。殯禮，大夫菆置西序，士掘肂見衽。

悼公之母哀公以妾爲夫人。死，母，哀公之妾。哀公爲之齊衰。有若曰：「爲妾齊衰，禮與？」譏而問之。妾之貴者，爲之緦耳。公曰：「吾得已乎哉！魯人以妻我。」言國人皆名之爲我妻。重服嬖妾，文過，非也。

季子皋葬其妻，犯人之禾。季子皋，孔子弟子高柴，孟氏之邑成宰，或氏季。犯，躐也。申祥以告，曰：「請庚之。」申祥，子張子。庚，償也。子皋曰：「孟氏不以是罪予，時僭侈。朋友不以是棄予，言非大故。以吾爲邑長於斯也。買道而葬，葬不買道。後難繼也。」恃寵虐民，非也。

仕而未有禄者，遊宦。君有饋焉曰「獻」，使焉曰「寡君」。見在臣位，與有禄同也。君有饋，有饋於君。

違而君薨，弗爲服也。以其恩輕也。違，去也。

虞而立尸有几筵卒哭而諱。諱。　諱，辟其名。　生事畢而鬼事始已。謂不復饋食於下室，而鬼神祭之。已，辭也。　既卒哭，宰夫執木鐸以命于宮曰：「舍故而諱新。」故，謂高祖之父當遷者也。《易説》「帝乙」，曰：「《易》之帝乙，爲成湯。《書》之帝乙，六世王。」天之錫命，疏可同名。　自寢門至于庫門。百官所在。　庫門，宮外門。《明堂位》曰：「庫門，天子皋門。」二名不偏諱。　夫子之母名徵在，言「在」不稱「徵」，言「徵」不稱「在」。稱，舉也。《雜記》曰：「妻之諱，不舉諸其側。」

軍有憂，軍有憂。　則素服哭於庫門之外，憂，謂爲敵所敗也。　素服者，縞冠也。　赴車不載櫜韔。兵不戢，示當報也。　以告喪之辭言之，謂還告於國。　櫜，甲衣。　韔，弓衣。　有焚其先人之室，火災。　則三日哭。謂火燒其宗廟。　哭者，哀精神之有虧傷。　故曰：「新宮火，亦三日哭。」火，人火也。　新宮火，在魯成三年。

孔子過泰山側，有婦人哭於墓者而哀。夫子式而聽之，怪其哀甚。　使子貢問之，曰：「子之哭也，壹似重有憂者。」而曰：「然。昔者吾舅死於虎，吾夫又死焉，今吾子又死焉。」而，猶乃也。夫之父曰舅。　夫子曰：「何爲不去也？」曰：「無苛政。」夫子曰：「小子識之，苛政猛於虎也。」苛政猛於虎。

魯人有周豐也者，周豐。　哀公執摯請見之，下賢也。　摯，禽摯也。　諸侯而用禽摯，降尊就卑之義。　而曰：「不可。」辭君以尊見卑。　士禮，先生異爵者，請見之則辭。　公曰：「我其已夫！」已，止也。　重強變賢。　使人問焉，曰：「有虞氏未施信於民而民信之，夏后氏未施敬於民而民敬之，何施而得斯於民也？」時公與三桓始有惡，懼將不安。對曰：「墟墓之間，未施哀於民而民哀。社稷、宗廟之中，未施敬於民而民敬。言民見悲哀之處則悲哀，見莊敬之處則莊敬，非必有使之者。墟，毁滅，無後之地。殷人作誓而民始畔，周人作會而民始疑。會，謂盟也。盟誓所以結衆以信。其後外恃衆而信不由中，則民畔疑之。孔子曰：「其身正不令而行，其身不正雖令不從。」苟無禮義忠信、誠慤之心以涖之，雖固結之，民其不解乎！」涖，臨。喪不慮居，謂賣舍宅以奉喪。毁不危身，謂憔悴將滅性。喪不慮居，爲無廟也。毁不危身，爲無後也。

延陵季子適齊，於其反也，其長子死，葬於嬴、博之間。吴季子喪子之禮。季子名札，魯昭二十七年「吴公子札聘於上國」是也。季子讓國，居延陵，因號焉。《春秋傳》謂延陵、延州來。嬴、博，齊地，今泰山縣是也。孔子曰：「延陵季子，吴之習於禮者也。」往而觀其葬焉。往弔之。其坎深不至於泉，以生恕死。其斂以時服，以行時之服，不改制節。既葬而封，廣輪揜坎，其高可隱也。亦節也。輪，從也。隱，據也。封可手據，謂高四尺所。既封，左袒，右還其封，且號者三，曰：「骨肉歸復于土，命也。若魂氣則無不之也，無不之也。」還，圍也。號，哭且言也。命，猶性也。而遂行。行，去也。孔子曰：「延陵季子之於禮也，其合矣乎！」

邾婁考公之喪，考公，隱公益之曾孫。考，或爲「定」。徐君使容居來弔含，弔且含。徐戎之僭。曰：「寡君使容居坐含，進侯玉，其使容居以含。」欲親含，非也。含不使賤者。君行則親含，大夫歸含耳。言侯王者，時徐僭稱王，自比天子。有司曰：「諸侯之來辱敝邑者，易則易，于則于，易于雜者，未之有也。」

易，謂臣禮。于，謂君禮。雜者，容居以臣欲行君禮。徐自比天子，使大夫敵諸侯，有司拒之。容居對曰：「容居聞之，事君不敢忘其君，亦不敢遺其祖。昔我先君駒王西討，濟於河，無所不用斯言也。容居，魯人也，不敢忘其祖。」言我祖與今君，於諸侯初如是。不聞義則服。駒王，徐先君僭號。容居，其子孫也。濟，渡也。言西討渡於河，廣大其國。魯，魯鈍也。言魯鈍者，欲自明不妄。

子思之母嫁母之喪。死於衛，嫁母也，姓庶氏。赴於子思，子思哭於廟。門人至，曰：「庶氏之母死，何爲哭於孔氏之廟乎？」門人，弟子也。嫁母與廟絶族。子思曰：「吾過矣！吾過矣！」遂哭於他室。

天子崩，天子崩。三日，祝先服。祝佐含斂，先病。五日，官長服。官長，大夫士。七日，國中男女服。庶人。三月，天下服。諸侯之大夫。虞人致百祀之木，可以爲棺椁者斬之。虞人，掌山澤之官。百祀，畿内百縣之祀也。以爲棺椁，作棺椁也。斬，伐也。不至者，廢其祀，刎其人。齊大饑，黔敖爲食於路，以待餓者而食之。有餓者蒙袂輯屨，貿貿然來。蒙袂，不欲見人也。輯，斂也。斂屨，力憊不能屨也。貿貿，目不明之貌。黔敖左奉食，右執飲，曰：「嗟，來食！」揚其目而視之，曰：「予唯不食嗟來之食，以至於斯也。」「嗟來食」，雖閔而呼之，非敬辭。從而謝焉。賢而過之。終不食而死。從，猶就也。曾子聞之曰：「微與！微，小也，謂小節也。其嗟也可去，其謝也可食。」微，猶無也。無與，止其狂狷之辭。

邾婁定公之時，有弑其父者，定公，貜且也。魯文十四年即位。有司以告。公瞿屨。然失席，曰：「是寡人之罪也。」民之無禮，教之罪。曰：「寡人嘗學斷斯獄矣，臣弑君，凡在官者，殺無赦。子弑父，凡在宮者，殺無赦。言諸臣、子孫，無尊卑皆得殺之，其罪無赦。殺其人，壞其室，洿其宮而豬焉。明其大逆，不欲人復處之，豬，都也。南方謂都爲豬。蓋君踰月而后舉爵。」自貶損。

晉獻文子成室，善頌禱。晉大夫發焉。文子，趙武也。作室成，晉君獻之，謂賀也。諸大夫亦發禮以往。張老曰：「美哉輪焉！美哉奐焉！心譏其奢也。輪，輪囷，言高大。奐，言衆多。歌於斯，哭於斯，聚國族於斯。」祭祀、死喪、燕會於此足矣。言此者，欲防其後復爲。文子曰：「武也得歌於斯，哭於斯，聚國族於斯，是全要領以從先大夫於九京也。」北面再拜稽首。全要領者，免於刑誅也。晉卿大夫之墓地在九原。「京」，蓋字之誤，當爲「原」。君子謂之善頌、善禱。善頌，謂張老之言，善禱，謂文子之言。禱，求也。

仲尼之畜狗死，廣愛。畜狗，馴守。使子貢埋之，曰：「吾聞之也，敝帷不棄，爲埋馬也。敝蓋不棄，爲埋狗也。丘也貧，無蓋，於其封也，亦予之席，毋使其首陷焉。」封，當爲「窆」。陷，謂没於土。路馬死，埋之以帷。路馬，君所乘者。其他狗馬，不能以帷蓋。

季孫之母死，廣敬。哀公弔焉。曾子與子貢弔焉，閽人爲君在，弗内也。閽人，守門者。曾子與子貢入於其厩而脩容焉。更莊飾。盡飾。或問脩容事，文公曰：「未必恁地。」子貢先入，閽人曰：「鄉者已告矣。」既不敢止，以言下之。曾子後入，閽人辟之。見兩賢相隨，彌益恭也。涉内霤，卿大夫皆辟位，公降一等而揖之。禮之。君子言之曰：「盡飾之道，斯其行者遠矣。」

陽門之介夫死，陽門，宋國門名。介夫，甲衛士。司城子罕入而哭之哀。宋以武公諱司空爲司城。子罕，戴公子樂甫術之後樂喜也。晉人之覘宋者反報於晉侯曰：「陽門之介夫死，而子罕哭之哀，而民説，殆不可伐也。」覘，闚視也。哀矜。《家語》曰：「天下其孰能當之？是以周任有言曰：民悦其愛者，弗可敵也。」孔子聞之，曰：「善哉覘國乎！善其知微。《詩》云：『凡民有喪，扶服救之。』救，猶助也。雖微晉而已，天下其孰能當之？」微，猶非也。

魯莊公之喪，内亂短喪。既葬，而絰不入庫門。時子般殺慶父作亂，閔公不敢居喪，葬已，吉服而反，正君臣，欲以防遏之，微弱之至。士大夫既卒哭，麻不入。麻，猶絰也。群臣畢虞卒哭，亦除喪也。閔公既吉服，不與虞卒哭。

孔子之故人曰原壤，其母死，夫子助之沐椁。沐，治也。原壤登木曰：「久矣予之不托於音也。」木，椁材也。托，寄也。謂叩木以作音。歌曰：「貍首之斑然，執女手之卷然。」説人辭也。夫子爲弗聞也者而過之。佯不知。從者曰：「子未可以已乎？」已，猶止也。夫子曰：「丘聞之，親者毋失其爲親也，故者毋失其爲故也。」故舊之失。夫子不責其喪歌而它日責其夷俟，蓋小過當規，而大過當絶，故隱之也。

趙文子趙文子。與叔譽觀乎九原。叔譽，叔向也。晉羊舌大夫之孫，名肸。文子曰：「死者如可作也，吾誰與歸？」作，起也。叔譽曰：「其陽處父乎？」陽處父，襄公之大傅。文子曰：「行并植於晉國，不没其身，其知不足稱也。」并，猶專也。謂剛而專己，爲狐射姑所殺。没，終也。植，或爲「特」。「其舅犯乎？」文子曰：「見利不顧其君，其仁不足稱也。謂久與文公辟難，至將反國，無安君之心，及河授璧，詐請亡，要君以利是。我則隨武子乎？利其君，不忘其身；謀其身，不遺其友。」武子，士會也。食邑於隨、范，字季。晉人謂文子知人。見其所善於前，則知其來所舉。文子其中退然如不勝衣，中，身也。退，柔和貌。《鄉射記》曰：「弓二寸以爲侯中。」退，或爲「妥」。其言吶奴劣。吶然，如不出諸其口。吶吶，舒小貌。所舉於晉國管庫之士七十有餘家，管庫之士，府史以下，官長所置也。舉之於君，以爲大夫士也。管，鍵也。庫，物所藏。生不交利，廉也。死不屬其子焉。絜也。

叔仲皮學子柳。婦爲舅姑之服之失。叔仲皮，魯叔孫氏之族。學，教也。子柳，仲皮之子。叔仲皮死，其妻其妻，當爲「其夫」。失之。魯人也，衣衰而繆絰。衣，當爲「齊」，壞字也。繆，讀爲「木樛垂」之樛。士妻爲舅姑之服也。言雖魯鈍，其於禮勝學。叔仲衍以告，告子柳，言此非也。衍，蓋皮之弟。衍，或爲「皮」。請繐歲。衰而環絰。繐衰，小功之縷而四升半之衰。環絰，弔服之絰。時婦人好輕細而多服此者，衍既不知禮之本，子柳亦以爲然，而請於衍，使其妻爲舅服之。曰：「昔者吾喪姑，姊妹亦如斯，末吾禁也。」衍答子柳也。姑、姊妹在室齊衰，與婦爲舅姑同。末，無也。言無禁我，欲其言行。退，使其妻繐衰而環絰。婦以諸侯之大夫爲天子之衰，弔服之絰服其舅。非。

成人有其兄死而不爲衰者，聞子皐將爲成宰，子皐先聲。遂爲衰。成人曰：「蠶則績而蟹有匡，范則冠而蟬有緌，兄則死而子皐爲之衰。」蚩兄死者，言其衰之不爲兄死，如蟹有匡，蟬有緌，不爲蠶之績，范之冠也。范，蜂也。蟬，蜩也。緌，謂蜩喙長在腹下。

樂正子春之母死，五日而不食，以情取瘠。曰：「吾悔之。勉强過禮。子春，曾子弟子。自吾母而不得吾情，吾惡乎用吾情。」惡乎，猶於何也。

歲旱，歲旱，以喪禮處之。穆公召縣子而問然，然之言焉也。凡「穆」或作「繆」。曰：「天久不雨，吾欲暴尪而奚若？」奚若，何如也。尪者面鄉天，覬天哀而雨之。曰：「天則不雨，而暴人之疾子，虐，毋乃不可與！」錮疾，人之所哀，暴之是虐。「然則吾欲暴巫而奚若？」曰：「天則不雨，而望之愚婦人，於以求之，毋乃已疏乎！」已，猶甚也。巫主接神，亦覬天哀而雨之。《春秋傳》說巫曰：「在女曰巫，在男曰覡。」《周禮・女巫》：「旱暵則舞雩。」「徙市則奚若？」曰：「天子崩，巷市七日。諸侯薨，巷市三日。爲之徙市，不亦可乎！」徙市者，庶人之喪禮。今徙市是憂戚於旱若喪。

孔子曰：「衛人之祔附葬。也離之。祔，謂合葬也。離之，有以間其椁中。魯人之祔也合之，善夫！」善夫，善魯人也。祔葬當合也。

禮記卷第四

王制劉氏《别録》屬制度。**第五**虞氏中云：「此篇乃漢文帝博士諸生所作。」李氏曰：「劉氏《七略》，其《本制》、《兵制》、《服制》等篇，今但有一篇。疑小戴所删。」履祥按：文公《儀禮》有《王制》十篇，蓋得古意。

禮記　鄭氏注

王者之制禄制禄一國。爵，制爵天下。公、侯、伯、子、男，凡五等。諸侯之上大夫卿、下大夫、上士、中士、下士，凡五等。二五，象五行剛柔十日。禄，所受食。爵，秩次也。上大夫曰卿。

天子之田方千里，封建。象日月之大，亦取晷同也。此謂縣内，以禄公卿、大夫、元士。公侯田方百里，伯七十里，子男五十里。不能五十里者，不合於天子，附於諸侯，曰附庸。王國之餘。天子之三公之田視公侯，縣内諸侯禄。天子之卿視伯，天子之大夫視子男，天子之元士視附庸。皆象星辰之大小也。不合，謂不朝會也。小城曰附庸。附庸者，以國事附於大國，未能以其名通也。視，猶比也。元，善也。善士，謂命士也。此地，殷所因夏爵三等之制也。殷有鬼侯、梅伯，春秋變周之文，從殷之質，合伯、子、男以爲一，則殷爵三等者，公、侯、伯也。異畿内謂之子。周武王初定天下，更立五等之爵，增以子、男，而猶因殷之地，以九州之界尚狹也。周公攝政，致太平，斥大九州之界，制禮成武王之意，封王者之後爲公及有功之諸侯，大者地方五百里。其次侯，四百里。其次伯，三百里。其次子，二百里。其次男，百里。所因殷之諸侯，亦以功黜陟之，其不合者，皆益之地爲百里焉。是以周世有爵尊而國小，爵卑而國大者。唯天子畿内千里不增，以禄群臣，不主爲治民。

制：農田百畝。井田。等而上之爲侯國之禄。百畝之分，上農夫食九人，其次食八人，其次食七人，其次食六人，下農夫食五人。庶人在官者，其禄以是爲差也。農夫皆受田於公。田肥墽有五等，收入不同也。庶人在官，謂府、史之屬。官長所除，不命於天子國君者。分，或爲「糞」。諸侯侯國之禄。之下士視上農夫，禄足以代其耕也。中士倍下士，上士倍中士，下大夫倍上士。卿四大夫禄，君十卿禄。次國之卿三大夫禄，君十卿禄。小國之卿倍大夫禄，君十卿禄。此班禄尊卑之差。次國之上卿，位當大國之中，中當其下，下當其上大夫。小國之上卿，位當大國之下卿，中當其上大夫，下當其下大夫。此諸侯使卿大夫覜、聘並會之序也。其位、爵同，小國在下，爵異固在上耳。其有中士、下士者，數各居其上之三分。謂其爲介，若特行而並會也。居，猶當也。此據大國而言。大國之士爲上，次國之士爲中，小國之士爲下。士之數，國皆二十七人，各三分之，上九、中九、下九。以位相當，則次國之上士，當大國之中，中當其下，小國之上士當大國之下。凡非命士，亦無出會之事。《春秋傳》謂士爲微。

凡四海之内九州，封建，制禄。文公曰：「漢儒之説，只是立一個算法。非惟施之當今不可。求之昔時，亦有難曉者。且如九州之地，冀州極闊，雍州亦闊，若青、兖、徐、豫則疆界有不足者矣。設是夏時封建之國，革命之後不成地，多者削其國以予少者，如此則彼未必服，或以生亂。又如周王以原田與晋文公，其民不服，至於伐之。蓋世守其地，不欲從它人。若封王子弟，必須有空地方可封。」履祥按：方百里惟以田計，青、兖、徐、豫山少田多，故疆界若狹。冀與雍田少山多，故疆界其闊。州方千里。州建百里之國三十，七十里之國六十，五十里之國百有二十，凡二百一十國。名山、大澤不以封，其餘以爲附庸、閒田。八州，州二百一十國。建，立也。立大國三十，十，三公也。立次國六十，十，六卿也。立小國百二十，十二，小卿也。名山大澤不以封者，與民同財，不得障管，亦賦稅之而已。此大界方三千里，三三而九，方千里者九也。其一爲縣內，餘八各立一州。此殷制也。周公制禮，九州大界方七千里，七七四十九，方千里者四十有九也。其一爲畿內，餘四十八。八州各有方千里者六。設法，一州封地方五百里者不過四，謂之大國。又封方四百里者不過六，又封方三百里者不過十一，謂之次國。又封方二百里者不過二十五，及餘方百里者，謂之小國。盈上四等之數，并四十九。一州二百一十國，則餘方百里者百六十四也。凡處地方千里者五，方百里者五十九，其餘方百里者四十一，附庸地也。

天子之縣內，方百里之國九，七十里之國二十有一，五十里之國六十有三，凡九十三國。名山、大澤不以朌，其餘以祿士，以爲閒田。縣內，夏時天子所居州界名也。殷曰畿。《詩·殷頌》曰：「邦畿千里，維民所止。」周亦曰畿。畿內大國九者，三公之田三，爲有致仕者副之，爲六也。其餘三，待封王之子弟。次國二十一者，卿之田六，亦爲有致仕者副之，爲十二。又三爲三孤之田。其餘六，亦待封王之子弟。小國六十三，大夫之田二十七，亦爲有致仕者副之，爲五十四。其餘九，亦以待封王之子弟。三孤之田不副者，以其無職，佐公論道耳，雖其致仕，猶可即而謀焉。朌，讀爲「班」。

凡九州，千七百七十三國，天子之元士、諸侯之附庸不與。不與，不在數中也。《春秋傳》曰：「禹會諸侯於塗山，執玉帛者萬國。」言執玉帛，則是唯謂中國耳。中國而言萬國，則是諸侯之地，有方百里，有方七十里，有方五十里者。禹承堯舜而然矣。要服之內，地方七千里乃能容之。夏末既衰，夷狄內侵，諸侯相并，土地減，國數少。殷湯承之，更制中國方三千里之界，亦分爲九州，而建此千七百七十三國焉。周公復唐虞之舊域，分其五服爲九，其要服之內亦方七千里，而因殷諸侯之數，廣其土，增其爵耳。《孝經說》曰：「周千八百諸侯，布列五千里內。」此文改周之法，關盛衰之中，三七之間以爲說也。終此說之意，五五二十五，方千里者二十五也。其一爲畿內，餘二十四，州各有方千里者三。其餘諸侯之地，大小則未得而聞。

天子縣内。百里之内以共官，千里之内以爲御。謂此地之田税所給也。官，謂其文書財用也。御，謂衣食。

千里之外縣外，侯伯。設方伯。五國以爲屬，屬有長。十國以爲連，連有帥。三十國以爲卒，卒有正。二百一十國以爲州，州有伯。屬、連、卒、州，猶聚也。伯、帥、正，亦長也。凡長，皆因賢侯爲之。殷之州長曰伯，虞夏及周皆曰牧。八州八伯，五十六正，百六十八帥，三百三十六長。八伯各以其屬屬於天子之老二人，分天下以爲左右，曰二伯。老，謂上公。《周禮》曰：「九命作伯。」《春秋傳》曰：「自陜以東周公主之，自陜以西召公主之。」千里之内曰甸，服治田，出穀税。千里之外曰采，九州之内，地取其美物，以當穀税。曰流。謂九州之外也。夷狄流移，或貢或不。《禹貢》荒服之外，「三百里蠻，二百里流」。天子三公，制爵。王國之爵。九卿，二十七大夫，八十一元士。此夏制也。《明堂位》曰：「夏后氏之官百。」舉成數也。

大國三卿，侯國之爵。皆命於天子，下大夫五人，上士二十七人。次國三卿，二卿命於天子，一卿命於其君，下大夫五人，上士二十七人。小國二卿，皆命於其君，下大夫五人，上士二十七人。命於天子者，天子選用之，如今詔書除吏矣。小國亦三卿，一卿命於天子，二卿命於其君，此文似誤脱耳。或者欲見畿内之國二卿與？

天子使其大夫爲三監，監於方伯之國，國三人。使佐方伯領諸侯。天子之縣内諸侯，禄也。選賢置之於位，其國之禄如諸侯，不得世。外諸侯，嗣也。有功乃封之，使之世也。《冠禮記》曰：「繼世以立諸侯，象賢也。」制：三公一命卷，若有加，則賜也，不過九命。次國之君不過七命，小國之君不過五命。卷，俗讀也，其通則曰「衮」。三公八命矣，復加一命，則服龍衮，與王者之後同。多於此則賜，非命服也。虞夏之制，天子服有日月星辰。《周禮》曰：「諸公之服，自衮冕而下，如王之服。」大國之卿不過三命，下卿再命。小國之卿與下大夫一命。不著次國之卿者，以大國之下互明之。此卿命則異，大夫皆同。《周禮》公、侯、伯之卿三命，其大夫再命。子、男之卿再命，其大夫一命。

凡官民材，選舉。必先論之，論，謂考其德行道藝。論辨然後使之，辨，謂考問得其定也。《易》曰：「問以辨之。」任事然後爵之，任賢。爵，謂正其秩次。位定然後禄之。與之以常食。爵人於朝，與士共之。刑人於市，與衆棄之。去邪。必共之者，所以審慎之也。《書》曰：「克明德，慎罰。」是故公家不畜刑人，大夫弗養士。遇之塗，弗與言也。屏之四方，唯其所之，不及以政，亦弗故生也。屏，猶放去也。已施刑則放之棄之，役賦不與，亦不授之以田，困乏又無賙餼也。《虞書》曰「五流有宅，五宅三居」是也。周則墨者使守門，劓者使守關，宫者使守内，刖者使守囿，髡者使守積。

諸侯之於天子也，比年一小聘，三年一大聘，五年一朝。朝聘。比年，每歲也。小聘使大夫，大聘使卿，朝則君自行。然此大聘與朝，晉文霸時所制也。虞夏之制，諸侯歲朝。周之制，侯、甸、男、采、衛、要服六者，各以其服數來朝。天子五年一巡守。巡守。天子以海内爲家，時一巡省之。五年者，虞夏之制也。周則十二歲一巡守。歲二月，東巡守，至于岱宗，岱宗，東嶽。柴而望祀山川，柴，祭天告至也。覲諸侯，覲，見也。問百年者就見之。就見老人。命大師陳詩，以觀民風。陳詩，謂采其詩而視之。命市納賈，以觀民之所好惡，志淫好辟。市，典市者。賈，謂物貴賤厚薄也。質則用物貴，淫則侈物貴。民之志淫邪，則其所好者不正。命典禮考時、月，定日，同律、禮、樂、制度、衣服，正之。同，陰律也。山川神祇有不舉者爲不敬，不敬者君削以地。舉，猶祭也。宗廟有不順者爲不孝，不孝者君絀黜。以爵。不順者，謂若逆昭穆。變禮易樂者爲不從，不從者君流。流，放也。革制度衣服者爲畔，畔者君討。討，誅也。有功德於民者，加地進律。律，法也。五月，南巡守，至于南嶽，如東巡守之禮。八月，西巡守，至于西嶽，如南巡守之禮。十有一月，北巡守，至于北嶽，如西巡守之禮。歸，假于祖禰，用特。假，至也。特，特牛也。祖下及禰，皆一牛。天子將出，總巡守朝會。類乎上帝，宜乎社，造乎禰。諸侯將出，宜乎社，造乎禰。帝，謂五德之帝，所祭於南郊者。類、宜、造，皆祭名，其禮亡。

天子無事與諸侯相見曰朝，事，謂征伐。考禮、正刑、一德，以尊于天子。天子賜諸侯樂，則以柷將之。賜伯、子、男樂，則以鼗將之。將，謂執以致命。柷、鼗，皆所以節樂。諸侯賜弓矢，然後征。賜鈇鉞，然後殺。賜圭瓚，然後爲鬯。未賜圭瓚，則資鬯於天子。得其器，乃敢爲其事。圭瓚，鬯爵也。鬯，秬酒也。

天子命之教，然後爲學。學校。小學在公宮南之左，大學在郊。學，所以學士之宮。《尚書傳》曰：「百里之國，二十里之郊。七十里之國，九里之郊。五十里之國，三里之郊。」此小學、大學，殷之制。天子曰「辟廱」，諸侯曰「頖宮」。尊卑學異名。辟，明也。廱，和也。所以明和天下。頖之言班也，所以班政教也。

天子將出征，類乎上帝，宜乎社，造乎禰，禡於所征之地，禡，師祭也，爲兵禱，其禮亦亡。受命於祖，告祖也。受成於學，定兵謀也。出征執有罪，反，釋奠于學，以訊馘告。釋菜奠幣，禮先師也。訊馘，所生獲、斷耳者。《詩》曰：「執訊獲醜。」又曰：「在頖獻馘。」馘，或爲「國」。

天子、諸侯無事，則歲三田，田獵。一爲乾干。豆，二爲賓客，三爲充君之庖。三田者，夏不田，蓋夏時也。《周禮》：「春曰蒐，夏曰苗，秋曰獮，冬曰狩。」乾豆，謂臘之以爲祭祀豆實也。庖，今之廚也。無事而不田，曰不敬。田不以禮，曰暴天物。不敬者，簡祭祀，略賓客。天子不合圍，諸侯不掩群。爲盡物也。天子殺則下大綏，諸侯殺則下小綏，綏，當爲「緌」。緌，有虞氏之旌旗也。下，謂弊之。大夫殺則止佐車。佐車止，則百姓田獵。佐車，驅逆之車。獺祭魚，然後虞人入澤梁。豺祭獸，然後田獵。鳩化爲鷹，然後設罻尉。羅。草木零落，然後入山林。昆蟲未蟄，不以火田。取物必順時候也。梁，絕水取魚者。罻，小網也。昆，明也。明蟲者，得陽而生，得陰而藏。不麛，不卵，不殺胎，不殀夭。重傷未成物。殀，斷殺。少長曰夭。不覆巢。覆，敗也。冢宰冢宰。制國用，必於歲之杪。五穀皆入，然後制國用。財用。制國用，如今度支經用。杪，末也。用地小大，視年之豐秏。小國大國，豐凶之年，各以歲之收入制其用多少。多不過禮，少有所殺。以三十年之通制國用，量入以爲出。通三十年之率，當有九年之蓄。出，謂所當給爲。祭用數之仂。算今年一歲經用之數，用其什一。喪三年不祭，唯祭天地社稷，爲越紼而行事。不敢以卑廢尊。越，猶躐也。紼，輴車索。喪用三年之仂，喪，大事，用三歲之什一。喪、祭，用不足曰暴，有餘曰浩。暴，猶耗也。浩，猶饒也。祭，豐年不奢，凶年不儉。常用數之仂。國無九年之蓄曰不足，無六年之蓄曰急，無三年之蓄曰國非其國也。三年耕，必有一年之食。九年耕，必有三年之食。以三十年之通，雖有凶旱水溢，民無菜色，然後天子食，日舉以樂。菜色，食菜之色。民無食菜之飢色。天子乃日舉樂以食。天子七日而殯，喪紀。七月而葬。諸侯五日而殯，五月而葬。大夫、士庶人三日而殯，三月而葬。尊者舒，卑者速。《春秋傳》曰：「天子七月而葬，同軌畢至。諸侯五月，同盟至。大夫三月，同位至。士踰月，外姻至。」三年之喪，自天子達。下通庶人，於父母同。天子諸侯降期。庶人縣封，葬不爲雨止。不封不樹，喪不貳事。縣封，當爲「縣窆」。縣窆者，至卑不得引紼下棺。雖雨猶葬，以其禮儀少。封，謂聚土爲墳。不封之，不樹之，又爲至卑無飾也。《周禮》曰：「以爵等爲丘封之度與其樹數。」則士以上乃皆封樹。貳之言二也。庶人終喪無二事，不使從政也。《喪大記》曰：「大夫士既葬，公政入於家。既卒哭，弁絰帶，金革之事無辟也。」自天子達於庶人，喪從死者，祭從生者。祭祀。支子不祭。從死者，謂衣衾棺椁。從生者，謂奠祭之牲器。

天子七廟，朱子曰：「《王制》《祭法》，廟制不同。以《周禮》言之，恐《王制》爲是。」三昭三穆，與大祖之廟而七。此周制。七者，大祖及文王、武王之祧與親廟四。大祖，后稷。殷則六廟。契及湯與二昭二穆。夏則五廟，無大祖，禹與二昭二穆而已。諸侯五廟，二昭二穆，與大祖之廟而五。大祖，始封之君。王者之後不爲始封之君廟。大夫三廟，一昭一穆，與大祖之廟而三。大祖，別子始爵者。《大傳》曰：「別子爲祖。」謂此雖非別子，始爵者亦然。士一廟。謂諸侯之中士、下士，名曰官師者。上士二廟。庶人祭於寢。寢，適寢也。

天子諸侯宗廟之祭，春曰礿，夏曰禘，秋曰嘗，冬曰烝。此蓋夏、殷之祭名。周則改之，春曰祠，夏曰礿，以禘爲殷祭。《詩·小雅》曰：「礿祠烝嘗，于公先王。」此周四時祭宗廟之名。天子祭天地，諸侯祭社稷，大夫祭五祀。五祀，謂司命也，中霤也，門也，行也，厲也。此祭，謂大夫有地者。其無地，祭三耳。天子祭天下名山大川，五嶽視三公，四瀆視諸侯。視，視其牲器之數。諸侯祭名山大川之在其地者。魯人祭泰山，晉人祭河是也。

天子、諸侯祭因國之在其地而無主後者。謂所因之國，先王、先公有功德，宜享世祀，今絶無後，爲之祭主者。昔夏后氏郊鯀，至杞爲夏後而更郊禹，晉侯夢黄熊入國而祀夏郊，此其禮也。天子犆特。礿，祫禘，祫嘗，祫烝。犆，猶一也。祫，合也。天子諸侯之喪畢，合先君之主於祖廟而祭之，謂之祫。後因以爲常。天子先祫而後時祭，諸侯先時祭而後祫。凡祫之歲，春一礿而已。不祫，以物無成者，不殷祭。周改夏祭曰礿，以禘爲殷祭也。魯禮三年喪畢而祫於大祖，明年春，禘於群廟。自爾之後，五年而再殷祭。一祫一禘。諸侯礿則不禘，禘則不嘗，嘗則不烝，烝則不礿。虞夏之制，諸侯歲朝，廢一時祭。諸侯礿犆，互明「犆礿」文。禘一犆一祫，下天子也。祫歲不禘。嘗祫，烝祫。

天子社稷皆大牢，諸侯社稷皆少牢。大夫士宗廟之祭，有田則祭，無田則薦。有田者，既祭又薦新。祭以首時，薦以仲月。士薦牲用特豚，大夫以上用羔，所謂「羔豚而祭，百官皆足」。《詩》曰：「四之日其早，獻羔祭韭。」庶人春薦韭，夏薦麥，秋薦黍，冬薦稻。韭以卵，麥以魚，黍以豚，稻以雁。庶人無常牲，取與新物相宜而已。祭天地之牛角繭栗，宗廟之牛角握，賓客之牛角尺。握，謂長不出膚。諸侯無故不殺牛，大夫無故不殺羊，士無故不殺犬、豕，庶人無故不食珍。故謂祭饗。庶羞不踰牲，祭以羊，則不以牛肉爲羞。燕衣不踰祭服，寢不踰廟。

古者公田藉而不税，賦役。上不專利，下不專利。藉之言借也。借民力治公田，美惡取於此，不税民之所自治也。《孟子》曰：「夏后氏五十而貢，殷人七十而助，周人百畝而徹。」則所云「古者」，謂殷時。市廛而不税，廛，市物邸舍。稅其舍，不稅其物。關譏而不征，譏，譏異服，識異言。征，亦稅也。《周禮》「國凶札則無門關之征」。征，猶譏也。林麓川澤以時入而不禁，麓，山足也。夫圭田無征。夫，猶治也。征，稅也。《孟子》曰：「卿以下必有圭田。」治圭田者不稅，所以厚賢也。此則《周禮》之士田，以任近郊之地，稅什一。用民之力，歲不過三日。治宮室、城郭、道渠。田里不粥，墓地不請。皆受於公，民不得私也。粥，賣也。請，求也。

司空司空。居四民，時地利。執度度地，司空，冬官卿，掌邦事者。度，丈尺也。居民山川沮澤，時四時，觀寒煖燥濕。沮，謂萊沛。量地遠近，制邑井之處。興事任力。事，謂築邑、廬、宿、市也。凡使民，民力。任老者之事，食壯者之食。寬其力，饒其食。凡居民材，民材。必因天地寒煖燥濕。使其材執堪地氣也。廣谷大川異制，謂其形象。民生其間者異俗，民俗。謂其所好惡。剛柔、輕重、遲速異齊，謂其情性緩急。五味異和，謂香臭與鹹苦。器械異制，謂作務之用。衣服異宜。謂氈裘與絺綌。脩其教，不易其俗。齊其政，不易其宜。教，謂禮義。政，謂刑禁。中國、戎夷五方之民，皆有性也，不可推移。地氣使之然。東方曰夷，被髮文身，有不火食者矣。南方曰蠻，雕題交趾，有不火食者矣。雕文，謂刻其肌，以丹青涅之。交趾，足相鄉然，浴則同川，卧則僢。不火食，地氣煖，不爲病。西方曰戎，被髮衣皮，有不粒食者矣。北方曰狄，衣羽毛穴居，有不粒食者矣。不粒食，地氣寒，少五穀。中國、夷、蠻、戎、狄，皆有安居、和味、宜服、利用、備器。其事雖異，各自足。五方之民，言語不通，嗜欲不同，達其志，通其欲。東方曰寄，南方曰象，西方曰狄鞮，低。北方曰譯。皆俗間之名，依其事類耳。鞮之言知也。今冀部有言「狄鞮」

者。凡居民，居民。量地以制邑，度地以居民，地、邑、民居，必參相得也。得，猶足也。無曠土，無游民，食節事時，民咸安其居，樂事勸功，任民。尊君親上，然後興學。教民。立小學、大學。

司徒司徒。脩六禮以節民性，明七教以興民德，齊八政以防淫，一道德以同俗，養耆老以致孝，恤孤獨以逮不足，上賢以崇德，簡不肖以絀惡。司徒，地官卿，掌邦教者。逮，及也。簡，差擇也。命鄉簡不帥教者以告，簡不肖。帥，循也。不循教，謂敖很不孝弟者。司徒使鄉簡擇以告者，鄉屬司徒。耆老皆朝于庠，元日習射上功，習鄉上齒，大司徒帥國之俊士與執事焉。將習禮以化之，使之觀焉。耆老，致仕及鄉中老賢者。朝，猶會也。此庠謂鄉學也。鄉，謂飲酒也。鄉禮春秋射，國蜡而飲酒養老。不變，命國之右鄉簡不帥教者移之左，命國之左鄉簡不帥教者移之右，如初禮。中年考校而又不變，使轉徙其居，覬其見新人有所化也，亦復習禮於鄉學，使之觀焉。不變，移之郊，如初禮。郊，鄉界之外者也，稍出遠之。後中年，又爲之習禮於郊學。不變，移之遂，如初禮。遠郊之外曰遂，遂大夫掌之。又中年，復移之使居遂，又爲習禮於遂之學。不變，屏之遠方，終身不齒。遠方，九州之外。齒，猶録也。命鄉論秀士，上賢。升之司徒，曰選士。移名於司徒也。秀士，鄉大夫所考有德行道藝者。司徒論選士之秀者而升之學，曰俊士。可使習禮者。學，大學。升於司徒者不征於鄉，升於學者不征於司徒，曰造士。不征，不給其繇役。造，成也。能習禮則爲成士。樂正崇四術，立四教，樂正，樂官之長，掌國子之教。《虞書》曰：「夔！命汝典樂，教胄子。」崇，高也。高尚其術以作教也。幼者教之於小學，長者教之於大學。《尚書傳》曰：「年十五始入小學，十八入大學。」順先王《詩》《書》《禮》《樂》以造士：順此四術而教，以成是士也。春秋教以《禮》《樂》，冬夏教以《詩》《書》。春夏，陽也。《詩》《樂》者聲，聲亦陽也。秋冬，陰也。《書》《禮》者事，事亦陰也。互言之者，皆以其術相成。王大子，王子，群后之大子，卿、大夫、元士之適子，國之俊選，皆造焉。皆以四術成之。王子，王之庶子也。群后，公及諸侯。凡入學以齒，皆以長幼受學，不用尊卑。將出學，小胥、大胥、小樂正簡不帥教者簡不帥教。以告于大樂正，大樂正以告于王，此所簡者，謂王太子、王子、群后之太子、卿大夫元士之適子，大胥、小胥，皆樂官屬也。出學，謂九年大成，學止也。王命三公、九卿、大夫、元士皆入學。不變，王親視學。亦謂使習禮以化之。不變，王又親爲之臨視，重棄賢者子孫。此習禮皆於大學也。不變，王三日不舉，去食樂，重棄人。屏之遠方：西方曰棘，東方曰寄，終身不齒。棘，當爲「僰」。僰之言偪，使之偪寄於夷戎。不屏於南、北，爲其大遠。大樂正論造士之秀者教域。以告于王，而升諸司馬，曰進士。移名於司馬。司馬，夏官卿，主邦政者。進士，可進受爵禄也。司馬辨論官材，道。辨其論，官其材，觀其所長。論進士之賢者以告於王，而定其論。各署其所長。論定，然後官之。使之試守。任官然後爵之，命之。位定然後禄之。大夫廢其事，終身不仕，死以士禮葬之。以不任大夫也。有發，則命大司徒教士以車甲。乘兵車衣甲之儀。有發，謂有軍師發卒。凡執技，論力，適四方，贏股肱，決射御。謂擐衣出其臂脛，使之射御決勝負，見勇力。凡執技以事上者，祝、史、射、御、醫、卜及百工。言技謂此七者。凡執技以事上者，不貳事，不移官，欲專其事，亦爲不德。出鄉不與士齒。賤也。於其鄉中則齒，親親也。仕於家者，出鄉不與士齒。亦賤。

司寇司寇。正刑明辟，以聽獄訟。司寇，秋官卿，掌刑者。辟，罪也。必三刺。以求民情，斷其獄訟之中。一曰訊群臣，二曰訊群吏，三曰訊萬民。有旨無簡不聽。簡，誠也。有其意，無其誠者，不論以爲罪。附從輕，附，施刑也。求出之，使從輕。赦從重。雖是罪可重，猶赦之。凡制五刑，必即天論，制，斷也。即，就也。必即天論，言與天意合。閔子曰：「古之道不即人心。」即，或爲「則」。論，或爲「倫」。郵罰麗於事。郵，過也。麗，附也。過人、罰人，當各附於其事，不可假他以喜怒。凡聽五刑之訟，訟。必原父子之親，立君臣之義以權之。權，平也。意論輕重之序，慎測淺深之量以別之。意，思念也。淺深，謂俱有罪，本心有善惡。悉其聰明，致其忠愛以盡之。盡其情。疑獄，獄。氾與衆共之，衆疑赦之。必察小大之比俾。以成之。小大，猶輕重。已行故事曰比。成獄辭，史以獄成告於正，正聽之。史，司寇吏也。正，於周鄉、師之屬。今漢有正、平、丞，秦所置。正以獄成告于大司寇，大司寇聽之棘木之下。《周禮》：鄉、師之屬，辨其獄訟，異其死刑之罪而要之，職聽於朝，司寇聽之。朝，王之外朝也。左九棘，孤、卿大夫位焉。右九棘，公、侯、伯、子、男位焉。面三槐，三公位焉。大司寇以獄之成告於王，王命三公參聽之。王使三公復與司寇及正共平之，重刑也。《周禮》：「王欲免之，乃命公會其期。」三公以獄之成告於王，王三又，然後制刑。刑。又，當作「宥」。宥，寬也。一宥曰不識，再宥曰過失，三宥曰遺忘。凡作刑罰，輕無赦。法雖輕，不赦之，爲人易犯。刑者，侀也。侀者，成也。一成而不可變，故君子盡心焉。變，更也。析言破律，亂名改作，執左道以亂政，殺。析言破律，巧賣法令者也。亂名改作，謂變易官與物之名，更造法度。左道，若巫蠱及俗禁。作淫聲、異服、奇技、奇器以疑衆，殺。淫聲，鄭、衛之屬也。異服，若聚鷸冠、瓊弁也。奇技、奇器，若公輸般請以機窆。行僞而堅，言僞而辯，學非而博，順非而澤，以疑衆，殺。皆謂虚華、捷給、無誠者也。假於鬼神、時日、卜筮以疑衆，殺。今時持喪葬、築蓋、嫁取、卜數文書，使民倍禮違制。此四誅者，不以聽。爲其爲害大而辭不可明。凡執禁禁，八政之事。以齊衆，不赦過。亦爲人將易犯。有圭璧、金璋，不粥於市。命服、命車，不粥於市。宗廟之器，不粥於市。犧牲，不粥於市。戎器，不粥於市。尊物，非民所宜有。戎器，軍器也。粥，賣也。用器不中度，不粥於市。兵車不中度，不粥於市。布帛精麤不中數，幅廣狹不中量，不粥於市。姦色亂正色，不粥於市。凡以其不可用也。用器，弓矢、耒耜、飲食器也。度，丈尺也。數，升縷多少。錦文、珠玉、成器，不粥於市。衣服、飲食，不粥於市。不示民以奢與貪也。成，猶善也。五穀不時，果實未孰，不粥於市。物未成，不利人。木不中伐，不粥於市。伐之非時，不中用。《周禮》：「仲冬斬陽木，仲夏斬陰木。」禽獸魚鼈不中殺，不粥於市。殺之非時，不中用。《月令》：「季冬始漁。」《周禮》：「春獻鼈蜃。」關執禁以譏，禁異服，識異言。關，竟上門。譏，呵察。

大史大史。典禮，執簡記，奉諱惡。簡記，策書也。諱，先王名。惡，忌日，若子卯。天子齊戒受諫。歲終群臣奏歲事，諫王當所改爲也。

司會古外。以歲之成歲會。質於天子。司會，冢宰之屬，掌計要者。成，計要也。質，猶平也。平其計要。冢宰齊戒受質。贊王受之。大樂正、大司寇、市三官，以其成從質於天子，大樂正，於周宗伯之屬。市，司市也，於周司徒之屬。從，從於司會也。大司徒、大司馬、大司空齊戒受質。百官各以其成質於三官，大司徒、大司馬、大司空以百官之成質於天子。百官，此三官之屬。百官齊戒受質。受平報也。然後休老勞農，饗養之。成歲事，斷計要也。制國用。

凡養老：養老，養耆老以致孝。有虞氏以燕禮，夏后氏以饗禮，殷人以食禮，周人脩而兼用之。

兼用之，備陰陽也。凡飲，養陽氣。凡食，養陰氣。陽用春夏，陰用秋冬。五十養於鄉，六十養於國，七十養於學，達於諸侯。天子、諸侯養老同也。國，國中小學，在王宮之左。學，大學也，在郊。此殷制明矣。八十拜君命，一坐再至，瞽亦如之。九十使人受。命，謂君不親饗食，必以其禮致之。五十異粻，張。六十宿肉，七十貳膳，八十常珍，九十飲食不離寢，膳飲從於遊可也。粻，糧也。貳，副也。遊，謂出入止觀。六十歲制，七十時制，八十月制，九十日脩。唯絞、爻。紟、其鴆。衾、冒，死而後制。絞、紟、衾、冒，一日二日而可爲者。五十始衰，六十非肉不飽，七十非帛不煖，八十非人不煖，九十雖得人不煖矣。煖，温。五十杖於家，六十杖於鄉，七十杖於國，八十杖於朝，九十者天子欲有問焉，則就其室以珍從。尊養之。七十不俟朝，大夫士之老者，揖君則退。八十月告存，每月致膳。九十日有秩。秩，常也。有常膳。五十不從力政，六十不與服戎，七十不與賓客之事，八十齊齋。喪之事弗及也。力稍衰也。力政，城道之役也。與，及也。八十不齊，則不祭也，子代之祭，是謂宗子不孤。五十而爵，賢者命爲大夫。六十不親學，不能備弟子禮。七十致政，唯衰麻爲喪。致政，還君事。

有虞氏養國老於上庠，養庶老於下庠。夏后氏養國老於東序，養庶老於西序。殷人養國老於右學，養庶老於左學。周人養國老於東膠，養庶老於虞庠，虞庠在國之西郊。皆學名也。異者，四代相變耳。或上西，或上東，或貴在國，或貴在郊。上庠、右學，大學也，在西郊。下庠、左學，小學也，在國中王宮之東。東序、東膠，亦大學，在國中王宮之東。西序、虞庠，亦小學也。西序在西郊。周立小學於西郊。膠之言糾也，庠之言養也。周之小學，爲有虞氏之庠制，是以名庠云。其立鄉學亦如之。膠，或作「絿」。有虞氏皇而祭，深衣而養老。

夏后氏收而祭，燕衣而養老。殷人冔而祭，縞衣而養老。周人冕而祭，玄衣而養老。皇，冕屬也，畫羽飾焉。凡冕屬，其服皆玄上纁下，有虞氏十二章，周九章，夏殷未聞。凡養老之服，皆其時與群臣燕之服。有虞氏質，深衣而已。夏而改之，尚黑而黑衣裳。殷尚白而縞衣裳。周則兼用之，玄衣素裳。其冠則牟追、章甫、委貌也。諸侯以天子之燕服爲朝服。《燕禮》曰：「燕，朝服。」服是服也。王者之後，亦以燕服爲之。魯季康子朝服以縞，僭宋之禮也。天子皮弁以日視朝也。凡三王養老，皆引年。已而引户校年，當行復除也。老人衆多，非賢者不可皆養。八十者，一子不從政。政役。九十者，其家不從政。廢疾非人不養者，一人不從政。廢，廢於人事。父母之喪，三年不從政。齊衰、大功之喪，三月不從政。將徙於諸侯，三月不從政。自諸侯來徙家，期不從政。自，從也。

少而無父者謂之孤，恤孤：恤孤獨，逮不足。老而無子者謂之獨，老而無妻者謂之矜，老而無夫者謂之寡。此四者，天民之窮而無告者也，皆有常餼。餼，廩也。瘖、音。聾、跛躃、壁。斷段。者、侏儒、百工，各以其器食之。斷，謂支節絶也。侏儒，短人也。器，能也。道路，禮教。男子由右，婦人由左，車從中央。道有三塗，遠别也。父之齒隨行，兄之齒雁行，朋友不相踰。廣敬也。謂於塗中。輕任并，重任分，斑白者不提挈。皆謂以與少者。雜色曰斑。君子耆老不徒行，庶人耆老不徒食。徒，猶空也。大夫祭器不假。祭器未成，不造燕器。自「養老」以下至此，皆當在司徒章内。造，爲也。

方一里者，爲田九百畝。井田。一里，方三百步。方十里者，爲方一里者百，爲田九萬畝。方百里者，爲方十里者百，爲田九十億畝。億，今十萬。方千里者，爲方百里者百，爲田九萬億畝。

萬億，今萬萬也。

自恒山至於南河，千里而近。冀州域。自南河至於江，千里而近。豫州域。自江至於衡山，千里而遥。荆州域。自東河至於東海，千里而遥。徐州域。自東河至於西河，千里而近。亦冀州域。自西河至於流沙，千里而遥。雍州域。西不盡流沙，南不盡衡山，東不盡東海，北不盡恒山，凡四海之内，斷短。長補短，方三千里，爲田八十萬億一萬億畝。九州之大計。方百里者，爲田九十億畝。山陵、林麓、川澤、溝瀆、城郭、宫室、塗巷三分去一，其餘六十億畝。以一大國爲率，其餘所以授民也。山足曰麓。

古者以周尺八尺爲步，今以周尺六尺四寸爲步。古者百畝，當今東田百四十六畝三十步。古者百里，當今百二十一里六十步四尺二寸二分。周尺之數，未詳聞也。案禮制，周猶以十寸爲尺。蓋六國時多變亂法度，或言周尺八寸，則步更爲八八六十四寸。以此計之，古者百畝，當今百五十六畝二十五步。古者百里，當今百二十五里。

方千里者，封畿。爲方百里者百。封方百里者三十國，其餘方百里者七十。又封方七十里者六十，爲方百里者二十九。方十里者四十。其餘方百里者四十，方十里者六十。又封方五十里者百二十，爲方百里者三十。其餘方百里者十，方十里者六十。名山大澤不以封，其餘以爲附庸、間田。諸侯之有功者，取於間田以禄之。其有削地者，歸之間田。

天子之縣内，方千里者，爲方百里者百，封方百里者九，其餘方百里者九十一。又封方七十里者二十一，爲方百里者十，方十里者二十九，其餘方百里者八十，方十里者七十一。又封方五十里者六十三，爲方百里者十五，方十里者七十五，其餘方百里者六十四，方十里者九十六。

諸侯之下士禄食九人，中士食十八人，上士食三十六人，下大夫食七十二人，卿食二百八十八人，君食二千八百八十人。次國之卿食二百一十六人，君食二千一百六十人。小國之卿食百四十四人，君食千四百四十人。次國之卿命於其君者，如小國之卿。天子之大夫爲三監，監於諸侯之國者，其禄視諸侯之卿，其爵視次國之君，其禄取之於方伯之地。方伯爲朝天子，皆有湯沐之邑於天子之縣内，視元士。給齊戒自絜清之用。浴用湯，沐用潘。諸侯世子世國，象賢也。大夫不世爵。使以德，爵以功。謂縣内及列國諸侯爲天子大夫者。不世爵而世禄，辟賢也。未賜爵，視天子之元士，以君其國。列國及縣内之國也。諸侯之大夫不世爵禄。

六禮：附目。冠、昏、喪、祭、鄉、相見。鄉，鄉飲酒、鄉射。七教：父子、兄弟、夫婦、君臣、長幼、朋友、賓客。八政：飲食、衣服、事爲、異別、度量、數制。飲食爲上，衣服次之。事爲，謂百工技藝也。異別，五方用器不同也。度，丈尺也。量，斗斛也。數，百十也。制，布帛幅廣狹也。

禮記卷第五

月令第六《月令》日躔所在，及昏旦中星，上與《堯典》不合，下與今日不同。此曆家所謂歲差也。李氏心傳曰：「《月令》，《別録》屬《明堂陰陽》。」

禮記　鄭氏注

孟春孟春。之月，日在營室，昏參中，旦尾中。孟，長也。日月之行，一歲十二會，聖王因其會而分之，以爲大數焉。觀斗所建，命其四時。此云「孟春」者，日月會於諏訾，而斗建寅之辰也。凡記昏明中星者，爲人君南面而聽天下，視時候以授民事。其日甲乙。乙之言軋也。日之行，春，東從青道，發生萬物，月爲之佐。時萬物皆解孚甲，自抽軋而出，因以爲日名焉。乙不爲月名者，君統臣功也。其帝大皞，其神句芒。亡。此倉精之君，木官之臣，自古以來著德立功者也。大皞，宓戲氏。句芒，少皞氏之子，曰重，爲木官。其蟲鱗。象物孚甲將解。鱗，龍蛇之屬。其音角。謂樂器之聲也。三分羽益一以生角，角數六十四。屬木者，以其清濁中，民象也。春氣和則角聲調。《樂記》曰：「角亂則憂，其民怨。」凡聲尊卑，取象五行，數多者濁，數少者清，大不過宮，細不過羽。律中大蔟。蔟，奏也，謂吹灰也。候十二月皆然。律，候氣之管，以銅爲之。中，猶應也。孟春氣至，則大蔟之律應。應，謂吹灰也。大蔟者，林鍾之所生，三分益一，律長八寸。凡律空圍九分。《周語》曰：「大蔟所以金奏，贊陽出滯。」其數八。數者，五行佐天地生物、成物之次也。《易》曰：「天一地二，天三地四，天五地六，天七地八，天九地十。」而五行自水始，火次之，木次之，金次之，土爲後。木，生數三，成數八。但言八者，舉其成數。其味酸，其臭羶。木之臭味也。凡酸羶者皆屬焉。其祀户，祭先脾。春，陽氣出，祀之於户，内陽也。祀之先祭脾者，春爲陽中，於藏直脾，脾爲尊。凡祭五祀，於廟，用特牲，有主有尸，皆先設席于奥。祀户之禮，南面設主于户内之西，乃制脾及腎爲俎，奠于主北。又設盛于俎西，祭黍稷，祭肉，祭醴，皆三。祭肉，脾一，腎再。既祭，徹之，更陳鼎俎，設饌于筵前。迎尸略如祭宗廟之儀。東風解凍，蟄蟲始振，魚上冰，獺祭魚，鴻雁來。「鴻雁來」，《吕氏》《淮南子》並作「候雁社」。皆記時候也。振，動也。《夏小正》：「正月啓蟄，魚陟負冰。」漢始亦以驚蟄爲正月中。此時魚肥美，獺將食之，先以祭也。雁自南方來，將北反其居。今《月令》「鴻」皆爲「候」。天子居青陽左个，乘鸞路，駕倉龍，載戴。青旂，衣青衣，服倉玉，食麥與羊。其器疏以達。皆所以順時氣也。青陽左个，大寢東堂北偏。鸞路，有虞氏之車，有鸞和之節而飾之以青，取其名耳。春言「鸞」，冬夏言色，互文。馬八尺以上爲龍。凡所服玉，謂冠飾及所佩者之衡璜也。麥實有孚甲，屬木。羊，火畜也，時尚寒，食之以安性也。器疏者，刻鏤之，象物當貫土而出也。凡此車馬衣服，皆所取於殷時而有變焉，非周制也。《周禮》朝、祀、戎、獵，車服各以其事，不以四時爲異。又《玉藻》曰：「天子龍衮以祭，玄端而朝日，皮弁以日視朝。」與此皆殊。是月也，以立春。先立春三日，大史謁之天子曰：「某日立春，盛德在木。」天子乃齊。大史，禮官之屬，掌正歲年以序事。謁，告也。立春之日，天子親帥三公、九卿、諸侯、大夫以迎春迎春。於東郊。還反，賞慶賞。公卿、諸侯、大夫於朝。迎春，祭倉帝靈威仰於東郊之兆也。《王居明堂禮》曰：「出十五里迎歲。」蓋殷禮也。周近郊五十里。賞，謂有功德者有以顯賜之也。朝，大寢門外。命相布德和令，行慶施惠，下及兆民。相，謂三公相王之事也。德，謂善教也。令，謂時禁也。慶，謂休其善也。惠，謂恤其不足也。天子曰兆民。慶賜遂行，毋有不當。遂，猶達也。言使當得者皆得，得者無非其人。

乃命大史守典奉法，正曆。司天日月星辰之行，宿離不貸，忒。毋失經紀，以初爲常。典，六法，八法也。離，讀如「儷偶」之儷。宿儷，謂其屬馮相氏、保章氏掌天文者，相與宿偶，當審候伺，不得過差也。經紀，謂天文進退度數。是月也，天子乃以元日祈穀祈穀。于上帝。謂以上辛郊祭天也。《春秋傳》曰：「夫郊祀后稷以祈農事，是故啓蟄而郊，郊而後耕。」上帝，大微之帝也。乃擇元辰，天子親載耒耜，措之于參保介之御閒，帥三公、九卿、諸侯、大夫躬耕躬耕。帝藉。天子三推，三公五推，卿、諸侯九推。元辰，蓋郊後吉辰也。耒，耜之上曲也。保介，車右也。置耒於車右與御者之閒，明已勸農，非農者也。人君之車，必使勇士衣甲居右而參乘，備非常也。保，猶衣也。介，甲也。帝藉，爲天神借民力所治之田也。反，執爵于大寢，三公、九卿、諸侯、大夫皆御，命曰勞酒。既耕而宴飲，以勞群臣也。大寢，路寢。御，侍也。

是月也，天氣下降，地氣上騰，天地和同，草木萌動。此陽氣蒸達，可耕之候也。《農書》曰：「土長冒橛，陳根可拔，耕者急發。」王命布農事，布農事。命田舍東郊，皆脩封疆，正疆界。審端徑術。田，謂田畯，主農之官也。舍東郊，順時氣而居，以命其事也。封疆，田首之分職。術，《周禮》作「遂」。夫閒有遂，遂上有徑。遂，小溝也。步道曰徑。《令尚書》曰「分命義仲，宅嵎夷」也。善相丘陵、阪險、原隰，土地所宜，五穀所殖，以教道民，必躬親之。相，視也。田事既飭，先定準直，農乃不惑。説所以命田舍東郊之意也。準直，謂封疆徑遂也。《夏小正》曰：「農率均田。」

是月也，命樂正入學入學。習舞。爲仲春，將釋菜。乃脩祭典，重祭禮，歲始省録也。命祀山林川澤，犧牲毋牝。爲傷妊生之類。禁止伐木。滋生。盛德所在。毋覆巢，毋殺孩蟲、胎、夭，飛鳥，毋麛，毋卵。爲傷萌幼之類。毋聚大衆，毋置城郭。爲妨農之始。掩骼格。埋胔。掩死。謂死氣逆生也。骨枯曰骼，肉腐曰胔。是月也不可以稱兵，禁兵。稱兵必天殃。逆生氣。兵戎不起，不可從我始。爲客不利，主人則可。毋變天之道，以陰政犯陽。毋絶地之理，易剛柔之宜。毋亂人之紀。仁之時而舉義事。

孟春行夏令，或問：「孟春行夏令等處，不知是天行令，是人行令？」文公曰：「是人行此令，則召天之災。」履祥按：《月令》每月自有當行之政，若不行當月之政，而行它時之政，則它時之氣應之，而災異至矣。則雨水不時，巳之氣乘之也。四月於消息爲《乾》。草木蚤落，生日促。國時有恐。以火訛相驚。行秋令，則其民大疫，申之氣乘之也。七月始殺。猋風暴雨摠至，正月宿直尾、箕，箕好風，其氣逆也。回風爲猋。藜莠蓬蒿並興。生氣亂，惡物茂。行冬令，則水潦爲敗，雪霜大摯，至。首種不入。亥之氣乘之也。舊説首種謂稷。

仲春仲春，唐、宋昬旦中星日在，並以分至爲定。之月，日在奎，昬弧中，旦建星中。仲，中也。仲春者，日月會於降婁，而斗建卯之辰也。弧在輿鬼南，建星在斗上。昬弧，旦建星，唐井廿三，斗二。宋井廿一，箕六。日奎二少，奎一少，宋以承平爲定。其日甲乙。其帝大皞，其神句芒，其蟲鱗。其音角，律中夾鍾。其數八。其味酸，其臭羶。其祀户，祭先脾。夾鍾者，夷則之所生，三分益一，律長七寸二千一百八十七分寸之千七十五。仲春氣至，則夾鍾之律應。《周語》曰：「夾鍾出四隙之細。」始雨水，桃始華，倉庚鳴，鷹化爲鳩。皆記時候也。倉庚，驪黄也。鳩，搏穀也。漢始以雨水爲二月節。天子居青陽大廟，乘鸞路，駕倉龍，載青旂，衣青衣，服倉玉，食麥與羊。其器疏以達。青陽大廟，東堂當大室。

是月也，安萌牙，養幼少，存諸孤。助生氣也。擇元日，命民社。社，后土也。使民祀焉，神其農業也。祀社，日用甲。命有司省囹圄，省刑。去桎梏，毋肆掠，亮。止獄訟。順陽寬也。省，減也。囹圄，所以禁守繫者，若今别獄矣。桎梏，今械也。在手曰梏，在足曰桎。肆，謂死刑暴尸也。《周禮》曰：「肆之三日。」掠，謂捶治人。省，察也。是月也，玄鳥至。至之日，以大牢祠于高禖，祠高禖。天子親往，玄鳥，燕也。燕以施生時來，巢人堂宇而孚乳，嫁娶之象也，媒氏之官以爲候。高辛氏之世，玄鳥遺卵，娀簡吞之而生契。後王以爲媒官嘉祥，而立其祠焉。變媒言禖，神之也。后妃帥九嬪御。御，謂從往侍祠。《周禮》：「天子有夫人，有嬪，有世婦，有女御。」獨云「帥九嬪」，舉中言也。乃禮天子所御，帶以弓韣，授以弓矢于高禖之前。天子所御，謂今有娠者。於祠，大祝酌酒，飲於高禖之庭，以神惠顯之也。帶以弓韣，授以弓矢，求男之祥也。《王居明堂禮》曰：「帶以弓韣，禮之禖下，其子必得天材。」

是月也，日夜分，春分。雷乃發聲，始電。蟄蟲咸動，啓户始出。又記時候。發，猶出也。先雷三日，奮木鐸以令兆民曰：「雷將發聲，有不戒其容止者，婦戒。生子不備，必有凶災。」主戒婦人有娠者也。容止，猶動静。日夜分，則同度、量、鈞、衡、石角斗甬，正權概。程戒。因晝夜等而平當平也。同、角、正，皆謂平之也。丈尺曰度，斗斛曰量，三十斤曰鈞，稱上曰衡，百二十斤曰石。甬，今斛也。稱錘曰權。概，平斗斛者。是月也，耕者少舍，乃脩闔扇，寢廟畢備。舍，猶止也。因蟄蟲啓户，耕事少閒而治門户也。用木曰闔，用竹葦曰扇。畢，猶皆也。凡廟前曰廟，後曰寢。毋作大事，以妨農之事。大事，兵役之屬。是月也，滋生。毋竭川澤，毋漉陂池，毋焚山林。順陽養物也。畜水曰陂，穿地通水曰池。天子乃鮮羔開冰，開冰。先薦寢廟。鮮，當爲「獻」，聲之誤也。獻羔，謂祭司寒也。祭司寒而出冰，薦於宗廟，乃後賦之。《春秋傳》曰：「古者日在北陸而藏冰，西陸朝覿而出之。其藏冰也，深山窮谷，固陰沍寒，於是乎取之。其出之也，朝之禄位，賓、食、喪、祭，於是乎用之。其藏之也，黑牡、秬黍，以享司寒。其出之也，桃弧、棘矢，以除其災。其出入也時，食肉之禄，冰皆與焉。大夫命婦，喪浴用冰，祭寒而藏之，獻羔而啓之，公始用之。火出而畢賦，自命夫命婦，至于老疾，無不受冰。」上丁，命樂正習舞，釋菜，釋菜。樂正，樂官之長也。命習舞者，順萬物始出地鼓舞也。將舞，必釋菜於先師以禮之。《夏小正》曰：「丁亥，《萬》用入學。」天子乃帥三公、九卿、諸侯、大夫親往視之。順時達物也。仲丁，又命樂正，入學習樂。習樂。爲季春將合樂也。習樂者，習歌與八音。

是月也祀不用犧牲，用圭璧，更皮幣。爲季春將選而合騰之也。更，猶易也。當祀者，古以玉帛而已。

仲春行秋令，則其國大水，寒氣揔至，酉之氣乘之也。八月宿直昴、畢，畢好雨。寇戎來征。金氣動也。畢又爲邊兵。行冬令，則陽氣不勝，麥乃不熟，子之氣乘之也。十一月，爲大陰。民多相掠。陰姦衆也。行夏令，則國乃大旱，煖氣早來，午之氣乘之也。蟲螟爲害。暑氣所生，爲災害也。

季春季春。之月，日在胃，昏七星中，旦牽牛中。季，少也。季春者，日月會於大梁，而斗建辰之辰。其日甲乙。其帝大皞，其神句芒，其蟲鱗。其音角，律中姑洗。其數八。其味酸，其臭羶。其祀户，祭先脾。姑洗者，南吕之所生也。三分益一，律長七寸九分寸之一。季春氣至，則姑洗之律應。《周語》曰：「姑洗所以脩絜百物，考神納賓。」桐始華，田鼠化爲鴽，如。虹始見，蓱始生。皆記時候也。鴽，母無。螮蝀謂之虹。蓱，萍也。其大者曰蘋。天子居青陽右个，乘鸞路，駕倉龍，載青旂，衣青衣，服倉玉，食麥與羊。其器疏以達。青陽右个，東堂南偏。

是月也，天子乃薦鞠衣薦衣。于先帝。爲將蠶求福祥之助也。鞠衣，黄桑之服。先帝，大皞之屬。命舟牧覆舟，具舟。五覆五反，乃告舟備具于天子焉。舟牧，主舟之官也。覆反舟者，備傾漏也。天子始乘舟，薦鮪偉。于寢廟，薦鮪。進時美物。乃爲麥祈實。於含秀求其成也。不言所祈，承寢廟可知。是月也，生氣方盛，陽氣發泄，句者畢出，萌者盡達，不可以内。時可宣出不可收斂也。句，屈生者。芒而直曰萌。天子布德行惠，賑施。命有司發倉廩，賜貧窮，振乏絶。振，猶救也。開府庫，出幣帛，周天下。勉諸侯，聘名士，禮賢者。聘賢。周，謂給不足也。勉，猶勸也。聘，問也。名士，不仕者。是月也，命司空曰：「時雨將降，下水上騰，循行國邑，周視原野，脩利隄防，道達溝瀆，通水陸。開通道路，毋有障塞。廣平曰原。國也，邑也，平野也，溝瀆與道路，皆不得不通，所以除水潦，便民事也。古者溝上有路。田獵罝罘、羅罔、畢翳、餧獸之藥，毋出九門。」爲鳥獸方孚乳，傷之逆天時也。獸罟曰罝罘，鳥罟曰羅罔。小而柄長謂之畢。翳，射者所以自隱也。凡諸罟及毒藥，禁其出九門，明其常有，時不得用耳。天子九門者：路門也，應門也，雉門也，庫門也，皋門也，城門也，近郊門也，遠郊門也，關門也。今《月令》無「罘」，「翳」爲「弋」。是月也，命野虞無伐桑柘。理蠶事。愛蠶食也。野虞，謂主田及山林之官。鳴鳩拂其羽，戴勝降于桑，蠶將生之候也。鳴鳩飛且翼相擊，趨農急也。戴勝，織紝之鳥，是時恒在桑。言降者，若時始自天來，重之也。具曲植籧舉。筐。時所以養蠶器也。曲，薄也。植，槌也。后妃齊戒，親東鄉躬桑，禁婦女毋觀，省婦使，以勸蠶事。后妃親采桑，示帥先天下也。東鄉者，鄉時氣也。是明其不常留養蠶也。留養者，所卜夫人與世婦。婦，謂世婦及諸臣之妻也。《内宰職》曰：「仲春，詔后帥外内命婦始蠶于北郊。」女，外内子女也。《夏小正》曰：「妾子始蠶，執養宮事。」毋觀，去容飾也。婦使，縫線組紃之事。蠶事既登，分繭稱絲效功，以共郊廟之服，無有敢惰。登，成也。敕往蠶者，蠶畢將課功，以勸戒之。是月也，命工師，令百工審五庫之量：審工材。金、鐵皮、革、筋，角、齒，羽、箭、幹，脂、膠、丹、漆，毋或不良。工師，司空之屬官也。五庫，藏此諸物之舍也。量，謂物善惡之舊法也。幹，器之木也。凡輮幹，有當用脂。良，善也。百工咸理，監工日號：「毋悖于時，毋或作爲淫巧，以蕩上心。」咸，皆也。於百工皆理治其事之時，工師則監之，日號令之，戒之以此二事也。悖，猶逆也。百工作器物各有時，逆之則不善。時者，若《弓人》「春液角，夏治筋，秋合三材，冬定體」之屬也。淫巧，謂僞飾不如法也。蕩，謂動之使生奢泰也。今《月令》無「于時」，「作爲」爲「詐僞」。是月之末，擇吉日大合樂。大合樂。天子乃率三公、九卿、諸侯、大夫親往視之。大合樂者，所以助陽達物、風化天下也。其禮亡。今天子以大射、郡國以鄉射禮代之。是月也，乃合累牛騰馬，遊牝于牧。孳尾。累，騰，皆乘匹之名。是月所合牛馬，謂繫在廐者，其牝欲遊，則就牧之牡而合之。犧牲駒犢，舉書其數。以在牧而校數書之。明出時無他故，至秋當録内，且以知生息之多少也。命國難，那。九門磔攘，以畢春氣。儺攘。此難，難陰氣也。陰寒至此不止，害將及人。所以及人者，陰氣右行，此月之中，日行歷昴，昴有大陵積尸之氣，氣佚則厲鬼隨而出行。命方相氏帥百隸，索室毆疫以逐之。又磔牲以攘於四方之神，所以畢止其災也。《王居明堂禮》曰：「季春出疫于郊，以攘春氣。」

季春行冬令，則寒氣時發，草木皆肅，丑之氣乘之也。肅，謂枝葉縮栗。國有大恐。以水訛相驚。行夏令，則民多疾疫，時雨不降。未之氣乘之也。六月宿直鬼，鬼爲天尸，時又有暑也。山陵不收。高者暵於熱也。行秋令，則天多沈陰，淫雨蚤降，戌之氣乘之也。九月多陰。淫，霖也。雨三日以上爲霖。今《月令》曰「衆雨」。兵革並起。陰氣勝也。

孟夏孟夏。之月，日在畢，昏翼中，旦婺女中。孟夏者，日月會於實沈，而斗建巳之辰。其日丙丁。丙之言炳也。日之行，夏，南從赤道，長育萬物，月爲之佐，時萬物皆炳然著見而强大，又因以爲日名焉。《易》曰：「齊乎巽，相見乎離。」其帝炎帝，其神祝融。此赤精之君，火官之臣，自古以來著德立功者也。炎帝，大庭氏也。祝融，顓頊氏之子，曰黎，爲火官。其蟲羽。象物從風鼓葉，飛鳥之屬。其音徵，三分宫，去一以生徵，徵五十四。屬火者，以其微清，事之象也。夏氣和則徵聲調。《樂記》曰：「徵亂則哀，其事勤。」律中中吕。孟夏氣至，則中吕之律應。中吕者，無射之所生，三分益一，律長六寸萬九千六百八十三分寸之萬二千九百七十四。《周語》曰：「中吕宣中氣。」其數七。火，生數二，成數七。但言七者，亦舉其成數。其味苦，其臭焦。火之臭味也。凡苦焦者皆屬焉。其祀竈，祭先肺。夏，陽氣盛，熱於外，祀之於竈，從熱類也。祀之先祭肺者，陽位在上，肺亦在上，肺爲尊也。竈在廟門外之東。祀竈之禮，先席於門之奧，東面設主于竈陘，乃制肺及心肝爲俎，奠于主西。又設盛于俎南，亦祭黍三，祭肺、心、肝各一，祭醴三。亦既祭徹之，更陳鼎俎，設饌于筵前。迎尸如祀户之禮。螻蟈鳴，丘蚓出，王瓜生，苦菜秀。皆記時候也。螻蟈，蛙也。王瓜，萆挈也。今《月令》云：「王萯生。」《夏小正》云：「王萯秀。」未聞孰是？天子居明堂左个，乘朱路，駕赤騮，載赤旂，衣朱衣，服赤玉，食菽與雞，其器高以粗。明堂左个，大寢南堂東偏也。菽實孚甲堅合，屬水。雞，木畜，時熱食之，亦以安性也。粗，猶大也。器高大者，象物盛長。是月也，以立夏。先立夏三日，大史謁之天子曰：「某日立夏，盛德在火。」天子乃齊。謁，告也。立夏之日，天子親帥三公、九卿、大夫以迎夏迎夏。於南郊。還反，行賞，慶賞。封諸侯，慶賜遂行，無不欣説。迎夏，祭赤帝赤熛怒於南郊之兆也。不言「帥諸侯」，而云「封諸侯」，諸侯時或無在京師者，空其文也。《祭統》曰：「古者於禘也，發爵賜服，順陽義也。於嘗也，出田邑，發秋政，順陰義也。」今此行賞可也，而封諸侯則違於古。封諸侯，出土地之事，於時未可，似失之。乃命樂師習合禮樂，習禮樂。爲將飲酎。命大尉贊桀俊，遂賢良，舉長大。選材武。助長氣也。贊，猶出也。桀俊，能者也。遂，猶進也。三王之官，有司馬，無大尉。秦官則有大尉。今俗人皆云周公作《月令》，未通於古。行爵出祿，必當其位。使順之也。

是月也，繼長增高，助長。謂草木盛，蕃廡。毋有壞墮，亦爲逆時氣。毋起土功，毋發大衆，爲妨蠶農之事。毋伐大樹。亦爲逆時氣。是月也，天子始絺。初服暑服。命野虞出行田原，爲天子勞農。勞農。勸民，毋或失時。重敕之。命司徒巡行縣鄙，命農勉作，毋休于都。急趨於農也。縣、鄙、鄉、遂之屬，主民者也。《王居明堂禮》曰：「毋宿于國。」今《月令》「休」爲「伏」。是月也，驅獸毋害五穀，毋大田獵，爲傷蕃廡之氣。農乃登麥。登麥。天子乃以彘嘗麥，先薦寢廟。登，進也。麥之新，氣尤盛，以彘食之，散其熱也。彘，水畜。是月也，聚畜百藥。蓄藥。蕃廡之時毒氣盛。靡草死，麥秋至。斷薄刑，決小罪。小刑。舊説云：「靡草，薺、亭歷之屬。」《祭統》曰：「草艾則墨。」謂立秋後也。刑無輕於墨者。今以純陽之月，斷刑決罪，與「毋有壞墮」自相違，似非。出輕繫。崇寬。蠶事畢，后妃獻繭，乃收繭税，以桑爲均，貴賤長幼如一，以給郊廟之服。后妃獻繭者，内命婦獻繭於后妃。收繭税者，收於外命婦。外命婦雖就公桑蠶室而蠶，其夫亦當有祭服以助祭，收以近郊之税耳。貴賤長幼如一，國服同。是月也，天子飲酎，飲酎。用禮樂。酎之言醇也。謂重釀之酒也。春酒至此始成，舉群臣以禮樂飲之於朝，正尊卑也。孟冬云「大飲蒸」，此言「用禮樂」，互其文。

孟夏行秋令，則苦雨數來，五穀不滋。申之氣乘之也。苦雨，白露之類，時物得雨傷。四鄙入保。金氣爲害也。鄙，界上邑。小城曰保。行冬令，則草木蚤枯，長日促。後乃大水，敗其城郭。亥之氣乘之也。

行春令，則蝗蟲爲災，暴風來格，寅之氣乘之也。必以蝗蟲爲災者，寅有啓蟄之氣，行於初暑，則當蟄者大出矣。格，至也。秀草不實。氣更生之，不得成也。

仲夏仲夏，夏至。之月，日在東井，昏亢昏亢疑誤。中，旦危旦危疑誤。中。仲夏者，日月會於鶉首，而斗建午之辰也。唐氏一，室一。宋亢六，危四。日開九弱，井九半弱。其日丙丁。其帝炎帝，其神祝融。其蟲羽，其音徵，律中蕤賓。其數七。其味苦，其臭焦。其祀竈，祭先肺。蕤賓者，應鍾之所生，三分益一，律長六寸八十一分寸之二十六。仲夏氣至，則蕤賓之律應。《周語》曰：「蕤賓所以安静神人，獻酬交酢。」小暑至，螳蜋生，鵙古役。始鳴，反舌無聲。皆記時候也。螳蜋，螵蛸母也。鵙，搏勞也。反舌，百舌鳥。天子居明堂大廟，乘朱路，駕赤騮，載赤旂，衣朱衣，服赤玉，食菽與雞。其器高以粗。明堂太廟，南堂當大室也。養壯佼。助長氣也。

是月也，命樂師樂器。脩鞀、逃。鞞、鼓，均琴、瑟、管、簫，執干、戚、戈、羽，調竽、笙、箎、池。簧，飭鐘、磬、柷、敔。爲將大雩帝，習樂也。脩、均、執、調、飭者，治其器物，習其事之言。命有司爲民祈祀山川百源，大雩帝，用盛樂。乃命百縣雩祀百辟，卿士有益於民者，以祈穀實。祈穀。陽氣盛而常旱。山川百源，能興雲雨者也。衆水始所出爲百源。必先祭其本乃雩。雩，吁嗟求雨之祭也。雩帝，謂爲壇南郊之旁，雩五精之帝，配以先帝也。自「鞀鞞」至「柷敔」皆作，曰「盛樂」。凡他雩，用歌舞而已。百辟卿士，古者上公，若句龍、后稷之類也。《春秋傳》曰：「龍見而雩。」雩之正，當以四月。凡周之秋，三月之中而旱，亦脩雩禮以求雨，因著正雩此月，失之矣。天子雩上帝，諸侯以下雩上公，周冬及春夏雖旱，禮有禱無雩。農乃登黍。登黍。登，進也。是月也，天子乃以雛嘗黍，羞以含桃，先薦寢廟。此嘗雛也，而云以「嘗黍」，不以牲主穀也。必以黍者，黍，火穀，氣之主也。含桃，櫻桃也。令民助長。毋艾藍以染。「艾藍以染」上多「毋」字。《夏小正》：「五月，啓灌藍蓼。」啓灌，取其汁也。今五月正取藍汁爲澱。古人多用藍以染，《月令》安得反禁之？多「毋」字無疑。爲傷長氣也。此月藍始可別。《夏小正》曰：「五月，啓灌藍蓼。」毋燒灰，爲傷火氣也。火之氣於是爲盛。火之滅者爲灰。毋暴布。不以陰功干大陽之事。門閭毋閉，關市毋索。順陽敷縱，不難物。挺重囚，益其食。挺，猶寬也。游牝別群，孕妊之欲止也。則縶騰駒。爲其牡氣有餘，相蹄齧也。班馬政。馬政。馬政，謂養馬之政教也。《廋人職》曰：「掌十有二閑之政教，以阜馬、佚特、教駣、攻駒。」此之謂也。

是月也，日長至，夏至。陰陽爭，死生分。爭者，陽方盛，陰欲起也。分，猶半也。君子齊戒，齋戒。處必掩身，毋躁。掩，猶隱翳也。躁，猶動也。今《月令》「毋躁」爲「欲靜」。止聲色，毋或進。進，猶御見也。聲，謂樂也。《易》及《樂》、《春秋説》，夏至，人主與群臣從八能之士作樂五日。今止之，非其道也。薄滋味，毋致和。爲其氣異，此時傷人。節耆欲，定心氣。微陰扶精，不可散也。百官靜事，貴靜。毋刑。罪罰之事，不可以聞。今《月令》「刑」爲「徑」。以定晏伊見。陰之所成。晏，安也。陰稱安。鹿角解，駭。蟬始鳴，半夏生，木堇榮。又記時候也。半夏，藥草。木堇，王蒸也。是月也，毋用火南方，養陰順陽。陽氣盛，又用火於其方，害微陰也。可以居高明，可以遠眺望，可以升山陵，可以處臺榭。順陽在上也。高明，謂樓觀也。闍者謂之臺，有木者謂之榭。

仲夏行冬令，則雹凍傷穀，子之氣乘之也。陽爲雨，陰起脅之，凝爲雹。道路不通，暴兵來至。盜賊攻劫，亦雹之類。行春令，則五穀晚孰，卯之氣乘之也。生日長。百螣特。時起，其國乃饑。螣，蝗之屬。言「百」者。明衆類並爲害。行秋令，則草木零落，酉之氣乘之也。八月宿直昴、畢，爲天獄，主殺。果實早成，生日短。民殃於疫。大陵之氣來爲害也。

季夏季夏。之月，日在柳，昏火中，旦奎中。季夏者，日月會於鶉火，而斗建未之辰也。其日丙丁。其帝炎帝，其神祝融。其蟲羽。其首徵，律中林鍾。其數七。其味苦，其臭焦。其祀竈，祭先肺。林鍾者，黄鍾之所生，三分去一，律長六寸。季夏氣至，則林鍾之律應。《周語》曰：「林鍾和展百物，俾莫不任肅純恪。」温風始至，蟋蟀居壁，鷹乃學習，腐草爲螢。皆記時候也。鷹學習，謂攫搏也。《夏小正》曰：「六月，鷹始摯。」螢，飛蟲，螢火也。天子居明堂右个，乘朱路，駕赤駵，載赤旂，衣朱衣，服赤玉，食菽與雞。其器高以粗。明堂右个，南堂西偏也。命漁師伐蛟、取鼉、登龜、取黿。澤藪之利。四者甲類，秋乃堅成。《周禮》曰：「秋獻龜魚。」又曰：「凡取龜，用秋時。」是夏之秋也。作《月令》者，以爲此「秋」據周之時也。周之八月，夏之六月，因書於此，似誤也。蛟言「伐」者，以其有兵衛也。龜言「登」者，尊之也。鼉、黿言「取」，羞物賤也。鼉皮又可以冒鼓。今《月令》「漁師」爲「榜人」。命澤人納材葦。蒲葦之屬，此時柔刃，可取作器物也。

是月也，命四監大合百縣之秩芻，以養犧牲，令民無不咸出其力，四監，主山林川澤之官。百縣，鄉、遂之屬，地有山林川澤者也。秩，常也。百縣給國養犧牲之芻，多少有常，民皆當出力爲艾之。今《月令》「四」爲「田」。以共皇天上帝、名山大川、四方之神，以祠宗廟社稷之靈，以爲民祈福。牲以供祠神靈，爲民求福，明使民艾芻，是不虚取也。皇天，北辰耀魄寶，冬至所祭於圜丘也。上帝，太微五帝。是月也，命婦官染采，染采。

黼、黻、文、章，必以法故，無或差貸。二。婦官，染人也。采，五色。黑、黄、倉、赤，莫不質良，毋敢詐僞。質，正也。良，善也。所用染者，當得真采正善也。以給郊廟祭祀之服，以爲旗章，以别貴賤等給之度。旗章，旌旗及章識也。

是月也，樹木方盛，乃「命」上有「乃」字，今本無。命虞人入山行木，毋有斬伐。爲其未堅刃也。不可以興土功，不可以合諸侯，不可以起兵動衆。土將用事，氣欲静。毋舉大事以摇養氣。助長養。大事，興繇役以有爲。毋發令而待，以妨神農之事也。戒擾農。發令而待，謂出繇役之令，以預驚民也。民驚則心動，是害土神之氣。土神稱曰神農者，以其主於稼穡。水潦盛昌，神農將持功，舉大事則有天殃。言土以受天雨澤，安静養物爲功，動之則致害也。《孝經説》曰：「地順受澤，謙虚開張。含泉任萌，滋物歸中。」

是月也，土潤溽暑，溽暑。潤溽，謂塗濕也。大雨時行，燒薙行水，利以殺草，如以熱湯。薙，謂迫地芟草也。此謂欲稼萊地，先薙其草，草乾燒之，至此月大雨，流水潦畜於其中，則草死不復生，而地美可稼也。《薙人》「掌殺草」，職曰「夏日至而薙之」，又曰「如欲其化也，則以水火變之」。可以糞田疇，糞田。可以美土彊。土潤溽，膏澤易行也。糞、美，互文耳。土彊，强檗之地。

季夏行春令，則穀實鮮落，國多風欬，苦代。辰之氣乘之也。未屬《巽》辰又在《巽》位，二氣相亂爲害。民乃遷徙。象風轉移物也。行秋令，則丘隰水潦，戌之氣乘之也。九月宿直奎，奎爲溝瀆，溝瀆與此月大雨并，而高下皆水。禾稼不孰，傷於水也。乃多女災。含任之類敗也。行冬令，則風寒不時，丑之氣乘之也。鷹隼蚤鷙，得疾厲之氣也。四鄙入保。象鳥雀之走竄也。都邑之城曰保。

中央土，中央土，土分旺四季，每季十八日，惟季夏十八日火生，土爲最旺，故以爲中央。火休而盛德在土也。其日戊己。戊之言茂也，己之言起也。日之行四時之間，從黄道，月爲之佐，至此萬物皆枝葉茂盛，其含秀者抑屈而起，故因以爲日名焉。其帝黄帝，其神后土。此黄精之君，土官之神，自古以來著德立功者也。黄帝，軒轅氏也。后土，亦顓頊氏之子，曰黎，兼爲土官。其蟲倮，象物露見，不隱藏，虎豹之屬恒淺毛。其音宫。聲始於宫。宫數八十一。屬土者，以其最濁，君之象也。季夏之氣和，則宫聲調。《樂記》曰：「宫亂則荒，其君驕。」律中黄鍾之宫。黄鍾之宫最長也。十二律轉相生，五聲具，終於六十焉。季夏之氣至，則黄鍾之宫應。《禮運》曰：「五聲、六律、十二管，還相爲宫。」其數五。土，生數五，成數十。但言五者，土以生爲本。其味甘，其臭香。土之臭味也，凡甘香者皆屬之。其祀中霤，祭先心。中霤，猶中室也。土主中央而神在室，古者複穴，是以名室爲霤云。祀之先祭心者，五藏之次，心次肺，至此，心爲尊也。祀中霤之禮，設主於牖下，乃制心及肺、肝爲俎，其祭肉，心、肺、肝各一。他皆如祀户之禮。天子居大廟大室，乘大路，駕黄駵，載黄旂，衣黄衣，服黄玉，食稷與牛。其器圜。圜。以閎。大廟大室，中央室也。大路，殷路也。車如殷路之制，而飾之以黄。稷，五穀之長。牛，土畜也。器圜者，象土周帀於四時。閎，讀如紘。紘，謂中寬，象土含物。

孟秋孟秋。之月，日在翼，昬建星中，旦畢中。孟秋者，日月會於鶉尾，而斗建申之辰也。其日庚辛。庚之言更也，辛之言新也。日之行，秋，西從白道，成孰萬物，月爲之佐，萬物皆肅然改更，秀實新成，又因以爲日名焉。其帝少皞，其神蓐收。此白精之君，金官之臣，自古以來著德立功者也。少皞，金天氏。蓐收，少皞氏之子，曰該，爲金官。其蟲毛。象物應涼氣而備寒。狐貉之屬，生旃毛也。其音商，三分徵益一，以生商，商數七十二。屬金者，以其濁次宮，臣之象也。秋氣和則商聲調。《樂記》曰：「商亂則陂，其官壞。」律中夷則。孟秋氣至，則夷則之律應。夷則者，大吕之所生也。三分去一，律長五寸七百二十九分寸之四百五十一。《周語》曰：「夷則所以詠歌九則，平民無貳。」其數九。金，生數四，成數九。但言「九」者，亦舉其成數。其味辛，其臭腥。金之臭味也。凡辛、腥者，皆屬焉。其祀門，祭先肝。秋，陰氣出，祀之於門，外陰也。祀之先祭肝者，秋爲陰中，於藏直肝，肝爲尊也。祀門之禮，北面，設主于門左樞，乃制肝及肺、心爲俎，奠于主南，又設盛于俎東。其他皆如祭竈之禮。涼風至，白露降，寒蟬鳴，鷹乃祭鳥，用始行戮。皆記時候也。寒蟬，寒蜩，謂蜺也。鷹祭鳥者，將食之，示有先也。既祭之後，不必盡食，若人君行刑，戮之而已。天子居總章左个，乘戎路，駕白駱，載白旂，衣白衣，服白玉，食麻與犬。其器廉以深。總章左个，大寢西堂南偏。戎路，兵車也。制如周革路，而飾之以白。白馬黑鬣曰駱。麻實有文理，屬金。犬，金畜也。器廉以深，象金傷害，物入藏。

是月也，以立秋。先立秋三日，大史謁之天子曰：「某日立秋，盛德在金。」謁，告。天子乃齊。立秋之日，天子親帥三公、九卿、諸侯、大夫以迎秋於西郊。迎秋氣。還反，賞軍帥、武人於朝。迎秋者，祭白帝白招拒於西郊之兆也。軍帥，諸將也。武人，謂環人之屬，有勇力者。天子乃命將帥選士厲兵，簡練桀俊，專任有功，以征不義，經武功。征之言正也，伐也。詰誅暴慢，以明好惡，順彼遠方。詰，謂問其罪，窮治之也。順，猶服也。是月也，命有司脩法制，行刑罰。繕囹圄，具桎梏，禁止姦，慎罪邪，務搏執。順秋氣，政尚嚴。命理瞻傷、察創、視折，哲。理，治獄官也。有虞氏曰士，夏曰大理，周曰大司寇。創之淺者曰傷。審斷，決獄訟，決獄訟。必端平。端，猶正也。戮有罪，嚴斷刑。天地始肅，不可以贏。肅，嚴急之言也。贏，猶解也。是月也，農乃登穀。登穀。天子嘗新，先薦寢廟。黍，稷之屬，於是始孰。命百官始收斂，順秋氣，收斂物。完隄坊，防。謹壅塞，以備水潦。繕補緝。備者，備八月也。八月宿直畢，畢好雨。脩宮室，壞培。墻垣，補城郭。順收斂。象秋收斂，物當藏也。是月也，毋以封諸侯，立大官，毋以割地，行大使，出大幣。古者於嘗，出田邑，此其月也，而禁封諸侯、割地，失其義。

孟秋行冬令，則陰氣大勝，亥之氣乘之也。介蟲敗穀，介，甲也。甲蟲屬冬。敗穀者，稻蟹之屬。戎兵乃來。十月宿直營室，營室之氣爲害也。營室，主武士。行春令，則其國乃旱，寅之氣乘之也。雲雨以風除也。陽氣復還，五穀無實。陽氣能生而不能成。行夏令，則國多火災，巳之氣乘之也。寒熱不節，民多瘧疾。瘧疾，寒熱所爲也。今《月令》「瘧疾」爲「疾疫」。

仲秋仲秋，秋分。之月，日在角，昏牽牛中，旦觜兹。觿中。昏牽牛，旦觜觿。唐斗十九，井五。宋斗十，參七。日軫五半弱，軫五半弱。仲秋者，日月會於壽星，而斗建西之辰也。其日庚辛。其帝少皞，其神蓐收，其蟲毛。其音商，律中南呂。其數九。其味辛，其臭腥。其祀門，祭先肝。南呂者，大蔟之所生，三分去一，律長五寸三分寸之一。仲秋氣至，則南呂之律應。《周語》曰：「南呂者，贊陽秀物。」盲風至，鴻雁來，玄鳥歸，群鳥養羞。皆記時候也。盲風，疾風也。玄鳥，燕也。歸，謂去蟄也。凡鳥隨陰陽者，不以中國爲居。羞，謂所食也。《夏小正》曰：「九月，丹鳥羞白鳥。」説曰：「丹鳥也者，謂丹良也。白鳥也者，謂閩蚋也。其謂之鳥者，重其養者也。有翼爲鳥。養也者，不盡食也。」二者文異。群鳥、丹良，未聞孰是。天子居總章大廟，乘戎路，駕白駱，載白旂，衣白衣，服白玉，食麻與犬。其器廉以深。總章大廟，西堂當大室也。

是月也，養衰老，養老。授几杖，行糜粥飲食。助老氣也。行，猶賜也。乃命司服，具飭衣裳，制衣。文繡有恒，制有小大，度有短長。此謂祭服也。文，謂畫也。祭服之制，畫衣而繡裳。衣服有量，必循其故。此謂朝、燕及他服。凡此爲寒益至也。《詩》云：「七月流火，九月授衣。」於是作之可也。冠帶有常。因制衣服而作之也。乃命有司申嚴百刑，審刑。斬殺必當，毋或枉橈。枉橈不當，反受其殃。申，重也。當，謂值其罪。是月也，乃命宰、祝循行犧牲，視全具。省牲。案芻豢，瞻肥瘠，察物色，必比類，量小大，視長短，皆中度。五者備當，上帝其饗。於鳥獸肥充之時，宜省群牲也。宰、祝，大宰、大祝，主祭祀之官也。養牛羊曰芻，犬豕曰豢。五者，謂所視也，所案也，所瞻也，所察也，所量也。此皆得其正，則上帝饗之；上帝饗之，而無神不饗也。天子乃難，那。以達秋氣。儺。此難，難陽氣也。陽暑至此不衰，害亦將及人。所以及人者，陽氣左行，此月宿直昴、畢，昴、畢亦得大陵積尸之氣，氣佚則厲鬼亦隨而出行，於是亦命方相氏帥百隸而難之。《王居明堂禮》曰：「仲秋，九門磔攘，以發陳氣，禦止疾疫。」以犬嘗麻，嘗麻。先薦寢廟。麻始孰也。是月也，可以築城郭，建都邑，穿竇窖，脩囷倉。爲民將入，物當藏也。穿竇窖者，入地圓曰竇，方曰窖。《王居明堂禮》曰：「仲秋，命庶民畢入于室，曰：『時殺將至，毋罹其災。』」乃命有司趣民收斂，收斂。務畜菜，多積聚。始爲禦冬之備。乃勸種麥，種麥。毋或失時，其有失時，行罪無疑。麥者，接絶續乏之穀，尤重之。是月也，日夜分，秋分。雷始收聲，蟄蟲坏培。户，殺氣浸盛，陽氣日衰，水始涸。又記時候也。雷始收聲在地中，動内物也。坏，益也。蟄蟲益户，謂稍小之也。涸，竭也。此甫八月中，雨氣未止，而云水竭，非也。《周語》曰：「辰角見而雨畢，天根見而水涸。」又曰：「雨畢而除道，水涸而成梁。辰角見，九月本也。天根見，九月末也。」《王居明堂禮》曰：「季秋除道致梁，以利農也。」日夜分，程度。則同度量，平權衡，正鈞石，角斗甬。是月也，易關市，來商旅，通貨。納貨賄，以便民事。四方來集，遠鄉皆至，則財不匱，上無乏用，百事乃遂。易關市，謂輕其稅，使民利之。商旅，賈客也。匱，亦乏也。遂，猶成也。凡舉大事，毋逆大數，必順其時，慎因其類。事，謂興土功，合諸侯，舉兵衆也。季夏禁之，孟秋始征伐，此月築城郭，季秋教田獵，是以於中爲之戒焉。

仲秋行春令，則秋雨不降，卯之氣乘之也。卯宿直房、心，心爲大火。草木生榮，應陽動也。國乃有恐。以火訛相驚。行夏令，則其國乃旱，蟄蟲不藏，五穀復生。午之氣乘之也。行冬令，則風災數起，子之氣乘之也。北風殺物。收雷先行，先，猶蚤也。冬主閉藏。草木蚤死。寒氣盛也。

季秋季秋。之月，日在房，昏虛中，旦柳中。季秋者，日月會於大火，而斗建戌之辰也。其日庚辛。其帝少皞，其神蓐收。其蟲毛。其音商，律中無射。其數九，其味辛，其臭腥。其祀門，祭先肝。無射者，夾鍾之所生，三分去一，律長四寸六千五百六十一分寸之六千五百二十四。季秋氣至，則無射之律應。《周語》曰：「無射所以宣布喆人之令德，示民軌儀。」鴻雁來賓，爵入大水爲蛤，鞠有黄華，豺乃祭獸戮禽。皆記時候也。來賓，言其客止未去也。大水，海也。戮，猶殺也。天子居總章右个，乘戎路，駕白駱，載白旂，衣白衣，服白玉，食麻與犬，其器廉以深。總章右个，西堂北偏。是月也，申嚴號令，申重。命百官貴賤無不務內，以會天地之藏，無有宣出。收斂。內，謂收斂入之也。會，猶聚也。乃命冢宰：農事備收，備，猶盡也。舉五穀之要，定其租稅之簿。藏帝藉粢盛。之收於神倉，祗敬必飭。重粢盛之委也。帝藉，所耕千畝也。藏祭祀之穀爲神倉。祇，亦敬也。

是月也，霜始降，則百工休。休工。寒而膠漆之作不堅好也。乃命有司曰：「寒氣總至，民力不堪，其皆入室。」總，猶猥卒。上丁，命樂正，入學習吹。入學。爲將饗帝也。春夏重舞，秋冬重吹也。是月也，大饗帝。饗帝。言大饗者，遍祭五帝也。《曲禮》曰：「大饗不問卜。」謂此也。嘗，犧牲告備于天子。嘗者，謂嘗群神也。天子親嘗帝，使有司祭于群神，禮畢而告焉。合諸侯制，百縣爲來歲受朔日，頒朔。與諸侯所税於民，頒制。輕重之法，貢職之數，以遠近土地所宜爲度，以給郊廟之事，無有所私。秦以建亥之月爲歲首，於是歲終，使諸侯及鄉遂之官受此法焉。合諸侯制者，定其國家、宫室、車旗、衣服、禮儀也。諸侯言「合制」，百縣言「受朔日」，互文也。貢職，謂所入天子。凡周之法，以正月和之，正歲而縣於象魏。

是月也，天子乃教於田獵，田獵。以習五戎，班馬政。教於田獵，因田獵之禮，教民以戰法也。五戎，謂五兵：弓矢、殳、矛、戈、戟也。馬政，謂齊其色、度其力，使同乘也。《校人職》曰：「凡軍事，物馬而頒之。」命僕及七騶咸駕，載旌旐，授車以級，整設于屏外。僕，戎僕及御夫也。七騶，謂趣馬，主爲諸官駕説者也。既駕之，又爲之載旌旗。《司馬職》曰「仲秋，教治兵，如振旅之陳。辨旗物之用，王載大常，諸侯載旂，軍吏載旗，師都載旜，鄉遂載物，郊野載旐，百官載旟」是也。級，等次也。整，正列也。設，陳也。屏，所田之地門外之蔽。司徒搢扑，北面誓之。誓衆以軍法也。天子乃厲飾，執弓挾矢以獵，厲飾，謂戎服，尚威武也。今《月令》「獵」爲「射」。命主祠祭禽于四方。以所獲禽，祀四方之神也。《司馬職》曰：「羅幣，致禽以祀祊。」是月也，草木黄落，乃伐薪爲炭。伐薪。伐木必因殺氣。蟄蟲咸俯在内，皆墐其户。墐，謂塗閉之，辟殺氣。乃趣獄刑，决遣。毋留有罪。殺氣已至，有罪者即决也。收禄秩之不當，供養之不宜者。天氣殺而萬物咸藏，可以去之也。禄秩之不當，恩所增加也。

供養之不宜，欲所貪耆，熊蹯之屬，非常食。

是月也，天子乃以犬嘗稻，嘗稻。先薦寢廟。稻始孰也。

季秋行夏令，則其國大水，冬藏殃敗，民多鼽求。嚏。帝。未之氣乘之也。六月宿直東井，氣多暑雨。行冬令，則國多盜賊，邊竟不寧，土地分裂。丑之氣乘之也。極陰爲外，邊竟之象也。大寒之時，地隆坼也。行春令，則煖風來至，民氣解惰，辰之氣乘之也。《巽》爲風。師興不居。辰宿直角，角主兵。不居，象風行不休止也。

孟冬孟冬。之月，日在尾，昏危中，旦七星中。孟冬者，日月會於析木之津，而斗建亥之辰也。其日壬癸。壬之言任也，癸之言揆也。日之行，冬，北從黑道，閉藏萬物，月爲之佐。時萬物懷任於下，揆然萌牙，又因以爲日名焉。其帝顓頊，其神玄冥。此黑精之君，水官之臣，自古以來，著德立功者也。顓頊，高陽氏也。玄冥，少皞氏之子，曰脩、曰熙，爲水官。其蟲介。介，甲也。象物閉藏地中，龜鼈之屬。其音羽，三分商去一，以生羽。羽數四十八。屬水者，以爲最清，物之象也。冬氣和，則羽聲調。《樂記》曰：「羽亂則危，其財匱。」律中應鍾。孟冬氣至，則應鍾之律應。應鍾者，姑洗之所生，三分去一，律長四寸二十七分寸之二十。《周語》曰：「應鍾均利器用，俾應復。」其數六。水，生數一，成數六。但言六者，亦舉其成數。其味鹹，其臭朽。水之臭味也。凡鹹、朽者，皆屬焉。氣若有若無爲朽。其祀行，祭先腎。冬，陰盛，寒於水，祀之於行，從辟除之類也。祀之先祭腎者，陰位在下，腎亦在下，腎爲尊也。行在廟門外之西，爲軷壤，厚二寸，廣五尺，輪四尺。祀行之禮，北面，設主于軷上，乃制腎及脾爲俎，奠于主南，又設盛于俎東，祭肉，腎一，脾再。其他皆如祀門之禮。水始冰，地始凍，雉入大水爲蜃，虹藏不見。皆記時候也。大水，淮也。大蛤曰屋。天子居玄堂左个，乘玄路，駕鐵驪，載玄旂，衣黑衣，服玄玉，食黍與彘。其器閎以奄。玄堂左个，北堂西偏也。鐵驪，色如鐵。黍秀舒散，屬火，寒時食之，亦以安性也。彘，水畜也。器閎而奄，象物閉藏也。今《月令》曰「乘軫路」，似當爲「袗」字之誤也。

是月也，以立冬。先立冬三日，迎冬。大史謁之天子曰：「某日立冬，盛德在水。」天子乃齊。謁，告。立冬之日，天子親帥三公、九卿、大夫以迎冬於北郊。還反，賞死事，録死。恤孤寡。迎冬者，祭黑帝叶光紀於北郊之兆也。死事，謂以國事死者，若公叔禺人、顔涿聚者也。孤寡，其妻子也，有以惠賜之，大功加賞。是月也，命大史釁龜、筴，占兆，釁卜。審卦吉凶。筴，蓍也。占兆，龜之繇文也。《周禮·龜人》「上春釁龜」，謂建寅之月也。秦以其歲首使大史釁龜，筴與周異矣。卦吉凶，謂《易》也。審，省録之，而不釁筮。筮短，賤於兆也。今《月令》曰「釁祠」。祠，衍字。是察阿黨，則罪無有掩蔽。阿黨，謂治獄吏以私恩曲橈相爲也。

是月也，天子始裘。九月授衣，至此可以加裘。命有司曰：「天氣上騰，地氣下降，天地不通，閉塞而成冬。」使有司助閉藏之氣。門户可閉閉之，窻牖可塞塞之。命百官謹蓋藏。蓋藏。謂府庫囷倉有藏物。命司徒循行積聚，無有不斂。謂芻禾薪蒸之屬。坏城郭，戒門閭，脩鍵閉，慎管籥，固封疆，備邊竟，完要塞，謹關梁，塞徯徑。坏，益也。鍵，牡。閉，牝也。管籥，搏鍵器也。固封疆，謂使有司循其溝樹，及其衆庶之守法也。要塞，邊城要害處也。梁，橋横也。徯徑，禽獸之道也。今《月令》「疆」或爲「壃」。飭喪紀，辨衣裳，審棺槨之薄厚，塋丘壟之大小、高卑、薄厚之度，貴賤之等級。此亦閉藏之具，順時飭正之也。辨衣裳，謂襲斂尊卑所用也，所用又有多少。

是月也，命工師效功，工器。陳祭器，案度程，毋或作爲淫巧以蕩上心，必功致緻。爲上。霜降而百工休，至此物皆成也。工師，工官之長也。效功，録見百工所作器物也。主於祭器，祭器尊也。度，謂制大小也。程，謂器所容也。淫巧，謂奢僞怪好也。蕩，謂摇動，生其奢淫。物勒工名，以考其誠。勒，刻也。刻工姓名於其器，以察其信，知其不功致。功有不當，必行其罪，以窮其情。功不當者，取材美而器不堅也。是月也，大飲烝。烝祭。十月農功畢，天子諸侯與其群臣飲酒於大學，以正齒位，謂之大飲，别之於他。其禮亡。今天子以燕禮、郡國以鄉飲酒禮代之。燕，謂有牲體爲俎也。《黨正職》曰：「國索鬼神而祭祀，則以禮屬民而飲酒于序，以正齒位。」亦謂此時也。《詩》云：「十月滌場，朋酒斯饗，曰殺羔羊，躋彼公堂，稱彼兕觵，受福無疆。」是頌大飲之詩。天子乃祈來年于天宗，大割祠于公社及門閭，臘先祖，臘。五祀。此《周禮》所謂蜡祭也。天宗，謂日、月、星辰也。大割，大殺群牲割之也。臘，謂以田獵所得禽祭也。五祀：門、户、中霤、竈、行也。或言「祈年」，或言「大割」，或言「臘」，互文。勞農以休息之。《黨正》「屬民飲酒正齒位」是也。天子乃命將帥講武，講武。習射御、角力。爲仲冬將大閱，簡習之。亦因營室主武士也。凡田之禮，唯狩最備。《夏小正》：「十一月，王狩。」

是月也，乃命水虞漁師收水泉池澤之賦，漁賦。毋或敢侵削衆庶兆民，以爲天子取怨于下。其有若此者，行罪無赦。因盛德在水，收其税。孟冬行春令，則凍閉不密，地氣上泄，寅之氣乘之也。民多流亡。象蟄蟲動。行夏令，則國多暴風，方冬不寒，蟄蟲復出。巳之氣乘之也。立夏，《巽》用事，《巽》爲風。行秋令，則雪霜不時，申之氣乘之也。小兵時起，土地侵削。申，陰氣尚微。申宿直參、伐，參、伐爲兵。

仲冬仲冬，冬至。之月，日在斗，昏東辟中，旦軫中。昏壁、旦軫。唐壁三、角三。宋室十、軫十六。日斗三度，斗三已上，中星日度，並以承平爲例。至景定，甲子冬至日在斗。初度可以類推。仲冬者，日月會於星紀，而斗建子之辰也。其日壬癸，其帝顓頊，其神玄冥。其蟲介。其音羽，律中黄鍾。其數六。其味鹹，其臭朽。其祀行，祭先腎。黄鍾者，律之始也，九寸。仲冬氣至，則黄鍾之律應。《周語》曰：「黄鍾，所以宣養六氣九德。」冰益壯，地始坼，鶡旦不鳴，虎始交。皆記時候也。鶡旦，求旦之鳥也。交，猶合也。天子居玄堂大廟，乘玄路，駕鐵驪，載玄旂，衣黑衣，服玄玉，食黍與彘。其器閎以奄。玄堂大廟，北堂當大室。飭死事。飭軍士，戰必有死志。命有司曰：「土事冬藏。毋作，慎毋發蓋，毋發室屋及起大衆，以固而閉。閉藏。地氣沮泄，是謂發天地之房，諸蟄則死，民必疾疫，又隨以喪。」命之曰暢月。而，猶女也。暢，猶充也。大陰用事，尤重閉藏。

是月也，命奄尹，申宮令，審門閭，謹房室，必重閉。奄尹，主領奄豎之官也。於周則爲内宰，掌治王之内政、宫令，譏出入及開閉之屬。重閉，外内閉也。省婦事，毋得淫。雖有貴戚近習，毋有不禁。省婦事，所以静陰類也。淫，謂女功奢僞怪好物也。貴戚，謂姑姊妹之屬。近習，天子所親幸者。乃命大酋，揫。秫稻必齊，麴蘖必時，爲酒。湛尖。熾必絜，水泉必香，陶器必良，火齊必得，兼用六物，大酋監之，毋有差貸。二。酒孰曰酋。大酋者，酒官之長也。於周則爲酒人。秫稻必齊，謂孰成也。湛，漬也。熾，炊也。火齊，腥孰之調也。物，猶事也。差貸，謂失誤，有善有惡也。古者穫稻而漬米麴。至春而爲酒。《詩》云：「十月穫稻，爲此春酒，以介眉壽。」天子命有司祈祀四海、大川、名源、淵澤、井泉。祠水神。順其德盛之時祭之也。今《月令》「淵」爲「深」。是月也，農有不收藏積聚者，警收藏。馬牛畜獸有放佚者，取之不詰。此收斂尤急之時，人有取者不罪，所以警懼其主也。《王居明堂禮》曰：「孟冬之月，命農畢積聚，繫收牛馬。」山林藪澤，有能取蔬食、田獵禽獸者，野虞教道之。施山澤。其有相侵奪者，罪之不赦。務收斂野物也。大澤曰藪。草木之實爲蔬食。是月也，日短至，冬至。陰陽争，諸生蕩。争者，陰方盛，陽欲起也。蕩，謂物動，將萌牙也。君子齊戒，齋戒。處必掩身，身欲寧，去聲色，禁耆慾，安形性，事欲靜，以待陰陽之所定。寧，安也。聲，謂樂也。《易》及《樂》、《春秋説》云：「冬至，人主與群臣從八能之士作樂五日。」此言「去聲色」，又相反。芸始生，荔挺出，蚯蚓結，麋角解，水泉動。又記時候也。芸，香草也。荔挺，馬薤也。水泉動，潤上行。日短至，則伐木，取竹箭。取堅勁。此其堅成之極時。

是月也，可以罷官之無事，去器之無用者。助閉藏。謂先時權所建作者也。天地閉藏而萬物休，可以去之。塗闕廷門閭，築囹圄，此所以助天地之閉藏也。順時氣也。

仲冬行夏令，則其國乃旱，午之氣乘之也。氛霧冥冥，霜露之氣，散相亂也。雷乃發聲。震氣動也。午屬《震》。行秋令，則天時雨汁，瓜瓠不成，酉之氣乘之也。酉宿直昴、畢，畢好雨。雨汁者，水雪雜下也。子宿直虚、危，虚、危内有瓜瓠。國有大兵。兵，亦軍之氣。行春令，則蝗蟲爲敗，當蟄者出，卯之氣乘之也。水泉咸竭，大火爲旱。民多疥癘。疥癘之病，孚甲象也。

季冬季冬。之月，日在婺女，昏婁中，旦氐中。季冬者，日月會於玄枵，而斗建丑之辰也。其日壬癸。其帝顓頊，其神玄冥。其蟲介。其音羽，律中大吕。其數六。其味鹹，其臭朽。其祀行，祭先腎。大吕者，蕤賓之所生也。三分益一，律長八寸二百四十三分寸之百四。季冬氣至，則大吕之律應。《周語》曰：「大吕，助陽宣物。」雁北鄉，鵲始巢，雉雊雞乳。皆記時候也。雊，雉鳴也。《詩》云：「雉之朝雊，尚求其雌。」天子居玄堂右个，乘玄路，駕鐵驪，載玄旂，衣黑衣，服玄玉，食黍與彘。其器閎以奄。玄堂右个，北堂東偏。命有司大難，那。旁磔，儺磔。出土牛，以送寒氣。此難，難陰氣也。難陰始於此者，陰氣右行，此月之中，日歷虚、危，虚、危有墳墓四司之氣，爲厲鬼，將隨强陰出害人也。旁磔，於四方之門磔攘也。出，猶作也。作土牛者，丑爲牛，牛可牽止也。送，猶畢也。征鳥厲疾。殺氣當極也。征鳥，題肩也，齊人謂之擊征，或名曰鷹，仲春化爲鳩。乃畢山川之祀，索享。及帝之大臣、天之神祇。四時之功成於冬，孟月祭其宗，至此可以祭其佐也。帝之大臣，句芒之屬。天之神祇，司中、司命、風師、雨師。

是月也，命漁師始漁，天子親往，乃嘗魚，嘗魚。先薦寢廟。天子必親往視漁，明漁非常事，重之也。此時魚絜美。冰方盛，水澤腹堅，命取冰。藏冰。腹，厚也。此月日在北陸，冰堅厚之時也。北陸，謂虚也。今《月令》無「堅」。冰以入。令告民出五種。冰既入，而令田官告民出五種。明大寒氣過，農事將起也。命農計耦耕事，農備。脩耒耜，具田器。耜者，耒之金也，廣五寸。田器，鎡錤之屬。命樂師大合吹而罷。歲將終，與族人大飲，作樂於大寢，以綴恩也。言「罷」者，此用禮樂於族人最盛，後年若時，乃復然也。凡用樂必有禮，用禮則有不用樂者。《王居明堂禮》：「季冬，命國爲酒，以合三族，君子説，小人樂。」乃命四監收秩薪柴，收薪。以共郊廟及百祀之薪燎。四監，主山林川澤之官也。大者可析謂之薪，小者合束謂之柴。薪施炊爨，柴以給燎。《春秋傳》曰：「其父析薪。」今《月令》無「及百祀之薪燎」。

是月也，日窮于次，月窮于紀，星回于天，數將幾終。言日月星辰運行，于此月皆周帀於故處也。次，舍也。紀，會也。歲且更始，專而農民，休農。毋有所使。而，猶女也。言專一女農民之心，令之豫有志於耕稼之事，不可傜役，傜役之則志散失業也。天子乃與公卿大夫共飭國典，論時令，以待來歲之宜。先備。飭國典者，和六典之法也。《周禮》以正月爲之，建寅而縣之。今用此月，則所因於夏、殷也。乃命大史次諸侯之列，賦之犧牲，賦牲。以共皇天、上帝、社稷之饗。此所與諸侯共者也。列，國有大小也。賦之犧牲，大者出多，小者出少。饗，獻也。乃命同姓之邦，共寢廟之芻豢。此所以與同姓共也。芻豢，猶犧牲。命宰歷卿、大夫至于庶民土田之數，而賦犧牲，以共山林、名川之祀。此所與卿、大夫、庶民共者也。歷，猶次也。卿、大夫采地亦有大小，其非采地，以其邑之民多少賦之。凡在天下九州之民者，無不咸獻其力，以共皇天上帝、社稷、寢廟、山林、名川之祀。民非神之福不生。雖有其邦國、采地，此賦要由民出。

季冬行秋令，則白露蚤降，介蟲爲妖，戌之氣乘之也。九月初尚有白露，月中乃爲霜。丑爲鼈蟹。四鄙入保。畏兵、辟寒象。行春令，則胎夭多傷，辰之氣乘之也。夭，少長也。此月物甫萌牙，季春乃句者畢出，萌者盡達。胎夭多傷者，生氣早至，不充其性。國多固疾，生不充性，有久疾也。命之曰逆。衆害莫大於此。行夏令，則水潦敗國，時雪不降，冰凍消釋。未之氣乘之也。季夏大雨時行。

禮記卷第六

曾子問第七

文公曰：「《曾子問》一篇，都是問喪祭變禮微細處，想是經禮聖人平日已説底，都一一理會了。只是變禮未説底，須要人逐一問過。」

禮記　鄭氏注

曾子問曰：「君薨，而世子生，君薨，世子生。如之何？」孔子曰：「卿、大夫、士從攝主，北面於西階南。變於朝夕哭位也。攝主，上卿代君聽國政。大祝裨冕，執束帛，升自西階，盡等，不升堂，命毋哭。將有事，宜清静也。裨冕者，接神則祭服也。諸侯之卿大夫所服裨冕，絺冕也，玄冕也。士服爵弁服。大祝裨冕，則大夫。祝聲三，告曰：『某之子生，敢告。』聲，噫歆，警神也。某，夫人之氏也。升，奠幣于殯東几上，哭降。几筵於殯東，明繼體也。衆主人、卿、大夫、士、房中皆哭，不踴。衆主人，君之親也。房中，婦人。盡一哀，反位，遂朝奠。反朝夕哭位。小宰升，舉幣。所主也。舉而下，埋之階間。三日，日，當作「月」。註説非。衆主人、卿、大夫、士如初位，北面。三日，負子日也，初告生時。大宰、大宗、大祝皆裨冕，少師奉子以衰，祝先，子從，宰、宗人從，入門，哭者止。宰、宗人，詔贊君事者。子升自西階，殯前北面。祝立于殯東南隅。祝聲三，曰：『某之子某，從執事敢見。』子拜稽顙，哭。奉子者拜哭。祝、宰、宗人、衆主人、卿、大夫、士哭，踴三者三，降，東反位，皆袒。子踴，房中亦踴。三者三，襲、衰、杖，踴、襲、衰、杖，成子禮也。奠，出。亦謂朝奠。大宰命祝、史以名遍告于五祀山川。」因負子名之。喪，於禮略也。

曾子問曰：「如已葬而世子生，君葬，世子生。則如之何？」孔子曰：「大宰、大宗從大祝而告于禰。告生也。三月，乃名于禰，以名遍告及社稷、宗廟、山川。」

孔子曰：「諸侯適天子，必告于祖，諸侯告行之禮，因遍告而言。奠于禰。皆奠幣以告之，互文也。冕而出視朝，聽國事也。諸侯朝天子，必裨冕，爲將廟受也。裨冕者，公衮。侯、伯，鷩。子、男，毳。命祝、史告于社稷、宗廟、山川，臨行又遍告宗廟，孝敬之心也。乃命國家五官而后行，五官，五大夫典事者。命者，勑之以其職。道而出。祖道也。《聘禮》曰「出祖釋軷，祭酒脯」也。告者五日而遍，過是非禮也。既告，不敢久留。凡告，用牲幣，反亦如之。牲，當爲「制」，字之誤也。制幣一丈八尺。諸侯相見，必告于禰。道近，或可以不親告祖。朝服而出視朝，朝服，爲事故也。命祝、史告于五廟，所過山川，山川所不過則不告，貶於適天子也。亦命國家五官道而出。反必親告于祖、禰，乃命祝、史告至于前所告者，而後聽朝而入。」反必親告祖禰，同出入禮。

曾子問曰：「並有喪，並有喪。如之何？何先何後？」並，謂父母若親同者同月死。孔子曰：「葬，先輕而後重。其奠也，先重而後輕，禮也。自啓及葬不奠，不奠，務於當葬者。行葬不哀次，不哀次，輕於在殯者。反葬奠，而後辭於殯，遂脩葬事。殯，當爲「賓」，聲之誤也。辭於賓，謂告將葬啓期也。殯，註作「賓」。非。當是重喪之「殯」。其虞也，先重而後輕，禮也。」孔子曰：「宗子雖七十，無無主婦，族人之婦不可無統。非宗子，雖無主婦可也。」

曾子問曰：「將冠子，冠禮之變。冠者至，揖讓而入，聞齊衰、大功之喪，如之何？」冠者，賓及贊者。孔子曰：「內喪則廢。外喪則冠而不醴，徹饌而埽，即位而哭。如冠者未至，則廢。內喪，同門也。不醴，不醴子也。其廢者，喪成服，因喪而冠。如將冠子而未及期日，而有齊衰、大功、小功之喪，則因喪服而冠。」廢吉禮而因喪冠，俱成人之服。及，至也。「除喪不改冠乎？」孔子曰：「天子賜諸侯、大夫冕弁服於大廟，歸設奠，服賜服，於斯乎有冠醮、無冠醴。酒爲醮。冠禮，醴重而醮輕。此服賜服，酌用酒，尊賜也。不醴，明不爲改冠，改冠當醴之。父沒而冠則已冠，埽地而祭於禰，已祭而見伯父叔父，而後饗冠者。」饗謂禮之。

曾子問曰：「祭，如之何則不行旅酬之事矣？」祭不旅酬。孔子曰：「聞之，小祥者，主人練祭而不旅，奠酬於賓，賓弗舉，禮也。奠無尸，虞不致爵，小祥不旅酬，大祥無無筭爵，彌吉。昔者魯昭公練而舉酬行旅，非禮也。孝公大祥，奠酬弗舉，亦非禮也。」孝公，隱公之祖父。

曾子問曰：「大功之喪，可以與於饋奠之事乎？」喪服與奠。饋奠，在殯時也。孔子曰：「豈大功耳！自斬衰以下皆可，禮也。」曾子曰：「不以輕服而重相爲乎？」怪以重服而爲人執事。孔子曰：「非此之謂也。非謂爲人，謂於其所爲服也。天子、諸侯之喪，斬衰者奠。爲君服者皆斬衰，唯主人不奠。大夫，齊衰者奠。服斬衰者不奠，辟正君也。齊衰者，其兄弟。士則朋友奠，不足則取於大功以下者，不足則反之。」服齊衰者不奠，辟大夫也。言不足者，謂殷奠時。

曾子問曰：「小功可以與於祭乎？」喪服毋祭。祭，謂虞、卒哭時。孔子曰：「何必小功耳。自斬衰以下與祭，禮也。」曾子曰：「不以輕喪而重祭乎？」怪使重者執事。孔子曰：「天子、諸侯之喪祭也，不斬衰者不與祭。大夫，齊衰者與祭。士祭不足，則取於兄弟大功以下者。」曾子問曰：「相識有喪服，可以與於祭乎？」問已有喪服，可以助所識者祭否？孔子曰：「緦不祭，又何助於人？」

曾子問曰：「廢喪服，可以與於饋奠之事乎？」謂新除喪服也。孔子曰：「説衰與奠，非禮也，執事於人之神爲其忘哀疾也。以擯相可也。」

曾子問曰：「昏禮昏禮：女有故，壻有故。既納幣，有吉日，女之父母死，則如之何？」吉日，取女之吉日。孔子曰：「壻使人弔。如壻之父母死，則女之家亦使人弔。必使人弔者，未成兄弟。父喪稱父，母喪稱母。禮宜各以其敵者也。父使人弔之，辭云：「某子聞某之喪，某子使某，如何不淑。」母則若云：「宋蕩伯姬聞姜氏之喪，伯姬使某，如何不淑。」凡弔辭一耳。父母不在，則稱伯父、世母。弔禮不可廢也。伯父母又不在，則稱叔父母。壻已葬，壻之伯父致命女氏曰：『某之子有父母之喪，不得嗣爲兄弟，使某致命。』女氏許諾而弗敢嫁，禮也。必致命者，不敢以累年之喪，使人失嘉會之時。壻免喪，女之父母使人請，壻弗取而後嫁之，禮也。請，請成昏。女之父母死，壻亦如之。」女免喪，壻之父母亦使人請。其已葬時亦致命。

曾子問曰：「親迎，女在塗，而壻之父母死，親迎女在途有故。如之何？」孔子曰：「女改服，布深衣，縞總，以趨喪。布深衣，縞總，婦人始喪未成服之服。女在塗，而女之父母死，則女反。」奔喪，服期。「如壻親迎，女未至，而有齊衰、大功之喪，親迎有齊衰之喪。則如之何？」孔子曰：「男不入，改服於外次。女入，改服於内次。然後即位而哭。」不聞喪即改服者，昏禮重於齊衰以下。曾子問曰：「除喪則不復昏禮乎？」復，猶償也。孔子曰：「祭，過時不祭，禮也。又何反於初？」重喻輕也。同牢及饋饗，相飲食之道。孔子曰：總論昏禮。「嫁女之家，三夜不息燭，思相離也。親骨肉也。取婦之家，三日不舉樂，思嗣親也。重世變也。三月而廟見，稱來婦也。擇日而祭於禰，成婦之義也。」謂舅姑没者也。必祭成婦義者，婦有共養之禮，猶舅姑存時，盥饋特豚於室。

曾子問曰：「女未廟見而死，女未廟見而死。則如之何？」孔子曰：「不遷於祖，不祔於皇姑，壻不杖、不菲扶畏。不次，歸葬于女氏之黨，示未成婦也。」遷，朝廟也。壻雖不備喪禮，猶爲之服齊衰也。

曾子問曰：「取女有吉日而女死，請期女死。如之何？」孔子曰：「壻齊衰而弔，既葬而除之。夫死亦如之。」未有期、三年之恩也。女服斬衰。

曾子問曰：「喪有二孤，廟有二主，廟有二主。禮與？」怪時有之。孔子曰：「天無二日，土無二王。嘗、禘、郊、社，尊無二上。未知其爲禮也。尊喻卑也。神雖多，猶一一祭之。昔者齊桓公亟舉兵，作僞主以行。及反，藏諸祖廟。廟有二主，自桓公始也。僞，猶假也。舉兵，以遷廟主行，無則主命。爲假主，非也。喪之二孤，喪有二孤。則昔者衛靈公適魯，遭季桓子之喪，衛君請弔，哀公辭，不得命。公爲主，客入弔，康子立於門右，北面。公揖讓，升自東階，西鄉。客升自西階弔，公拜，興，哭，康子拜稽顙於位。有司弗辯也。今之二孤，自季康子之過也。」辯，猶正也。若康子者，君弔其臣之禮也。鄰國之君弔，君爲之主，主人拜稽顙，非也，當哭踊而已。靈公先桓子以魯哀公二年夏卒，桓子以三年秋卒，是出公也。曾子問曰：「古者師行，必以遷廟主行乎？」師行奉主。孔子曰：「天子巡守，以遷廟主行，載于齊側皆。車。言必有尊也。今也取七廟之主以行，則失之矣。齊車，金路。當七廟、五廟無虛主。虛主者，唯天子崩，諸侯薨，與去其國，與祫祭於祖，爲無主耳。吾聞諸老聃曰：『天子崩，國君薨，則祝取群廟之主而藏諸祖廟，禮也。卒哭成事，而後主各反其廟。老聃，古壽考者之號也，與孔子同時。藏諸主於祖廟，象有凶事者聚也。卒哭成事，先祔之祭名也。君去其國，大宰取群廟之主以從，禮也。鬼神依人者也。祫祭於祖，則祝迎四廟之主。祝，接神者也。主出廟、入廟，必蹕。蹕，止行者。老聃云。』」

曾子問曰：「古者師行無遷主，師行無主。則何主？」孔子曰：「主命。」問曰：「何謂也？」孔子曰：「天子諸侯將出，必以幣帛皮圭告于祖禰，遂奉以出，載于齊車以行。每舍奠焉，而後就舍。以脯醢禮神，乃敢即安也。所告而不以出，即埋之。反必告，設奠，卒斂幣玉藏諸兩階之間，乃出。蓋貴命也。」子游問曰：「喪慈母如母，喪慈母。禮與？」如母，謂父卒三年也。子游意以爲國君亦當然。《禮》所云者，乃大夫以下，父所使妾養妾子。孔子曰：「非禮也。古者男子外有傅，內有慈母，君命所使教子也，何服之有？言無服也。此指謂國君之子也。大夫、士之子，爲庶母慈己者服小功，父卒乃不服。昔者魯昭公少喪其母，有慈母良，及其死也，公弗忍也，欲喪之。有司以聞曰：『古之禮，慈母無服。據國君也。良，善也。謂之慈母，固爲其善。國君之妾，子於禮不服也。昭公年三十，乃喪齊歸，猶無慼容，是不少，又安能不忍於慈母？此非昭公明矣，未知何公也。今也君爲之服，是逆古之禮而亂國法也。若終行之，則有司將書之，以遺後世無乃不可乎！』公曰：『古者天子練冠以燕居。』公弗忍也，遂練冠以喪慈母。喪慈母，自魯昭公始也。」公之言又非也。天子練冠以燕居，蓋謂庶子王爲其母。

曾子問曰：「諸侯旅見天子，入門，不得終禮，朝不終禮。廢者幾？」旅，衆。孔子曰：「四。」「請問之。」曰：「大廟火，日食，后之喪，雨霑服失容，則廢。大廟，始祖廟。宗廟皆然，主於始祖耳。如諸侯皆在而日食，則從天子救日，各以其方色與其兵。示奉時事有所討也。方色者，東方衣青，南方衣赤，西方衣白，北方衣黑。兵，未聞也。大廟火，則從天子救火，不以方色與兵。」

曾子問曰：「諸侯相見，揖讓入門，不得終禮，相朝不終禮。廢者幾？」孔子曰：「六。」「請問之。」曰：「天子崩，大廟火，日食，后、夫人之喪，雨霑服失容，則廢。」夫人，君之夫人。

曾子問曰：「天子嘗、禘、郊、社、五祀之祭，簠簋既陳，天子崩，后之喪，大祭遇變。如之何？」孔子曰：「廢。」既陳，謂夙興陳饌牲器時也。天子七祀，言五者，關中言之。

曾子問曰：「當祭而日食，大廟火，其祭也如之何？」孔子曰：「接祭而已矣。如牲至未殺，則廢。」接祭而已，不迎尸也。天子崩，未殯，五祀之祭不行。既殯而祭，其祭也，尸入，三飯，不侑，酳不酢而已矣。自啓至于反哭，五祀之祭不行。已葬而祭，祝畢獻而已。」既葬彌吉，畢獻祝而後止。郊、社亦然。唯嘗、禘宗廟，俟吉也。

曾子問曰：「諸侯之祭社稷，俎豆既陳，聞天子崩、后之喪、君薨、夫人之喪，諸侯當祭而變。如之何？」孔子曰：「廢。亦謂夙興陳饌牲器時也。自薨比卑。至于殯，自啓至于反哭，奉帥天子。」帥，循也。所奉循如天子者，謂五祀之祭也。社稷亦然。

曾子問曰：「大夫之祭，鼎俎既陳，籩豆既設，不得成禮，大夫當祭而變。廢者幾？」孔子曰：「九。」「請問之。」曰：「天子崩，后之喪，君薨，夫人之喪，君之大廟火，日食，三年之喪，齊衰，大功，皆廢。外喪自齊衰以下，行也。齊衰，異門則祭。其齊衰之祭也，尸入，三飯，不侑，酳不酢而已矣。大功，酢而已矣。小功、緦，室中之事而已矣。室中之事，謂賓長獻。士之所以異者，緦不祭。然則士不得成禮者十一。所祭，於死者無服則祭。」謂若舅、舅之子、從母昆弟。

曾子問曰：「三年之喪，弔乎？」重喪不出弔。孔子曰：「三年之喪，練不群立，不旅行。爲其苟語忘哀也。君子禮以飾情，三年之喪而弔哭，不亦虛乎！」爲彼哀則不專於親也，爲親哀則是妄弔。

曾子問曰：「大夫士有私喪，私喪有君服。可以除之矣。而有君服焉，其除之也如之何？」孔子曰：「有君喪，服於身，不敢私服，又何除焉？重喻輕也。私喪，家之喪也。《喪服四制》曰：「門外之治，義斷恩。」於是乎有過時而弗除也，君之喪服除而後殷祭，禮也。」謂主人也，支子則否。

曾子問曰：「父母之喪，弗除可乎？」過制。以其有終身之憂。孔子曰：「先王制禮，過時弗舉，禮也。非弗能勿除也，患其過於制也，故君子過時不祭，禮也。」言制禮以爲民中，過其時，則不成禮。

曾子問曰：「君薨既殯，而臣有父母之喪，君殯臣有喪。則如之何？」孔子曰：「歸居于家，有殷事則之君所，朝夕否。」居家者，因其哀後隆於父母。殷事朔月、月半薦新之奠也。曰：「君既啓，而臣有父母之喪，君啓，臣有喪。則如之何？」孔子曰：「歸哭而反送君。」言送君，則既葬而歸也。歸哭者，服君服而歸，不敢私服也。曰：「君未殯，而臣有父母之喪，君未殯臣有喪。則如之何？」孔子曰：「歸殯，反于君所，有殷事則歸，朝夕否。其哀雜，主於君。大夫室老行事，士則子孫行事。大夫、士，其在君所之時，則攝其事。大夫内子，有殷事，亦之君所，朝夕否。」謂夫之君既殯而有舅姑之喪者。内子，大夫適妻也。妻爲夫之君，如婦爲舅姑，服齊衰。

賤不誄貴，誄。幼不誄長，禮也。誄，累也。累列生時行迹，讀之以作謚。謚當由尊者成。唯天子稱天以誄之。以其無尊焉。《春秋公羊》説，以爲讀誄制謚於南郊，若云受之於天然。諸侯相誄，非禮也。禮當言誄於天子也，天子乃使大史賜之謚。

曾子問曰：「君出疆，以三年之戒，以椑從。君薨，其入如之何？」君薨於外喪祭。其出有喪備，疑喪入必異也。戒，猶備也，謂衣衾也。親身棺曰椑。其餘可死乃具也。孔子曰：「共殯服，此謂君已大斂。殯服，謂布深衣，苴絰，散帶垂。殯時主人所服，共之以待其來也。其餘殯事，亦皆具焉。則子麻弁絰、疏衰、菲、杖。棺柩未安，不忍成服於外也。麻弁絰者，布弁，而加環絰也。布弁，如爵弁而用布。杖者，爲己病。入自闕，升自西階。闕，謂毁宗也。柩毁宗而入，異於生也。升自西階，亦異生也。所毁宗，殯宮門西也。於此正棺，而服殯服。既塗而成服。殷，柩出毁宗。周，柩入毁宗。禮相變也。如小斂，則子免而從柩。謂君已小斂也。主人布深衣。不括髮者，行遠，不可無飾。入自門，升自阼階。親未在棺，不忍異入，使如生來反。君、大夫、士一節也。」

曾子問曰：「君之喪既引，聞父母之喪，君引聞父母喪。如之何？」孔子曰：「遂既封而歸，不俟子。」遂，遂送君也。封，當爲「窆」。子，嗣君也。

曾子問曰：「父母之喪既引，及塗，聞君薨，親引聞君之喪。如之何？」孔子曰：「遂既封，改服而往。」封，亦當爲「窆」。改服，括髮，徒跣，布深衣，扱上衽，不以私喪包至尊。

曾子問曰：「宗子爲士，庶子爲大夫，其祭也，宗子之變。如之何？」孔子曰：「以上牲祭於宗子之家，貴祿重宗也。上牲，大夫少牢。祝曰：『孝子某爲介子某薦其常事。』介，副也。不言「庶」，使若可以祭然。若宗子有罪，居于他國，庶子爲大夫，其祭也，祝曰：『孝子某使介子某執其常事。』此之謂宗子攝大夫。攝主不厭祭，不旅，不假，不綏祭，不配。皆辟正主。厭，厭飫神也。厭有陰有陽。迎尸之前，祝酌奠，奠之且饗，是陰厭也。尸謖之後，徹薦、俎、敦，設於西北隅，是陽厭也。此不厭者，不陽厭也。不旅，不旅酬也。假，讀爲「嘏」。不嘏，不嘏主人也。不綏祭，謂今主人也。綏，《周禮》作「墮」。不配者，祝辭不言「以某妃配某氏」。布奠於賓，賓奠而不舉。布奠，謂主人酬賓，奠觶於薦北。賓奠，謂取觶奠於薦南也。此酬之始也。奠之不舉，止旅。不歸肉。肉，俎也。謂與祭者留之共燕。其辭于賓曰：『宗兄、宗弟、宗子在他國，使某辭。』」辭，猶告也。宿賓之辭，與宗子爲列，則曰「宗兄」若「宗弟」。昭穆異者，曰「宗子」而已。其辭若云：「宗兄某在他國，使某執其常事，使某告。」厭祭，祝酌奠於硎南。祝奠訖，且復以辭享告神，是室奥陰陽之處，故云「陰厭」。旅酬之後，祝告禮成，尸起，主人降佐食，徹尸俎，設於西北隅，所謂「陽厭」。旅，旅酬也。受嘏之後，嗣子舉奠訖。賓生取薦南之爵，酬長兄弟。長兄弟酬衆賓。衆賓酬衆兄弟。嘏祝與二佐食取黍以授尸，尸執以命祝，祝受以東北面嘏于主人曰：「皇尸命工祝承致多福于汝孝孫。」綏祭尸出，迎尸，尸入即席，坐而執祝前之觶。祝命尸綏祭，尸取菹于醢祭于豆間及祭黍稷肺等，是謂尸綏祭也。尸酢主人，主人拜受爵，工佐食取黍稷肺，授主人。主人受佐食坐，祭之，所謂「綏祭」也。

曾子問曰：「宗子去在他國，庶子無爵而居者，可以祭乎？」孔子曰：「祭哉！」有子孫存，不可以乏先祖之祀。「請問其祭如之何？」孔子曰：「望墓而爲壇，以時祭。不祭于廟，無爵者賤，遠辟正主。若宗子死，告於墓，而後祭於家。言祭於家，容無廟也。宗子死，稱名不言『孝』，孝，宗子之稱，不敢與之同其辭，但言「子某薦其常事」。身没而已。至子可以稱孝。子游之徒有庶子祭者，以此，以，用也。用以禮祭也。若義也。若，順。今之祭者，不首其義，故誣於祭也。」首，本也。誣，猶妄也。

曾子問曰：「祭必有尸乎？祭必有尸。言無益，無用爲。若厭祭亦可乎？」厭時無尸。孔子曰：「祭成喪者必有尸。尸必以孫，孫幼，則使人抱之。無孫，則取於同姓可也。人以有子孫爲成人。子不殤父，義由此也。祭殤必厭，蓋弗成也。厭飫而已，不成其爲人。祭成喪而無尸，是殤之也。」與不成人同。孔子曰：「有陰厭，有陽厭。」言祭殤之禮，有於陰厭之者，有於陽厭之者。曾子問曰：「殤不祔祭，何謂陰厭、陽厭？」祔，當爲「備」，聲之誤也。言殤乃不成人，祭之不備禮，而云陰厭、陽厭乎？此失孔子指也。祭成人，始設奠於奥，迎尸之前，謂之陰厭。尸謖之後，改饌於西北隅，謂之陽厭。殤則不備。孔子曰：「宗子爲殤而死，庶子弗爲後也。」族人以其倫代之，明不序昭穆立之廟。其祭之，就其祖而已，代之者主其禮。其吉祭，特牲。尊宗子，從成人也。凡殤則特豚。自卒哭成事之後爲吉祭。祭殤不舉，無肵祈。俎，無玄酒，不告利成。此其無尸，及所降也。其他如成人。舉肺脊、肵俎、利成，禮之施於尸者。是謂陰厭。是宗子而殤，祭之於奥之禮。小宗爲殤，其祭禮亦如之。凡殤與無後者，祭於宗子之家，當室之白，尊于東房，是謂陽厭。「凡殤」，謂庶子之適也；或昆弟之子，或從父昆弟。「無後者」，如有昆弟及諸父，此則今死者皆宗子大功之内親，共祖、禰者。言「祭於宗子之家」者，爲有異居之道也。無廟者，爲墠祭之，親者共其牲物，宗子皆主其禮。「當室之白，尊於東房」，異於宗子之爲殤。「當室之白」，謂西北隅得户明者也。明者曰陽。凡祖廟在小宗之家，小宗祭之亦然。宗子之適，亦爲凡殤，過此以往，則不祭也。祭適者，天子下祭五，諸侯下祭三，大夫下祭二，士以下祭子而止。

曾子問曰：「葬引至于堩，日有食之，葬引值日食。則有變乎？且不乎？」堩，道也。變謂異禮。孔子曰：「昔者吾從老聃助葬於巷黨，及堩，日有食之。」老聃曰：「丘！止柩就道右，止哭以聽變。既明反，而後行，曰：『禮也。』」巷黨，黨名也。就道右者，行相左也。變，日食也。反，復也。反葬而丘問之曰：「夫柩不可以反者也。日有食之，不知其已之遲數，則豈如行哉？」已，止也。數，讀爲「速」。老聃曰：「諸侯朝天子，見日而行，逮日而舍奠。大夫使，見日而行，逮日而舍。舍奠，每將舍，奠行主。夫柩不蚤出，不莫宿。侵晨夜則近姦寇。見星而行者，唯罪人與奔父母之喪者乎！日有食之，安知其不見星也？爲無日而慝作豫止也。且君子行禮，不以人之親痁户占。患。」痁，病也。以人之父母行禮而恐懼其有患害，不爲也。吾聞諸老聃貪。云。

曾子問曰：「爲君使而卒於舍，使卒于館。禮曰『公館復，私館不復』。凡所使之國，有司所授舍，則公館已，何謂私館不復也？」復，始死招魂。孔子曰：「善乎問之也！善其問難明也。自卿、大夫、士之家曰私館，公館與公所爲曰公館。『公館復』，此之謂也。」公館，若今縣官宫也。公所，爲君所命使舍已者。

曾子問曰：「下殤土周，葬下殤。葬于園，遂輿機而往，塗邇故也。土周，壄周也。周人以夏后氏之壄周葬下殤於園中，以其去成人遠，不就墓也。機，輿尸之牀也。以繩絙其中央，又以繩從兩旁鉤之。禮，以機舉尸，輿之以就園，而斂葬焉，塗近故耳。輿機，或爲「餘機」。今墓遠，則其葬也如之何？」今人斂下殤於宮中，而葬於墓，與成人同。墓塗乃遠，其葬當輿其棺乎？載之也？問禮之變也。孔子曰：「吾聞諸老聃曰：『昔者史佚有子而死，下殤也，墓遠。蓋欲葬墓，如長殤，從成人也。長殤有送葬車者，則棺載之矣。史佚，武王時賢史也，賢猶有所不知。召公謂之曰：「何以不棺斂於宮中？」欲其斂於宮中，如成人也。斂於宮中，則葬當載之。史佚曰：「吾敢乎哉？」畏知禮也。召公言於周公。爲史佚問。周公曰：「豈不可。」注義「豈」絶句，「不可」絶句。非。言是豈，於禮不可。不許也。史佚行之。』失指以爲許也。遂用召公之言。下殤用棺衣棺，自史佚始也。」棺，謂斂於棺。

曾子問曰：「卿大夫將爲尸於公，受宿矣，而有齊衰內喪，則如之何？」孔子曰：「出舍於公館，以待事，禮也。」吉凶不可以同處。孔子曰：「尸弁冕而出，爲君尸或弁者，先祖或有爲大夫士者。卿大夫士皆下之，見而下車。尸必式，小俛禮之。必有前驅。」爲辟道。

子夏問曰：「三年之喪，卒哭，金革之事無辟也者，喪不辟金革。禮與？初有司與？」疑有司初使之然。孔子曰：「夏后氏三年之喪，既殯而致事。殷人既葬而致事。周人卒哭而致事。致事，還其職位於君。則卒哭而致事。《記》曰：『君子不奪人之親，亦不可奪親也。』此之謂乎！」二者，恕也，孝也。子夏曰：「金革之事無辟也者，非與？」疑禮當有然。孔子曰：「吾聞諸老聃曰：『昔者魯公伯禽有爲爲之也。』伯禽，周公子，封於魯。有徐戎作難，喪卒哭而征之，急王事也。征之，作《費誓》。今以三年之喪，從其利者，吾弗知也。」時多攻取之兵，言非禮也。

文王世子第八

鄭氏注

文王之爲世子，文王爲世子。朝於王季日三。三皆曰朝，以其禮同。雞初鳴而衣服，至於寢門外，問內竪之御者曰：「今日安否何如？」內竪，小臣之屬，掌外內之通命者。御，如今小史直日矣。內竪曰：「安。」文王乃喜。孝子恒兢兢。及日中，又至，亦如之。又，復也。及莫，又至，亦如之。莫，夕也。其有不安節，則內竪以告文王，文王色憂，行不能正履。節，謂居處故事。履，蹈地也。王季復膳，飲食安也。然後亦復初。憂解。食上，必在視寒煖之節。在察也。食下，問所膳。問所食者。命膳宰曰：「末有原。」應曰：「諾。」然後退。末，猶勿也。原，再也。勿有所再進，爲其失飪，臭味惡也。退，反其寢。武王帥而行之，武王爲世子。不敢有加焉。庶幾程式之。帥，循也。文王有疾，武王不說冠帶而養。言常在側。文王一飯，亦一飯。文王再飯，亦再飯。欲知氣力箴藥所勝。旬有二日乃閒。閒，猶瘳也。

文王謂武王曰：此章前輩疑之。「女何夢矣？」閒後容臥。武王對曰：「夢帝與我九齡。」帝，天也。文王曰：「女以爲何也？」武王曰：「西方有九國焉，君王其終撫諸。」撫，猶有也。言君王則此受命之後也。文王曰：「非也。古者謂『年齡』，齒亦齡也。我百，爾九十，吾與爾三焉。年，天氣也。齒，人壽之數也。九齡，九十年之祥也。文王以勤憂損壽，武王以安樂延年。言「與爾三」者，明傳業於女，女受而成之。」文王九十七乃終。武王九十三而終。君子曰終，終其成功。

成王幼，不能涖阼。周公示成王世子之道。涖，視也。不能視阼階，行人君之事。周公相，踐阼而治。踐，履也。代成王履阼階，攝王位，治天下也。抗世子法於伯禽，欲令成王之知父子、君臣、長幼之道也。抗，猶舉也。謂舉以世子之法，使與成王居而學之。成王有過，則撻伯禽，所以示成王世子之道也。以成王之過擊伯禽，則足以感喻焉。文王之爲世子也。題上事。

凡學世子及學士，申述文王教世子法，因述學制，必於學而學，則國之俊選皆在焉，所爲學士也。必時。四時各有宜學。士，謂司徒論俊選所升於學者。春夏學干戈，秋冬學羽籥，皆於東序。干，盾也。戈，句子戟也。干戈，《萬》舞，象武也。用動作之時學之。羽籥，《籥》舞，象文也，用安静之時學之。《詩》云：「左手執籥，右手秉翟。」小樂正學干，大胥贊之。籥師學戈，籥師丞贊之。四人皆樂官之屬也。通職，秋冬亦學以羽籥。小樂正，樂師也。《周禮·樂師》：「掌國學之政，教國子小舞。」《大胥》：「掌學士之版，以待致諸子。春入學，舍菜，合舞。秋頒學，合聲。」《籥師》：「掌教國子舞羽、吹籥。」胥鼓《南》。《南》，南夷之樂也。胥掌以六樂之會正舞位，旄人教夷樂，則以鼓節之。《詩》云：「以《雅》以《南》，以籥不僭。」春誦夏弦，大師詔之。瞽宗秋學《禮》，執《禮》者詔之。冬讀《書》，典《書》者詔之。《禮》在瞽宗，《書》在上庠。誦，謂歌樂也。弦，謂以絲播《詩》。陽用事則學之以聲，陰用事則學之以事，因時順氣，於功易成也。周立三代之學：學《書》於有虞氏之學，《典》《謨》之教所興也。學舞於夏后氏之學，文武中也。學《禮》《樂》於殷之學，功成治定，與己同也。

凡祭與養老乞言、合語之禮，皆小樂正詔之於東序。學以三者之威儀也。「養老乞言」，養老人之賢者，因從乞善言可行者也。「合語」，謂鄉射、鄉飲酒、大射、燕射之屬也。《鄉射記》曰：「古者於旅也語。」大樂正學舞干戚、語說、命乞言，皆大樂正授數。學以三者之義也。戚，斧也。語說，合語之說也。數，篇數。大司成論說在東序。論說，課其義之深淺、才能優劣。此云「樂正司業，父師司成」，則大司成，司徒之屬師氏也。師氏掌以美詔王，教國子以三德三行及國中失之事也。凡侍坐於大司成者，遠近閒三席，可以問。閒，猶容也。容三席則得指畫相分別也。席之制，廣三尺三寸三分，則是所謂函丈也。終則負牆。卻就後席相辟。列事未盡，不問。錯尊者之語，不敬也。凡學，春官釋奠于其先師，秋冬亦如之。官，謂《禮》《樂》《詩》《書》之官。《周禮》曰：「凡有道者，有德者使教焉，死則以爲樂祖，祭於瞽宗。」此之謂先師之類也。若漢，《禮》有高堂生，《樂》有制氏，《詩》有毛公，《書》有伏生，億可以爲之也。不言「夏」，夏從春可知也。釋奠者，設薦饌酌奠而已，無迎尸以下之事。凡始立學者，必釋奠于先聖先師，及行事，必以幣。謂天子命之教，始立學官者也。先聖，周公若孔子。凡釋奠者，必有合也。國無先聖先師，則所釋奠者當與鄰國合也。有國故則否。若唐、虞，有夔、伯夷，周有周公，魯有孔子，則各自奠之，不合也。

凡大合樂，必遂養老。大合樂，謂春入學舍菜，合舞。秋頒學，合聲。於是時也，天子則視學焉。遂養老者，謂用其明日也。《鄉飲酒》、《鄉射之禮》：「明日，乃息司正，徵唯所欲，以告於先生、君子可也。」是養老之象類。

凡語于郊者，語，謂論說於郊學。必取賢斂才焉：或以德進，或以事舉，或以言揚。「大樂正論造士之秀者，升諸司馬，曰進士」，謂此矣。曲藝皆誓之，曲藝，爲小技能也。誓，謹也。皆使謹習其事。以待又語。又語，爲後復論説也。三而一有焉，三説之中，有一善則取之。以有曲藝，不必盡善。乃進其等，進於衆學者。以其序，又以其藝爲次。謂之郊人，遠之，俟事官之缺者以代之。遠之者，不曰俊選，曰郊人，賤技藝。於成均以及取爵於上尊也。董仲舒曰「五帝名大學曰成均」，則虞庠近是也。天子飲酒于虞庠，則郊人亦得酌于上尊以相旅。

始立學者，既興器用幣，興，當爲「釁」，字之誤也。禮樂之器成，則釁之，又用幣告先聖先師以器成。然後釋菜，告先聖先師以器成，有時將用也。不舞不授器，釋菜禮輕也。釋奠則舞，舞則授器。司馬之屬，司兵、司戈、司盾，祭祀授舞者兵也。乃退，儐于東序，一獻，無介、語，可也。言乃退者，謂得立三代之學者。釋菜于虞庠，則儐賓于東序。魯之學，有米廩、東序、瞽宗也。教世子。結上文。亦題上事。

凡三王教世子，三王教世子。必以禮樂。樂，所以脩内也。禮，所以脩外也。禮樂交錯於中，發形於外，是故其成也懌，恭敬而温文。中，心中也。懌，説懌。立大傅、少傅以養之，欲其知父子、君臣之道也。養，猶教也。言養者，積浸成長之。大傅審父子、君臣之道以示之，謂爲之行其禮。少傅奉世子以觀大傅之德行而審喻之。爲説其義。大傅在前，少傅在後，謂其在學時。入則有保，出則有師，謂燕居出入時。是以教喻而德成也。以有四人維持之。師也者，教之以事而喻諸德者也。保也者，慎其身以輔翼之而歸諸道者也。慎其身者，謹安護之。《記》曰：「虞、夏、商、周，有師保，有疑丞。《記》所云，謂天子也。取以成説。設四輔及三公，不必備，唯其人。」語使能也。語，言也。得能則用之，無則已，不必備其官也。小人處其位，不如且闕。君子曰：「德，德成而教尊，教尊而官正，官正而國治，君之謂也。」仲尼曰：「昔者周公攝政，申明上章周公相踐阼抗世子法。按《家語》：「子夏問於孔子曰：『《記》云「周公相成王，教之以世子之禮，有諸？」孔子曰「昔者成王嗣立，幼，未能涖阼，周公攝政，而治抗世子法於伯禽」云云，止「萬國以貞」。』」踐阼而治，抗世子法於伯禽，所以善成王也。聞之曰：『爲人臣者，殺其身，有益於君，則爲之。』況于其身以善其君乎！周公優爲之。」聞之者，聞之於古也。于，讀爲迂。迂，猶廣也，大也。是故知爲人子，然後可以爲人父。知爲人臣，然後可以爲人君。知事人，然後能使人。成王幼不能涖阼，以爲世子，則無爲也。以爲世子，若爲世子時。是故抗世子法於伯禽，使之與成王居，亦學此禮於成王側。欲令成王之知父子、君臣、長幼之義也。君之於世子也，親則父也，尊則君也。有父之親，有君之尊，然後兼天下而有之。是故養世子不可不慎也。處君父之位，覽海内之士，而近不能教其子，則其餘不足觀矣。行一物而三善皆得者，唯世子而已，其齒於學之謂也。物，猶事也。故世子齒於學，國人觀之，曰：「將君我而與我齒讓，何也？」曰：「有父在，則禮然。」然而衆知父子之道矣。其二曰：「將君我而與我齒讓，何也？」曰：「有君在，則禮然。」然而衆著於君臣之義也。其三曰：「將君我而與我齒讓，何也？」曰：「長長也。」然而衆知長幼之節矣。故父在斯爲子，君在斯謂之臣，居子與臣之節，所以尊君親親也。故學之爲父子焉，學之爲君臣焉，學之爲長幼焉，學，教。父子、君臣、長幼之道得而國治。語曰：「樂正司業，父師司成。一有元良，萬國以貞。世子之謂也。司，主也。一，一人也。元，大也。良，善也。貞，正也。周公踐阼。」結上文。又因世子而及庶子公族之法。亦題上事。

庶子之正於公族者，教之以孝弟、睦友、子愛，明父子之義，長幼之序。正者，政也。庶子，司馬之屬，掌國子之倅，爲政於公族者。其朝于公，內朝則東面北上，臣有貴者以齒。內朝，路寢庭。其在外朝，則以官，司士爲之。外朝，路、寢門之外庭。司士，亦司馬之屬也，掌群臣之班，正朝儀之位也。其在宗廟之中，則如外朝之位，宗人授事，以爵以官。宗人，掌禮及宗廟也。以爵，貴賤異位也。以官，官各有所掌也，若司徒奉牛，司馬奉羊，司空奉豕。其登餕、獻、受爵，則以上嗣。上嗣，君之適長子。以《特牲饋食禮》言之，受爵，謂上嗣舉奠也。獻，謂舉奠洗爵、酌、入也。餕，謂宗人遺舉奠盥，祝命之餕也。大夫之嗣無此禮。辟，君也。庶子治之，雖有三命，不踰父兄。治之，治公族之禮也。唯於内朝則然，其餘會聚之事，則與庶姓同。「一命齒于鄉里，再命齒于父族，三命不齒」。不齒者，特爲位，不在父兄行列中。其公大事，則以其喪服之精麤爲序，雖於公族之喪亦如之，以次主人。大事，謂死喪也。其爲君雖皆斬衰，序之必以本親也。主人，主喪者。次主人者，主人恒在上，主人雖有父兄，猶不得下齒。若公與族燕，則異姓爲賓，同宗無相賓客之道。膳宰爲主人，君尊，不獻酒。公與父兄齒。親親也。族食，世降一等。親者稠，疏者希。其在軍，則守於公禰。作桃。謂從軍者。公禰，行主也。行以遷主，言禰，在外親也。公若有出疆之政，謂朝、覲、會、同也。庶子以公族之無事者守於公宮：正室守大廟，正室，適子也。大廟，大祖之廟。諸父守貴宮、貴室，謂守路寢。諸子諸孫守下宮、下室。下宮，親廟也。下室，燕寢。或言「宮」，或言「廟」，通異語。五廟之孫，祖廟未毁，雖爲庶人，冠、取妻必告，死必赴，練、祥則告。赴，告於君也。實四廟孫，而言五廟者，容顯考爲始封子也。族之相爲也，宜弔不弔，宜免不免，有司罰之。弔，謂六世以往。免，謂五世。至于賵、賻、承、含，皆有正焉。承，讀爲「贈」，聲之誤也。正，正禮也。

公族其有死罪，則磬于甸人。不於市朝者，隱之也。甸人，掌郊野之官。縣縊殺之曰磬。其刑罪則纖剸，亦告于甸人。纖，讀爲「殲」。殲，刺也。剸，割也。宮割、臏、墨、劓、刖，皆以刀鋸刺割人體也。告，讀爲「鞠」。讀書用法曰鞠。公族無宮刑。宮割，淫刑。獄成，有司讞魚列。于公，其死罪，則曰：「某之罪在大辟。」其刑罪，則曰：「某之罪在小辟。」成，平也。讞之言白也。辟，亦罪也。公曰：「宥之。」宥，寬也。欲寬其罪，出於刑也。有司又曰：「在辟。」公又曰：「宥之。」又，復也。有司又曰：「在辟。」及三宥，不對，走出，致刑于甸人。對，答也。先者君每言「宥」，則答之，以將更寬之。至於三，罪定，不復答，走往刑之，爲君之恩無已。公又使人追之，曰：「雖然，必赦之。」有司對曰：「無及也。」罪既正，不可宥。乃欲赦之，重刑殺其類也。反命于公。白已刑殺。公素服不舉，爲之變，如其倫之喪，無服。素服，於凶事爲吉，於吉事爲凶，非喪服也。君雖不服臣，卿大夫死，則皮弁、錫衰以居。往弔，當事則弁絰。於士蓋疑衰，同姓則緦衰以弔之。今無服者，不往弔也。倫，謂親疏之比也。素服，亦皮弁矣。親哭之。申明上文公族之義。不往弔，爲位哭之而已。君於臣，使有司哭之。

公族朝于內朝，內親也。雖有貴者，以齒，明父子也。謂以宗族事會。外朝以官，體異姓也。體，猶連結也。宗廟之中，以爵爲位，崇德也。崇，高也。宗人授事以官，尊賢也。官各有能。登餕、受爵以上嗣，尊祖之道也。上嗣，祖之正統。喪紀以服之輕重爲序，不奪人親也。紀，猶事也。公與族燕則以齒，而孝弟之道達矣。以至尊不自異於親之列。其族食，世降一等，親親之殺也。殺，差也。戰則守於公禰，孝愛之深也。行主，君父之象。正室守大廟，尊宗室，而君臣之道著矣。以其不敢以庶守君所重。諸父諸兄守貴室，子弟守下室，而讓道達矣。以其貴者守貴，賤者守賤。上言父、子、孫，此言兄、弟，互相備也。

五廟之孫，祖廟未毀，雖及庶人，冠取妻必告，死必赴，不忘親也。親未絶而列於庶人，賤無能也。敬弔、臨、賻、附。賵，芳鳳。睦友之道也。古者庶子之官治，而邦國有倫。邦國有倫，而衆鄉方矣。鄉方，言知所鄉。公族之罪，雖親不以犯有司，正術也，所以體百姓也。犯，猶干也。術，法也。刑于隱者，不與國人慮兄弟也。弗弔，弗爲服，哭于異姓之廟，爲忝祖，遠之也。素服居外，不聽樂，私喪之也，骨肉之親無絶也。公族無宮刑，不翦其類也。翦，割截也。

天子視學，因教世子章内學制而申明之。此周公所立學制，前是世子入學，此是天子視學。大昕欣。鼓徵，所以警衆也。早昧爽擊鼓，以召衆也。警，猶起也。《周禮》「凡用樂」，大胥「以鼓徵學士」。衆至，然後天子至，乃命有司行事，興秩節，祭先師、先聖焉。興，猶舉也。秩，常也。節，猶禮也。使有司攝其事，舉常禮，祭先師、先聖。不親祭之者，視學，觀禮耳，非爲彼報也。有司卒事反命，告祭畢也。祭畢，天子乃入。始之養也。又之養老之處。凡大合樂，必遂養老，是以往焉。言「始」，始立學也。適東序，釋奠於先老，親奠之者，已所有事也。養老東序，則是視學於上庠。遂設三老、五更、更，蔡邕《獨斷》曰：「當作叟。」群老之席位焉。三老、五更，各一人也，皆年老更事致仕者也。天子以父兄養之，示天下之孝弟也。名以三、五者，取象三辰五星，天所因以照明天下者。群老無數，其禮亡。以《鄉飲酒禮》言之，席位之處，則三老如賓，五更如介，群老如衆賓必也。適饌，省醴、養老之珍具，親視其所有。遂發咏焉。退，脩之以孝養也。「發咏」，謂以樂納之。「退脩之」，謂既迎而入，獻之以醴，獻畢而樂闋。反，登歌《清廟》。反，謂獻群老畢，皆升就席也。反就席，乃席工於西階上，歌《清廟》以樂之。既歌而語，以成之也。既歌，謂樂正告「正歌備」也。語，談說也。歌備而旅，旅而說父子、君臣、長幼之道，說合樂之所美，以成其意。《鄉射記》曰：「古者於旅也語。」言父子、君臣、長幼之道，合德音之致，禮之大者也。下管《象》，舞《大武》，大合衆以事，達有神，興有德也。《象》，周武王伐紂之樂也，以管播其聲。又爲之舞，皆於堂下。衆，謂所合學士也。「達有神」，明天授命周家之有神也。「興有德」，美文王、武王有德。師樂爲用，前歌後舞。正君臣之位、貴賤之等焉，而上下之義行矣。由《清廟》與《武》也。有司告以樂闋，闋，終也。告君以歌舞之樂終。此所告者，謂無算樂。王乃命公、侯、伯、子、男及群吏曰：「反，養老幼語意當無「幼」字，註亦止各及養老，蓋俗本衍「幼」字。于東序。」終之以仁也。群吏，鄉、遂之官。王於燕之末而命諸侯時朝會在此者，各反養老如此禮，是終其仁心。《孝經說》所謂「諸侯歸，各帥於國。大夫勤於朝。州、里驩於邑」是也。是故聖人之記事也，慮之以大，謂先本於孝弟之道。愛之以敬，謂省其所以養老之具。行之以禮，謂親迎之如見父兄。脩之以孝養，謂親獻之薦之。紀之以義，謂既歌而語之。終之以仁。謂又以命諸侯歸於國，復自行之。是故古之人，一舉事而衆皆知其德之備也。古之君子，舉大事必慎其終始，而衆安得不喻焉？言其爲之，本末露見，盡可得而知也。喻，猶曉也。《兑命》曰：「念終始典于學。」兑，當爲「說」。《說命》，《書》篇名。殷高宗之臣傅說之所作。典，常也。念事之終始常於學。學，禮義之府。

《世子》之記申述《世子》之記。曰：「朝夕至于大寢之門外，問於内豎曰：『今日安否？何如？』朝夕，朝朝暮夕也。日中又朝，文王之爲世子，非禮之制。《世子之禮》亡，言此存其《記》。内豎曰：『今日安。』世子乃有喜色。其有不安節，則内豎以告世子，世子色憂不滿容。色憂，憂淺也。不及文王行不能正履。内豎言『復初』，然後亦復初。朝夕之食上，世子必在視寒煖之節。食下，問所膳，羞必知所進，以命膳宰，然後退。羞必知所進，必知親所食。若内豎言『疾』，則世子親齊玄而養。親，猶自也。養疾者齊玄，玄冠、玄端也。膳宰之饌，必敬視之。疾者之食，齊和所欲或異。疾之藥，必親嘗之。試毒味也。嘗饌善，則世子亦能食。善，謂多於前。嘗饌寡，世子亦不能飽。又不及武王一飯、再飯。以至于復初，然後亦復初。」復常所服。

禮記卷第七

禮運第九

劉氏《別録》，屬《通論》。《禮運》一篇，子游所作。其發明有過高之意。首章易流於《莊子》之失，然《莊子》則誇大□而詆□皇，慕高虛而滅禮法，所以害道。此章首推大道世而言，風氣既開，風俗既流，三代聖人於是因禮以持之。今三代之禮既失，周禮又廢壞，所以爲亂。人君欲治天下，則莫大於禮。積而至於大順，則亦可以復大同之世矣。或問《禮運》似與《老子》同。文公曰：「不是聖人書。胡明仲曰：『《禮運》是子游所作，《樂記》是子貢所作。子游亦不至如此淺近。』」

禮記　鄭氏注

昔者仲尼與於蜡乍。賓，蜡者，索也。歲十二月，合聚萬物而索饗之，亦祭宗廟。時孔子仕魯，在助祭之中。事畢，出游於觀之上，喟然而嘆。觀，闕也。孔子見魯君於祭禮有不備，於此又覩象魏舊章之處，感而嘆之。仲尼之嘆，蓋嘆魯也。言偃在側，曰：「君子何嘆？」言偃，孔子弟子子游。孔子曰：「大道之行也，與三代之英，三代之英。丘未之逮也，而有志焉。大道，謂五帝時也。英，俊選之尤者。逮，及也。言不及見。志，謂識古文，不言魯事，爲其大切，廣言之。大道之行也，天下爲公，選賢與能，講信脩睦。公，猶共也。禪位授聖，不家之。睦，親也。故人不獨親其親，不獨子其子，孝慈之道廣也。使老有所終，壯有所用，幼有所長。矜、寡、孤、獨、廢、疾者，皆有所養。無匱乏也。男有分，分，猶職也。女有歸。皆得良奥之家。貨，惡其棄於地也，不必藏於己。力，惡其不出於身也，不必爲己。勞事不憚，施無吝心，仁厚之教也。是故謀閉而不興，盜竊亂賊而不作，尚辭讓之故也。故外户而不閉，禦風氣而已。是謂大同。同，猶和也，平也。今大道既隱，隱，猶去也。天下爲家，傳位於子。各親其親，各子其子，貨力爲己，俗狹嗇。大人世及以爲禮，城郭溝池以爲固。亂賊繁多，爲此以服之也。大人，諸侯也。禮義以爲紀，以正君臣，以篤父子，以睦兄弟，以和夫婦，以設制度，以立田里。以賢、勇、知，以功爲己。故謀用是作，而兵由此起。以其違大道敦朴之本也。教令之稠，其弊則然。《老子》曰：「法令滋章，盜賊多有。」禹、湯、文、武、成王、周公，由此其選也。由，用也。能用禮義以成治。此六君子者，未有不謹於禮者也。以著其義，以考其信，著有過，刑仁講讓，示民有常。考，成也。刑，猶則也。如有不由此者，在埶者去，衆以爲殃。埶，埶位也。去，罪退之也。殃，猶禍惡也。是謂小康。」康，安也。大道之人，以禮於忠信爲薄。言小安者，失之則賊亂將作矣。

言偃復問曰：「如此乎禮之急也？」禮不可無。孔子曰：「夫禮，先王以承天之道，以治人之情，故失之者死，得之者生。《詩》曰：『相鼠有體，人而無禮。人而無禮，胡不遄死！』相，視也。遄，疾也。言鼠之有身體，如人而無禮者矣。人之無禮，可憎賤如鼠，不如疾死之愈。是故夫禮，必本於天，殽於地，列於鬼神。聖人則天之明，因地之利，取法度於鬼神，以制禮下教令也。既又祀之，盡其敬也，教民嚴上也。鬼者，精魂所歸。神者，引物而出，謂祖廟、山川、五祀之屬也。達於喪、祭、射、御、冠、昏、朝、聘，民知嚴上，則此禮達於下也。故聖人以禮示之，故天下國家可得而正也。」民知禮，則易教。

言偃復問曰：「夫子之極言禮也，可得而聞與？」欲知禮終始所成。孔子曰：「我欲觀夏道，三代禮廢。欲行其禮，觀其所成。是故之杞，杞，夏后氏之後也。而不足徵也，徵，成也。無賢君，不足與成也。吾得夏時焉。得夏四時之書也。其書存者有《小正》。我欲觀殷道，是故之宋，而不足徵也，宋，殷人之後也。吾得《坤》《乾》焉。得殷陰陽之書也。其書存者有《歸藏》。《坤》《乾》之義，夏時之等，吾以是觀之。觀於二書之意。夫禮之初，始諸飲食，其燔黍捭百。豚，汙尊而抔飲，蕢桴而土鼓，猶若可以致其敬於鬼神。言其物雖質略，有齊敬之心，則可以薦羞於鬼神。鬼神饗德不饗味也。中古未有釜、甑，釋米捭肉，加於燒石之上而食之耳。今北狄猶然。汙尊，鑿地爲尊也。抔飲，手掬之也。蕢，讀爲凷，聲之誤也。凷，堛也。謂摶土爲桴也。土鼓，築土爲鼓也。及其死也，升屋而號，告曰：『皋！某復。』招之於天。然後飯腥而苴孰。飯以稻米。上古未有火化。苴孰，取遣奠有火利也。苴，或爲「俎」。故天望而地藏也，體魄則降，知氣在上。地藏，謂葬。故死者北首，首陰也。生者南鄉，鄉陽也。皆從其初。謂今行之然也。昔者先王未有宮室，冬則居營窟，夏則居橧巢。寒則累土，暑則聚薪柴居其上。未有火化，食腥也。食草木之實，鳥獸之肉，飲其血，茹其毛。未有麻絲，衣其羽皮。此上古之時也。後聖有作，作，起。然後脩火之利，孰治萬物。范金，鑄作器用。合土，瓦、瓴甓及甒、大。以爲臺榭、宮室、牖户。榭，器之所藏也。以炮，裹燒之也。以燔，加於火上。以亨，煮之鑊也。以炙，貫之火上。以爲醴酪。烝釀之也。酪，酢截。治其麻絲，以爲布帛。以養生送死，以事鬼神上帝，皆從其朔。朔，亦初也。亦謂今行之然。故玄酒在室，醴、醆在户，粢醍體。在堂，澄、酒在下，陳其犧牲，備其鼎俎，列其琴瑟、管磬、鐘鼓，脩其祝、嘏，以降上神與其先祖，以正君臣，以篤父子，以睦兄弟，以齊上下，夫婦有所，是謂承天之祜。此言今禮饌具所因於古，及其事義也。粢，讀爲「齊」，聲之誤也。《周禮》：「五齊：一曰泛齊，二曰醴齊，三曰盎齊，四曰醍齊，五曰沈齊。」字雖異，醆與盎，澄與沈，蓋同物也。奠之不同處，重古略近也。祝，祝爲主人饗神辭也。嘏，祝爲尸致福於主人之辭也。祜，福也，福之言備也。作其祝號，玄酒以祭，薦其血毛，腥其俎。孰其殽，與其越活。席，疏布以幂，衣其澣帛。醴、醆以獻，薦其燔、炙，君與夫人交獻，以嘉魂魄，是謂合莫。莫，冥漠之義。此謂薦上古、中古之食也。《周禮》祝號有六：「一曰神號，二曰鬼號，三曰祇號，四曰牲號，五曰齋號，六曰幣號。」號者，所以尊神顯物也。腥其俎，謂豚解而腥之，及血毛，皆所以法於大古也。孰其殽，謂體解而爓之。此以下皆所法於中古也。越席，翦蒲席也。幂，覆尊也。澣帛，練染以爲祭服。嘉，樂也。莫，虛無也。《孝經説》曰：「上通無莫。」然後退而合亨，體其犬豕牛羊，實其簠、簋、籩、豆、鉶羹，祝以孝告，嘏以慈告，是謂大祥。此謂薦今世之食也。體其犬豕牛羊，謂分别骨肉之貴賤以爲衆俎也。祝以孝告，嘏以慈告，各首其義也。祥，善也。今世之食，於人道爲善也。此禮之大成也。」解子游以禮所成也。

孔子曰：「嗚呼哀哉！我觀周道，周禮之失。幽、厲傷之。吾舍魯，何適矣？政亂禮失，以爲魯尚愈。魯之郊、禘，非禮也。魯禮之失。周公其衰矣！非，猶失也。魯之郊牛口傷，鼷鼠食其角，又有四卜郊不從，是周公之道衰矣。言子孫不能奉行興之。杞之郊也，禹也。宋之郊也，契也。是天子之事守也。先祖法度，子孫所當守。故天子祭天地，諸侯祭社稷。祝、嘏莫敢易其常古，是謂大假。假，亦大也。不敢改其常古之法度，是謂大大也。將言今不然。祝、嘏辭説，藏於宗、祝、巫、史，非禮也，是謂幽國。祝嘏辭説，藏於有司，而君不知其義，是謂幽國。藏於宗、祝、巫、史，言君不知有也。幽，闇也。國闇者，君與大夫俱不明也。醆斝及尸君，醆斝，先王之爵，惟王者之後用之，其餘諸侯用之者僭也。非禮也，是謂僭君。禮制皆失，所以爲亂。僭禮之君也。醆斝，先王之爵也。唯魯與王者之後得用之耳，其餘諸侯用時王之器而已。冕弁兵革，藏於私家，非禮也，是謂脅君。劫脅之君也。冕弁，君之尊服。兵革，君之武衛及軍器也。大夫具官，祭器不假，聲樂皆具，非禮也，是謂亂國。臣之奢富，儗於國君，敗亂之國也。孔子謂管仲「官事不攝，焉得儉。」故仕於公曰臣，仕於家曰僕。三年之喪與新有昏者，期不使。以衰裳入朝，與家僕雜居齊齒，非禮也，是謂君與臣同國。臣有喪昏之事而不歸，反服其衰裳以入朝，或與僕相等輩而處，是謂君臣共國，無尊卑也。有喪昏不歸，唯君耳。臣有喪昏，當致事而歸。僕又不可與士齒。故天子有田以處其子孫，諸侯有國以處其子孫，大夫有采以處其子孫，是謂制度。言今不然也。《春秋》昭元年，秦伯之弟鍼出奔晉，刺其有千乘之國，不能容其母弟。故天子適諸侯，必舍其祖廟，而不以禮籍入，是謂天子壞法亂紀。以禮籍入，謂大史典禮、執簡記、奉諱惡也。天子雖尊，舍人宗廟，猶有敬焉，自拱勑也。諸侯非問疾弔喪而入諸臣之家，是謂君臣爲謔。無故而相之，是戲謔也。陳靈公與孔寧、儀行父數如夏氏，以取弒焉。是故禮者，君之大柄也，所以別嫌明微，儐鬼神，考制度，別仁義，所以治政安君也。疾今失禮如此，爲言禮之大義也。柄，所操以治事。故政不正則君位危，君位危則大臣倍，小臣竊。刑肅而俗敝則法無常，法無常而禮無列，禮無列則士不事也。刑肅而俗敝，則民弗歸也，是謂疵國。」又爲言政失君危之禍敗也。肅，駿也。疵，病也。

故政者，君之所以藏身也。於此又遂爲之言政也。藏，謂煇光於外而形體不見，若日月星辰之神。是故夫政，必本於天，此後推明人君欲治天下非禮不可。殽以降命。降，下也。殽天之氣以下教令，天有運移之期，陰陽之節也。命降于社之謂殽地，謂教令由社下者也。社，土地之主也。《周禮》土會之法，有五地之物生。降于祖廟之謂仁義，謂教令由祖下者。《大傳》曰：「自禰率而上，至于祖，遠者輕，仁也。自祖率而下，至于禰，高者重，義也。」降於山川之謂興作，謂教令由山川下者也。山川有草木禽獸，可作器物，共國事。降於五祀之謂制度。謂教令由五祀下者。五祀有中霤、門、户、竈、行之神，此始爲宫室制度。此聖人所以藏身之固也。政之行如此，何用城郭溝池之爲？

故聖人參於天地，並於鬼神，以治政也。處其所存，禮之序也。玩其所樂，民之治也。並，并也。謂比方之也。存，察也。治所以樂其事居也。故天生時，而地生財，人其父生而師教之，四者君以正用之，故君者立於無過之地也。順時以養財，尊師以教民，而以治政，則無過差矣。《易》曰：「何以守位曰仁，何以聚人曰財。」故君者所明則。明，當作「則」。《家語》正作「則」字。也，非明人者也。君者所養也，非養人者也。君者所事也，非事人者也。故君明人則有過，養人則不足，事人則失位。明，猶尊也。故百姓則君以自治也，養君以自安也，事君以自顯也。故禮達而分定，故人皆愛其死而患其生。「則」，當爲「明」。人之道，身治、居安、名顯，則不苟生也。不義而死，舍義而生，是不愛死患生也。

故用人之知，去其詐。用人之勇，去其怒。用人之仁，去其貪。用知者之謀、勇者之斷、仁者之施，足以成治矣。詐者害民信，怒者害民命，貪者害民財，三者亂之原。

故國有患，君死社稷謂之義，大夫死宗廟謂之變。變，當爲「辯」，聲之誤也。辯，猶正也。君守社稷，臣衛君宗廟者。患，謂見圍入。

故聖人耐以天下爲一家，以中國爲一人者，非意之也，必知其情，辟於其義，明於其利，達於其患，然後能爲之。耐，古「能」字。傳書世異，古字時有存者，則亦有今誤矣。意，心所無慮也。辟，開也。何謂人情？喜、怒、哀、懼、愛、惡、欲，七者弗學而能。何謂人義？父慈、子孝、兄良、弟弟、夫義、婦聽、長惠、幼順、君仁、臣忠，十者謂之人義。講信脩睦，謂之人利，争奪相殺，謂之人患。極言人事。故聖人之所以治人七情，脩十義，講信脩睦，尚辭讓，去争奪，舍禮何以治之？唯禮可耳。飲食男女，人之大欲存焉。死亡貧苦，人之大惡存焉。故欲惡者，心之大端也。人藏其心，不可測度也。美惡皆在其心，不見其色也。欲一以窮之，舍禮何以哉？言人情之難知，明禮之重。故人者，其天地之德，陰陽之交，鬼神之會，五行之秀氣也。言人兼此，氣性純也。

故天秉陽，垂日星。秉，猶持也。言天持陽氣，施生照臨下也。地秉陰，竅於山川，播五行於四時，和而後月生也。是以三五而盈，三五而闕。竅，孔也。言地持陰氣，出内於山川，以舒五行於四時，此氣和，乃後月生而上配日，若臣功成進爵位也。一盈一闕，屈伸之義也。必三五者，播五行於四時也。一曰水，二曰火，三曰木，四曰金，五曰土，合爲十五之成數也。五行之動，迭相竭也。五行、四時、十二月，還相爲本也。五聲、六律、十二管，還相爲宮也。五味、六和、十二食，還相爲質也。五色、六章、十二衣，還相爲質也。竭，猶負戴也。言五行運轉，更相爲始也。五聲：宮、商、角、徵、羽也。其管，陽曰律，陰曰吕。布十二辰，始於黄鐘，管長九寸，下生者三分去一，上生者三分益一，終於南吕，更相爲宫，凡六十也。五味，酸、苦、辛、鹹、甘也。和之者，春多酸，夏多苦，秋多辛，冬多鹹，皆有滑甘，是謂六和。五色、六章，畫繢事也。《周禮・考工記》曰：「土以黄，其象方，天時變，火以圜，山以章，水以龍，鳥獸蛇。雜四時五色之位以章之，謂之巧也。」故人者，天地之心也，五行之端也，食味、别聲、被色而生者也。此言兼氣性之效也。故聖人作則，必以天地爲本，以陰陽爲端，以四時爲柄，以日星爲紀，月以爲量，鬼神以爲徒，五行以爲質，禮義以爲器，人情以爲田，四靈以爲畜。天地以至於五行，其制作所取象也。禮義、人情，其政治也。四靈者，其徵報也。此則《春秋》始於元，終於麟，包之矣。吕氏説《月令》而謂之《春秋》，事類相近焉。量，猶分也。鬼神，謂山川也。山川，助地通氣之象也。器，所以操事。田，人所捊治也。禮之位，賓主象天地，介僎象陰陽，四面之位象四時，三賓象三光，夫婦象日月，亦是也。以天地爲本，故物可舉也。物，天地所養生。以陰陽爲端，故情可睹也。情以陰陽通也。以四時爲柄，故事可勸也。事以四時成。以日星爲紀，故事可列也。事以日與星爲候，興作有次第。月以爲量，故功有藝也。藝，猶才也。十二月各有分。猶人之才各有所長也。藝，或爲「倪」。鬼神以爲徒，故事有守也。山川守職不移。五行以爲質，故事可復也。事下竟，復由上始也。禮義以爲器，故事行有考也。考，成也。器利則事成。人情以爲田，故人以爲奥也。奥，猶主也。田無主則荒。四靈以爲畜，故飲食有由也。由，用也。四靈與羞物爲群。何謂四靈？麟、鳳、龜、龍，謂之四靈。故龍以爲畜，故魚鮪不淰。審。鳳以爲畜，故鳥不獝，況必。麟以爲畜，故獸不狘。況月。龜以爲畜，故人情不失。淰之言閃也。獝狘，飛走之貌也。失，猶去也。龜，北方之靈，信則至矣。故先王秉蓍龜，列祭祀，瘞繒似仍。宣祝嘏辭説，設制度。故國有禮，官有御，事有職，禮有序。皆卜筮所造置也。埋牲曰瘞。幣帛曰繒。宣，猶揚也。繒，或作「贈」。故先王患禮之不達於下也。患下不信也。

故祭帝於郊，所以定天位也。祀社於國，所以列地利也。祖廟，所以本仁也。山川，所以儐鬼神也。五祀，所以本事也。故宗祝在廟，三公在朝，三老在學，王前巫而後史，卜筮瞽侑皆在左右。王中心無爲也，以守至正。此所以達禮於下也，教民尊神、慎居處也。宗，宗人也。瞽，樂人也。侑，四輔也。故禮行於郊而百神受職焉，禮行於社而百貨可極焉，禮行於祖廟而孝慈服焉，禮行於五祀而正法則焉。言信得其禮，則神物與人皆應之。百神，列宿也。百貨，金玉之屬。故自郊社、祖廟、山川、五祀，義之脩而禮之藏也。脩，猶飾也。藏，若其城郭然。是故夫禮，必本於大一，分而爲天地，轉而爲陰陽，變而爲四時，列而爲鬼神，其降曰命，聖人象此，下之以爲教令。其官於天也。官，猶法也。此聖人所以法於天也。夫禮必本於天，本於大一與天之義。動而之地，後法地也。列而之事，後法五祀，所以本事也。變而從時，後法四時。協於分藝，協，合也。言禮合於月之分，猶人之才也。其居人也曰養，養，當爲「義」，字之誤也。下之則爲教令，居人身爲義。《孝經説》曰：「義由人出。」其行之以貨力、辭讓、飲食、冠昏、喪祭、射御、朝聘。貨，摯幣庭實也。力，筋骸强者也。不則偃罷。故禮義也者，人之大端也。所以講信脩睦而固人之肌膚之會、筋骸之束也，所以養生送死、事鬼神之大端也，所以達天道、順人情之大竇也。竇，孔穴也。故唯聖人爲知禮之不可以已也。故壞國、喪家、亡人，必先去其禮。言愚者之反聖人也。故禮之於人也，猶酒之有糵也，君子以厚，小人以薄。皆得以爲美味，性善者醇耳。故聖王脩義之柄，禮之序，以治人情。治者，去瑕穢，養菁華也。故人情者，聖王之田也，脩禮以耕之，和其剛柔。陳義以種之，樹以善道。講學以耨之，存是去非類也。本仁以聚之，合其所盛。播樂以安之，感動使之堅固。故禮也者，義之實也。協諸義而協，協，合也。合禮於義，則與義合，不乖剌。則禮雖先王未之有，可以義起也。以其合於義，可以義起作。義者，藝之分，仁之節也。藝，猶才也。協於藝，講於仁，得之者强。有義，則人服之也。仁者，義之本也，順之體也，得之者尊。有仁，則人仰之也。故治國不以禮，猶無耜而耕也。無以入也。爲禮不本於義，猶耕而弗種也。嘉穀無由生也。爲義而不講之以學，猶種而弗耨也。苗不殖，草不除。講之以學而不合之以仁，猶耨而弗穫也。無以知收之豐荒也。合之以仁，而不安之以樂，猶穫而弗食也。不知味之甘苦。安之以樂而不達於順，猶食而弗肥也。功不見也。四體既正，膚革充盈，人之肥也。父子篤，兄弟睦，夫婦和，家之肥也。大臣法，小臣廉，官職相序，君臣相正，國之肥也。天子以德爲車，以樂爲御，諸侯以禮相與，大夫以法相序，士以信相考，百姓以睦相守，天下之肥也。是謂大順。大順。大順者，所以養生送死，事鬼神之常也。常，謂皆有禮，用無匱乏也。車，或爲「居」。故事大積焉而不苑，尹。並行而不繆，細行而不失，深而通，茂而有閒，連而不相及也，動而不相害也，此順之至也。言人皆明於禮，無有蓄亂滯合者，各得其分理，順其職也。故明於順，然後能守危也。能守自危之道也。君子居安如危，小人居危如安。《易》曰：「危者安其位。」故禮之不同也，不豐也，不殺也，所以持情而合危也。豐、殺，謂天子及士名位不同，禮亦異數，所以拱持其情，合安其危。故聖王所以順，山者不使居川，不使渚者居中原，而弗敝也。小洲曰渚。廣平曰原。山者利其禽獸，渚者利其魚鹽，中原利其五穀，使各居其所安，不易其利，勞敝之也。民失其業則窮，窮斯濫。用水、火、金、木、飲食必時。用水，謂《漁人》「以時漁爲梁」，「春獻鼈蜃，秋獻龜魚」也。用火，謂《司爟》「四時變國火以救時疾」及「季春出火，季秋納火」也。用金，謂《丱人》以時取「金玉錫石」也。用木，謂《山虞》「仲冬斬陽木，仲夏斬陰木」。飲食，謂「食齊視春時，羹齊視夏時，醬齊視秋時，飲齊視冬時」。合男女，頒爵位，必當年德。謂《媒氏》「令男三十而娶，女二十而嫁」，《司士》「稽士任，進退其爵禄」也。用民必順。不奪農時。故無水旱昆蟲之災，民無凶饑妖孽之疾。言大順之時，陰陽和也。昆蟲之災，螟螽之屬也。故天不愛其道，地不愛其寶，人不愛其情。言嘉瑞出，人情至也。故天降膏露，地出醴泉，山出器車，河出馬圖，鳳皇、麒麟，皆在郊棷，藪，龜龍在宮沼，其餘鳥獸之卵胎，皆可俯而闚也。膏，猶甘也。器，謂若銀甕、丹甑也。馬圖，龍馬負圖而出也。棷，聚草也。沼，池也。則是無故，非有他事使之然也。先王能脩禮以達義，體信以達順，故此順之實也。實，猶誠也，盡也。

禮器第十

鄭氏注

禮器，是故大備，大備，盛德也。《禮器》一篇多言禮之器物制數，可謂大備矣。然其器之備，必其體之全也，故曰「大備，盛德也」，因明禮之本與其功效。禮器，言禮使人成器，如耒耜之爲用也。「人情以爲田，脩禮以耕之」。此是也。大備，自耕至於食之而肥。禮釋回，增美質，措則正，施則行。釋，猶去也。回，邪辟也。質，猶性也。措，置也。其在人也，如竹箭之有筠也，如松柏之有心也，二者居天下之大端矣，故貫四時而不改柯易葉。箭，篠也。端，本也。四物於天下最得氣之本，或柔刃於外，或和澤於內，用此不變傷也。人之得禮亦猶然也。故君子有禮，則外諧而內無怨。人協服也。故物無不懷仁，鬼神饗德。懷，歸也。

先王之立禮也，有本有文。忠信，禮之本也。義理，禮之文也。無本不立，無文不行。言必外內具也。禮也者，合於天時，設於地財，順於鬼神，合於人心，理萬物者也。鬼神，所祀事有德也。是故天時有生也，地理有宜也，人官有能也，物曲有利也。言皆有異。故天不生，地不養，君子不以爲禮，鬼神弗饗也。天不生，謂非其時物也。地不養，謂非此地所生。居山以魚鼈爲禮，居澤以鹿豕爲禮，君子謂之不知禮。不順其鄉之所有也。故必舉其定國之數，以爲禮之大經。定國之數，謂地物所出多少。禮之大倫，以地廣狹。謂貢賦之常差。禮之薄厚，與年之上下。用年之豐凶也。是故年雖大殺，衆不匡懼，則上之制禮也節矣。言用之有節也。殺，謂穀不孰也。匡，猶恐也。

禮，時爲大，順次之，體次之，宜次之，稱次之。言聖人制禮所先後也。堯授舜，舜授禹，湯放桀，武王伐紂，時也。言受命改制度。《詩》云：「匪革其猶，聿追來孝。」革，急也。猶，道也。聿，述也。言文王改作者，非必欲急行己之道，乃追述先祖之業，來居此爲孝。天地之祭，宗廟之事，父子之道，君臣之義，倫也。倫之言順也。社稷山川之事，鬼神之祭，體也。天地人之別體也。喪祭之用，賓客之交，義也。義之言宜也，人道之宜。羔豚而祭，百官皆足，大牢而祭，不必有餘，此之謂稱也。足，猶得也。稱，稱牲之大小而爲俎。此指謂助祭者耳，而云「百官」，喻衆也。諸侯以龜爲寶，以圭爲瑞。家不寶龜，不藏圭，不臺門，言有稱也。古者貨貝、寶龜，大夫以下有貨耳。《易》曰：「十朋之龜。」瑞，信也。諸侯執瑞，孤卿以下執摯，闍者謂之臺。

禮有以多爲貴者。天子七廟，諸侯五，大夫三，士一。天子之豆二十有六，諸公十有六，諸侯十有二，上大夫八，下大夫六，諸侯七介七牢，大夫五介五牢。天子之席五重，諸侯之席三重，大夫再重。天子崩，七月而葬，五重八翣；諸侯五月而葬，三重六翣；大夫三月而葬，再重四翣。此以多爲貴也。豆之數，謂天子朔食、諸侯相食及食大夫。《公食大夫禮》曰：「宰夫自東房薦豆六，設于醬東。」此食下大夫而豆六，則其餘著矣。《聘禮》致饔餼於上大夫，「堂上八豆，設于户西」，則凡致饔餼，堂上之豆數亦如此。《周禮》：公之豆四十，其東西夾各十有二。侯伯之豆三十有二，其東西夾各十。子男之豆二十有四，其東西夾各六。諸侯七介七牢者，周之侯伯也。大夫五介五牢者，侯伯之卿使聘者也。《周禮》上公九介九牢，侯伯七介七牢，子男五介五牢。《聘義》所云「上公七介，侯伯五介，子男三介」，乃謂其使者也。天子葬五重者，謂杭木與茵也。葬者杭木在上，茵在下。《士喪禮》下篇陳器曰：「杭木横三縮二，加杭席三。加茵，用疏布，緇翦，有幅，亦縮二横三。」此士之禮一重者。以此差之，上公四重。

有以少爲貴者。天子無介，祭天特牲。天子適諸侯，諸侯膳以犢。諸侯相朝，灌用鬱鬯，無籩豆之薦。大夫聘禮以脯醢。天子一食，諸侯再，大夫、士三，食力無數。大路繁纓一就，次路繁纓七就。圭璋，特。琥璜，爵。鬼神之祭單席。諸侯視朝，大夫特，士旅之。此以少爲貴也。天子無介，無客禮也。灌，獻也。一食、再食、三食，謂告飽也。食力，謂工、商、農也。大路繁纓一就，殷祭天之車也。《周禮》：「王之五路：玉路，繁纓十有二就，金路九就，象路七就，革路五就，木路，翦繁鵠纓。」圭璋特，朝聘以爲瑞，無幣帛也。琥璜爵者，天子酬諸侯，諸侯相酬，以此玉將幣也。大夫特，士旅之，謂君揖之。

有以大爲貴者。宫室之量，器皿之度。棺椁之厚，丘封之大。此以大爲貴也。

有以小爲貴者。宗廟之祭，貴者獻以爵，賤者獻以散，尊者舉觶，卑者舉角。五獻之尊，門外缶，門内壺，君尊瓦甒。此以小爲貴也。凡觴，一升曰爵，二升曰觚，三升曰觶，四升曰角，五升曰散。五獻，子男之饗禮也。壺大一石，瓦甒五斗。缶大小未聞也。《易》曰：「尊酒簋貳，用缶。」

有以高爲貴者。天子之堂九尺，諸侯七尺，大夫五尺，士三尺。天子諸侯臺門。此以高爲貴也。有以下爲貴者。至敬不壇，埽地而祭，天子、諸侯之尊廢禁，大夫士棜於據禁。此以下爲貴也。廢，猶去也。棜，斯禁也。謂之棜者，無足，有似於棜，或因名云耳。大夫用斯禁，士用棜禁。禁，如今方案，惰長局足，高三寸。

禮，有以文爲貴者。天子龍衮，諸侯黼，大夫黻，士玄衣纁裳。天子之冕，朱緑藻，十有二旒。諸侯九，上大夫七，下大夫五，士三。此以文爲貴也。此祭冕服也。朱緑，似夏、殷禮也。《周禮》：「天子五采藻。」

有以素爲貴者。至敬無文，父黨無容，大圭不琢。篆。大羹不和，大路素而越席，犧尊疏布鼏，樿展。杓。此以素爲貴也。大圭，長三尺，杼上，終葵首。琢，當爲「篆」，字之誤也。《明堂位》曰：「大路，殷路也。」鼏，或作「幂」。樿木白理也。

孔子曰：「禮不可不省也。禮不同，不豐，不殺。」此之謂也。蓋言稱也。省，察也。不同，言異也。禮之以多爲貴者，以其外心者也。外心，用心於外，其德在表也。德發揚，詡萬物，詡，猶普也，遍也。

大理物博，如此，則得不以多爲貴乎？故君子樂其發也。發，猶見也。樂多其外見也。禮之以少爲貴者，以其内心者也。内心，用心於内，其德在内。德産之致直二。也精微，致，致密也。觀天下之物無可以稱其德者，萬物皆天所生，孰可奉薦以稱也。如此，則得不以少爲貴乎？是故君子愼其獨也。少其牲物，致誠慤。

古之聖人，内之爲尊，外之爲樂，少之爲貴，多之爲美，是故先王之制禮也，不可多也，不可寡也，唯其稱也。是故君子大牢而祭謂之禮，匹士大牢而祭謂之攘。君子，謂大夫以上。攘，盜竊也。管仲鏤簋、朱紘、山節、藻棁，君子以爲濫矣。濫，亦盜竊也。鏤簋，謂刻而飾之。大夫刻爲龜耳，諸侯飾以象，天子飾以玉。朱紘，天子冕之紘也。諸侯青組紘，大夫士當緇組紘纁邊。栭，謂之節，梁上楹謂之棁。宫室之飾，士首本，大夫達棱，諸侯斲而礱之，天子加密石焉，無畫山藻之禮也。晏平仲祀其先人，豚肩不揜豆，澣衣濯冠以朝，君子以爲隘矣。隘，猶狹陋也。祀不以少牢，與無田者同，不盈禮也。大夫士有田則祭，無田則薦。澣衣濯冠，儉不務新。是故君子之行禮也，不可不愼也，衆之紀也，紀散而衆亂。言二大夫皆非也。紀，絲縷之數有紀。孔子曰：「我戰則克，祭則受福。」蓋得其道矣。我，我知禮者也。克，勝也。君子曰：「祭祀不祈，祈，求也。祭祀不爲求福也。《詩》云：「自求多福。」由己耳。不麾蚤，麾之言快也。祭有時，不以先之爲快也。齊人所善曰麾。不樂葆大，葆，謂器幣也。葆之言褒也。不善嘉事，嘉事之祭，致夫人是也。禮宜告見於先祖耳，不善之而祭。牲不及肥大，薦不美多品。」以禮之義，有以小少爲貴也。

孔子曰：「臧文仲安知禮？夏父弗綦逆祀而弗止也，燔柴於奧。文仲，魯公子彄之曾孫臧孫辰也。莊、文之間爲大夫，於時爲賢，是以非之，不正禮也。文二年「八月丁卯，大事于大廟，躋僖公」，始逆祀，是夏父弗綦爲宗人之爲也。奥，當爲「爨」，字之誤也。或作「竈」。禮，尸卒食而祭饎爨、饔爨也。時人以爲祭火神，乃燔柴。夫奥者，老婦之祭也，盛於盆，尊於瓶。」老婦，先炊者也。盆、瓶，炊器也。明此祭先炊，非祭火神，燔柴似失之。

禮也者，猶體也。若人身體。體不備，君子謂之不成人。設之不當，猶不備也。禮有大有小，有顯有微。大者不可損，小者不可益，顯者不可揜，微者不可大也。故經禮三百，曲禮三千，其致一也。致之言至也。一，謂誠也。經禮，謂《周禮》也。《周禮》六篇，其官有三百六十。曲，猶事也。事禮，謂今《禮》也。禮篇多亡，本數未聞，其中事儀三千。未有入室而不由户者。三百、三千，皆猶誠也。君子之於禮也，有所竭情盡慎，致其敬而誠若，謂以少、小、下、素爲貴也。若，順也。有美而文而誠若。謂以多、大、高、文爲貴也。

君子之於禮也，有直而行也，謂若始死哭踴無節也。有曲而殺也，謂若父在爲母期也。有經而等也，謂若天子以下至士庶人，爲父母三年。有順而討也，討，猶去也。謂若天子以十二、公以九、侯伯以七、子男以五爲節也。有摲而播也，摲之言芟也。謂芟殺有所與也。若祭者貴賤皆有所得，不使虛也。有推而進也，謂若王者之後得用天子之禮。有放而文也，謂若天子之服，服日月以至黼黻。有放而不致也，謂若諸侯自山、龍以下。有順而摭也。謂若君沐粱，大夫沐稷，士沐粱。三代之禮，一也。民共由之，或素或青，夏造殷因。一也，俱趨誠也。由，用也。素尚白，青尚黑者也。言所尚雖異，禮則相因耳。孔子曰：「殷因於夏禮，所損益可知也。周因於殷禮，所損益可知也。」變「白」、「黑」言「素」、「青」者，秦二世時，趙高欲作亂，或以青爲黑，黑爲黃，民言從之，至今語猶存也。

周坐尸，詔侑武方，其禮亦然，其道一也。言此亦周所因於殷也。武，當爲「無」，聲之誤也。方，猶常也。告尸行節，勸尸飲食無常，若孝子之爲也。孝子就養無方。詔侑，或爲「韶囿」。夏立尸而卒祭，夏禮，尸有事乃坐。殷坐尸，無事猶坐。周旅酬六尸。使之相酌也。后稷之尸，發爵不受旅。曾子曰：「周禮其猶醵其庶。與！」合錢飲酒爲醵，旅酬相酌似之也。《王居明堂之禮》：「仲秋，乃命國醵。」君子曰：禮之近人情者，非其至者也。近人情者褻，而遠之者敬。郊血，大饗腥，三獻爓，潛。一獻孰。郊祭天也。大饗，袷祭先王也。三獻，祭社稷、五祀。一獻，祭群小祀也。爓，沈肉於湯也。血、腥、爓、孰，遠、近備古今也。尊者先遠，差降而下，至小祀孰而已。是故君子之於禮也，非作而致其情也，作，起也。敬非己情也，所以下彼。此有由始也。有所法也。是故七介以相見也，不然則已愨。三辭三讓而至，不然則已蹙。已，猶甚也。愨、蹙，愿貌。大愿則辭不見，情無由至也。故魯人將有事於上帝，必先有事於頖宮。上帝，周所郊祀之帝，謂蒼帝靈威仰也。魯以周公之故，得郊祀上帝，與周同。先有事於頖宮，告后稷也。告之者，將以配天，先仁也。頖宮，郊之學也。《詩》所謂「頖宮」也，字或爲「郊宮」。晉人將有事於河，必先有事於惡池，徒河。惡，當爲「呼」，聲之誤也。呼池、嘔夷，并州川。齊人將有事於泰山，必先有事於配林。配林，林名。三月繫，七日戒，三日宿，慎之至也。繫，繫牲于牢也。戒，散齊也。宿，致齊也。將有祭祀之事，必先敬慎如此，不敢切也。故禮有擯詔，樂有相步，温於粪。之至也。皆爲温藉，重禮也。擯詔，告道賓主者也。相步，扶工也。詔，或爲紹。

禮也者，反本脩古，不忘其初者也。故凶事不詔，朝事以樂。二者反本也。哭泣由中，非由人也。

朝廷養賢，以樂樂之也。醴酒之用，玄酒之尚。割刀之用，鸞刀之貴。莞官。簟之安，而稾鞂江八。之設。三者脩古。穗去實曰鞂。《禹貢》：「三百里納鞂服。」是故先王之制禮也，必有主也。主，謂本與古也。故可述而多學也。以本與古求之而已。

君子曰：「無節於內者，觀物弗之察矣。節，猶驗也。欲察物而不由禮，弗之得矣。」故作事不以禮，弗之敬矣，出言不以禮，弗之信矣。故曰：禮也者，物之致也。致之言至也，極也。

是故昔先王之制禮也，因其財物而致其義焉爾。故作大事必順天時，大事，祭祀也。《春秋傳》曰：「啓蟄而郊，龍見而雩，始殺而嘗，閉蟄而烝。」爲朝夕必放於日月，日出東方，月出西方。爲高必因丘陵，謂冬至祭天於圓丘之上。爲下必因川澤，謂夏至祭地於方澤之中。是故天時雨澤，君子達亹亹焉。達，猶皆也。亹亹，勉勉也。君子愛物，見天雨澤，皆勉勉勸樂。是故昔先王尚有德，尊有道，任有能，舉賢而置之，聚衆而誓之。古者將有大事，必選賢誓衆，重事也。是故因天事天，天高，因高者以事也。因地事地，地下，因下者以事也。因名山升中于天，名，猶大也。升，上也。中，猶成也。謂巡守至於方嶽，燔柴祭天，告以諸侯之成功也。《孝經説》曰：「封乎泰山，考績燔燎。禪乎梁甫，刻石紀號也。」因吉土以饗帝于郊。吉土，王者所卜而居之土也。饗帝於郊，以四時所兆祭於四郊者也。今漢亦四時迎氣，其禮則簡。升中于天，而鳳皇降，龜龍假。功成而大平，陰陽氣和而致象物。饗帝於郊，而風雨節，寒暑時。五帝主五行。五行之氣和，而庶徵得其序也。五行：木爲雨，金爲暘，火爲燠，水爲寒，土爲風。是故聖人南面而立，而天下大治。南面立者，視朝。

天道至教，聖人至德。目下事也。廟堂之上，罍尊在阼，犧尊在西。廟堂之下，縣鼓在西，應鼓在東。禮樂之器，尊西也。小鼓謂之應。犧，《周禮》作「獻」。君在阼，夫人在房。人君尊東也。天子、諸侯，有左右房。大明生於東，月生於西。此陰陽之分，夫婦之位也。大明，日也。君西酌犧象，夫人東酌罍尊，象日出東方而西行也，月出西方而東行也。《周禮》曰：「春祠夏礿，祼用雞彝、鳥彝，皆有舟。其朝踐用兩獻尊，其再獻用兩象尊，皆有罍，諸臣之所酢。」禮交動乎上，樂交應乎下，和之至也。言交乃和。

禮也者，反其所自生。自，由也。制禮者本己所由得民心也。樂也者，樂其所自成。作樂者，緣民所樂於己之功。舜之民樂其紹堯而作《大韶》，湯、武之民樂其濩伐而作《濩》、《武》。是故先王之制禮也以節事，動反本也。脩樂以道志。勸之善也。故觀其禮樂，而治亂可知也。國亂，禮慢而樂淫也。蘧伯玉曰：「君子之人達。」觀其禮樂則知治亂也，蘧伯玉，衛大夫也，名瑗。故觀其器而知其工之巧，觀其發而知其人之知。禮樂亦猶是也。故曰：君子慎其所以與人者。將以見觀。

大廟之内敬矣：君親牽牲，大夫贊幣而從。納牲於庭時也，當用幣告神而殺牲。君親制祭，夫人薦盎。親制祭，謂朝事進血膋時。所制者，制肝洗於鬱鬯，以祭於室及主。君親割牲，夫人薦酒。親割，謂進牲孰體時。卿大夫從君，命婦從夫人。洞洞乎其敬也！屬屬乎其忠也！勿勿乎其欲其饗之也！勿勿，猶勉勉也。納牲詔於庭，血毛詔於室，羹定丁磬。詔於堂。三詔皆不同位，蓋道求而未之得也。肉謂之羹。道，猶言也。設祭于堂，設祭之饌於堂，人君禮然。爲祊百彭。乎外，祊，祭明日之繹祭也。謂之祊者，於廟門之旁，因名焉。其祭之禮，既設祭於室，而事尸於堂，孝子求神非一處也。《周禮》曰：「夏后氏世室，門堂三之二，室三之一。」《詩・頌・絲衣》曰：「自堂徂基。」故曰：「於彼乎？於此乎？」不知神之所在也。一獻質，謂祭群小祀也。三獻文，謂祭社稷、五祀。五獻察，察，明也。謂祭四望山川也。七獻神。謂祭先公。大饗，其王事與！盛其饌與貢，謂祫祭先王。三牲、魚腊，四海九州之美味也。籩豆之薦，四時之和氣也。此饌，諸侯所獻。內金，示和也。此所貢也，內之庭實，先設之。金從革，性和。荊、揚二州貢金三品。束帛加璧，尊德也。貢享所執致命者。君子於玉比德焉。龜爲前列，先知也。龜，知事情者，陳於庭在前。荊州納錫、大龜。金次之，見情也。金炤物。金有兩義。先入後設。丹、漆、絲、纊、竹、箭，與衆共財也。萬民皆有此物。荊州貢丹，兖州貢漆、絲，豫州貢纊，揚州貢篠簜。其餘無常貨，各以其國之所有，則致遠物也。其餘，謂九州之外夷服、鎮服、蕃服之國。《周禮》：「九州之外謂之蕃國，世一見，各以其所貴寶爲摯。」周穆王征犬戎，得白狼、白鹿近之。其出也，《肆夏》而送之，蓋重禮也。出，謂諸侯之賓也。禮畢而出，作樂以節之。「肆夏」，當爲「陔夏」。祀帝於郊，敬之至也。言就而祭之，不敢致也。宗廟之祭，仁之至也。仁，恩也。父子主恩也。喪禮，忠之至也。謂哭踊袒襲也。備服器，仁之至也。謂小斂、大斂之衣服，葬之明器。賓客之用幣，義之至也。謂來賻賵。故君子欲觀仁義之道，禮其本也。言禮有節，於內可以觀也。

君子曰：甘受和，白受采，忠信之人可以學禮。苟無忠信之人，則禮不虛道。是以得其人之爲貴也。道，猶由也，從也。孔子曰：「誦《詩》三百，不足以一獻。一獻之禮，不足以大饗。大饗之禮，不足以大旅。大旅具矣，不足以饗帝。誦《詩》三百，喻習多言而不學禮也。大旅，祭五帝也。饗帝，祭天。毋輕議禮。」謂若誦《詩》者，不可以强言禮。

子路爲季氏宰，宰，治邑吏也。季氏祭，逮闇而祭，日不足，繼之以燭。謂舊時也。雖有强力之容，肅敬之心，皆倦怠矣。以其久也。有司跛倚以臨祭，其爲不敬大矣。偏任爲跛，依物爲倚。他日祭，子路與，室事交乎户，堂事交乎階，質明而始行事，晏朝而退。室事，祭時。堂事，儐尸。孔子聞之曰：「誰謂由也而不知禮乎？」多其知禮。

禮記卷第八

郊特牲第十一

《郊特牲》，李氏曰：「劉氏《別録》屬祭祀。」按此篇雜記朝享、冠昏、射獵之禮，而以首句名篇，宜屬通論。

鄭氏注

郊特牲告禮、賓禮，以少爲貴者。而社稷大牢，天子適諸侯，諸侯膳用犢，諸侯適天子，天子賜之禮大牢，貴誠之義也。故天子牲孕弗食也，祭帝弗用也。犢者，誠愨未有牝牡之情，是以小爲貴也。孕，任子也。《易》曰：「婦孕不育。」大路繁盤。纓一就，先路三就，次路五就。此因小説以少爲貴者。《禮器》言「次路七就」，與此乖，字之誤也。郊血，大饗腥，三獻爓，潛。一獻孰，至敬不饗味而貴氣臭也。血、腥、爓，祭用氣。諸侯爲賓，灌用鬱鬯，灌用臭也。大饗尚腶丁喚。脩而已矣。亦不饗味也。此大饗，饗諸侯也。大饗，君三重席而酢焉。嘉禮。言諸侯相饗，獻酢禮敵也。三獻之介，君專席而酢焉。此降尊以就卑也。三獻，卿大夫來聘，主君饗燕之。以介爲賓，賓爲苟敬，則徹重席而受酢也。專，猶單也。

饗禘告禮，陰陽之義。有樂，而食嘗無樂，陰陽之義也。凡飲，養陽氣也。凡食，養陰氣也。故春禘而秋嘗，春饗孤子，秋食耆老。其義一也，而食嘗無樂。言義同，而或用樂，或不用樂也。此「禘」，當爲「禴」，字之誤也。《王制》曰：「春禴夏禘。」飲，養陽氣也，故有樂。食，養陰氣也，故無聲。凡聲陽也鼎俎奇而籩豆偶，陰陽之義也。籩豆之實，水土之品也。水土之品，言非人常所食。不敢用褻味而貴多品，所以交於旦明之義也。旦，當爲「神」，篆字之誤也。賓入大門而奏《肆夏》，賓禮，嘉禮。示易以敬也，賓，朝聘者，易和説也。卒爵而樂闋，孔子屢歎之。美此禮也。奠酬而工升歌，發德也。以《詩》之義發明賓主之德。歌者在上，匏竹在下，貴人聲也。匏，笙也。樂由陽來者也，禮由陰作者也，陰陽和而萬物得。得，得其所。旅幣無方，所以別土地之宜，而節遠邇之期也。旅，衆也。邇，近也。龜爲前列，先知也。以鐘次之，以和居參之也。鐘，金也。獻金爲作器，鐘其大者。以金參居庭實之閒，示和也。虎豹之皮，示服猛也。束帛加璧，往德也。

庭燎之百，變禮。由齊桓公始也。僭天子也。庭燎之差，公蓋五十，侯、伯、子、男皆三十。大夫之奏《肆夏》也，由趙文子始也。僭諸侯。趙文子，晉大夫，名武。朝覲，大夫之私覿，非禮也。大夫執圭而使，所以申信也。其君親來，其臣不敢私見於主國君也。以君命聘則有私見。不敢私覿，所以致敬也。而庭實、私覿，何爲乎諸侯之庭？非其與君無別。爲人臣者無外交，不敢貳君也。私覿，是外交也。

大夫而饗君，非禮也。其饗君，由强且富也。大夫强而君殺之，義也。「大夫强而君殺之，義也。」《正義》謂大夫盛强君能殺之，以消絶惡，原得其義。按文義，當云「大夫而饗君，非禮也」。此乃臣强君弱之意。其事由三桓始。由三桓始也。三桓，魯桓公之子，莊公之弟公子慶父、公子牙、公子友。慶父與牙通於夫人，以脅公，季友以君命鴆牙，後慶父弑二君，又死也。

天子無客禮，莫敢爲主焉。君適其臣，升自阼階，不敢有其室也。明饗君，非禮也。覲禮，天子不下堂而見諸侯。正君臣也。下堂而見諸侯，天子之失禮也，由夷王以下。夷王，周康王之玄孫之子也。時微弱，不敢自尊於諸侯。

諸侯之宮縣，而祭以白牡。擊玉磬，朱干設錫，陽。冕而舞《大武》，乘大路，諸侯之僭禮也。言此皆天子之禮也。宮縣，四面縣也。干，盾也。錫，傅其背如龜也。《武》，《萬舞》也。白牡、大路。殷天子禮也。臺門而旅樹，反坫，繡黼丹朱中衣，大夫之僭禮也。言此皆諸侯之禮也。旅，道也。屏，謂之樹，樹所以蔽行道。管氏樹塞門。塞，猶蔽也。禮，天子外屏，諸侯内屏，大夫以簾，士以帷。反坫，反爵之坫也。蓋在尊南。兩君相見，主君既獻，於反爵焉。繡黼丹朱，以爲中衣領緣也。繡，讀爲綃。綃，繒名也。《詩》云「素衣朱綃」。又云：「素衣朱襮。」襮，黼領也。故天子微，諸侯僭。大夫强，諸侯脅。於此相貴以等，相覿以貨，相賂以利，而天下之禮亂矣。言僭所由。諸侯不敢祖天子，大夫不敢祖諸侯，而公廟之設於私家，非禮也，由三桓始也。言仲孫、叔孫、季孫氏，皆立桓公廟。魯以周公之故，立文王廟，三家見而僭焉。

天子存二代之後，賓禮。猶尊賢也。尊賢不過二代。過之，遠難法也。二，或爲三。諸侯不臣寓公，客禮。故古者寓公不繼世。寓，寄也。寄公之子非賢者，世不足尊也。寓，或爲「托」也。

君之南鄉，臣禮。答陽之義也。臣之北面，答君也。答，對也。大夫之臣不稽首，非尊家臣，以辟君也。辟國君也。大夫有獻弗親，君有賜不面拜，爲君之答己也。不面拜者，於外告小臣，小臣受以入也。《小臣》「掌三公及孤卿之復逆」也。

鄉人嘉禮、鄉禮。禓，傷。禓，强鬼也。謂時儺，索室毆疫，逐强鬼也。禓，或爲「獻」，或爲「儺」。孔子朝服立于胙，存室神也。神依人也。

孔子曰：「射之以樂也，射禮。何以聽？何以射？」多其射容與樂節相應也。孔子曰：「士使之射，不能則辭以疾，縣弧之義也。」男子生而設弧於門左，示有射道而未能也。女子設帨。孔子曰：「三日齊，吉禮之失。一日用之，猶恐不敬。二日伐鼓，何居？」居，讀爲姬，語之助也。何居，怪之也。伐，猶擊也。齊者止樂，而二日擊鼓，則是成二日齊也。孔子曰：「繹之於庫門内，祊之於東方，朝市之於西方，失之矣。」祊之禮，宜於廟門外之西室，繹又於其堂，神位在西也。此二者同時，而大名曰繹。其祭禮簡，而事尸禮大。朝市宜於市之東偏。《周禮》市有三期：「大市，日昃而市，百族爲主。朝市，朝時而市，商賈爲主。夕市，夕時而市，販夫販婦爲主。」

社祭土而主陰氣也，吉禮，社。君南鄉於北墉下，答陰之義也。牆謂之墉。北墉，社内北牆。日用甲，用日之始也。國中之神，莫貴於社。天子大社，必受霜露風雨，以達天地之氣也。大社，王爲群姓所立。是故喪國之社屋之，不受天陽也。薄社北牖，使陰明也。絶其陽，通其陰而已。薄社，殷之社，殷始都薄。社，所以神地之道也。地載萬物，天垂象，取財於地，取法於天，是以尊天而親地也，故教民美報焉。家主中霤而國主社，示本也。中霤，亦土神也。唯爲社事，單出里。唯爲社田，國人畢作。唯社，丘乘共粢盛。所以報本反始也。單出里，皆往祭社於都鄙。二十五家爲里。畢作，人則盡行，非徒羨也。丘，十六井也。四丘六十四井曰甸，或謂之乘。乘者，以於車賦出長轂一乘。乘，或爲「鄰」。季春出火，爲焚也。謂焚萊也。凡出火，以火出建辰之月火始出。然後簡其車賦。軍禮。而歷其卒伍，而君親誓社，以習軍旅，左之右之，坐之起之，以觀其習變也。簡、歷，謂算具陳列之也。君親誓社，誓吏士以習軍旅，既而遂田以祭社也。言祭社，則此是仲春之禮也。仲春以火田，田止弊火，然後獻禽。至季春火出，而民乃用火。今云「季春出火」乃誓社，記者誤也。社，或爲「省」。而流示之禽，而鹽諸利，以觀其不犯命也。流，猶行也。行，行田也。鹽，讀爲艷，行田示之以禽，使歆艷之，觀其用命不也。謂禽爲利者，凡田，大獸公之，小禽私之。求服其志，不貪其得。失伍而獲，猶爲犯命。故以戰則克，以祭則受福。

天子適四方，先柴。吉禮。所到必先燔柴，有事於上帝也。《書》曰：「歲二月，東巡守，至于岱宗，柴。」郊之祭也，郊。迎長日之至也。《易説》曰：「三王之郊，一用夏正。」夏正，建寅之月也。此言迎長日者，建卯而晝夜分分，而日長也。大報天而主日也。大，猶遍也。天之神，日爲尊。兆於南郊，就陽位也。日，大陽之精也。埽地而祭，於其質也。器用陶匏，以象天地之性也。觀天下之物，無可以稱其德。於郊，故謂之郊。牲用騂，尚赤也。用犢，貴誠也。尚赤者，周也。郊之用辛也，周之始郊，日以至。言日以周郊天之月而至，陽氣新用事，順之而用辛日。此説非也。郊天之月而日至，魯禮也。三王之郊，一用夏正。魯以無冬至祭天於圓丘之事，是以建子之月郊天，示先有事也。用辛日者，凡爲人君，當齊戒自新耳。周衰禮廢，儒者見周禮盡在魯，因推魯禮以言周事。卜郊，受命于祖廟，作龜于禰宫，尊祖親考之義也。受命，謂告之。退而卜。卜之日，王立于澤，親聽誓命，受教諫之義也。澤，澤宫也，所以擇賢之宫也。既卜，必到澤宫，擇可與祭祀者，因誓勑之以禮也。《禮器》曰「舉賢而置之，聚衆而誓之」是也。獻命庫門之内，戒百官也。大廟之命，戒百姓也。王自澤宫而還，以誓命重相申勑也。庫門在雉門之外，入庫門則至廟門外矣。大廟者，祖廟也。百官，公卿以下也。百姓，王之親也。入廟，戒親親也。王自此還齊路寢之室。庫，或爲「厩」。祭之日，王皮弁以聽祭報，示民嚴上也。報，猶白也。夙興，朝服以待白祭事者，乃後服祭服而行事也。《周禮》祭之日，《小宗伯》「逆粢省鑊，告時于王，告備于王」也。喪者不哭，不敢凶服，汜泛。埽反道，鄉爲田燭，謂郊道之民爲之也。反道，剗令新土在上也。田燭，田首爲燭也。弗命而民聽上。化王嚴上。祭之日，王被衮以象天。謂有日、月、星辰之章，此魯禮也。《周禮》：「王祀昊天上帝，則服大裘而冕，祀五帝亦如之。」魯侯之服，自衮冕而下也。戴冕璪藻。十有二旒，則天數也。天之大數，不過十二。乘素車，貴其質也。旂十有二旒，龍章而設日月，以象天也。設日、月畫於旂上。素車，殷路也。魯公之郊，用殷禮也。天垂象，聖人則之，郊所以明天道也。明，謂則之以示人也。帝牛不吉，以爲稷牛。養牲必養二也。帝牛必在滌三月，稷牛唯具，所以別事天神與人鬼也。滌，牢中所搜除處也。唯具，遭時又選可用也。萬物本乎天，人本乎祖，此所以配上帝也。言俱本可以配。郊之祭也，大報本反始也。天子大蜡八。蜡。所祭有八神也。伊耆氏始爲蜡。伊耆氏，古天子號也。蜡也者，索也。謂求索也。歲十二月，合聚萬物而索饗之也。歲十二月，周之正數，謂建亥之月也。饗者，祭其神也。萬物有功加於民者，神使爲之也，祭之以報焉。造者配之也。蜡之祭也，主先嗇而祭司嗇也，先嗇，若神農者。司嗇，后稷是也。祭百種以報嗇也。嗇，所樹蓺之功，使盡饗之。饗農及郵表畷、株劣。禽獸，仁之至，義之盡也。農，田畯也。郵表畷，謂田畯所以督約百姓於井閒之處也。《詩》云：「爲下國畷郵。」禽獸，服不氏所教擾猛獸也。古之君子，使之必報之。迎貓，爲其食田鼠也。迎虎爲其食田豕也。迎而祭之也。迎其神也。祭坊防。與水庸。事也。水庸，溝也。曰：「土反其宅，水歸其壑，昆蟲毋作，草木歸其澤。」此蜡祝辭也。若辭同，則祭同處可知矣。壑，猶坑也。昆蟲，暑生寒死，螟螽之屬爲害者也。皮弁素服而祭。素服，以送終也。葛帶榛杖，喪殺也。蜡之祭，仁之至，義之盡也。送終、喪殺，所謂「老物」也。素服，衣裳皆素。黃衣黃冠而祭，息田夫也。祭，謂既蜡，蜡先祖、五祀也。於是勞農以休息之。《論語》曰：「黃衣狐裘。」野夫黃冠，黃冠，草服也。言祭以息民，服象其時物之色。季秋而草木黃落。

大羅氏，天子之掌鳥獸者也，諸侯貢屬焉。草笠而至，尊野服也。諸侯於蜡，使使者戴草笠貢鳥獸也。《詩》云：「彼都人士，臺笠緇撮。」又曰：「其餉伊黍，其笠伊糾。」皆言野人之服也。羅氏致鹿與女，而詔客告也，以戒諸侯曰：「好田好女者亡其國。」詔使者，使歸以此告其君，所以戒之。天子樹瓜華，不斂藏之種也。華，果蓏也。又詔以天子樹瓜蓏而已，戒諸侯以蓄藏蘊財利也。八蜡以記四方。四方，方有祭也。四方年不順成，八蜡不通，以謹民財也。其方穀不孰，則不通於蠟焉，使民謹於用財。蜡有八者，先嗇一也，司嗇二也，農三也，郵表畷四也，猫虎五也，坊六也，水庸七也，昆蟲八也。順成之方，其蜡乃通，以移民也。移之言羡也。《詩》頌豐年曰：「爲酒爲醴，烝畀祖妣，以洽百禮。」此其羡之與？既蜡而收，民息已，故既蜡，君子不興功。收，謂收斂積聚也。息民與蜡異，則黃衣黃冠而祭，爲臘必矣。

恒豆之菹，吉禮通論。水草之和氣也。其醢，陸產之物也。加豆，陸產也。其醢，水物也。此謂諸侯也。天子朝事之豆，有昌本、麋臡、茆菹、麇臡。饋食之豆有葵菹、蠃醢，豚拍、魚醢。其餘則有雜錯云也。籩豆之薦，水土之品也，不敢用常褻味而貴多品，所以交於神明之義也，非食味之道也。言禮以異爲敬。先王之薦，可食也，而不可嗜也。卷袞。冕路車，可陳也，而不可好也。《武》，壯而不可樂也。宗廟之威，而不可安也。宗廟之器，可用也，而不可便其利也。所以交於神明者，不可以同於所安樂之義也。《武》、《萬舞》也。酒醴之美，玄酒、明水之尚，貴五味之本也。黼黻文繡之美，疏布之尚，反女功之始也。莞簟之安，而蒲越、稾鞂之尚，明之也。大羹不和，貴其質也。大圭不琢，美其質也。丹漆雕幾祈。之美，素車之乘，尊其樸也，貴其質而已矣。所以交於神明者，不可同於所安褻之甚也，如是而後宜。尚質貴本，其至如是，乃得交於神明之宜也。明水，司烜以陰鑑所取於月之水也。蒲越、稾鞂，藉神席也。明之者，神明之也。琢，當爲「篆」，字之誤也。幾，謂漆飾沂鄂也。鼎俎奇而籩豆偶，陰陽之義也。牲，陽也。庶物，陰也。黄目，鬱氣之上尊也。黄者，中也。目者，氣之清明者也。言酌於中而清明於外也。黄目，黄彝也，周所造，於諸侯爲上也。祭天，埽地而祭焉，於其質而已矣。醯醢之美，而煎鹽之尚，貴天産也。割刀之用，而鸞刀之貴，貴其義也，聲和而後斷也。

《冠義》嘉禮，冠。「始冠之」，緇布之冠也。始冠三加，先加緇布冠也。大古冠布，齊則緇之。其緌也，孔子曰：「吾未之聞也。大古無飾，非時人緌也。《雜記》曰：「大白、緇布之冠不緌。」大白，即大古白布冠，今喪冠也。齊則緇之者，鬼神尚幽闇也。唐、虞以上曰大古也。冠而敝之可也。」此重古而冠之耳。三代改制，齊冠不復用也。以白布冠質，以爲喪冠也。適子冠於阼，以著代也。東序少北，近主位也。醮於客位，加有成也。每加而有成人之道也。成人則益尊。醮於客位，尊之也。三加彌尊，喻其志也。始加緇布冠，次皮弁，次爵弁。冠益尊，則志益大也。冠而字之，敬其名也。重以未成人之時呼之。委貌，周道也。章甫，殷道也。毋牟。追堆。夏后氏之道也。常所服以行道之冠也。或謂委貌爲玄冠也。周弁，殷冔，夏收，齊所服而祭也。三王共皮弁、素積。所不易於先代。無大夫冠禮，而有其昏禮。古者五十而后爵，何大夫冠禮之有？

言年五十乃爵爲大夫也。其有昏禮，或改取也。諸侯之有冠禮，夏之末造也。言夏初以上，諸侯雖有幼而即位者，猶以士禮冠之，亦五十乃爵命也。至其衰末，未成人者，多見篡弒，乃更即位，則爵命之，以正君臣，而有諸侯之冠禮。

天子之元子，通論。士也，天下無生而貴者也。儲君副主，猶云士也，明人有賢行著德乃得貴也。

繼世以立諸侯，象賢也。賢者子孫，恒能法其先父德行。以官爵人，德之殺也。言德益厚，官益尊也。死而謚，今也，古者生無爵，死無謚。古，謂殷以前也。大夫以上乃謂之爵，死有謚也。周制，爵及命士，雖及之，猶不謚耳。今記時死則謚之，非禮也。禮之所尊，尊其義也。言禮所以尊，尊其有義也。失其義，陳其數，祝、史之事也。故其數可陳也，其義難知也。知其義而敬守之，天子之所以治天下也。言政之要，盡於禮之義。

天地合，而後萬物興焉。目禮之義。夫昏禮，萬世之始也。取於異姓，所以附遠厚別也。同姓或則多相褻也。幣必誠，辭無不腆，誠，信也。腆，猶善也。告之以直信。直，猶正也。此二者所以教婦正直信也。信，事人也。信，婦德也。事，猶立也。壹與之齊，終身不改，故夫死不嫁。齊，謂共牢而食，同尊卑也。齊，或爲「醮」。男子親迎，男先於女，剛柔之義也。天先乎地，君先乎臣，其義一也。先，謂倡道也。執摯以相見，敬章別也。言不敢相褻也。摯，所奠鴈也。男女有別，然後父子親。父子親，然後義生。義生，然後禮作。禮作，然後萬物安。言人倫有別，則氣性醇也。無別無義，禽獸之道也。言聚麀之亂類也。壻親御授綏，親之也。親之也者，親之也。言己親之，所以使之親己。敬而親之，先王之所以得天下也。先王，若大王、文王。出乎大門而先，男帥女，女從男，夫婦之義由此始也。先者，車居前也。婦人，從人者也。幼從父兄，嫁從夫，夫死從子。從，謂順其教令。夫也者，夫也。夫也者，以知帥人者也。夫之言丈夫也。夫，或爲「傅」。玄冕齊戒，鬼神陰陽也。將以爲社稷主，爲先祖後，而可以不致敬乎？玄冕，祭服也。陰陽，謂夫婦也。共牢而食，同尊卑也。故婦人無爵，從夫之爵，坐以夫之齒。爵，謂夫命爲大夫，則妻爲命婦。器用陶匏，尚禮然也。此謂大古之禮器也。三王作牢，用陶匏。言大古無共牢之禮，三王之世作之，而用大古之器，重夫婦之始也。厥明，婦盥饋。舅姑卒食，婦餕餘，私之也。私之，猶言恩也。舅姑降自西階，婦降自阼階，授之室也。明當爲家事之主也。昏禮不用樂，幽陰之義也。樂，陽氣也。幽，深也。欲使婦深思其義，不以陽散之也。昏禮不賀，人之序也。序，猶代也。

有虞氏之祭也，吉禮。尚用氣。血、腥、爓祭，用氣也。尚，謂先薦之。爓，或爲「膶」。殷人尚聲，臭味未成，滌蕩其聲。樂三闋，然後出迎牲。聲音之號，所以詔告於天地之閒也。滌蕩，猶搖動也。周人尚臭，灌用鬯臭。陸「灌用鬯臭」句，庾以「鬯」字句。鬱合鬯，臭陰達於淵泉。灌以圭璋，用玉氣也。既灌然後迎牲，致陰氣也。蕭合黍稷，臭陽達於牆屋，故既奠，然後焫如悦。蕭合羶薌。灌，謂以圭瓚酌鬯，始獻神也。已，乃迎牲於庭殺之，天子、諸侯之禮也。奠，謂薦孰時也。《特牲饋食》所云「祝酌，奠于鉶南」是也。蕭，薌蒿也，染以脂，合黍稷燒之。《詩》云：「取蕭祭脂。」羶，當爲「馨」，聲之誤也。奠，或爲「薦」。凡祭，慎諸此。魂氣歸于天，形魄歸于地，故祭求諸陰陽之義也。殷人先求諸陽，周人先求諸陰。此其所以先後異也。詔祝於室，坐尸於堂。謂朝事時也。朝事，延尸于户西，南面，布主席東面，取牲膟膋，燎于爐炭，洗肝于鬱鬯而燔之。入以詔神於室，又出以墮于主人，主人親制其肝，所謂制祭也。時尸薦以籩豆，至薦孰，乃更延主于室之奥，尸來升席，自北方，坐于主北焉。用牲於庭，謂殺之時。升首於室。制祭之後，升牲首於北墉下，尊首尚氣也。直祭祝于主，謂薦孰時也。如《特牲》、《少牢》饋食之爲也。直，正也。祭以孰爲正，則血、腥之屬，盡敬心耳。索祭祝于祊。索求神也。廟門曰祊。謂之祊者，以於繹祭名也。不知神之所在，於彼乎？於此乎？室與？堂與？或諸遠人乎？祭于祊，尚曰求諸遠者與？尚，庶幾也。祊之爲言倞諒。也，倞，猶索也。倞，或爲「詠」。肵祈。之爲言敬也。爲尸有肵俎，此訓也。富也者，福也。人君嘏辭有「富」，此訓之也。或曰：福也者，備也。首也者，直也。訓所以升首祭也。直，或爲「犆」也。相，饗之也。相，謂詔侑也。詔侑尸者，欲使饗此饌也。《特牲饋食禮》曰：「主人拜妥尸，尸答拜，執奠，祝饗。」嘏，長也，大也。主人受祭福曰嘏，此訓也。尸，陳也。尸，或詁爲主。此尸神象，當從「主」訓之，言「陳」非也。毛血，告幽全之物也。幽，謂血也。告幽全之物者，貴純之道也。純，謂中外皆善。血祭，盛氣也。祭肺、肝、心，貴氣主也。氣主，氣之所舍也。周祭肺，殷祭肝，夏祭心。祭黍稷加肺，祭齊加明水，報陰也。祭黍稷加肺，謂綏祭也。明水，司烜所取於月之水也。齊，五齊也。五齊加明水，則三酒加玄酒也。取膟律。膋聊。燔燎升首，報陽也。膟膋，腸間脂也，與蕭合燒之，亦有黍稷也。明水涚税。齊，貴新也。涚，猶清也，五齊濁，泲之使清，謂之涚齊。及取明水，皆貴新也。《周禮·㡛氏》：「以涚水漚絲。」涚齊，或爲「泛齊」。凡涚，新之也。新之者，敬也。其謂之明水也，由主人之絜著此水也。著，猶成也。言主人齊絜，此水乃成可得也。君再拜稽首，肉袒親割，敬之至也，敬之至也，服也。拜，服也。稽首，服之甚也。肉袒，服之盡也。割，解牲體。祭稱「孝孫」、「孝子」，以其義稱也。謂事祖禰。稱「曾孫某」，謂國家也。謂諸侯事五廟也。於曾祖以上，稱曾孫而已。祭祀之相，主人自致其敬，盡其嘉，而無與讓也。相，謂詔侑尸也。嘉，善也。腥、肆、剔。爓、腍而審。祭，豈知神之所饗也？主人自盡其敬而已矣。治肉曰肆。腍，孰也。爓，或爲「⿰月習」。舉斝、角，詔妥尸。古者尸無事則立，有事而後坐也。尸，神象也。祝，將命也。妥，安坐也。尸始入，舉奠斝若奠角，將祭之，祝則以主人拜安尸，使之坐。尸即至尊之坐，或時不自安，則以拜安之也。天子奠斝，諸侯奠角。古，謂夏時也。縮酌用茅，明酌也。謂泲醴齊以明酌也。《周禮》曰：「醴齊縮酌。」五齊，醴尤濁，和之以明酌，泲之以茅，縮去滓也。明酌者，事酒之上也，名曰明者。事酒，今之醳酒，皆新成也。《春秋傳》曰：「爾貢包茅不入，王祭不共，無以縮酒。」酌，猶斟也。酒已泲，則斟之以實尊彝。《昏禮》曰：「酌玄酒，三注于尊。」凡行酒，亦爲酌也。醆酒涚于清，謂泲醆酒以清酒也。醆酒，盎齊。盎齊差清，和之以清酒，泲之而已。泲盎齊必和以清酒者，皆久味相得。汁獻莎。涚于醆酒，謂泲秬鬯以醆酒也。獻，讀當爲「莎」，齊語聲之誤也。秬鬯者，中有煮鬱，和以盎齊，摩莎泲之，出其香汁，因謂之汁莎。不以三酒泲秬鬯者，秬鬯尊也。猶明、清與醆酒于舊澤亦。之酒也。猶，若也。澤，讀爲「醳」。舊醳之酒，謂昔酒也。泲、醴齊以明酌，泲醆酒以清酒，泲汁獻以醆酒，天子、諸侯之禮也。天子、諸侯禮廢，時人或聞此而不審知，云「若今明酌，清酒與醆酒，以舊醳之酒泲之矣」，就其所知以曉之也。泲清酒以舊醳之酒者，爲其味厚腊毒也。祭有祈焉，祈，猶求也。謂祈福祥，求永貞也。有報焉，謂若穫禾報社。有由辟弭。焉。由，用也。辟，讀爲「弭」，謂弭災兵，遠罪疾也。齊之玄也，以陰幽思也。故君子三日齊，必見其所祭者。齊三日者，思其居處，思其笑語，思其志意，思其所樂，則見之也。

内則第十二

胡氏《紀録》「此爲康王之書」，當必有攷。豈以康王古書多稱爲「康后」，而此首稱「后王」故係之康王歟？或别自有據也。《通解》《内則》第五。

鄭氏注

后王《通解》一「后王」止「共帥」。「時子婦孝者」止「與之」。命冢宰，降德于衆兆民。后，君也。德，猶教也。萬億曰兆。天子曰兆民，諸侯曰萬民。《周禮》冢宰掌飲食，司徒掌十二教。今一云「冢宰」，記者據諸侯也。諸侯并六卿爲三，或兼職焉。子事父母，雞初鳴，咸盥、漱、櫛、縰、笄、總、拂髦、冠、緌、纓、端、韠、紳、搢薦。笏。咸，皆也。縰，韜髮者也。總，束髮也，垂後爲飾。拂髦，振去塵著之。髦用髮爲之，象幼時鬌，其制未聞也。緌，纓之飾也。端，玄端，士服也。庶人深衣。紳，大帶，所以自紳約也。搢，猶扱也，扱笏於紳。笏，所以記事也。左右佩用，事親之禮。自佩也。必佩者，備尊者使令也。左佩紛帨、刀、礪、小觿、金燧。紛帨，拭物之巾也。今齊人有言「紛」者。刀、礪，小刀及礪礱也。小觿，解小結也。觿貌如錐，以象骨爲之。金燧，可取火於日。右右，事親事長。佩玦、捍、管、遰、逝。大觿、木燧。捍，謂拾也，言可以捍弦也。管，筆彄也。遰，刀鞞也。木燧，鑽火也。偪子。偪，行縢。屨著綦。綦，屨繫也。

婦事舅姑，婦。如事父母，雞初鳴，咸盥、漱、櫛、縰、笄、總、衣紳。笄，今簪也。衣紳，衣而著紳。左佩紛帨、刀、礪、小觿、金燧，右佩箴、管、線、纊、施縏袠、大觿、木燧。縏，小囊也。縏袠言「施」，明爲箴、管、線、纊有之。衿纓，綦屨。衿，猶結也。婦人有纓，示繫屬也。以適父母、舅姑之所，問候。適，之。及所，起。下氣怡聲，問衣燠寒，疾痛苛癢，而敬抑搔之。怡，説也。苛，疥也。抑，按。搔，摩也。出入，則或先或後，而敬扶持之。先後之，隨時便也。進盥，盥。少者奉槃，長者奉水，請沃盥。盥卒，授巾。槃，承盥水者。巾以帨手。問所欲而敬進之，柔色以温於奮。之。温藉也。承尊者必和顔色。饘、酏、酒、醴、芼、羹、菽、麥、蕡、焚。稻、黍、粱、秫，飲食。唯所欲。酏，粥也。芼，菜也。蕡，熬枲實。棗、栗、飴、蜜以甘之，堇、荁、丸。枌、榆、免、薨、考。滫、瀡以滑之，脂、膏以膏之。謂用調和飲食也。荁，堇類也。冬用堇，夏用荁。榆白曰枌。免，新生者。薨，乾也。秦人溲曰滫，齊人滑曰瀡也。父母、舅姑必嘗之而後退。敬也。男女未冠笄者，未冠笄者。雞初鳴，咸盥、漱、櫛、縰、拂髦、總角、衿纓，皆佩容臭。總角，收髮結之。容臭，香物也。以纓佩之，爲迫尊者，給小使也。昧爽而朝，後成人也。問「何食飲矣」，若已食，則退；若未食，則佐長者視具。具，饌也。

凡內外，凡內外。雞初鳴，咸盥漱，衣服，斂枕簟，灑埽室堂及庭，布席，各從其事。斂枕簟者，不欲人見己褻者。簟，席之親身也。孺子蚤寢晏起，孺子。唯所欲，食無時。又後未成人者。孺子，小子也。由命士以上，命士以上。父子皆異宮。昧爽而朝，慈以旨甘。日出而退，各從其事。日入而夕，慈以旨甘。異宮，崇敬也。慈，愛敬進之。日出乃從事，食禄不免農也。

父母、舅姑將坐，奉席請何鄉。寢處。將衽，長者奉席請何趾，少者執牀與坐。將衽，謂更卧處。御者舉几，斂席與簟，縣衾篋枕，斂簟而襡之。須卧乃敷之也。襡，韜也。

父母舅姑之衣、衾、簟、席、枕、几，衣服器用。不傳。杖、屨，祇敬之，勿敢近。傳，移也。敦、牟、巵、匜，非餕莫敢用。餕乃用之。牟，讀曰「鍪」也。巵、匜，酒漿器。敦、牟，黍稷器也。與恒食飲，非餕莫之敢飲食。恒食佐餕。　餕乃食之。恒，常也。旦夕之常食。

父母在，朝夕恒食，子、婦佐餕，婦皆與夫餕也。既食恒餕。每食餕而盡之，末有原也。父没母存，冢子御食，群子婦佐餕如初。御，侍也。謂長子侍母食也。侍食者不餕，其婦猶皆餕也。旨甘柔滑，孺子餕。

在父母舅姑之所，在親所。有命之，應「唯」敬對。進退周旋慎齊。齊莊也。升降出入揖遊，不敢噦噫、嚏咳、欠伸、跛倚、睇視，不敢唾洟。睇，傾視也。《易》曰：「明夷，睇于左股。」寒不敢襲，癢不敢搔。襲，謂重衣。不有敬事，不敢袒裼。父黨無容。不涉不撅。撅，揭衣也。褻衣衾不見裏。爲其可穢。父母唾洟不見。輒刷去之。冠帶垢，和灰請漱。漱澣。衣裳垢，和灰請澣。手曰漱，足曰澣。和，漬也。衣裳綻裂，紉箴請補綴。綻，猶解也。五日則燂湯請浴，沐浴。三日具沐。其閒面垢，燂潘翻。請靧。足垢，燂湯請洗。潘，米瀾也。少事長，賤事貴，共帥時。共，猶皆也。帥，循也。時是也。禮皆如此也。

男不言内，女不言外。謂事業之次序。　男女之别。《通解》三：「爲堂室，辨内外」止「女不出」。「男不言内」止「由左入」。《曲禮》：「男女不雜坐」止「而食」。非祭非喪，不相授器。祭嚴喪遽，不嫌也。其相授，則女受以篚。其無篚，則皆坐，奠之，而後取之。奠，停地也。外内不共井，不共湢浴，不通寢席，不通乞假。男女不通衣裳。内言不出，外言不入。湢，浴室也。男子入内，不嘯不指，夜行以燭，無燭則止。嘯，讀爲「叱」。叱，嫌有隱使也。女子出門，必擁蔽其面，夜行以燭，無燭則止。擁，猶障也。道路，男子由右，女子由左。地道尊右。子、婦孝者敬者，事親。子婦孝敬。父母、舅姑之命，勿逆勿怠。恃其孝敬之愛，或則違解。若飲食之，雖不耆，必嘗而待。待後命而去也。加之衣服，雖不欲，必服而待。待後命釋藏也。加之事，人代之，己雖弗欲，謂難其妨己業。姑與之而姑使之，而後復之。遠懟怨於勞事。姑，猶且也。子婦有勤勞之事，雖甚愛之，姑縱之，而寧數休之。不可愛此而移苦於彼也。子婦未孝未敬，受教，子婦未孝敬。勿庸疾怨，庸之言用也。姑教之。若不可教，而後怒之。怒，譴責也。不可怒，子放婦出，而不表禮焉。表，猶明也。猶爲之隱，不明其犯禮之過也。父母有過，幾諫。下氣怡色，柔聲以諫。諫若不入，起敬起孝，説則復諫。子事父母，有隱無犯。起，猶更也。不説，與其得罪於鄉黨州閭，寧孰諫。子從父之令，不可謂孝也。《周禮》曰：「二十五家爲閭，四閭爲族，五族爲黨，五黨爲州，五州爲鄉也。」父母怒，不説，而撻之流血，不敢疾怨，起敬起孝。撻，擊也。父母有婢子若庶子庶孫，甚愛之，父母所愛。雖父母没，没身敬之不衰。婢子，所通賤人之子。子有二妾，父母愛一人焉，子愛一人焉，由衣服飲食，由執事，毋敢視父母所愛，雖父母没，不衰。由，自也。子甚宜其妻，妻。父母不説，出。宜，猶善也。子不宜其妻，父母曰：「是善事我。」子行夫婦之禮焉，没身不衰。父母雖没，父母没。將爲善，思貽父母令名，必果。將爲不善，思貽父母羞辱，必不果。貽，遺也。果，決也。舅没則姑老，謂傳家事於長婦也。冢婦所祭祀賓客，冢婦介婦。每事必請於姑，婦雖受傳，猶不敢專行也。介婦請於冢婦。以其代姑之事。介婦，衆婦。舅姑使冢婦，毋怠。雖有勤勞，不敢解倦。不友作「敢」。無禮於介婦。衆婦無禮，冢婦不友之也。善兄弟爲友。娣姒，猶兄弟也。舅姑若使介婦，毋敢敵耦於冢婦，雖有勤勞，不敢掉磬。不敢並行，不敢並命，不敢並坐。下冢婦也。命爲使令。凡婦，不命適私室，婦禮。不敢退。婦，侍舅姑者也。婦將有事，大小必請於舅姑。不敢專行。子婦無私貨，無私畜，無私器，不敢私假，不敢私與。家事統於尊也。婦或賜之飲食、衣服、布帛、佩帨、茝蘭，則受而獻諸舅姑。舅姑受之則喜，如新受賜。或賜之，謂私親兄弟。若反賜之，則辭。不得命，如更受賜，藏以待之。待舅姑之乏也。不得命者，不見許也。婦若有私親兄弟，將與之，則必復請其故賜，而後與之。

適子、庶子，事宗之禮，《通解》别入《五宗解》。祗事宗子、宗婦，祗，敬也。宗，大宗。雖貴富，不敢以貴富入宗子之家。雖衆車徒，舍於外，以寡約入。入，謂入宗子家。子弟猶歸器、衣服、裘衾、車馬，則必獻其上，而後敢服用其次也。猶，若也。子弟若有功德，以物見饋賜，當以善者與宗子也。若非所獻，則不敢以入於宗子之門，謂非宗子之爵所當服也。不敢以貴富加於父兄宗族。加，猶高也。若富，則具二牲，獻其賢者於宗子，賢，猶善也。夫婦皆齊而宗敬焉，當助祭於宗子之家。終事而後敢私祭。祭其祖禰。

飯：飲食之禮。目諸飯也。黍、稷、稻、粱、白黍、黄粱。稰胥上聲。穛。捉。孰穫曰稰，生穫曰穛。黍，黄黍也。膳：膳。目諸膳也。膷、臐、膮、許堯。醓、牛炙；醓、牛胾、醓、牛膾；羊炙、羊胾、醓、豕炙，醓、豕胾、芥醬、魚膾；雉、兔、鶉、鷃。此上大夫之禮，庶羞二十豆也。以《公食大夫禮》饌校之，則「膮」、「牛炙」間，不得有「醓」，醓，衍字也。又以鷃爲鴽也。飲：飲。目諸飲也。重醴，稻醴，清、糟；黍醴，清、糟；粱醴，清、糟。重，陪也。糟，醇也。清，泲也。致飲有醇者，有泲者，陪設之也。或以酏爲醴，釀粥爲醴。黍酏、酏，粥。漿、酢截。水、清新。醷、倚。梅漿。濫。以諸和水也。以《周禮》六飲校之，則濫，涼也。紀、莒之閒，名諸爲濫。酒：酒。目諸酒也。清、白。白，事酒、昔酒也。羞：羞。目諸羞也。糗餌、粉酏。自私。糗，擣熬穀也，以爲粉餌與餈。此《記》似脱。《周禮》「羞籩之實，糗餌、粉餈。羞豆之實，酏食、糝食」。此「酏」當爲「餰」，以稻米與狼臅膏爲餰是也。食：食。目人君燕食所用也。蝸力戈。醢而苽食、雉羹，麥食、脯羹、雞羹，析稌、大羹、兔羹，和糝不蓼。苽，彫胡也。稌，稻也。凡羹齊宜五味之和，米屑之糝，蓼則不矣。此脯，所謂析乾牛羊肉也。濡而。豚，包苦實蓼。亨和蓼醢醬之宜。濡雞，醢醬實蓼。濡魚，卵醬實蓼。濡鼈，醢醬實蓼。凡濡，謂亨之以汁和也。苦，苦荼也，以包豚殺其氣。卵，讀爲「鯤」。鯤，魚子，或作「擱」也。腶脩，蚳醢。腶脩，捶脯施薑桂也。蚳，蚍蜉子也。脯羹，兔醢，麋膚，魚醢。魚膾，芥醬。麋腥，醢醬。桃諸、梅諸，卵鹽。自「蝸醢」至此二十六物，似皆人君燕所食也，其饌則亂。膚，切肉也。膚，或爲「胖」。卵鹽，大鹽也。

凡食齊視春時，温涼之宜。飯宜温也。羹齊視夏時，羹宜熱也。醬齊視秋時，醬宜涼也。飲齊視冬時。飲宜寒也。凡和，和調之宜。春多酸，夏多苦，秋多辛，冬多鹹，調以滑甘。多其時味，以養氣也。

牛宜稌，性味所宜。羊宜黍，豕宜稷，犬宜粱，雁宜麥，魚宜苽。言其氣味相成。春宜羔豚，膳膏薌。夏宜腒渠。鱐，搜。膳膏臊。秋宜犢麛，膳膏腥。冬宜鮮羽，膳膏羶。此八物，四時肥美也。爲其大盛，煎以休廢之膏，節其氣也。牛膏薌，犬膏臊，雞膏腥，羊膏羶。腒，乾雉也。鱐，乾魚也。鮮，生魚也。羽，雁也。

牛脩、脯脩蟲果之饌。鹿脯、田豕脯、麋脯、麕脯，麋、鹿、田豕、麕皆有軒，憲。雉、兔皆有芼。脯，皆析乾其肉也。軒，讀爲「憲」。憲，謂藿葉切也。芼，謂菜釀也。軒，或爲「胖」。

爵、鷃、蜩、范，蜩，蟬也。范，蜂也。芝、栭、蔆、椇、棗、栗、榛、柹、瓜、桃、李、梅、杏、柤、梨、薑、桂。蔆，芰也。椇，枳椇也。柤，梨之不臧者。自「牛脩」至此三十一物，皆人君燕食所加庶羞也。《周禮》天子「羞用百有二十品」，記者不能次録。

大夫燕食，燕食之等。有膾無脯，有脯無膾。士不貳羹胾。庶人耆老不徒食。尊卑差也。

膾，葷辛所宜。春用葱，秋用芥。豚，春用韭，秋用蓼。芥，芥醬也。脂用葱，膏用薤。脂，肥凝者，釋者曰膏。三牲用藙，藙，煎茱萸也。漢律，會稽獻焉。《爾雅》謂之榝。和用醯，畜與家物，自相和也。獸用梅。亦野物自相和。鶉羹，雞羹，鴽，釀之蓼。釀，謂切雜之也。鴽在「羹」下，烝之不羹也。魴、鱮序。烝，雛燒，雉，薌，無蓼。薌，蘇荏之屬也。燒，烟於火中也。自「膾用葱」至此，言調和菜釀之所宜也。不食雛鼈。謹食。狼去腸，狗去腎，貍去正脊，兔去尻，狐去首，豚去腦，魚去乙，鼈去醜。皆爲不利人也。雛鼈，伏乳者。乙，魚體中害人者名也。今東海鰫魚有骨名乙，在目旁，狀如篆「乙」，食之鯁人不可出。醜，謂鼈竅也。肉曰脱之，魚曰作之，棗曰新之，栗曰撰須袞。之，桃曰膽之，柤梨曰攢咨官。之。皆治擇之名也。牛夜鳴則庮。由。羊泠毛而毳，羶。狗赤股而躁，臊。鳥皫滂表。色而沙鳴，鬱。豕望視而交睫，腥。馬黑脊而般臂，漏。雛尾不盈握，弗食。舒雁翠，鵠、鴞胖，舒鳧翠，雞肝，雁腎，鴇奥，鹿胃。亦皆爲不利人也。庮，惡臭也。《春秋傳》曰：「一薰一庮。」泠毛毳，毛别聚旃不解者也。赤股，股裏無毛也。皫色，毛變色也。沙，猶嘶也。鬱，腐臭也。望視，視遠也。腥，當爲「星」，聲之誤也。星，肉中如米者。般臂，前脛般般然也。漏，當爲「螻」，如螻蛄臭也。舒雁，鵞也。翠尾，肉也。鵠鴞胖，謂脅側薄肉也。舒鳧，鶩也。鴇奥，脾肶也。鵠，或爲「鴇」也。肉腥，膾葅之味。

細者爲膾，大者爲軒。言大切、細切異名也。膾者必先軒之，所謂聶而切之也。或曰：麋、鹿、魚爲菹，麕爲辟雞，野豕爲軒，兔爲宛脾。切葱若薤，實諸醯以柔之。此軒、辟雞、宛脾，皆菹類也。釀菜而柔之以醯，殺腥肉及其氣，今益州有鹿矮者，近由此爲之矣。菹、軒，聶而不切。辟雞、宛脾，聶而切之。軒，或爲「胖」。宛，或作「鬱」。

羹食，飲食之等。《通解》「羹食」以下至「稻米爲酏」並入《五學篇》。自諸侯以下至於庶人無等。羹食，食之主也。庶羞乃異耳。大夫無秩膳，謂五十始命，未甚老也。秩，常也。大夫七十而有閣。有秩膳也。閣，以板爲之，庋食物也。天子之閣，左達五，右達五。公、侯、伯於房中五，大夫於閣三，士於坫一。遠，夾室。大夫言「於閣」，與天子同處。天子二五，倍諸侯也。五者，三牲之肉及魚、臘也。

凡養老，養老之禮。有虞氏以燕禮，夏后氏以饗禮，殷人以食禮，周人脩而兼用之。凡五十養於鄉，六十養於國，七十養於學，達於諸侯。八十，拜君命，一坐再至，瞽亦如之。九十者，使人受。五十異粻，章。六十宿肉，七十貳膳，八十常珍，九十飲食不違寢，膳飲從於遊可也。六十歲制，七十時制，八十月制，九十日脩，唯絞、紟、衾、冒，死而後制。五十始衰，六十非肉不飽，七十非帛不煖，八十非人不煖，九十雖得人不煖矣。五十杖於家，六十杖於鄉，七十杖於國，八十杖於朝，九十者，天子欲有問焉，則就其室，以珍從。七十不俟朝，八十月告存，九十日有秩。五十不從力政，六十不與服戎，七十不與賓客之事，八十齊喪之事弗及也。五十而爵，六十不親學，七十致政。凡自七十以上，唯衰麻爲喪。凡三王養老，皆引年。八十者一子不從政，九十者其家不從政，瞽亦如之。凡父母在，子雖老，不坐。有虞氏養國老於上庠，養庶老於下庠。夏后氏養國老於東序，養庶老於西序。殷人養國老於右學，養庶老於左學。周人養國老於東膠，養庶老於虞庠。虞庠在國之西郊。有虞氏皇而祭，深衣而養老。夏后氏收而祭，燕衣而養老。殷人冔而祭，縞衣而養老。周人冕而祭，玄衣而養老。《記·王制》有此。

曾子曰：「孝子之養老也，孝子養老，《通解》此節别入。樂其心，不違其志，樂其耳目，安其寢處，以其飲食忠養之。孝子之身終，終身也者，非終父母之身，終其身也。是故父母之所愛亦愛之，父母之所敬亦敬之，至於犬馬盡然，而況於人乎！」賤喻貴也。

凡養老，帝王養老。五帝憲，憲，法也。養之爲法其德行。三王有乞言。有，讀爲「又」。又從之求善言可施行也。五帝憲，養氣體而不乞言，有善則記之爲惇史。三王亦憲，既養老而后乞言，亦微其禮，皆有惇史。惇史，史孝厚者也。微其禮者，依違言之，求而不切也。

淳之純。熬：再叙飲食。淳熬、淳毋、炮。煎醢加于陸稻上，沃之以膏，曰淳熬。淳，沃也。熬，亦煎也。沃煎成之，以爲名。淳毋，煎醢加于黍食上，沃之以膏，曰淳毋。毋，讀曰「模」。模，象也。作此象淳熬。

炮：取豚若將，牂。刲之刳之，實棗於其腹中，編萑丸。以苴之，塗之以謹芹。塗。炮之，塗皆乾，擘之，濯手以摩之，去其皽。展。爲稻粉，糔息酒。溲之以爲酏，以付豚，煎諸膏，膏必滅之。鉅鑊湯，以小鼎薌脯於其中，使其湯毋滅鼎。三日三夜，毋絶火，而後調之以醯醢。炮者，以塗燒之爲名也。將，當爲「牂」。牂，牝羊也。刲、刳，博異語也。謹，當爲「墐」，聲之誤也。墐塗，塗有穰草也。皽，謂皮肉之上魄莫也。糔溲，亦博異語也。糔，讀與「滫瀡」之「滫」同。薌脯，謂煮豚若羊於小鼎中，使之香美也。謂之脯者，既去皽，則解析其肉使薄，如爲脯然，唯豚全耳。豚羊入鼎三日，乃内醓醢，可食也。擣珍：擣珍。取牛、羊、麋、鹿、麕之肉，必脄，每。每物與牛若一，捶反側之，去其餌，孰出之，去其皽，柔其肉。脄，脊側肉也。捶，擣之也。餌，筋腱也。柔之，爲汁和也。汁和，亦醓醢與。

漬：自。漬。取牛肉必新殺者，薄切之，必絶其理，湛尖。諸美酒，期朝而食之，以醢若醯、醷。湛，亦漬也。

爲熬：熬。捶之，去其皽，編萑，布牛肉焉，屑桂與薑，以洒諸上而鹽之，乾而食之。施羊亦如之。施麋、施鹿、施麕，皆如牛、羊。欲濡肉，則釋而煎之以醢。欲乾肉，則捶而食之。熬，於火上爲之也，今之火脯似矣。欲濡欲乾，人自由也。醢，或爲「醓」。此七者，《周禮》「八珍」，其一肝膋是也。糝：糝。取牛、羊、豕之肉，三如一，小切之，與稻米，稻米二，肉一，合以爲餌，煎之。此《周禮》「糝食」也。肝膋：肝膋。取狗肝一，幪之以其膋，濡炙之，舉燋其膋，不蓼。膋，腸閒脂。舉，或爲「巨」。取稻米，舉糔溲之，小切狼臅臅。膏，以與稻米爲酏。狼臅膏，臆中膏也。以煎稻米，則似今膏𩞄矣。此《周禮》「酏食」也。此「酏」當從「餰」。

禮，始於謹夫婦。夫婦之别，《通解》入三。爲宫室，辨外内。男子居外，女子居内。深宫固門，閽寺守之。男不入，女不出。閽，掌守中門之禁也。寺，掌内人之禁令也。男女不同椸枷。男女不同不入。不敢縣於夫之楎椸，不敢藏於夫之篋笥，不敢共湢浴。竿謂之椸。楎，杙也。夫不在，斂枕篋簟席，襡器而藏之。不敢褻也。少事長，賤事貴，咸如之。咸，皆也。夫婦之禮，唯及七十，同藏無閒。衰老無嫌。及，猶至也。故妾雖老，妾禮。《通解》四「夫婦之禮」止「當夕」。年未滿五十，必與五日之御。右御妻妾。五十始衰，不能孕也，妾閉房，不復出御矣。此御，謂侍夜勸息也。五日一御，諸侯制也。諸侯取九女，姪、娣兩兩而御，則三日也。次兩媵，則四日也。次夫人專夜，則五日也。天子十五日乃一御。將御者，齊、漱、澣，慎衣服，櫛、縰、笄、總角、拂髦、衿纓、綦屨。其往如朝也。角，衍字也。拂髦，或爲「繆髦」也。雖婢妾，衣服飲食，必後長者。人貴賤不可以無禮。妻不在，妾御，莫敢當夕。辟女君之御日也。

妻將生子，生子，《通解》五「妻將生子」止「女否」。及月辰，居側室。側室，謂夾之室，次燕寢也。夫使人日再問之。作而自問之。妻不敢見，使姆衣服而對。至于子生，夫復使人日再問之。作，有感動。夫齊，則不入側室之門。若始時使人問。子生，男子設弧於門左，女子設帨於門右。表男女也。弧者，示有事於武也。帨，事人之佩巾也。三日，始負子，男射女否。始有事也。負之，謂抱之而使鄉前也。國君世子生，告于君，接以大牢，宰掌具。接，讀爲「捷」。捷，勝也。謂食其母，使補虛强氣也。三日，卜士負之，吉者宿齊，朝服寢門外，詩負之。射人以桑弧蓬矢六，射天地四方。詩之言承也。桑弧蓬矢，本大古也。天地四方，男子所有事也。保受，乃負之。代士也。保，保母。宰醴負子，賜之束帛。醴，當爲「禮」，聲之誤也。禮以一獻之禮，酬之以幣也。卜士之妻，大夫之妾，使食子。食子不使君妾，適妾有敵義，不相褻以勞辱事也。士妻、大夫之妾，謂時自有子。凡接子擇日，雖三日之内，尊卑必皆選其吉焉。冢子則大牢，天子世子也。冢，大也。冢子，猶言長子，通於下也。庶人特豚，士特豕，大夫少牢，國君世子大牢，皆謂長子。其非冢子，則皆降一等。謂冢子之弟及衆妾之子生也。天子、諸侯少牢，大夫特豕，士特豚，庶人猶特豚也。異爲孺子室於宮中。特埽一處以處之。擇於諸母與可者，必求其寬裕、慈惠、温良、恭敬、慎而寡言者，使爲子師，其次爲慈母，其次爲保母，皆居子室。此人君養子之禮也。諸母，衆妾也。可者，傅御之屬也。子師，教示以善道者。慈母，知其嗜欲者。保母，安其居處者。士妻食乳之而已。他人無事不往。爲兒精氣微弱，將驚動也。三月之末，擇日翦髮爲鬌，男角女羈，否則男左女右。鬌，所遺髮也。夾囟曰角，午達曰羈也。是日也，妻以子見於父，貴人則爲衣服，由命士以下皆漱澣，貴人，大夫以上也。由，自也。男女夙興，沐浴，衣服，具視朔食。朔食，天子大牢，諸侯少牢，大夫特豕，士特豚也。夫入門，升自阼階，立于阼，西鄉。妻抱子出自房，當楣立，東面。入門者，入側室之門也。大夫以下見子就側室，見妾子於内寢，辟人君也。姆先，相曰：「母某敢用時日祗見孺子。」某，妻姓，若言姜氏也。祗，敬也。或作「振」。夫對曰：「欽有帥。」父執子之右手，咳戶才而名之。欽，敬也。帥，循也。言教之敬，使有循也。執右手，明將授之事也。妻對曰：「記有成。」遂左還授師。記，猶識也。識夫之言，使有成也。師，子師也。子師辯徧告諸婦諸母名，後告諸母，若名成於尊。妻遂適寢。復夫之燕寢。夫告宰名，宰辯告諸男名，書曰「某年某月某日某生」而藏之。宰，謂屬吏也。《春秋》書「桓六年九月丁卯，子同生。」宰告閭史。閭史書爲二，其一藏諸閭府，其一獻諸州史。州史獻諸州伯，州伯命藏諸州府。四閭爲族，族百家也。閭胥，中士一人。五黨爲州，州二千五百家也。州長，中大夫一人也。皆有屬吏。獻，猶言也。夫入，食如養禮。夫入，已見子入室也。其與妻食，如婦始饋舅姑之禮也。世子生，則君沐浴朝服，夫人亦如之，皆立于阼階，西鄉。世婦抱子，升自西階，君名之，乃降。子升自西階，則人君見世子於路寢也。見妾子就側室。凡子生，皆就側室。諸侯夫人朝於君，次而褖衣也。

適子、庶子見於外寢，撫其首，咳而名之，禮帥初，無辭。此適子，謂世子弟也。庶子，妾子也。外寢，君燕寢也。無辭，辭謂「欽有帥」、「記有成」也。凡名子，不以日月，不以國，終使易諱。不以隱疾。諱衣中之疾，難爲醫也。大夫、士之子，不敢與世子同名。尊世子也。其先世子生，亦勿爲改。

妾將生子，及月辰，夫使人日一問之。子生，三月之末，漱澣夙齊，見於内寢，禮之如始入室。君已食，徹焉，使之特餕，遂入御。内寢，適妻寢也。禮謂已見子，夫食而使獨餕也。如始入室，始來嫁時。妾餕夫婦之餘，亦如之。既見子，可以御。此謂大夫士之妾也。凡妾稱夫曰君。公庶子生，就側室。三月之末，其母沐浴，朝服見於君，擯者以其子見。君所有賜，君名之。衆子則使有司名之。擯者，傅姆之屬也。人君尊，雖妾不抱子。有賜，於君有恩惠也。有司，臣有事者也。魯桓公名子問於申繻也。庶人無側室者，及月辰，夫出居群室。其問之也，與子見父之禮，無以異也。夫雖辟之，至問妻及見子，禮同也。庶人或無妾。凡父在，孫見於祖，祖亦名之，禮如子見父，無辭。見子於祖，家統於尊也。父在則無辭，有適子者無適孫，與見庶子同也。父卒而有適孫，則有辭，與見冢子同。父雖卒，而庶孫猶無辭也。食子者三年而出，見於公宫，則劬。劬，勞也。士妻、大夫之妾，食國君之子三年，出歸其家，君有以勞賜之。大夫之子有食母，選於傅、御之中，《喪服》所謂「乳母」也。士之妻自養其子。賤不敢使人也。由命士以上，及大夫之子，旬均。而見。旬，當爲「均」，聲之誤也。有時適、妾同時生子，子均而見者，以生先後見之。既見乃食，亦辟人君也。《易·説卦》「坤爲均」，今亦或作「旬」也。冢子未食而見，必執其右手。適子庶子已食而見，必循其首。天子諸侯，尊別世子，雖同母，禮則異矣。未食、已食，急正緩庶之義也。

子能食食，教以右手。能言，男「唯」女「俞」。男鞶革，女鞶絲。俞，然也。鞶，小囊盛帨巾者，男用韋，女用繒，有飾緣之，則是鞶裂與？《詩》云：「垂帶如厲。」紀子帛名裂繻，字雖今異，意實同也。六年，教之數與方名。方名，東西。七年，男女不同席，不共食。蚤其別也。八年，出入門戶，及即席飲食，必後長者，始教之讓。示以廉恥。九年，教之數日。朔、望與六甲也。十年，出就外傅，居宿於外，學書計。衣不帛襦袴。禮帥初，朝夕學幼儀，請肄簡諒。外傅，教學之師也。不用帛爲襦袴，爲大溫，傷陰氣也。禮帥初，遵習先日所爲也。肄，習也。諒，信也。請習簡，謂所書篇數也。請習信，謂應對之言也。十有三年，學樂誦《詩》，舞《勺》。成童，舞《象》，學射御。先學《勺》，後學《象》，文武之次也。成童，十五以上。二十而冠，始學禮，可以衣裘帛，舞《大夏》，惇行孝弟，博學不教，内而不出。《大夏》，樂之文武備者也。内而不出，謂人之謀慮也。三十而有室，始理男事，博學無方，孫友視志。室，猶妻也。男事，受田給政役也。方，猶常也。至此學無常，在志所好也。孫，順也。順於友，視其所志也。四十始仕，方物出謀發慮，道合則服從，不可則去。方，猶常也。物，猶事也。五十命爲大夫，服官政。統一官之政也。七十致事。致其事於君而告老。凡男拜，尚左手。左，陽。女子十年不出，恒居內也。姆教婉娩聽從，婉，謂言語也。娩之言媚也。媚，謂容貌也。執麻枲，治絲繭，織紝組紃，學女事，以共衣服。紃，條。觀於祭祀，納酒漿、籩豆、菹醢，禮相助奠。當及女時而知。十有五年而笄，謂應年許嫁者。女子許嫁，笄而字之。其未許嫁，二十則笄。二十而嫁，有故，二十三年而嫁。故，謂父母之喪。聘則爲妻，聘，問也。妻之言齊也。以禮見問，則得與夫敵體。奔則爲妾。妾之言接也。聞彼有禮，走而往焉，以得接見於君子也。奔，或爲「衒」。凡女拜，尚右手。右，陰也。

禮記卷第九

玉藻第十三《别録》屬《通論》。

鄭氏注

天子玉藻，天子冠服、飲食、起居之節。十有二旒，前後邃粹。延，龍卷以祭。祭先王之服也。雜采曰藻。天子以五采藻爲旒，旒十有二。前後邃延者，言皆出冕前後而垂也。天子齊肩。延，冕上覆也。玄表纁裏。龍卷，畫龍於衣，字或作「衮」。玄端而朝日於東門之外，聽朔於南門之外，閏月則闔門左扉，立于其中。端，當爲「冕」，字之誤也。玄衣而冕，冕服之下。朝日，春分之時也。東門、南門，皆謂國門也。天子廟及路寢，皆如明堂制。明堂，在國之陽，每月就其時之堂而聽朔焉。卒事，反宿路寢亦如之。閏月，非常月也，聽其朔於明堂門中，還處路寢門，終月。凡聽朔，必以特牲告其帝及神，配以文王、武王。皮弁以日視朝，遂以食。日中而餕，奏而食。日少牢，朔月大牢。餕，食朝之餘也。奏，奏樂也。五飲：上水、漿、酒、醴、酏。上水，水爲上。餘其次之。卒食，玄端而居。天子服玄端燕居也。動則左史書之，言則右史書之。其書，《春秋》、《尚書》，其存者。御瞽幾聲之上下。瞽，樂人也。幾，猶察也。察其哀樂。年不順成，則天子素服，乘素車，食無樂。自貶損也。

諸侯玄端以祭，諸侯冠服、飲食、起居之節。祭先君也。端，亦當爲「冕」，字之誤也。諸侯祭宗廟之服，唯魯與天子同。裨冕以朝，朝天子也。裨冕，公衮，侯伯鷩，子男毳也。皮弁以聽朔於大廟，皮弁，下天子也。朝服以日視朝於內朝。朝服，冠、玄端，素裳也。此內朝，路寢門外之正朝也。天子諸侯皆三朝。朝，辨色始入。群臣也。入，入應門也。辨，猶正也，別也。君日出而視之，退適路寢聽政，使人視大夫。大夫退，然後適小寢，釋服。小寢，燕寢也。釋服，服玄端。又朝服以食，特牲三俎，祭肺。食必復朝服，所以敬養身也。三俎：豕、魚、腊。夕深衣，祭牢肉。祭牢肉，異於始殺也。天子言「日中」，諸侯言「夕」。天子言「餕」，諸侯言「祭牢肉」，互相挾。朔月少牢，五俎四簋。五俎，加羊與其腸胃也。朔月四簋，則日食粱、稻各一簋而已。子卯，稷食菜羹。忌日貶也。夫人與君同庖。不特殺也。

君無故不殺牛，諸侯以下。大夫無故不殺羊，士無故不殺犬、豕。故，謂祭祀之屬。君子遠庖廚，凡有血氣之類，弗身踐也。踐，當爲「翦」，聲之誤也。翦，猶殺也。至于八月，不雨，君不舉。爲旱變也。此謂建子之月不雨，盡建未月也。《春秋》之義，周之春、夏無雨，未能成災。至其秋秀實之時而無雨則雩。雩而得之，則書「雩」，喜祀有益也。雩而不得，則書「旱」，明災成也。年不順成，君衣布搢薦。本，關梁不租，山澤列而不賦，土功不興，大夫不得造車馬。皆爲凶年變也。君衣布者，謂若衛文公大布之衣、大帛之冠是也。搢本，去珽荼，佩士笏也。士以竹爲笏，飾本以象。關梁不租，此周禮也，殷則關恒譏而不征。列之言遮列也。雖不賦，猶爲之禁，不得非時取也。造，謂作新也。

卜人定龜，謂靈射之屬，所當用者。史定墨，視兆坼也。君定體。視兆所得也。周公曰：「體，王其無害。」

君羔幦覓。虎犆。直。齊車之等。幦，覆苓也。犆，讀皆如「直道而行」之「直」。直，謂緣也。此君齊車之飾。

大夫齊車鹿幦豹犆，朝車。士齊車，鹿幦豹犆。臣之朝車，與齊車同飾。

君子之居恒當户，寢處。鄉明。寢恒東首。首生氣也。若有疾風、迅雷、甚雨，則必變。雖夜必興，衣服冠而坐。敬天之怒。日五盥，沐稷而靧悔。粱，沐。櫛用樿展。櫛，髮晞用象櫛，進禨暨。進羞，工乃升歌。晞，乾也。沐靧必進禨作樂，盈氣也。更言「進羞」，明爲羞籩豆之實。浴用二巾，浴。上絺下綌。刷去垢也。出杅，于。履蒯快。席，連用湯。杅，浴器也。蒯席澀，便於洗足也。連，猶釋也。履蒲席衣布晞身，乃屨，進飲。進飲，亦盈氣也。

將適公所，將朝。宿齊戒，居外寢，沐浴。史進象笏，笏，因進笏而并書。書思對命。思，所思念將以告君者也。對，所以對君者也。命，所受君命也。書之於笏，爲失忘也。既服，習容，觀玉聲，玉佩。乃出。揖私朝，煇如也。登車則有光矣。私朝，自大夫家之朝也。揖其臣乃行。

天子搢薦。珽，他頂。方正於天下也。此亦笏也。謂之珽，珽之言珽然无所屈也。或謂之大圭，長三尺，杼上終葵首。終葵首者，於杼上又廣其首，方如椎頭，是謂無所屈，後則恒直。《相玉書》曰：「珽玉六寸，明自炤。」諸侯荼舒。前詘屈。後直，讓於天子也。荼，讀爲「舒遲」之「舒」。舒，懦者，所畏在前也。詘，謂圜殺其首，不爲椎頭。諸侯唯天子詘焉，是以謂笏爲荼。大夫前詘後詘，無所不讓也。大夫，奉君命出入者也。上有天子，下有己君，又殺其下而圜。

侍坐則必退席，席。不退，則必引而去君之黨。引，卻也。黨，鄉之細者。退，謂旁側也。辟君之親黨也。

登席不由前，爲躐席。升必由下也。徒坐不盡席尺，示無所求於前，不忘謙也。讀書、食則齊。豆去席尺。讀書，聲當聞尊者。食，爲汚席也。若賜之食，賜食。而君客之，則命之祭，然後祭。雖見賓客，猶不敢備禮也。侍食則正不祭。先飯，辯嘗羞，飲而俟。俟君食而後食也。君將食，臣先嘗之，忠孝也。若有嘗羞者，則俟君之食然後食，飯飲而俟。不祭，侍食不敢備禮也。不嘗羞，膳宰存也。飯飲，利將食也。君命之羞，羞近者，辟貪味也。命之品嘗之，然後唯所欲。必先遍嘗之。凡嘗遠食，必順近食。從近始也。君未覆手，不敢飧。孫。覆手以循咡，已食也。飧，勸食也。君既食，又飯飧。不敢先君飽。飯飧者，三飯也。臣勸君食，如是可也。君既徹，執飯與醬，乃出授從者。食於尊者之前，當親徹也。

凡侑食，不盡食，食於人不飽。謙也。唯水漿不祭，若祭，爲已偞虛涉。卑。水漿，非盛饌也。已，猶大也。祭之爲大有所畏迫。臣於君則祭之。

君若賜之爵，賜飲。則越席再拜稽首受，登席，祭之，飲卒爵，而俟君卒爵，然後授虛爵。不敢先君盡爵。君子之飲酒也，受一爵而色洒先典。如也，洒如，肅敬貌。洒，或爲「察」。二爵而言言闇。言斯，言言，和敬貌。斯，猶耳也。禮已三爵而油油，油油，説敬貌。以退。禮，飲過三爵，則敬殺，可以去矣。退則坐取屨，隱辟僻。而后屨，坐左納右，坐右納左。隱辟，俛逡巡而退著屨也。

凡尊，尊，因賜爵而并書。必上玄酒。不忘古也。唯君面尊。面，猶鄉也。《燕禮》曰：「司宮尊于東楹之西，兩方壺，左玄酒，南上。公尊瓦大兩，有豐，在尊南，南上。」唯饗野人皆酒。飲賤者，不備禮。大夫側尊用棜，於據。士側尊用禁。棜，斯禁也，無足，有似於棜，是以言棜。

始冠，冠制，自天子以下。緇布冠，自諸侯下達，冠而敝之，可也。本大古耳，非時王之法服也。玄冠朱組纓，天子之冠也。緇布冠繢緌，諸侯之冠也。皆始冠之冠也。玄冠，委貌也。諸侯緇布冠有緌，尊者飾也。繢，或作「繪」。緌，或作「蕤」。玄冠丹組纓，諸侯之齊冠也。玄冠綦組纓，士之齊冠也。言齊時所服也。四命以上，齊、祭異冠。縞冠玄武，子姓之冠也。謂父有喪服，子爲之不純吉也。武，冠卷也。古者冠、卷殊。縞冠素紕，既祥之冠也。紕，緣邊也。紕，讀如「埤益」之「埤」，既祥之冠也，已祥祭而服之也。《閒傳》曰：「大祥，素縞麻衣。」垂緌五寸，惰游之士也。惰游，罷民也。亦縞冠素紕，凶服之象也。垂長緌，明非既祥。玄冠縞武，不齒之服也。所放不帥教者。居冠屬武，謂燕居冠也。著冠於武，少威儀。自天子下達，有事然後緌。燕無事者去飾。五十不散送，送喪不散，麻始衰不備禮。親没不髦，去爲子之飾。大帛不緌。帛，當爲「白」，聲之誤也。大帛，謂白布冠也。不緌，凶服去飾。玄冠紫緌，自魯桓公始也。蓋僭宋王者之後服也。緌，當用「繢」。

朝玄端，夕深衣。深衣。深衣三袪，謂大夫士也。三袪者，謂要中之數也。袪尺二寸，圍之爲二尺四寸，三之七尺二寸。縫齊倍要，縫，紩也。紩下齊倍要中齊，丈四尺四寸。縫，或爲「逢」，或爲「豐」。衽當旁，衽，謂裳幅所交裂也。凡衽者，或殺而下，或殺而上，是以小要取名焉。衽屬衣，則垂而放之。屬裳，則縫之以合前後。上下相變。袂可以回肘。二尺二寸之節。長、中繼揜尺，其爲長衣、中衣，則繼袂揜一尺，若今褎矣。深衣，則緣而已。袷劫。二寸，曲領也。袪尺二寸，袂口也。緣廣寸半。飾邊也。

以帛裹布，非禮也。衣裘之宜。中外宜相稱也。冕服，絲衣也。中衣用素。皮弁服、朝服、玄端，麻衣也。中衣用布。士不衣織。志。織，染絲織之。士衣，染繒也。無君者不貳采。大夫去位，宜服玄端、玄裳。衣正色，裳間色。謂冕服，玄上纁下。非列采不入公門，列采，正服。振絺綌不入公門，表裘不入公門。振，讀爲「袗」。袗，禪也。表裘，外衣也。二者形且褻，皆當表之乃出。襲裘不入公門。衣裘必當裼也。纊爲繭，緼爲袍，衣有著之異名也。纊，謂今之新綿也。緼，謂今纊及舊絮也。禪爲絅，有衣裳而無裏。帛爲褶，牒。有表裏而無著。

朝服之以縞也，自季康子始也。亦僭宋王者之後。孔子曰：「朝服而朝，卒朔然後服之。」謂諸侯與群臣也。諸侯視朔皮弁服。曰：「國家未道，則不充其服焉。」謂若衛文公者。未道，未合於道。唯君有黼裘以誓省，大裘非古也。僭天子也。天子祭上帝則大裘而冕。大裘，羔裘也。黼裘，以羔與狐白雜爲黼文也。省，當爲「獮」。獮，秋田也。國君有黼裘誓獮田之禮，時大夫又有大裘也。

君衣狐白裘，錦衣以裼之。君衣狐白毛之裘，則以素錦爲衣覆之，使可裼也。袒而有衣曰裼。必覆之者，裘褻也。《詩》云：「衣錦絅衣，裳錦絅裳。」然則錦衣復有上衣明矣。天子狐白之上衣，皮弁服與？凡裼衣，象裘色也。君之右虎裘，厥左狼裘。衛尊者，宜武猛。士不衣狐白。辟，君也。狐之白者少，以少爲尊也。君子狐青裘豹褎，袖。玄綃衣以裼之。君子，大夫士也。綃，綺屬也。染之以玄，於狐青裘相宜。狐青裘，蓋玄衣之裘。麛裘青豻岸褎，絞交衣以裼之。豻，胡犬也。絞，蒼黃之色也。孔子曰：「素衣麛裘。」羔裘豹飾，緇衣以裼之。飾，猶褎也。孔子曰：「緇衣羔裘。」狐裘，黃衣以裼之。黃衣，大蜡時臘先祖之服也。孔子曰：「黃衣狐裘。」錦衣狐裘，諸侯之服也。非諸侯則不用錦衣爲裼。犬羊之裘不裼。質略。亦庶人無文飾。不文飾也，不裼。裼，主於有文飾之事。裘之裼也，見美也。君子於事，以見美爲敬。弔則襲，不盡飾也。喪非所以見美。君在

則裼，盡飾也。臣於君所。服之襲也，充美也。充，猶覆也。所敬不主於君則襲。是故尸襲，尸尊。執玉、
龜，襲。重寶瑞也。無事則裼，弗敢充也。謂已致龜玉也。
笏：笏，自天子以下。天子以球玉，諸侯以象，大夫以魚須文竹，士竹本象可也。球，美玉也。
文，猶飾也。大夫士飾竹以爲笏，不敢與君並用純物也。見於天子與射，無説脱。笏。入大廟，説笏，非古
古，當作禮。也。言凡吉事，無所説笏也，大廟之中，唯君當事説笏也。小功不説笏，當事免則説之。免，悲哀哭
踴之時，不在於記事也。小功輕，不當事，可以搢笏也。既搢必盥，雖有執於朝，弗有盥矣。搢笏輒盥，爲必執
事。凡有指畫於君前，用笏。造受命於君前，則書於笏。笏畢用也，因飾焉。畢，盡也。笏度：
二尺有六寸，其中博三寸，其殺六分而去一。殺，猶杼也。天子杼上終葵首，諸侯不終葵首。大夫士又杼其下
首，廣二寸半。而素帶，終辟。皮。天子素帶，朱裏終辟。大夫素帶，辟垂。士練帶，率下辟。居士錦
帶。弟子縞帶。并紐約用組，而素帶，終辟，謂諸侯也。諸侯不朱裏，合素爲之，如今衣帶爲之，下天子也。大夫亦
如之。率，繂也。士以下皆禪，不合而繂積，如今作幧頭爲之也。辟，讀如「裨冕」之「裨」。裨，謂以繒采飾其側。人君充之，
大夫裨其紐及末，士裨其末而已。居士，道藝處士也。此自「而素帶」亂脱在是耳，宜承「朱裏，終辟」。韠：韠。君朱，
大夫素，士爵韋。此玄端服之韠也。韠之言蔽也。凡韠，以韋爲之，必象裳色。裳色，則天子諸侯玄端朱裳，大夫素
裳，唯士玄裳、黄裳、雜裳也。皮弁服皆素韠。圜、殺、直：目韠制。天子直，四角直，無圜殺。公侯前後方，殺四
角使之方，變於天子也。所殺者，去上下各五寸。大夫前方，後挫角。圜其上角，變於君也。韠以下爲前，以上爲後。
士前後正。士賤，與君同，不嫌也。正，直、方之間語也。天子之士則直，諸侯之士則方。韠下廣二尺，上廣一

尺，長三尺，其頸五寸，肩、革帶博二寸。頸五寸，亦謂廣也。頸中央，肩兩角，皆上接革帶以繫之。肩與革帶廣同。凡佩，繫於革帶。大夫大帶四寸雜帶，君朱緑，大夫玄華，士緇辟。二寸，再繚了。四寸。此段在「紳韠結三齊」之下。凡帶有率，無箴功。雜，猶飾也，即上之裨也。君裨帶，上以朱，下以緑，終之。大夫裨垂，外以玄，内以華。華，黄色也。士裨垂之下，外内皆以緇，是謂緇帶。大夫以上以素，皆廣四寸。士以練，廣二寸，再繚之。凡帶，有司之帶也，亦綷之如士帶矣。無箴功，則不裨之。士雖綷帶，裨亦用箴功。凡帶不裨，下士也。此又亂脱在是，宜承「紳韠結天齊」。一命緼温。韍幽衡，再命赤韍幽衡，三命赤韍葱衡。此玄冕、爵弁服之韠，尊祭服，異其名耳。韍之言亦蔽也。緼，赤黄之間色，所謂韎也。衡，佩玉之衡也。幽，讀爲「黝」，黑謂之黝。青謂之葱。《周禮》，公侯伯之卿三命，其大夫再命，其士一命。子男之卿再命。其大夫一命，其士不命。天子素帶，朱裏，終辟。謂大帶也。

王后褘輝。衣，夫人揄摇。狄。褘，讀如「翬」。揄，讀如「摇」。翬摇，皆翟雉名也。刻繒而畫之，著於衣以爲飾，因以爲名也。後世作字異耳。夫人，三夫人，亦侯伯之夫人也。王者之後，夫人亦褘衣。三十，長齊于帶。紳長制：士三尺。有司二尺有五寸。子游曰：「參分帶下，紳居二焉。」紳、韠、結三齊。此段在「并紐約用組」之下。三寸，謂約帶紐組之廣也。長齊于帶，與紳齊也。紳，帶之垂者也，言其屈而重也。《論語》曰：「子張書諸紳。」有司，府史之屬也。三分帶下而三尺，則帶高於中也。結，約餘也。此又亂脱在是，宜承「約用組」。結，或爲「衿」。君命屈狄，再命褘衣，一命襢張戰。衣，士褖彖。衣。君，女君也。屈，《周禮》作「闕」，謂刻繒爲翟，不畫也。此子男之夫人及其卿大夫士之妻命服也。褘，當爲「鞠」，字之誤也。禮，天子諸侯命其臣，后、夫人亦命其妻以衣服，所謂「夫尊於朝，妻榮於室」也。子男之卿再命而妻鞠衣，則鞠衣、襢衣、褖衣者，諸侯之臣皆分爲三等，其妻以次受此服也。公之臣，孤爲上，卿大夫次之，士次之。侯、伯、子男之臣，卿爲上，大夫次之，士次之。褖，或作「税」。唯世婦命於奠繭，其他則皆從男子。奠，猶獻也。凡世婦已下，蠶事畢獻繭，乃命之以其服。天子之后，夫人、九嬪及諸侯之夫人，夫在其位，則妻得服其服矣。自「君命屈狄」至此，亦亂脱在是，宜承「夫人揄狄」。

凡侍於君，侍君之容。紳垂，足如履齊，頤霤，垂拱，視下而聽上，視帶以及袷，劫。聽鄉任左。紳垂，則磬折也。齊，裳下緝也。袷，交領也。

凡君召以三節，二節以走，一節以趨。節，所以明信輔君命也。使使召臣，急則持二，緩則持一。《周禮》曰：「鎮圭以徵守。」其餘未聞也。今漢使者擁節。在官不俟屨，在外不俟車。趨君命也。必有執隨授之者。官，謂朝廷治事處也。士於大夫，士禮。不敢拜迎，而拜送。禮不敵，始來拜，則士辟也。士於尊者先拜，進面，答之拜則走。士往見卿大夫，卿大夫出迎，答拜亦辟也。士於君所言大夫，没矣則稱謚若字，名士。與大夫言，名士，字大夫。君所，大夫存亦名。於大夫所，有公諱，無私諱。諱，因稱没而及。公諱，若言語所辟先君之名。

凡祭不諱，廟中不諱，謂祝嘏之辭中有先君之名者也。凡祭，祭群神，廟中上不諱下。教學臨文不諱。爲惑未知者。

古之君子必佩玉，佩。比德焉。君子，士已上。右徵、角，左宮、羽，玉聲所中也。徵、角，在右，事也，民也，可以勞。宮、羽，在左，君也，物也，宜逸。趨以《采齊》，慈。路門外之樂節也。門外謂之趨。齊，當爲「楚薺」之「薺」。行以《肆夏》。登堂之樂節。周還中規，反行也，宜圜。折還中矩。曲行也，宜方。進則揖之，退則揚之，然後玉鏘鳴也。揖之，謂小俛見於前也。揚之，謂小仰見於後也。鏘，聲貌。故君子在車，則聞鸞和之聲，行則鳴佩玉，是以非辟之心無自入也。鸞，在衡。和，在式。自，由也。君在不佩玉，左結佩，右設佩。謂世子也。出所處而君在焉，則去德佩而設事佩，辟德而示即事也。結其左者，若於事有未能也。結者，結其綬，不使鳴也。居則設佩，謂所處而君不在焉。朝則結佩。朝於君，亦結左。齊則綪争。結佩而爵韠。綪，屈也。結又屈之，思神靈，不在事也。爵韠者，齊服玄端。凡帶必有佩玉，唯喪否。喪主於哀，去飾也。凡，謂天子以至士。佩玉有衝牙。居中央以前後觸也。君子無故，玉不去身。君子於玉比德焉。故，謂喪與災眚。天子佩白玉而玄組綬，公侯佩山玄玉而朱組綬，大夫佩水蒼玉而純組綬，世子佩瑜玉而綦組綬，士佩瓀乳兗。玟民。而縕温。組綬。玉有山玄、水蒼者，視之文色所似也。綬者，所以貫佩玉相承受者也。純，當爲「緇」。古文「緇」字，或作絲旁、才。綦，文雜色也。縕，赤黃。孔子佩象環五寸而綦組綬。謙不比德，亦不事也。象，有文理者也。環，取可循而無窮。

童子之節也，緇布衣，錦緣，錦紳并紐，錦束髮，皆朱錦也。童子，未冠之稱也。《冠禮》曰：「將冠者采衣，紒也。」肆束及帶，勤者有事則收之，走則擁之。此段當在「凡帶有率無箴功」之下。肆，讀爲「肄」。肄，餘也。餘束，約紐之餘組也。勤，謂執勞辱之事也。此亦亂脱在是，宜承「無箴功」。童子不裘不帛，不屨絇。無緦服，聽事不麻。無事則立主人之北，南或無「南」字。面。見先生，從人而入。皆爲幼少，不備禮也。雖不服緦，猶免、深衣，無麻往給事也。裘帛温，傷壯氣也。絇，屨頭飾也。侍食於先生，食禮。異爵者，後祭先飯。謙也。客祭，主人辭曰：「不足祭也。」祭者，盛主人之饌也。客飧，主人辭以疏。飧者，美主人之食也。疏之言麤也。主人自置其醬，則客自徹之。敬主人也。徹奠于序端。一室之人，非賓客，一人徹。

同事合居者也。賓客則各徹其饌也。壹食之人，一人徹。壹，猶聚也。爲赴事聚食也。凡燕食，婦人不徹。婦人質，不備禮。

食棗、桃、李，弗致于核，恭也。瓜祭上環，食中，棄所操。上環，頭忖也。凡食果實者，後君子。陰陽所成，非人事也。火孰者，先君子。備火齊不得也。有慶，非君賜不賀。唯君賜爲榮也。有憂者。此下絶亡，非其句也。

勤者有事，則收之，走則擁之。此補脱重。孔子食於季氏，不辭不食肉而飧。以其待己及饌，非禮也。君賜車馬，君賜。乘以拜賜。衣服，服以拜敬君惠也。賜。二「賜」字絶，本朱説。君未有命，弗敢即乘服也。謂卿大夫受賜於天子者，歸必致於其君，君有命乃服之。君賜，稽首，據掌，致諸地。致首於地。據掌，以左手覆案右手也。酒肉之賜弗再拜。輕也。受重賜者拜受，又拜於其室。凡賜，君子與小人不同日。慎於尊卑。

凡獻於君，獻。大夫使宰，士親，皆再拜稽首送之。敬也。膳於君，有葷桃茢，於大夫去茢，於士去葷，皆造於膳宰。膳，美食也。葷、桃、茢，辟凶邪也。大夫用葷、桃，士桃而已。葷，薑及辛菜也。茢，菼帚也。造於膳宰，既致命而授之。葷，或作「君」。大夫不親拜，爲君之答己也。不敢變動至尊。

大夫拜賜而退，士待諾而退，又拜，弗答拜。小臣受大夫之拜，復以入告，大夫拜便辟也。大夫親賜士，士拜受，又拜於其室，衣服弗服以拜。異於君惠也。拜受，又就拜於其家，是所謂再拜也。敵者不在，拜於其室。謂來賜時不見也，見則不復往也。

凡於尊者有獻，於尊者，獻。而弗敢以聞。此謂獻辭也。《少儀》曰：「君將適他，臣若致金玉貨貝於君，則曰：『致馬資於有司。』」是其類也。士於大夫不承賀，賀。下大夫於上大夫承賀。承，受也。士有慶事，不聽大夫親來賀己，不敢變動尊也。親在，行禮於人稱父。人或賜之，則稱父拜之。事統於尊。禮不盛，服不充，禮盛者服充，大事不崇曲敬。故大裘不裼，乘路車不式。謂祭天也。《周禮》：「王祀昊天上帝，則服大裘而冕，乘玉路。」或曰：「乘兵車不式。」

父命呼，人子之禮。「唯」而不「諾」，手執業則投之，食在口則吐之，走而不趨。至敬。親老，出不易方，復不過時。不可以憂父母也。易方，爲其不信己所處也。復，反也。親瘠，色容不盛，此孝子之疏節也。言非至孝也。瘠，病也。王季有疾，文王色憂，行不能正履。父没而不能讀父之書，手澤存焉爾。母没而杯圈不能飲焉，口澤之氣存焉爾。孝子見親之器物，哀惻不忍用也。圈，屈木所爲，謂巵、匜之屬。

君入門，入門，兩君相見。介拂闑，大夫中棖與闑之閒，士介拂棖。此謂兩君相見也。棖，門楔也。君入必中門，上介夾闑，大夫介、士介雁行於後，示不相沿也。君若迎聘客，擯者亦然。賓入不中門，不履閾。辟尊者所從也。此謂聘客也。閾，門限。公事自闑西，聘。聘享也。私事自闑東。覿面也。

君與尸行接武，步趍之節。尊者尚徐，蹈半迹。大夫繼武，迹相及也。士中武，迹閒容迹。徐趨皆用是，君大夫士之徐行也，皆如與尸行之節也。疾趨則欲發，而手足毋移。疾趨，謂直行也，疏數自若。發，謂起屨也。移之言靡匜也。毋移，欲其直且正。欲，或爲「數」。圈舉遠。豚行，不舉足，齊咨。如流。圈，轉也。豚之言若有所循。不舉足，曳踵則衣之齊如水之流矣。孔子執圭則然。此徐趨也。席上亦然。尊處亦尚徐也。端行，頤霤如矢。弁行，剡剡起屨。此疾趨也。端，直也。頤，或爲「霤」也。執龜玉，舉前曳踵，蹜蹜如也。著徐趨之事。

凡行，容愓愓。愓，容。愓愓，直疾貌也。凡行，謂道路也。廟中齊齊，恭慤貌也。朝廷濟濟翔翔。莊敬貌也。君子之容舒遲，見所尊者齊遬。謙慤貌也。遬，猶蹙蹙也。足容重，舉欲遲也。手容恭，高且正也。目容端，不睇視也。口容止，不妄動也。聲容静，不噦欬也。頭容直，不傾顧也。氣容肅，似不息也。立容德，如有予也。色容莊。勃如戰色。坐如尸。坐容。尸居神位，敬慎也。燕居告温温。燕容。告，謂教使也。《詩》云：「温温恭人。」

凡祭，容貌顔色，祭容。如見所祭者。如覩其人在此。喪容纍纍，喪容。羸憊貌也。色容顛顛，憂思貌也。視容瞿屨。瞿梅梅，不審貌也。言容繭繭。聲氣微也。

戎容暨暨，戎容。果毅貌也。言容詻五格。詻，教令嚴也。色容厲肅，儀形貌也。視容清明。察於事也。

立容辨卑，毋讇，諂。辨，讀爲「貶」。自貶卑，謂磬折也。讇，爲傾身以有下也。頭頸必中。頭容直。山立，不動摇也。時行，時而後行也。《詩》云：「威儀孔時。」盛氣顛田。實揚休，吁句。顛，讀爲「闐」。揚，讀爲「陽」。聲之誤也。盛身中之氣，使之闐滿，其息若陽氣之何物也。玉色。色不變也。

凡自稱，自稱。天子曰「予一人」，謙，自别於人而已。伯曰「天子之力臣」。伯，上公九命，分陝者。諸侯之於天子，曰「某土之守臣某」。其在邊邑，曰「某屏之臣某」。其於敵以下，曰「寡人」。

小國之君曰「孤」，擯者亦曰「孤」。邊邑，謂九州之外。大國之君自稱曰「寡人」，擯者曰「寡君」。上大夫曰「下臣」，擯者曰「寡君之老」。下大夫自名，擯者曰「寡大夫」。世子自名，擯者曰「寡君之適」。擯者之辭，主謂見於他國君。下大夫自名，於他國君曰「外臣某」。公子曰「臣孽」。孽，當爲「枿」，聲之誤。士曰「傳遽之臣」，於大夫曰「外私」。傳遽，以車馬給使者也。士臣於大夫者曰「私人」。大夫私事使，私人擯則稱名。私事使，謂以君命私行，非聘也。若魯成公時，晉侯使韓穿來言汶陽之田，歸之于齊之類。公士擯，則曰「寡大夫」、「寡君之老」。大夫有所往，必與公士爲賓也。謂聘也。大聘使上大夫，小聘使下大夫。公士爲賓，謂作介也。往，之也。

明堂位第十四《別録》屬《明堂陰陽》。

鄭氏注

昔者周公朝諸侯于明堂之位，周公攝王位，以明堂之禮儀朝諸侯也。不於宗廟，辟王也。天子負斧依，南鄉而立。天子，周公也。負之言背也。斧依，爲斧文屏風於户牖之間，周公於前立焉。三公，中階之前，北面，東上。諸侯之位，阼階之東，西面，北上。諸伯之國，西階之西，東面，北上。諸子之國，門東，北面，東上。諸男之國，門西，北面，東上。九夷之國，東門之外，西面，北上。八蠻之國，南門之外，北面，東上。六戎之國，西門之外，東面，南上。五狄之國，北門之外，南面，東上。九采之國，應門之外，北面，東上。四塞，世告至。此周公明堂之位也。朝之禮不於此，周公權用之也。朝位之上，上近主位，尊也。九采，九州之牧，典貢職者也。正門謂之應門。二伯帥諸侯而入，牧居外而糾察之也。四塞，謂夷服、鎮服、蕃服在四方爲蔽塞者，新君即位則乃朝。《周禮》：「侯服歲一見，甸服二歲一見，男服三歲一見，采服四歲一見，衛服五歲一見，要服六歲一見，九州之外謂之蕃國，世一見。」

明堂也者，明諸侯之尊卑也。朝於此，所以正儀辨等也。昔殷紂亂天下，脯鬼侯以饗諸侯，以人肉爲薦羞，惡之甚也。是以周公相武王以伐紂。武王崩，成王幼弱，周公踐天子之位，以治天下。六年，朝諸侯於明堂，制禮作樂，頒度量而天下大服。踐，猶履也。頒，讀爲「班」。度，謂丈尺、高卑、廣狹也。量，謂豆、區、斗、斛、筐、筥所容受。七年，致政於成王。成王以周公爲有勳勞於天下。致政，以王事歸授之。王功曰勳，事功曰勞。李氏謂此篇專論魯禮。《書》稱周公位冢宰，正百工。《記》稱成王幼，不能涖阼，周公相，踐阼而治。周明堂，有周公輔成王朝會之圖，而此篇徑謂周公踐天子位，朝諸侯。可謂誣矣。此説始見於《荀子》之書，而盛聞於王莽之時。必其閒諸生腐儒，得魯禮器之籍，而文其説以媚當時，誇後世耳。且周公前事借曰難知，魯之後事備於《春秋》經傳諸書。論其君臣之變，則隱公弑，閔公殺子惡，又弑。論其禮法政俗之變，則初税畝，作丘甲，娶吴孟子。孔子曰：「魯之郊禘，非禮也。周公其衰矣。」而季氏八佾，三家雍徹，其它魯禮之末失，孔子屢嘆之。又曰：「洙泗之間，斷斷如也，魯其衰矣。」諸若此類，不可枚舉。而此篇之終，謂「君臣未嘗相弑，禮樂刑法政俗，未嘗相變。」然則即篇終言之誣，則篇首言周公之事，其誣可知矣。是以封周公於曲阜，地方七百里，革車千乘。曲阜，魯地，上公之封，地方五百里，加魯以四等之附庸，方百里者二十四，并五王二十五，積四十九，開方之得七百里。革車，兵車也。兵車千乘，成國之賦也。《詩·魯頌》曰：「王謂叔父，建爾元子，俾侯于魯。大啓爾宇，爲周室輔。乃命魯公，俾侯于東。錫之山川，土田附庸。」又曰：「公車千乘，朱英緑縢。」命魯公世世祀周公以天子之禮樂。同之於周，尊之也。魯公，謂伯禽。是以魯君孟春乘大路，載戴。弧韣，獨。旂十有二旒，日月之章，祀帝于郊，配以后稷，天子之禮也。孟春，建子之月，魯之始郊，日以至。大路，殷之祭天車也。弧，旌旗所以張幅也。其衣曰韣。天子之旌旗畫日月。帝，謂蒼帝靈威仰也。昊天上帝，魯不祭。季夏六月，以禘禮祀周公於大廟，牲用白牡，尊用犧、象、山罍，鬱尊用黄目，灌用玉瓚大圭，薦用玉豆、雕篹，損管。爵用玉琖仍雕，加以璧散、璧角，俎用梡、嶡。升歌《清廟》，下管《象》。朱干玉戚，冕而舞《大武》。皮弁素積，裼而舞《大夏》。《昧》，東夷之樂也。《任》，南蠻之樂也。納夷蠻之樂於大廟言廣魯於天下也。季夏，建巳之月也。禘，大祭也。周公曰大廟，魯公曰世室，群公稱宫。白牡，殷牲也。尊，酒器也。犧尊，以沙羽爲畫飾，象骨飾之。鬱鬯之器也，黄彝也。灌，酌鬱尊以獻也。瓚形如槃，容五升，以大圭爲柄，是謂圭瓚。篹，籩屬也，以竹爲之。雕，刻飾其直者也。爵，君所進於尸也。仍，因也，因爵之形爲之飾也。加，加爵也。散、角，皆以璧飾其口也。梡，始有四足也，嶡爲之距。《清廟》，《周頌》也。《象》，謂《周頌・武》也，以管播之。朱干，赤大盾也。戚，斧也。冕，冠名也。諸公之服，自衮冕而下如王之服也。《大武》，周舞也。《大夏》，夏舞也。《周禮》：「昧師掌教《昧》樂。」《詩》曰：「以《雅》以《南》，以《籥》不僭。」廣，大也。君卷冕立于阼，夫人副褘立于房中。君肉袒迎牲于門，夫人薦豆籩。卿大夫贊君，命婦贊夫人。各揚其職。百官廢職服大刑，而天下大服。副，首飾也，今之步摇是也。《詩》云：「副笄六珈。」《周禮・追師》：「掌王后之首服，爲副。」褘，王后之上服，唯魯及王者之後夫人服之，諸侯夫人則自揄翟而下。贊，佐也。命婦，於内則世婦也，於外則大夫之妻也。祭祀，世婦以下佐夫人。揚，舉也。大刑，重罪也。天下大服，知周公之德宜饗此也。是故夏礿、秋嘗、冬烝、春社、秋省而遂大蜡，天子之祭也。不言「春祠」，魯在東方，王東巡守以春，或闕之。省，讀爲「獮」。獮，秋田名也。春田祭社，秋田祀祊。大蜡，歲十二月，索鬼神而祭之。

大廟，天子明堂。庫門，天子皐門。雉門，天子應門。言廟及門如天子之制也。天子五門：皐、庫、雉、應、路。魯有庫、雉、路，則諸侯三門與?皋之言高也。《詩》云：「乃立皋門，皋門有伉。乃立應門，應門將將。」振木鐸於朝天子之政也。天子將發號令必以木鐸警衆。山節，藻棁，復福。廟，重檐，刮楹，達鄉，反坫，出尊，崇坫，康圭，疏屏，天子之廟飾也。山節，刻薄盧爲山也。藻棁，畫侏儒柱爲藻文也。復廟，重屋也。重檐，重承壁材也。刮，刮摩也。鄉，牖屬，謂夾户窻也。每室八窻爲四達。反坫，反爵之坫也。出尊，當尊南也。唯兩君爲好，既獻，反爵於其上。禮，君尊于兩楹之間。崇，高也。康，讀爲「亢龍」之「亢」。又爲高坫，亢所受圭，奠于上焉。屏，謂之樹，今浮思也。刻之爲雲氣蟲獸，如今闕上爲之矣。

鸞車，有虞氏之路也。鉤車，夏后氏之路也。大路，殷路也。乘路，周路也。鸞，有鸞和也。鉤，有曲輿者也。大路，木路也。乘路，王路也。漢祭天，乘殷之路也，今謂之桑根車也。《春秋傳》曰：「大路素。」鸞，或爲「欒」也。有虞氏之旂，夏后氏之綏，而追。殷之大白，周之大赤。四者，旌旗之屬也。綏，當爲「緌」，讀如「冠蕤」之「蕤」。有虞氏當言「緌」，夏后氏當言「旂」，此蓋錯誤也。緌，謂注旄牛尾於杠首，所謂大麾。《書》云：「武王左杖黄鉞，右秉白旄以麾。」《周禮》：「王建大旂以賓，建大赤以朝，建大白以即戎，建大麾以田也。」夏后氏駱馬黑鬣，殷人白馬黑首，周人黄馬蕃鬣，夏后氏牲尚黑，殷白牡，周騂剛。順正色也。白馬黑鬣曰駱。殷黑首，爲純白凶也。騂剛，赤色。泰，有虞氏之尊也。山罍，夏后氏之尊也。著，殷尊也。犧象，周尊也。泰用瓦。著，著地無足。爵，夏后氏以琖，殷以斝，周以爵。斝，畫禾稼也。《詩》曰：「洗爵奠斝。」灌尊，夏后氏以雞夷，殷以斝，周以黄目。其勺，是若。夏后氏以龍勺，殷以疏勺，周以蒲勺。夷，讀爲「彝」。《周禮》：「春祠夏禴，祼用雞彝、鳥彝。秋嘗冬烝，祼用斝彝、黄彝。」龍，龍頭也。疏，通刻其頭。蒲，合蒲如鳧頭也。土鼓、蕢桴、葦籥，伊耆氏之樂也。蕢，當爲「凷」，聲之誤也。籥如笛，三孔。伊耆氏，古天子有天下之號也。今有姓伊耆氏者。拊拊、玉磬、揩居八。擊、大琴、大瑟、中琴、小瑟，四代之樂器也。拊搏，以韋爲之，充之以糠，形如小鼓。揩、擊，謂柷、敔，皆所以節樂者也。四代，虞、夏、殷、周也。魯公之廟，文世室也。武公之廟，武世室也。此二廟，象周有文王、武王之廟也。世室者，不毁之名也。魯公，伯禽也。武公，伯禽之玄孫也，名敖。米廩，有虞氏之庠也。序，夏后氏之序也。瞽宗，殷學也。頖宫，周學也。庠、序，亦學也。庠之言詳也，於以考禮詳事也。魯謂之米廩。虞帝上孝，今藏粢盛之委焉。序，次序王事也。瞽宗，樂師瞽矇之所宗也。古者有道德者使教焉，死則以爲樂祖，於此祭之。頖之言班也，於以班政教也。崇鼎、貫鼎、大璜、封父龜，天子之器也。崇、貫、封父，皆國名。文王伐崇。古者伐國，遷其重器，以分同姓。大璜，夏后氏之璜。《春秋傳》曰：「分魯公以夏后氏之璜。」越棘、大弓，天子之戎器也。越，國名也。棘，戟也。《春秋傳》曰：「子都拔棘。」夏后氏之鼓足，殷楹鼓，周縣鼓。足，謂四足也。楹謂之柱，貫中上出也。縣，縣之簨虡也。《殷頌》曰：「植我鼗鼓。」《周頌》曰：「應朄縣鼓。」垂之和鐘，叔之離磬，女媧之笙簧。垂，堯之共工也。女媧，三皇承宓羲者。叔，未聞也。和離，謂次序其聲縣也。笙簧，笙中之簧也。《世本》作曰：「垂作鐘，無句作磬，女媧作笙簧。」夏后氏之龍簨筍。虡，殷之崇牙，周之璧翣。簨虡，所以縣鐘磬也。横曰簨，飾之以鱗屬。横曰虡，飾之以臝屬、羽屬。簨以大版爲之，謂之業，殷又於龍上刻畫之爲重牙，以挂縣紘也。周又畫繒爲翣，戴以璧，垂五采羽於其下，樹於簨之角上，飾彌多也。《周頌》曰：「設業設虡，崇牙樹羽。」有虞氏之兩敦，夏后氏之四璉，殷之六瑚，周之八簋。皆黍稷器，制之異同未聞。俎，有虞氏以梡，夏后氏以嶡，殷以椇，矩。周以房俎。梡，斷木爲四足而已。嶡之言蹷也，謂中足爲横距之象，《周禮》謂之「距」。椇之言枳椇也，謂曲橈之也。房，謂足下跗也，上下兩間，有似於堂房。《魯頌》曰：「籩豆大房。」夏后氏以楬苦瞎。豆，殷玉豆，周獻莎。豆。楬，無異物之飾也。獻，疏刻之。齊人謂無髮爲禿楬。有虞氏服韍，夏后氏山，殷火，周龍章。韍，冕服之韠也。舜始作之，以尊祭服。禹、湯至周，增以畫文，後王彌飾也。山，取其仁可仰也。火，取其明也。龍，取其變化也。天子備焉，諸侯火而下，卿大夫山，士韎韋而已。韍，或作「黻」。有虞氏祭首，夏后氏祭心，殷祭肝。周祭肺。氣主盛也。夏后氏尚明水，殷尚醴，周尚酒。此皆其時之用耳，言尚非。有虞氏官五十，夏后氏官百，殷二百，周三百。周之六卿，其屬各六十，則周三百六十官也。此云「三百」者，《記》時《冬官》亡矣。《昏義》曰：「天子立六官、三公、九卿、二十七大夫、八十一元士。」凡百二十，蓋謂夏時也。以夏、周推前後之差，有虞氏官宜六十，夏后氏宜百二十，殷宜二百四十，不得如此《記》也。有虞氏之綏，夏后氏之綢州。練，殷之崇牙，周之璧翣。綏，亦旌旗之緌也。夏綢其杠，以練爲之旒。殷又刻繒爲重牙，以飾其側，亦飾彌多也。湯以武受命，恒以牙爲飾也。此旌旗及翣，皆喪葬之飾。《周禮》，大喪葬，巾車「執蓋從車，持旌」，御僕「持翣」。旌從遣車，翣夾柩路左右前後。天子八翣，皆戴璧垂羽。諸侯六翣，皆戴圭。大夫四翣，士二翣，皆戴緌。孔子之喪，公西赤爲志，亦用此焉。《爾雅》説旌旗曰：「素錦綢杠，纁白縿，素升龍於縿，練旒九。」凡四代之服、器、官，魯兼用之。是故魯，王禮也。天下傳之久矣，君臣未嘗相弑也，禮樂刑法政俗未嘗相變也。天下以爲有道之國，是故天下資禮樂焉。王禮，天子之禮也。傳，傳世也。資，取也。此蓋盛周公之德耳。春秋時，魯三君弑，又士之有誄由莊公始，婦人髽而弔始於臺駘。云「君臣未嘗相弑，政俗未嘗相變」，亦近誣矣。資，或爲「飲」。

禮記卷第十

喪服小記第十五

文公曰：「李氏只是解《儀禮》，如《喪服小記》便是解《喪服傳》，推之篇皆然。」《别録》屬《喪服》「三年之喪。」

鄭氏注

斬衰，首服。括髮以麻。爲母，括髮以麻，免問。而以布。母服輕，至免，可以布代麻也。爲母，又哭而免。齊衰，惡笄以終喪。笄，所以卷髮。帶，所以持身也。婦人質，於喪所以自卷持者，有除無變。男子冠而婦人笄，男子免而婦人髽。莊加。其義：爲男子則免，爲婦人則髽。别男女也。

苴睢。杖，杖。竹也。削杖，桐也。

祖父卒，而後爲祖母後者三年。祖父在，則其服如父在爲母也。

爲父、母、長子稽顙。稽顙。喪尊者及正體，不敢不盡禮。大夫弔之，雖緦必稽顙。尊大夫，不敢以輕待之。婦人爲夫與長子稽顙，其餘則否。恩殺於父母。

男主必使同姓，主喪。婦主必使異姓。謂以無主後者爲主也。異姓，同宗之婦也。婦人外成。

爲父後者，傳喪。爲出母無服。不敢以己私，廢父所傳重之祭祀。

親親，親親之殺。以三爲五，以五爲九，上殺、下殺、旁殺，而親畢矣。己，上親父，下親子，三也。以父親祖，以子親孫，五也。以祖親高祖，以孫親玄孫，九也。殺，謂親益疏者，服之則輕。

王者禘其祖之所自出，禘祭。以其祖配之，禘，大祭也。始祖感天神靈而生，祭天則以祖配之。自外至者，無主不止。而立四廟。高祖以下，與始祖而五。庶子王亦如之。世子有廢疾不可立，而庶子立，其祭天立廟亦如世子之立也。春秋時衛侯元有兄縶。

別子爲祖，宗子法。諸侯之庶子，別爲後世爲始祖也。謂之別子者，公子不得禰先君。繼別爲宗，別子之世長子，爲其族人爲宗，所謂「百世不遷之宗」。繼禰者爲小宗。別子，庶子之長子，爲其昆弟爲宗也。謂之小宗者，以其將遷也。有五世而遷之宗，其繼高祖者也。謂小宗也。小宗有四：或繼高祖，或繼曾祖，或繼祖，或繼禰。皆至五世則遷。是故祖遷於上，宗易於下。尊祖故敬宗，敬宗所以尊祖禰也。宗者，祖禰之正體。庶子不祭祖者，明其宗也。明其尊宗以爲本也，禰則不祭矣。言不祭祖者，主謂宗子、庶子俱爲適士，得立祖、禰廟者也。凡正體在乎上者，謂下正猶爲庶也。庶子不爲長子斬，不繼祖與禰故也。尊先祖之正體，不二其統也。言「不繼祖、禰」，則長子不必五世。庶子不祭殤與無後者，殤與無後者從祖祔食。不祭殤者，父之庶也。不祭無後者，祖之庶也。此二者當從祖祔食而已，不祭祖，無所食之也。共其牲物，而宗子主其禮焉。祖庶之殤則自祭之。凡所祭殤者，唯適子耳。無後者，謂昆弟、諸父也。宗子之諸父無後者，爲墠祭之。庶子不祭禰者，明其宗也。謂宗子、庶子俱爲下士，得立禰廟也。雖庶人亦然。

親親、尊尊、長長，通論。男女之有別，人道之大者也。言服之所以隆殺。從服者，從服。所從亡則已。謂若爲君母之父母、昆弟、從母也。屬從者，所從雖没也，服。謂若自爲己之母黨。妾從女君而出，則不爲女君之子服。妾爲女君之黨服，得與女君同。而今俱出，女君猶爲子期，妾於義絶，無施服。禮，不王不禘。禘，此句當在前「禘」章。禘，謂祭天。世子不降妻之父母，世適於妻。其爲妻也，與大夫之適子同。世子，天子、諸侯之適子也。不降妻之父母，爲妻故，親之也。爲妻亦齊衰不杖者，君爲之主，子不得伸也。主言「與大夫之適子同」，據《服》之成文也。本所以正見父在爲妻不杖，於大夫適子者，明大夫以上雖尊，猶爲適婦爲主。父爲士，祭用生者之禄。子爲天子、諸侯，則祭以天子、諸侯，其尸服以士服。祭以天子、諸侯，養以子道也。尸服士服，父本無爵，子不敢以己爵加之，嫌於卑之。父爲天子、諸侯，子爲士，祭以士，其尸服以士服。謂父以罪誅，尸服以士服，不成爲君也。天子之子，當封爲王者後，以祀其受命之祖，云「爲士」，則擇其宗之賢者若微子者，不必封其子。爲王者後，及所立爲諸侯者，祀其先君以禮卒者，尸服天子、諸侯之服。如遂無所封立，則尸也、祭也皆如士，不敢僭用尊者衣物。

婦當喪而出，婦出。則除之。爲父母喪：未練而出，則三年。既練而出，則已。未練而反，婦反。則期。既練而反，則遂之。當喪，當舅姑之喪也。出除喪，絶族也。

再期之喪，喪期。三年也。期之喪，二年也。九月、七月之喪，三時也。五月之喪，二時也。三月之喪，一時也。言喪之節，應歲時之氣。故期而祭，禮也。期而除喪，道也。祭不爲除喪也。此謂練祭也。禮，正月存親，親亡至今而期，期則宜祭。期，天道一變，哀惻之情益衰，衰則宜除，不相爲也。三年而後葬者必再祭，緩喪。其祭之間不同時，而除喪。再祭，練、祥也。間不同時者，當異月也。既祔，明月練而祭，又明月祥而祭。必異月者，以葬與練、祥本異歲，宜異時也。而除喪，已祥則除，不禫。大功者主人之喪，有三年者則必爲之再祭，朋友虞、祔而已。謂死者之從父昆弟來爲喪主。有三年者，謂妻若子幼少，大功爲之再祭，則小功、緦麻爲之練祭可也。士妾有子而爲之緦，士妾。無子則已。士卑，妾無男女則不服，不別貴賤。生不及祖父母、諸父、昆弟，而父稅吐外。喪，稅喪。已則否。謂子生於外者也。父以他故居異邦而生己，己不及此親存時歸見之，今其死，於喪服年月已過乃聞之，父爲之服。己則否者，不責非時之恩於人所不能也。當其時則服。稅，讀如「無禮則稅」之「稅」。稅喪者，喪與服不相當之言。爲君之父、母、妻、長子，君已除喪而后聞喪，則不稅。臣之恩輕也。謂卿大夫出聘問，以他故久留。降而在緦、小功者，則稅之。謂正親在齊衰、大功者。正親緦、小功，不稅矣。《曾子問》曰：「小功不稅，則是遠兄弟終無服也。」此句補脱誤在是，宜承「父稅喪已則否」。近臣，君服斯服矣。其餘從而服，不從而稅。謂君出，朝覲不時，反而不知喪者。近臣，閽、寺之屬也。其餘，群介、行人、宰、史也。君雖未知喪，臣服已。從服者，所從雖在外，自若服也。

虞，杖喪節。不入於室。祔，杖不升於堂。哀益衰，敬彌多也。虞於寢，祔於祖廟。爲君母後者，徒從。君母卒，則不爲君母之黨服。徒從也。所從亡則已。

絰殺五分而去一，絰杖。杖大如絰。如要絰也。

妾爲君之長子，與女君同。不敢以恩輕輕服君之正統。

除喪者，先重者。謂練，男子除乎首，婦人除乎帶。易服者，易輕者。除喪遭小喪。謂大喪既虞、卒哭而遭小喪也。其易喪服，男子易乎帶，婦人易乎首。

無事不辟廟門。鬼神尚幽闇也。廟，殯宮。哭皆於其次，無時哭。無時哭也。有事則入即位。

復與書銘，復書銘。自天子達於士，其辭一也。男子稱名。婦人書姓與伯仲，如不知姓，則書氏。此謂殷禮也。殷質，不重名，復則臣得名君。周之禮，天子崩，復曰：「皋，天子復！」諸侯薨，復曰：「皋，某甫復！」其餘及書銘則同。

斬衰之葛，葛麻之等。與齊衰之麻同。絰之大，俱七寸五分寸之一。帶，五寸二十五分寸之十九。齊衰之葛，與大功之麻同。絰之大，俱五寸二十五分寸之十九。帶，四寸百二十五分寸之七十六。麻同，皆兼服之。皆者，皆上二事也。兼服之，謂服麻又服葛也。男子則絰上服之葛，帶下服之麻。婦人則絰下服之麻，固自帶其故帶也。所謂「易服易輕者」也。「兼服」之文，主於男子。

報葬者速葬。報虞，三月而後卒哭。報，讀爲「赴疾」之「赴」。謂不及期而葬也。既葬即虞，虞，安神也。卒哭之祭，待哀殺也。

父母之喪偕，並有喪。先葬者不虞、祔，待後事。其葬，服斬衰。偕，俱也。謂同月若同日死也。先葬者，母也。《曾子問》曰：「葬，先輕而後重。」又曰：「反葬奠，而後辭於殯，遂修葬事。其虞也，先重而後輕。」待後事，謂如此也。其葬，服斬衰者，喪之隆哀宜從重也。假令父死在前月，而同月葬，猶服斬衰，不葬不變服也。言「其葬，服斬衰」，則虞、祔各以其服矣。及練、祥皆然。卒事反服重。大夫降其庶子，大夫。其孫不降其父。祖不厭孫也。大夫爲庶子大功。

大夫不主士之喪。降殺。士之喪雖無主，不敢攝大夫以爲主。

爲慈母之父母無服。恩不能及。

夫爲人後者，其妻爲舅姑大功。以不貳隆。士祔於大夫，升祔。則易牲。不敢以卑牲祭尊也。大夫少牢也。繼父不同居也者，繼父。必嘗同居，皆無主後，同財而祭其祖禰爲同居，有主後者爲異居。録恩服深淺也。見同財則期，同居異財，故同居，今異居，及繼父有子，亦爲異居，則三月。未嘗同居，則不服。哭朋友者，哭朋友。於門外之右，南面。變於有親者也。門外，寢門外。

祔葬者祔葬。不筮宅。宅，葬地也。前人葬既筮之。

士大夫不得祔於諸侯，祔廟。祔於諸祖父之爲士大夫者。其妻祔於諸祖姑，妾祔於妾祖姑，亡則中一以上而祔，祔必以其昭穆。士大夫，謂公子、公孫爲士大夫者。不得祔於諸侯，卑別也。既卒哭，各就其先君爲祖者，兄弟之廟而祔之。中，猶間也。諸侯不得祔於天子。天子、諸侯、大夫可以祔於士。人莫敢卑其祖也。

爲母之君母，徒從。母卒則不服。宗子將妻。母之君母，外祖適母，徒從也。所從亡則已。

宗子，母在爲妻禫。宗子之妻尊也。爲慈母後者，慈母後。爲庶母可也，爲祖庶母可也。謂父命之爲子母者也。即庶子爲後，此皆子也，傳重而已，不先命之與適妻使爲母子也。緣爲慈母後之義，父之妾無子者，亦可命己庶子爲後。

爲父、母、妻、長子禫。禫。目所爲禫者也。慈母與妾母，不世祭也。於孫止。以其非正。《春秋傳》曰：「於子祭，於孫止。」

丈夫冠而不爲殤，殤。婦人笄而不爲殤。言成人也。婦人許嫁而笄。未許嫁，與丈夫同。爲殤後者，以其服服之。言「爲後」者，據承之也。殤無爲人父之道，以本親之服服之。

久而不葬者，久不葬。唯主喪者不除，其餘以麻終月數者，除喪則已。其餘，謂旁親也。以麻終月數，不葬者喪不變也。

箭笄終喪三年。笄。亦於喪所以自卷持者，有除無變。

齊衰三月，與大功同者繩屨。屨。雖尊卑異，於恩有可同也。

練，練。筮日、筮尸、視濯，皆要絰、杖、繩屨，有司告具而後去杖。筮日、筮尸，有司告事畢，而後杖拜送賓。臨事去杖，敬也。濯，謂溉祭器也。大祥，祥。吉服而筮尸。凡變除者，必服其吉服以即祭事，不以凶臨吉也。《間傳》曰：「大祥，素縞麻衣。」

庶子在父之室，庶子。則爲其母不禫。妾子，父在厭也。庶子不以杖即位。下適子也。位，朝夕哭位也。父不主庶子之喪，則孫以杖即位可也。祖不厭孫，孫得伸也。父在，庶子爲妻，以杖即位可也。舅不主妾之喪，子得伸也。

諸侯弔於異國之臣，諸侯弔。則其君爲主。君爲之主，弔臣，恩爲己也。子不敢當主，中庭北面哭，不拜。諸侯弔，必皮弁錫衰。所弔雖已葬，主人必免。主人未喪服，則君亦不錫衰。必免者，尊人君，爲之變也。未喪服，未成服也。既殯成服。

養有疾者不喪服，喪養疾。遂以主其喪。不喪服，永生主吉，惡其凶也。遂以主其喪，謂養者有親也，死則當爲之主。其爲主之服，如素無喪服。非養者入主人之喪，則不易己之喪服。入，猶來也。謂養者無親於死者，不得爲主，其有親來爲主者。素有喪服而來爲主，與素無服者異。素無服、素有服，爲今死者當服，則皆三日成也。養尊者必易服，養卑者否。尊，謂父兄。卑，謂子弟之屬。

妾無妾祖姑者，妾祔。易牲而祔於女君可也。女君，適祖姑也。易牲而祔，則凡妾下女君一等。

婦之喪，婦之喪。虞，卒哭，其夫若子主之。祔則舅主之。婦，謂凡適婦、庶婦也。虞、卒哭祭婦，非舅事也。祔於祖廟，尊者宜主焉。士不攝大夫，士攝大夫唯宗子。士之喪雖無主，不敢攝大夫以爲主。宗子尊，可以攝之。

主人未除喪，主喪。有兄弟自他國至，則主人不免而爲主。親質，不崇敬也。

陳器之道，陳器。多陳之而省納之可也，省陳之而盡納之可也。多陳之，謂賓客之就器也，以多爲榮。省陳之，謂主人之明器也，以節爲禮。

奔兄弟之喪，奔喪。先之墓而後之家，爲位而哭。所知之喪，則哭於宫，而後之墓。兄弟先之墓，骨肉之親，不由主人也。宫，故殯宫也。父不爲衆子次於外。衆子。於庶子略，自若居寢。

與諸侯爲兄弟者，服斬。謂卿大夫以下也。與尊者爲親，不敢以輕服服之。言「諸侯」者，明雖在異國，猶來爲三年也。

下殤小功，帶澡麻不絶，下殤帶。本詘而反以報之。報，猶合也。下殤小功，本齊衰之親，其絰、帶，澡率治麻爲之。帶不絶其本，屈而上至要，中合而糾之，明親重也。凡殤散帶垂。

婦祔於祖姑，婦祔。祖姑有三人，則祔於親者。謂舅之母死，而又有繼母二人也。親者，謂舅所生。

其妻爲大夫而卒，而後其夫不爲大夫，而祔於其妻，大夫祔於妻。則不易牲。妻卒而後夫爲大夫，而祔於其妻，則以大夫牲。妻爲大夫，夫爲大夫時卒，不易牲，以士牲也。此謂始來仕無廟者，無廟者不祔。宗子去國，乃以廟從。

爲父後者，爲出母無服。傳重，重出。無服也者，喪者不祭故也。適子正體於上，當祭祀也。婦人不爲主而杖者，婦人杖。姑在爲夫杖，姑不厭婦。母爲長子削杖。嫌服男子當杖竹也。母爲長子服，不可以重於子爲己也。女子子在室爲父母，其主喪者不杖，則子一人杖。女子子在室，亦童子也。無男昆弟，使同姓爲攝主，不杖，則子一人杖，謂長女也。許嫁及二十而笄，笄爲成人。成人正杖也。

緦，小功，虞、卒哭則免。免。棺柩已藏，嫌恩輕，可以不免也。言「則免」者，則既殯、先啓之間，雖有事不免。既葬而不報虞，則雖主人皆冠，及虞則皆免。有故不得疾虞，雖主人皆冠，不可久無飾也。皆免，自主人至緦麻。爲兄弟既除喪已，及其葬也，反服其服。報虞、卒哭則免，如不報虞則除之。小功以下。遠葬者，比反哭者皆冠，及郊而後免，反哭。墓在四郊之外。君弔，雖不當免時也，主人必免，不散麻。雖異國之君，免也，親者皆免。不散麻者，自若絞垂。爲人君變，貶於大斂之前，既啓之後也。親者，大功以上也。異國之君「免」，或爲「弔」。

除殤之喪者，除喪，殤。其祭也必玄。殤無變，文不縞。冠、玄端、黄裳而祭，不朝服，未純吉也。於成人爲釋禫之服。除成喪者，其祭也朝服縞冠。成，成人也。縞冠，未純吉祭服也。既祥祭，乃素縞麻衣。

奔父之喪，奔父母之喪。括髮於堂上，袒，降踴，襲絰于東方。奔母之喪，不括髮，袒於堂上，降踴，襲免于東方，絰。即位成踴，出門，哭止。三日而五哭三袒。凡奔喪，謂道遠，已殯乃來也。爲母不括髮，以至成服，一而已，貶於父也。「即位」以下，於父母同也。三日五哭者，始至訖夕反位哭，乃出就次，一哭也。與明日、又明日之朝夕而五哭。三祖者，始至袒，與明日、又明日之朝而三也。

適婦不爲舅後者，庶婦。則姑爲之小功。謂夫有廢疾他故，若死而無子，不受重者。小功，庶婦之服也。凡父母於子，舅姑於婦，將不傳重於適，及將所傳重者非適，服之皆如庶子、庶婦也。

大傳第十六《別録》屬《通論》。

鄭氏注

禮，不王不禘。禘、祫。王者禘其祖之所自出，以其祖配之。凡大祭曰禘。自，由也。大祭其先祖所由生，謂郊祀天也。王者之先祖，皆感大微五帝之精以生，蒼則靈威仰，赤則赤熛怒，黄則含樞紐，白則白招拒，黑則汁光紀。皆用正歲之正月郊祭之，蓋特尊焉。《孝經》曰「郊祀后稷以配天」，配靈威仰也。「宗祀文王於明堂，以配上帝」，泛配五帝也。諸侯及其大祖。大祖，受封君也。大夫、士有大事，省於其君，干祫及其高祖。大事，寇戎之事也。省，善也。善於其君，謂免於大難也。干，猶空也。空祫，謂無廟祫祭之於壇墠。

牧之野，追王。武王之大事也。既事而退，柴於上帝，祈於社，設奠於牧室。柴、祈、奠，告天地及先祖也。牧室，牧野之室也。古者郊關皆有館焉。先祖者，行主也。遂率天下諸侯，執豆籩，逡奔走。逡，疾也。疾奔走，言勸事也。《周頌》曰：「逡奔走在廟。」追王大王亶父、王季歷、文王昌，不以卑臨尊也。不用諸侯之號臨天子也。文王稱王早矣，於殷猶爲諸侯，於是著焉。

上治祖禰，人道。尊尊也。下治子孫，親親也。旁治昆弟，合族以食，序以昭繆，別之以禮義，人道竭矣。治猶正也。繆讀爲「穆」，聲之誤也。竭，盡也。

聖人南面而聽天下，通論。所且先者五，民不與焉。且先，言未遑餘事。一曰治親，二曰報功，三曰舉賢，四曰使能，五曰存愛。功，功臣也。存，察也。察有仁愛者。五者一得於天下，民無不足，無不贍者。五者一物紕繆，民莫得其死。物，猶事也。紕，猶錯也。五事得則民足，一事失則民不得其死，明政之難。聖人南面而治天下，必自人道始矣。人道，謂此五事。立權度量，考文章，改正朔，易服色，殊徽號，異器械，別衣服，此其所得與民變革者也。權，稱也。度，丈尺也。量，斗斛也。文章，禮法也。服色，車馬也。徽號，旌旗之名也。器械，禮樂之器及兵甲也。衣服，吉凶之制也。徽，或作「褘」。其不可得變革者則有矣，親親也，尊尊也，長長也，男女有別，此其不可得與民變革者也。四者，人道之常。同姓從宗，同姓異姓。合族屬。異姓主名，治際會，名著而男女有別。合，合之宗子之家，序昭穆也。異姓，謂來嫁者也。主於母與婦之名耳。際會，昏禮交接之會也。著，明也。母、婦之名不明，則人倫亂也。亂者，若衛宣公、楚平王爲子取而自納焉。異姓。其夫屬乎父道者，妻皆母道也。其夫屬乎子道者，妻皆婦道也。言母、婦無昭穆於此，統於夫耳。母焉則尊之，婦焉則卑之。尊之卑之，明非己倫，以厚別也。謂弟之妻婦者，是嫂亦可謂之母乎？言不可也。謂之「婦」與「嫂」者，以其在己之列，以名遠之耳。復謂嫂爲母，則令昭穆不明。昆弟之妻，夫之昆弟不相爲服，不成其親也。男女無親，則遠於相見。名者，人治之大者也，可無慎乎！人治所以正人。四世而緦，同姓。服之窮也。五世祖免，殺同姓也。六世親屬竭矣。四世共高祖，五世高祖昆弟，六世以外，親盡無屬名。其庶姓別於上，而戚單於下，昏姻可以通乎？問之也。玄孫之子姓別於高祖，五世而無服。姓，世所由生。繫之以姓而弗別，綴之以食而弗殊，雖百世而昏姻不通者，言周道正諸失。周道然也。周之禮，所建者長也。姓，正姓也。始祖爲正姓，高祖爲庶姓。繫之弗別，謂若今宗室屬籍也。《周禮》「小史掌定繫世，辨昭穆」。

服術有六：服術。一曰親親，二曰尊尊，三曰名，四曰出入，五曰長幼，六曰從服。術，猶道也。親親，父母爲首。尊尊，君爲首。名，世母、叔母之屬也。出入，女子子嫁者及在室者。長幼，成人及殤也。從服，若夫爲妻之父母，妻爲夫之黨服。從服有六：從服。有屬從，子爲母之黨。有徒從，臣爲君之黨。有從有服而無服，公子爲其妻之父母。有從無服而有服，公子之妻爲公子之外兄弟。有從重而輕，夫爲妻之父母。有從輕而重。公子之妻爲其皇姑。

自仁率親，輕重。等而上之至于祖，名曰輕。自義率祖，順而下之，至于禰，名曰重。一輕一重，其義然也。自，猶用也。率，循也。用恩則父母重而祖輕，用義則祖重而父母輕。恩重者爲之三年，義重者爲之齊衰。然，如是也。君有合族之道，公族。族人不得以其戚戚君，位也。君恩可以下施，而族人皆臣也，不得以父兄子弟之親，自戚於君。位，謂齒列也，所以尊君別嫌也。

庶子不祭，庶子。明其宗也。庶子不得爲長子三年，不繼祖也。明，猶尊也，一統焉。族人上不戚君，下又辟宗，乃後能相序。別子爲祖，別子。別子，謂公子，若始來在此國者，後世以爲祖也。繼別爲宗，大宗。別子之世適也，族人尊之，謂之大宗，是宗子也。繼禰者爲小宗。父之適也，兄弟尊之，謂之小宗。有百世不遷之宗，有五世則遷之宗。百世不遷者，別子之後也。宗其繼別子之所自出者，百世不遷者也。宗其繼高祖者，五世則遷者也。尊祖故敬宗，敬宗，尊祖之義也。遷，猶變易也。繼別子，別子之世適也。繼高祖者，亦小宗也。先言「繼禰」者，據別子子弟之子也。以高祖與禰皆有繼者，則曾、祖亦有也。則小宗四，與大宗凡五。有小宗而無大宗者，有大宗而無小宗者，有無宗亦莫之宗者，公子是也。公子宗法。公子有此三事也。公子，謂先君之子，今君昆弟。公子有宗道：公子之公，爲其士大夫之庶者，宗其士大夫之適者，公子之宗道也。公子不得宗君，君命適昆弟爲之宗，使之宗之，是公子之宗道也。所宗者適，則如大宗，死爲之齊衰九月，其母則小君也，爲其妻齊衰三月。無適而宗庶，則如小宗，死爲之大功九月，其母妻無服。公子唯己而已，則無所宗，亦無之宗。

絶族無移服，無服。族昆弟之子不相爲服。親者屬也。有親者，服各以其屬親疏。

自仁率親，等而上之至于祖。通論。自義率祖，順而下之至于禰。是故人道親親也。言先有恩。親親故尊祖，尊祖故敬宗，敬宗故收族，收族故宗廟嚴，宗廟嚴故重社稷，重社稷故愛百姓，愛百姓故刑罰中，刑罰中故庶民安，庶民安故財用足，財用足故百志成，百志成故禮俗刑，禮俗刑然後樂。收族，序以昭穆也。嚴，猶尊也。《孝經》曰：「孝莫大於嚴父。」百志，人之志意所欲也。刑，猶成也。《詩》云：「不顯不承，無斁於人斯。」此之謂也。斁，厭也。言文王之德不顯乎？不承成先人之業乎？言其顯且承之，人樂之無厭也。

少儀第十七《别録》屬制度。

鄭氏注

聞始見君子者，始見。辭曰：「某固願聞名於將命者。」君子，卿大夫若有異德者。固，如故也。將，猶奉也。即君子之門，而云「願以名聞於奉命者」，謙遠之也。重則云「固」。奉命，傳辭出入。不得階主。階，上進者。言賓之辭不得指斥主人。敵者曰：「某固願見。」敵，當也。願見，願見於將命者，謙也。罕見曰「聞名」。罕，希也。希相見，雖於敵者，猶爲尊主之辭，如於君子。亟見曰「朝夕」。亟，數也。於君子，則曰「某願朝夕聞名於將命者」。於敵者，則曰「某願朝夕見於將命者」。瞽曰「聞名」。瞽，無目也。以無目，辭不稱見。適有喪者曰「比」。適有喪。適，之也。曰「某願比於將命者」。比，猶比方，俱給事。童子曰「聽事」。曰「某願聽事於將命者」。童子未成人，不敢當相見之禮。適公卿之喪則曰「聽役於司徒」。喪憂戚，無賓主之禮，皆爲執事來也。

君將適他，饋贐。臣如致金玉貨貝於君，則曰「致馬資於有司」。敵者曰「贈從者」。適他，行朝會也。資，猶用也。贈，送也。

臣致襚於君，致襚。則曰「致廢衣於賈架。人」。敵者曰「襚」。言廢衣，不必其以斂也。賈人知物善惡也。《周禮·玉府》：「掌凡王之獻金玉、兵器、文織、良貨賄之物，受而藏之。」有賈八人。親者兄弟，不，以襚進。不執將命也，以即陳而已。臣爲君喪，納貨貝於君，則曰「納甸於有司」。甸，謂田野之物。賵馬入廟門。以其主於死者。賻馬與其幣、大白、兵車，不入廟門。以其主於生人也。兵車，革路也。雖爲死者來，陳之於外，戰伐田獵之服，非盛者也。《周禮》：「革路建大白以即戎。」賻者既致命，坐委之，擯者舉之，主人無親受也，授受。喪者非尸柩之事不親也。舉之，舉以東。受立，授立，授受。不坐。由便。性之直者，則有之矣。有之，有跪者也。謂受授於尊者，而尊者短則跪，不敢以長臨之。

始入而辭，入見。曰：「辭矣。」即席曰：「可矣。」可，猶止也。謂擯者爲賓主之節也。始入則告之辭，至就席則止其辭。排闔説屨於户内者，一人而已矣。雖衆敵，猶有所尊也。有尊長在則否。在，在内也。後來之衆，皆説屨於户外。問品味，問辭。曰：「子亟食於某乎？」問道藝，曰：「子習於某乎？子善於某乎？」不斥人，謙也。道，三德三行也。藝，六藝。

不疑在躬，通戒。躬，身也。不服行所不知，使身疑也。不度民械，械，兵器也。不計度民家之器物，使己亦有。不願於大家，大，謂富之廣也。不訾重器。訾，思也。重，猶寶也。

氾埽曰埽，埽除。埽席前曰拚。糞。拚席不以鬣，執箕膺擖。葉。鬣，謂帚也。帚恒埽地，不絜清也。膺，親也。擖，舌也。持箕將去糞者，以舌自鄉。不貳問。當正己之心以問吉凶於蓍龜，不得於正，凶，則卜筮其權也。問卜筮問卜。曰：「義與？志與？」義則可問，志則否。大卜問來卜筮者也。義，正事也。志，私意也。

尊長於己踰等，卑於尊。不敢問其年。踰等，父兄黨也。問年，則己恭孫之心不全。燕見不將命。自不用賓主之正來，則若子弟然。遇於道，見則面，可以隱則隱，不敢煩動也。不請所之。尊長所之或卑褻。喪俟事，不犆特。弔。亦不敢故煩動也。事，朝夕哭時。侍坐，弗使不執琴瑟，不畫地，手無容，不翣也。端慤所以爲敬也。尊長或使彈琴瑟，則爲之可。寢，則坐而將命。命，有所傳辭也。坐者，不敢臨之。侍射則約矢，不敢與之拾取也。侍投則擁矢，不敢釋於地也。投，投壺也。投壺坐。勝則洗而以請，洗爵請行觴，不敢直飲之。客亦如之。客射，若投壺不勝，主人亦洗而請之。不角，角，謂觵，罰爵也。於尊長與客，如獻酬之爵。不擢馬。擢，去也，謂徹也。己徹馬，嫌勝，故專之。

執君之乘車則坐。御者。執，執轡，謂守之也，君不在中，坐，示不行也。僕者右帶劍，負良綏申之面，拕徒我。諸辟，覓。面，前也。辟，覆苓也。良綏，君綏也。負之，由左肩上入右腋下，申之於前覆苓上也。以散綏升，執轡然後步。步，行也。

請見不請退。去止不敢自由。朝廷曰退。退。近君爲進。燕遊曰歸，禮褻，主於家也。師役曰罷。罷之言罷勞也。《春秋傳》曰：「師還曰疲。」

侍坐於君子，君子欠伸，運笏，澤劍首，還屨，問日之蚤莫，雖請退可也。以此皆解倦之狀。伸，頻伸也。運、澤，謂玩弄也。金器弄之，易以汙澤。

事君者量而後入，審量。不入而後量。凡乞假於人、爲人從事者亦然。然故上無怨而下遠罪也。量，量其事意合成否。

不窺密，通戒。嫌伺人之私也。密，隱曲處也。不旁狎，妄相服習，終或爭訟。不道舊故，言知識之過失，損友也。孔子曰：「故舊不遺，則民不偷。」不戲色。暫變傾顏色爲非常，則人不長，失敬也。

爲人臣下者，臣道。有諫而無訕，有亡而無疾，亡，去也。疾，惡也。頌而無讇，諫而無驕，頌，謂將順其美也。驕，謂言行謀從，恃知而慢。怠則張而相之，怠，惰也。相，助也。廢則埽而更之，廢，政教壞亂，無可因也。謂之社稷之役。役，爲也。

毋拔來，通戒。毋報往，報，讀爲「赴疾」之「赴」。拔、赴，皆疾也。人來往所之，當有宿漸，不可卒也。毋瀆神，瀆，謂數而不敬。毋循枉，前日之不正，不可復遵行以自伸。毋測未至。測，意度也。士依於德，游於藝。德，三德也：一曰至德，二曰敏德，三曰孝德。藝，六藝也：一曰五禮，二曰六樂，三曰五射，四曰五御，五曰六書，六曰九數。

工依於法，游於説。法，謂規矩尺寸之數也。説，謂鴻殺之意所宜也。《考工記》曰：「薄厚之所震動，清濁之所由，出侈弇之所由興，有説。」説，或爲「申」。毋訾衣服成器，訾，思也。成，猶善也。思此則疾貧也。毋身質言語。質，成也。聞疑則傳疑，若成之，或有所誤。

言語之美，儀容。穆穆皇皇。朝廷之美，濟濟翔翔。祭祀之美，齊齊皇皇。車馬之美，匪匪翼翼。鸞和之美，肅肅雍雍。匪，讀如「四牡騑騑」。「齊齊皇皇」，讀如「歸往」之「往」。美，皆當爲「儀」，字之誤也。《周禮》教國子六儀：「一曰祭祀之容，二曰賓客之容，三曰朝廷之容，四曰喪紀之容，五曰軍旅之容，六曰車馬之容。」

問國君之子長幼，長則曰「能從社稷之事矣」。幼則曰「能御」、「未能御」。御，謂御事。問大夫之子長幼，長則曰「能從樂人之事矣」，幼則曰「能正於樂人」、「未能正於樂人」。正，樂政也。《周禮·大司樂》：「以樂德教國子中、和、祗、庸、孝、友。以樂語教國子興、道、諷、誦、言、語。以樂舞教國子，舞《雲門》、《大卷》、《大咸》、《大韶》、《大夏》、《大濩》、《大武》。」問士之子長幼，長則曰「能耕矣」，幼則曰「能負薪」、「未能負薪」。士祿薄，子以農事爲業。執玉執龜筴不趨，不容。堂上不趨，城上不趨。於重器，於近尊，於迫狹，無容也。步張足曰趨。武車不式，介者不拜。兵車不以容禮下人也。軍中之拜肅拜。

婦人吉事，婦人禮。雖有君賜，肅拜。爲尸坐，則不手拜，肅拜。爲喪主則不手拜。肅拜，拜低頭也。手拜，手至地也。婦人以肅拜爲正，凶事乃手拜耳。爲尸，爲祖姑之尸也。《士虞禮》曰：「男，男尸。女，女尸。」爲喪主不手拜者，爲夫與長子當稽顙也，其餘亦手拜而已。雖，或爲「唯」。或曰喪爲主則不手拜，肅拜也。葛絰而麻帶。謂既虞、卒哭也。帶，所以自結束也。婦人質，少變，於喪之帶，有除而無變。

取俎進俎，俎。不坐。以其有足，亦柄尺之類。執虛如執盈，入虛如有人。重謹。重慎。凡祭於室中，堂上無跣，跣。燕則有之。祭不跣者，主敬也。燕則有跣，爲歡也。天子諸侯祭，有坐尸於堂之禮。祭所尊在室，燕所尊在堂。將燕，降説屨，乃升堂。未嘗不食新。食新。嘗，謂薦新物於寢廟。

僕於君子，君子升、下，車禮。則授綏，始乘，則式。君子下行，然後還立。還車而立，以俟其去。乘，貳車則式，佐車則否。貳車、佐車，皆副車也。朝祀之副曰貳，戎獵之副曰佐。魯莊公敗于乾時，公喪戎路，傳乘而歸。貳車者，諸侯七乘，上大夫五乘，下大夫三乘。此蓋殷制也。《周禮》貳車，公九乘，侯伯七乘，子男五乘，及卿大夫各如其命之數。有貳車者之乘馬、服車，不齒。尊有爵者之物，廣敬也。服車，所乘車也。車有新舊。

觀君子之衣服、服劍、乘馬，弗賈。嫁。平尊者之物，非敬也。

其以乘壺酒、饋獻。束脩、一犬賜人若獻人，則陳酒執脩以將命，亦曰「乘壺酒、束脩、一犬」。陳重者，執輕者，便也。乘壺，四壺也。酒，謂清也，糟也。不言「陳犬」，或無脩者，牽犬以致命也。於卑者曰賜，於尊者曰獻。其以鼎肉，則執以將命。鼎肉，謂牲體已解，可升於鼎。其禽加於一雙，則執一雙以將命，委其餘。加，猶多也。犬則執緤。守犬、田犬則授擯者，既受乃問犬名。牛則執紖，馬則執靮，皆右之。緤、紖、靮，皆所以繫制之者。守犬、田犬問名，畜養者當呼之。名，謂若韓盧、宋鵲之屬。右之者，執之宜由便也。臣則左之，異於衆物。臣，謂囚俘。車則説綏，執以將命。甲，若有以前之，則執以將命。無以前之，則袒櫜羔。奉冑。甲，鎧也。有以前之，謂他摯幣也。櫜，弢鎧衣也。冑，兜鍪也。袒其衣，出兜鍪以致命。器則執蓋。謂有表裏。弓則以左手屈韣獨。執拊。韣，弓衣也。左手屈衣，并於拊執之，而右手執簫。劍則啓櫝，蓋襲之，加夫襓饒。與劍焉。櫝，謂劍函也。襲，卻合之。夫襓，劍衣也。加劍於衣上。夫，或爲「煩」，皆發聲。

笏、書、脩、苞苴、弓、茵席、枕、几、穎、杖、琴、瑟，戈有刃者櫝、筴、籥，其執之，皆尚左手。苞苴，謂編束萑葦以裹魚肉也。茵，著蓐也。穎，警枕也。筴，蓍也。籥如笛，三孔。皆十六物也。左手執上，上陽也。右手執下，下陰也。刀，卻刃授穎，削笑。授拊。辟用時。穎，鐶也。拊，謂把。凡有刺刃者，以授人則辟僻。刃。辟刃，不以正鄉人也。

乘兵車，軍禮。出先刃，入後刃，不以刃鄉國也。軍尚左，左，陽也，陽主生。將軍有廟勝之策，左將軍爲上，貴不敗績。卒尚右。右，陰也，陰主殺。卒之行伍，以右爲上，示有死志。

賓客主恭，五禮。祭祀主敬，喪事主哀，會同主詡，恭在貌也，而敬又在心。詡，謂敏而有勇，若齊國佐。軍旅思險，隱情以虞。險阻，出奇覆諼之處也。隱，意也，思也。虞，度也。當思念己情之所能，以度彼之將然否。

燕，飲食之禮。侍食於君子，則先飯而後已。所以勸也。毋放飯，毋流歠，小飯而亟之，亟，疾也。備噦噎若見問也。數噍，毋爲口容。口容，弄口。客自徹，辭焉則止。主人辭其徹。

客爵居左，其飲居右。客爵，謂主人所酬賓之爵也，以優賓耳。賓不舉，奠于薦東。介爵、酢爵、僎遵。爵，皆居右。三爵皆飲爵也。介，賓之輔也。酢，所以酢主人也。古文《禮》「僎」作「遵」。遵，謂鄉人爲卿大夫來觀禮者。「酢」，或爲「作」。「僎」，或爲「馴」。

羞，濡魚者進尾，擗之由後，鯁肉易離也。乾魚進首，擗之由前，理易析也。冬右腴，氣在下。腴，腹下也。夏右鰭，氣在上。鰭，脊也。祭膴。膴，大臠，謂刳魚腹也。膴，讀如「冔」。

凡齊，執之以右，居之於左。齊，謂食羹醬飲有齊和者也。居於左手之上，右手執而正之。由，便也。贊幣自左，詔辭自右。自，由也。謂爲君授幣，爲君出命也。立者尊右。

酌尸之僕，如君之僕。當其爲尸則尊。其在車，則左執轡，右受爵，祭左右軌范，乃飲。《周禮·大御》："祭兩軹，祭軌，乃飲。"軌與軹，於車同謂轊頭也。範與范聲同，謂軾前也。

凡羞有俎者，則於俎内祭。俎於人爲横，不得祭於閒也。君子不食圂腴。《周禮》"圂"作"豢"，謂犬豕之屬食米穀者也。腴有似於人穢。小子走而不趨，舉爵則坐祭立飲。小子，弟子也。卑，不得與賓、介俱備禮容也。凡洗必盥。先盥乃洗爵，先自絜也。盥有不洗也。牛羊之肺，離而不提心。提，猶絶也。刲離之，不絶中央少者，使易絶以祭耳。凡羞有湇者，不以齊。齊，和也。爲君子擇葱薤，則絶其本末。爲有萎乾。羞首者，進喙，無解。祭耳。耳出見也。

尊者，以酌者之左爲上尊。尊者，設尊者也。酌者鄉尊其左，則右尊也。尊壺者面其鼻。鼻在面中，言鄉人也。飲酒者、機者、醮者，有折俎不坐。折俎尊，徹之乃坐也。已沐飲曰機，酌始冠曰醮。未步爵，不嘗羞。步，行也。

牛與羊、魚之腥，聶而切之爲膾。聶之言牒也。先藿葉切之，復報切之，則成膾。麋鹿爲菹，野豕爲軒，皆聶而不切。麕爲辟雞，兔爲宛脾，皆聶而切之。切葱若薤，實之醯以柔之。此軒、辟雞、宛脾，皆菹類也。其作之狀，以醯與葷菜淹之，殺肉及腥氣也。

其有折俎者，取祭反之，不坐，燔亦如之。亦爲柄尺之類也。燔，炙也。《鄉射》曰："賓奠爵于薦西，興取肺，坐絶祭，左手嚌之，興加于俎，坐帨手。"尸則坐。尸，尊也。《少牢饋食禮》曰："尸左執爵，右兼取肝肺，擩于俎鹽，振祭，嚌之，加于菹豆。」

衣服在躬，衣服。而不知其名爲罔。罔，猶罔罔，無知貌。

其未有燭而有後至者，夜。則以在者告。道瞽亦然。爲其不見，意欲知之也。師冕見，及階，子曰：「階也。」及席，子曰：「席也。」皆坐。子告之曰：「某在斯，某在斯。」凡飲酒爲獻主者，執燭把燋，捉。客作而辭，然後以授人。爲宵言也。主人親執燭敬賓，示不倦也。言「獻主者」，容君使宰夫也。未爇曰燋。執燭，不讓、不辭、不歌。以燭繼晝，禮殺。

洗、盥、執食飲者，執食飲。勿氣。有問焉，則辟匹亦。咡而對。示不敢歆臭也。口旁曰咡。

爲人祭曰致福，致胙。爲己祭而致膳於君子曰膳，祔練曰告。此皆致祭祀之餘於君子也。攝主言「致福」，申其辭也。自祭言「膳」，謙也。祔、練言「告」，不敢以爲福、膳也。

凡膳告於君子，主人展之，以授使者于阼階之南，南面，再拜稽首送。反命，主人又再拜稽首。展省具也。其禮，大牢則以牛左肩臂臑奴道。折九个，少牢則以羊左肩七个，犆豕則以豕左肩五个。折，斷分之也。皆用左者，右以祭也。羊、豕不言臂臑，因牛序之可知。

國家靡敝，凶殺。則車不雕幾，祈。甲不組縢，食器不刻鏤，君子不履絲屨，馬不常秣。靡敝，賦税亟也。雕，畫也。幾，附纏爲沂鄂也。組縢，以組飾之及紟帶也。《詩》云：「公徒三萬，貝冑朱綅。」亦鎧飾也。

禮記卷第十一

學記第十八

劉向《别録》屬《通論》，大公《儀禮》入《學禮》。

鄭氏注

發慮憲，首言化民必由於學。求善良，足以謏小。聞，不足以動衆。憲，法也。言發計慮當擬度於法式也。求，謂招來也。謏之言小也。動衆，謂師役之事。就賢體遠，足以動衆，未足以化民。就，謂躬下之。體，猶親也。君子如欲化民成俗，其必由學乎！所學者，聖人之道，在方策。

玉不琢，不成器。人不學，人不可以不學。不知道。是故古之王者，建國君民，教學爲先。上不可以不立教。謂内則設師、保以教，使國子學焉。外則有大學、庠、序之官。《兑命》曰：「念終始典于學。」其此之謂乎！典，經也。言學之不舍業也。兑，當爲「説」，字之誤也。高宗夢傅説，求而得之，作《説命》三篇，在《尚書》，今亡。雖有嘉肴，學。弗食，不知其旨也。雖有至道，弗學，不知其善也。旨，美也。是故學然後知不足，教然後知困。教。學則睹己行之所短，教則見己道之所未達。知不足，然後能自反也。知困，然後能自强也。故曰「教學相長」也。自反，求諸己也。自强，脩業不敢倦。《兑命》曰：「學學半。」其此之謂乎！言學人乃益己之學半。

古之教者，立教，大學之法。家有塾，黨有庠，術有序，國有學。術，當爲「遂」，聲之誤也。古者仕焉而已者，歸教於閭里，朝夕坐於門，門側之堂謂之塾。《周禮》：五百家爲黨，萬二千五百家爲遂。黨屬於鄉，遂在遠郊之外。比毗志。年入學，學者每歲來入也。中年考校，中，猶閒也。鄉、遂大夫閒歲則考學者之德行道藝。《周禮》：「三歲大比乃考焉。」一年，視離經辨志。文公曰：「此段是致知之要，上二字説學，下二字説所得。」三年，視敬業樂群。五年，視博習親師。七年，視論學取友，謂之小成。九年，知類通達，强立而不反，謂之大成。離經，斷句絶也。辨志，謂别其心意所趣鄉也。知類，知事義之比也。强立，臨事不惑也。不反，不違失師道。夫然後足以化民易俗，近者説服而遠者懷之。此大學之道也。懷，來也，安也。《記》曰：「蛾蟻。子時術之。」其此之謂乎！蛾，蚍蜉也。蚍蜉之子，微蟲耳，時術蚍蜉之所爲，其功乃服成大垤。

大學始教，大學始教。皮弁祭菜，示敬道也。皮弁，天子之朝朝服也。祭菜，禮先聖先師。菜，謂芹藻之屬。《宵雅》肄三，官其始也。宵之言小也。肄，習也。習《小雅》之三，謂《鹿鳴》《四牡》《皇皇者華》也。此皆君臣宴樂相勞苦之詩，爲始學者習之，所以勸之以官，且取上下相和厚。入學鼓篋，孫其業也。鼓篋，擊鼓警衆，乃發篋出所治經業也。孫，猶恭順也。夏、楚二物，收其威也。夏，槄也。楚，荆也。二者所以扑撻犯禮者。收，謂收斂整齊之。威，威儀也。未卜禘不視學，游其志也。禘，大祭也。天子諸侯既祭，乃視學考校，以游暇學者之志意。時觀而弗語，存其心也。使之悱悱憤憤，然後啓發也。幼者聽而弗問，學不躐等也。學，教也。教之長穉。此七者，教之大倫也。倫，理也。自「大學始教」至此，其義七也。《記》曰：「凡學，官先事，士先志。」其此之謂乎！官，居官者也。士，學士也。

大學之教也，學習之方，舊讀「學」字爲句，屬下文，以語對章指觀之，當與上句爲偶。以「退息必有居學」六字爲句。蓋古者大學以時聚會，而教之必有正業，其退息之時，又必有閑居之學。正業者學中之常程，居學者閑居之博習。若上文操縵、博依、興藝，皆閑居之所學也，故以藏息游脩總之。又按文公《語録》亦曰「大學之教也」作一句，「時教必有正業」句，「退息必有居學」句。時教必有正業，退息必有居學。有居，有常居也。學，不學操縵，不能安弦，操縵，雜弄。不學博依，不能安詩。博依，廣譬喻也。依，或爲衣。不學雜服，不能安禮。雜服，冕服皮弁之屬。雜，或爲雅。不興其藝，不能樂學。興之言喜也，歆也。藝，謂禮、樂、射、御、書、數。故君子之於學也，藏焉，脩焉，息焉，遊焉。藏，謂懷抱之。脩，習也。息，謂作勞休止於之息。遊，謂閒暇無事於之遊。夫然，故安其學而親其師，樂其友而信其道，是以雖離師輔而不反也。《兑命》曰：「敬孫務時敏，厥脩乃來。」其此之謂乎！敬孫，敬道孫業也。敏，疾也。厥，其也。學者務及時而疾，其所脩之業乃來。

今之教者，呻其佔畢，多其訊。教法之失，與二章反。呻，吟也。佔，視也。簡謂之畢。訊，猶問也。言今之師，自不曉經之義，但吟誦其所視簡之文，多其難問也。呻，或爲「慕」。訊，或爲「訾」。言及于數，其發言出説，不首其義，動云有所法象而已。進而不顧其安，務其所誦多，不惟其未曉。使人不由其誠，由，用也。使學者誦之而爲之説，不用其誠。教人不盡其材。材，道也。謂師有所隱也。《易》曰「兼三材而兩之」，謂天地人之道。其施之也悖，其求之也佛。弗。教者言非，則學者失問。夫然，故隱其學而疾其師，苦其難而不知其益也。隱，不稱揚也。不知其益，若無益然。雖終其業，其去之必速。速，疾也。學不心解，則忘之易。教之不刑，其此之由乎！刑，猶成也。

大學之法，教法之興。禁於未發之謂豫，未發，情欲未生，謂年十五時。當其可之謂時，可，謂年二十成人時。不陵節而施之謂孫，不陵節，謂不教長者才者以小，教幼者鈍者以大也。施，猶教也。孫，順也。相觀而善之謂摩。不並問，則教者思專也。摩，相切磋也。此四者，教之所由興也。興，起也。

發然後禁，教學之廢。則扞格。胡客而不勝。教不能勝其情欲。格，讀如「凍洛」之「洛」。扞，堅不可入之貌。時過然後學，則勤苦而難成。時過，則思放也。雜施而不孫，則壞亂而不脩。小者不達，大者難識，學者所惑也。獨學而無友，則孤陋而寡聞。不相觀也。燕朋逆其師。燕，猶褻也。褻其朋友。燕譬廢其學。褻師之譬喻。此六者，教之所由廢也。廢，滅。君子既知教之所由興，教法。又知教之所由廢，然後可以爲人師也。故君子之教喻也，道而弗牽，强而弗抑，開而弗達。道，示之以道塗也。抑，猶推也。開，爲發頭角。道而弗牽則和，强而弗抑則易，開而弗達則思。和、易以思，可謂善喻矣。思而得之則深。

學者有四失，教者必知之。人之學也，或失則多，或失則寡，或失則易，或失則止。此四者，心之莫同也。失於多，謂才少者。失於寡，謂才多者。失於易，謂好問不識者。失於止，謂好思不問者。知其心，然後能救其失也。救其失者，多與易則抑之，寡與止則進之。教也者，長善而救其失者也。

善歌者使人繼其聲，善教者使人繼其志。言爲之善者，則後人樂放傚。其言也約而達，微而臧，罕譬而喻，可謂繼志矣。師說之明，則弟子好述之。其言少而解。臧，善也。君子知至學之難易，師。而知其美惡，然後能博喻。能博喻然後能爲師，能爲師然後能爲長，能爲長然後能爲君。美惡，說之是非也。長，達官之長。故師也者，所以學爲君也。弟子學於師，學爲君。是故擇師不可不慎也。師善則善。《記》曰：「三王四代，唯其師。」此之謂乎！四代，虞、夏、殷、周。

凡學之道，嚴師爲難。嚴，尊敬也。師嚴然後道尊，道尊然後民知敬學。是故君之所不臣於其臣者二。當其爲尸，則弗臣也；當其爲師，則弗臣也。尸，主也。爲祭主也。大學之禮，雖詔於天子，無北面，所以尊師也。尊師重道焉，不使處臣位也。武王踐阼，召師尚父而問焉，曰：「昔黃帝、顓頊之道存乎意，亦忽不可得見與？」師尚父曰：「在丹書。王欲聞之，則齊矣。」王齊三日，端冕，師尚父亦端冕，奉書而入，負屏而立。王下堂，南面而立。師尚父曰：「先王之道不北面。」王行西，折而南，東面而立。師尚父西面道書之言。

善學者，善學與不。師逸而功倍，又從而庸之。不善學者，師勤而功半，又從而怨之。從，隨也。庸，功也。功之，受其道，有功於己。善問者，善問與不。如攻堅木，先其易者，後其節目，及其久也，相說如字。以解。下介。不善問者反此。言先易後難以漸入。善待問者，善答問與不。如撞鐘，叩之以小者則小鳴，叩之以大者則大鳴，待其從容，然後盡其聲。不善答問者反此。從，讀如「富父舂戈」之「舂」。舂容，謂重撞擊也。始者一聲而已，學者既開其端意，進而復問，乃極說之，如撞鐘之成聲矣。從，或爲「松」。此皆進學之道也。此皆善問善答也。

記問之學，教學之序。不足以爲人師，記問，謂豫誦雜難、雜說，至講時爲學者論之。此或時師不心解，或學者所未能問。必也其聽語乎！必待其問乃說之。力不能問，然後語之。語之而不知，雖舍之可也。舍之須後。

良冶之子，必學爲裘。仍見其家錮補穿鑿之器也。補器者，其金柔乃合，有似於爲裘。良弓之子，必學爲箕。仍見其家撓角幹也。撓角幹者，其材宜調，調乃三體相勝，有似於爲楊柳之箕。始駕馬者反之，車在馬前。以言仍見則貫，即事易也。君子察於此三者，可以有志於學矣。仍讀先王之道，則爲來事不惑。

古之學者，師問之本。比物醜類。以事相況而爲之。醜，猶比也。醜，或爲「計」。鼓，無當於五聲，五聲弗得不和。水，無當於五色，五色弗得不章。學，無當於五官，五官弗得不治。師，無當於五服，五服弗得不親。當，猶主也。五服，斬衰至緦麻之親。君子曰：「大德不官，謂君也。大道不器，謂聖人之道，不如器施於一物。大信不約，謂若「胥命于蒲」，無盟約。大時不齊。」或時以生，或時以死。察於此四者，可以有志於本矣。本立而道生。言以學爲本，則其德於民無不化，於俗無不成。三王之祭川也，皆先河而後海，或源也，或委也，此之謂務本。源，泉所出也。委，流所聚也。始出一勺，卒成不測。

樂記第十九

鄭氏注

凡音之起，由人心生也。人心之動，物使之然也。感於物而動，故形於聲。宮、商、角、徵、羽，雜比曰音，單出曰聲。形，猶見也。聲相應，故生變。樂之器，彈其宮則衆宮應，然不足樂，是以變之使雜也。《易》曰：「同聲相應，同氣相求。」《春秋傳》曰：「若以水濟水，誰能食之？若琴瑟之專一，誰能聽之？」變成方，謂之音。方，猶文章也。比毗至。音而樂之，及干、戚、羽、旄，謂之樂。干，盾也。戚，斧也。武舞所執也。羽，翟羽也。旄，旄牛尾也。文舞所執，《周禮》舞師、樂師掌教舞，有兵舞，有干舞，有羽舞，有旄舞。《詩》曰：「左手執籥，右手秉翟。」

樂者，音之所由生也，其本在人心之感於物也。是故其哀心感者，其聲噍以殺。其樂心感者，其聲嘽昌展。以緩。其喜心感者，其聲發以散。其怒心感者，其聲粗以厲。其敬心感者，其聲直以廉。其愛心感者，其聲和以柔。六者非性也，感於物而後動。言人聲在所見，非有常也。噍，踧也。嘽，寬綽貌。發，猶揚也。粗，麤也。是故先王慎所以感之者。故禮以道其志，樂以和其聲，政以一其行，刑以防其姦。禮、樂、刑、政，其極一也，極，至也。所以同民心而出治道也。此其所謂至也。凡音者，生人心者也。情動於中，故形於聲。聲成文，謂之音。是故治世之音安以樂，其政和。亂世之音怨以怒，其政乖。亡國之音哀以思，其民困。聲音之道，與政通矣。言八音和否隨政也。《玉藻》曰：「御瞽幾聲之上下。」

宮爲君，商爲臣，角爲民，徵爲事，羽爲物。五者不亂，則無怗覘。懘昌制。之音矣。五者，君、臣、民、事、物也。凡聲，濁者尊，清者卑，怗懘，敝敗不和貌。宮亂則荒，其君驕。商亂則陂，畀。其官壞。角亂則憂，其民怨。徵亂則哀，其事勤。羽亂則危，其財匱。五者皆亂，迭相陵，謂之慢。如此，則國之滅亡無日矣。君、臣、民、事、物，其道亂，則其音應而亂。荒，猶散也。陂，傾也。《書》曰：「王耄荒。」《易》曰：「無平不陂。」鄭、衛之音，亂世之音也，比於慢矣。比，猶同也。桑間、濮上之音，亡國之音也，其政散，其民流，誣上行私而不可止也。濮水之上，地有桑間者，亡國之音，於此之水出也。昔殷紂使師延作靡靡之樂，已而自沈於濮水。後師涓過焉，夜聞而寫之，爲晉平公鼓之，是之謂也。桑間，在濮陽南。誣，罔也。凡音者，生於人心者也。樂者，通倫理者也。倫，猶類也。理，分也。是故知聲而不知音者，禽獸是也。知音而不知樂者，衆庶是也。唯君子爲能知樂。禽獸知此爲聲耳，不知其宮、商之變也。八音並作，克諧曰樂。是故審聲以知音，審音以知樂，審樂以知政，而治道備矣。是故不知聲者不可與言音，不知音者不可與言樂，知樂則幾於禮矣。禮、樂皆得，謂之有德。德者，得也。幾，近也。聽樂而知政之得失，則能正君、臣、民、事、物之禮。是故樂之隆，非極音也。食饗之禮，非致味也。隆，猶盛也。極，窮也。《清廟》之瑟，朱弦而疏越，壹倡而三歎，有遺音者矣。大饗之禮，尚玄酒而俎腥魚，大羹不和，有遺味者矣。《清廟》，謂作樂歌《清廟》也。朱弦，練朱弦，練則聲濁。越，瑟底孔也，畫疏之，使聲遲也。倡，發歌句也。三歎，三人從歎之耳。大饗，祫祭先王，以腥魚爲俎實，不臑孰之。大羹，肉湆，不調以鹽菜。遺，猶餘也。是故先王之制禮樂也，非以極口腹耳目之欲也，將以教民平好惡而反人道之正也。教之使知好惡也。

人生而靜，天之性也。感於物而動，性之欲也。言性不見物則無欲。物至知知，然後好惡形焉。至，來也。知知，每物來則又有知也。言見物多則欲益衆。形，猶見也。好惡無節於内，知誘於外，不能反躬，天理滅矣。節，法度也。知，猶欲也。誘，猶道也，引也。躬，猶己也。理，猶性也。夫物之感人無窮，而人之好惡無節，則是物至而人化物也。化物也者，滅天理而窮人欲者也。窮人欲，言無所不爲。於是有悖逆詐僞之心，有淫泆作亂之事。是故强者脅弱，衆者暴寡，知者詐愚，勇者苦怯，疾病不養，老幼孤獨不得其所。此大亂之道也。

是故先王之制禮樂，人爲之節。言爲作法度以遏其欲。衰麻哭泣，所以節喪紀也。鐘鼓干戚，所以和安樂也。昏姻冠笄，所以别男女也。射鄉食饗，所以正交接也。男二十而冠，女許嫁而笄，成人之禮。射、鄉、大射、鄉飲酒也。禮節民心，樂和民聲，政以行之，刑以防之。禮樂刑政，四達而不悖，則王道備矣。

樂者爲同，禮者爲異。同則相親，異則相敬。同，謂協好惡也。異，謂别貴賤。樂勝則流，禮勝則離。流，謂合行不敬也。離，謂析居不和也。合情飾貌者，禮樂之事也。欲其並行斌斌然。禮義立，則貴賤等矣。樂文同，則上下和矣。好惡著，則賢不肖别矣。刑禁暴，爵舉賢，則政均矣。仁以愛之，義以正之，如此，則民治行矣。等，階級也。樂由中出，和在心也。禮自外作。敬在貌也。樂由中出故静，禮自外作故文。文，猶動也。大樂必易，大禮必簡。易、簡，若於《清廟》、大饗然。樂至則無怨，禮至則不争。揖讓而治天下者，禮樂之謂也。至，猶達也，行也。暴民不作，諸侯賓服，兵革不試，五刑不用，百姓無患，天子不怒，如此則樂達矣。合父子之親，明長幼之序，以敬四海之内，天子如此，則禮行矣。賓，協也。試，用也。大樂與天地同和，大禮與天地同節。言順天地之氣與其數。和，故百物不失。不失其性。節，故祀天祭地。成物有功報焉。明則有禮樂，教人者。幽則有鬼神。助天地成物者也。《易》曰：「是故知鬼神之情狀，與天地相似。」《五帝德》説黄帝德曰：「死而民畏其神者百年。」《春秋傳》曰：「若敖氏之鬼。」然則聖人之精氣謂之神，賢知之精氣謂之鬼。如此，則四海之内合敬同愛矣。禮者，殊事合敬者也。樂者，異文合愛者也。禮樂之情同，故明王以相沿也。沿，猶因述也。孔子曰：「殷因於夏禮，所損益可知也。周因於殷禮，所損益可知也。」沿，或作「緣」。故事與時並，舉事在其時也。《禮器》曰：「堯授舜，舜授禹，湯放桀，武王伐紂，時也。」名與功偕。爲名在其功也。偕，猶俱也。堯作《大章》，舜作《大韶》，禹作《大夏》，湯作

《大濩》，武王作《大武》，各因其得天下之功。

故鐘、鼓、管、磬、羽、籥、干、戚，樂之器也。屈、伸、俯、仰，綴拙。兆、舒疾，樂之文也。簠簋、俎豆、制度、文章，禮之器也。升降、上下、周還、裼襲，禮之文也。綴，謂酇舞者之位也。兆，其外營域也。故知禮樂之情者能作，識禮樂之文者能述。述，謂訓其義也。作者之謂聖，述者之謂明。明聖者，述作之謂也。

樂者，天地之和也。禮者，天地之序也。和，故百物皆化。序，故群物皆別。化，猶生也。別，謂形體異也。樂由天作，禮以地制。言法天地也。過制則亂，過作則暴。過，猶誤也。暴，失文武之意。明於天地，然後能興禮樂也。

論倫無患，樂之情也。欣喜歡愛，樂之官也。倫，猶類也。患，害也。官，猶事也。中正無邪，禮之質也。莊敬恭順，禮之制也。質，猶本也。若夫禮樂之施於金石，越於聲音，用於宗廟社稷，事乎山川鬼神，則此所與民同也。言情、官、質、制，先王所專也。王者功成作樂，治定制禮。功成、治定，同時耳。功主於王業，治主於教民。《明堂位》說周公曰：「治天下六年，朝諸侯於明堂，制禮作樂。」其功大者其樂備，其治辯遍。者其禮具。辯，遍也。干戚之舞，非備樂也。樂以文德爲備，若《咸池》者。孔子曰：「《韶》，盡美矣，又盡善也。」謂《武》「盡美矣，未盡善也。」孰亨而祀，非達禮也。達，具也。《郊特牲》曰：「郊血，大饗腥，三獻爓，一獻孰，至敬不饗味而貴氣臭也。」五帝殊時，不相沿樂；三王異世，不相襲禮。言其有損益也。樂極則憂，禮粗則偏矣。樂，人之所好也，害在淫佚。禮，人之所勤也，害在倦略。及夫敦樂而無憂，禮備而不偏者，其唯大聖乎！敦，厚也。天高地下，萬物散殊，而禮制行矣。禮爲異也。流而不息，合同而化，而樂興焉。樂爲同也。春作夏長，仁也。秋斂冬藏，義也。仁近於樂，義近於禮。言樂法陽而生，禮法陰而成。樂者敦和，率神而從天。禮者別宜，居鬼而從地。敦和，樂貴同也。率，循也。從，順也。別宜，禮尚異也。居鬼，謂居其所爲，亦言循之也。鬼神，謂先聖先賢也。故聖人作樂以應天，制禮以配地。禮樂明備，天地官矣。官，猶事也。各得其事。天尊地卑，君臣定矣。卑高已陳，貴賤位矣。動靜有常，小大殊矣。方以類聚，物以群分，則性命不同矣。在天成象，在地成形。如此，則禮者，天地之別也。卑高，謂山澤也。位矣，尊卑之位，象山澤也。動靜，陰陽用事。小大，萬物也。大者常存，小者隨陽出入。方，謂行蟲也。物，謂殖生者也。性之言生也。命，生之長短也。象，光耀也。形，體貌也。地氣上齊，躋。天氣下降，陰陽相摩，天地相蕩，鼓之以雷霆，奮之以風雨，動之以四時，煖暄。之以日月，而百化興焉。如此，則樂者，天地之和也。齊，讀爲「躋」。躋，升也。摩，猶迫也。蕩，猶動也。奮，迅也。百化，百物化生也。化不時則不生，男女無辨則亂升，天地之情也。辨，別也。升，成也。樂失則害物，禮失則亂人。

及夫禮樂之極乎天而蟠乎地，行乎陰陽而通乎鬼神，窮高極遠而測深厚。極，至也。蟠，猶委也。高遠，三辰也。深厚，山川也。言禮樂之道，上至於天，下委於地，則其閒無所不之。樂著大始，而禮居成物。著之言處也。大始，百物之始生也。著不息者天也，著不動者地也。著，猶明白也。息，猶休止也。《易》曰：「天行健，君子以自强不息。」一動一靜者，天地之閒也。閒，謂百物也。故聖人曰「禮樂云」。言禮樂之法天地也。樂靜而禮動，其並用事，則亦天地之閒耳。

昔者，舜作五弦之琴，以歌《南風》。夔始制樂，以賞諸侯。夔欲舜與天下之君共此樂也。《南風》，長養之風也，以言父母之長養己，其辭未聞也。夔，舜時典樂者也。《書》曰：「夔，命女典樂。」故天子之爲樂也，以賞諸侯之有德者也。德盛而教尊，五穀時孰，然後賞之以樂。故其治民勞者，其舞行綴遠。其治民逸者，其舞行綴短。民勞，則德薄。酇相去遠，舞人少也。民逸，則德盛，酇相去近，舞人多也。故觀其舞知其德，聞其謚知其行也。謚者，行之迹也。《大章》，章之也。堯樂名也。言堯德章明也。《周禮》闕之，或作《大卷》。《咸池》，備矣。黃帝所作樂名也。堯增脩而用之。咸，皆也。池之言施也，言德之無不施也。《周禮》曰《大咸》。《韶》，繼也。舜樂名也。韶之言紹也，言舜能繼紹堯之德。《周禮》曰《大韶》。夏，大也。禹樂名也。言禹能大堯舜之德。《周禮》曰《大夏》。殷周之樂盡矣。言盡人事也。《周禮》曰：「《大濩》、《大武》。」

天地之道，寒暑不時，則疾。風雨不節，則饑。教者，民之寒暑也，教不時則傷世。事者，民之風雨也，事不節則無功。教，謂樂也。然則先王之爲樂也，以法治也，善則行象德矣。以法治，以樂爲治之法。行象德，民之行順君之德也。

夫豢豕爲酒，非以爲禍也，而獄訟益繁，則酒之流生禍也。以穀食犬豕曰豢。爲，作也。言豢豕作酒，本以饗祀養賢，而小人飲之，善酗以致獄訟。是故先王因爲酒禮。壹獻之禮，賓主百拜，終日飲酒而不得醉焉。此先王之所以備酒禍也。壹獻，士飲酒之禮。百拜，以喻多。故酒食者，所以合歡也。樂者，所以象德也。禮者，所以綴淫也。綴，猶止也。是故先王有大事必有禮以哀之，有大福必有禮以樂之。哀樂之分，皆以禮終。大事，謂死喪也。樂也者，聖人之所樂也，而可以善民心。其感人深，其移風易俗，故先王著其教焉。著，猶立也。謂立司樂以下，使教國子。

夫民有血氣心知之性，而無哀樂喜怒之常，應感起物而動，然後心術形焉。言在所以感之也。術，所由也。形，猶見也。是故志微噍殺之音作，而民思憂。嘽諧慢易，繁文簡節之音作，而民康樂。粗厲猛起，奮末廣賁之音作，而民剛毅。廉直勁正，莊誠之音作，而民肅敬。寬裕肉好，順成和動之音作，而民慈愛。流辟邪散，狄他歷。成滌濫之音作，而民淫亂。志微，意細也。吴公子札聽《鄭風》而曰：「其細已甚，民弗堪也。」簡節，少易也。奮末，動使四支也。賁，讀爲「憤」。憤，怒氣充實也。《春秋傳》曰：「血氣狡憤。」肉，肥也。狄滌，往來疾貌也。濫，僭差也。此皆民心無常之效也。肉，或爲「潤」。

是故先王本之情性，稽之度數，制之禮義，合生氣之和，道五常之行，使之陽而不散，陰而不密，剛氣不怒，柔氣不懾，四暢交於中而發作於外，皆安其位而不相奪也。生氣，陰陽氣也。五常，五行也。密之言閉也。懾，猶恐懼也。然後立之學等，廣其節奏，省其文采，以繩德厚，等，差也。各用其才之差學之。廣，謂增習之。省，猶審也。文采，謂節奏合也。繩，猶度也。《周禮·大司樂》：「以樂語教國子興、道、諷、誦、言、語；以樂舞教國子舞《雲門》、《大卷》、《大咸》、《大韶》、《大夏》、《大濩》、《大武》。」律小大之稱，比終始之序，以象事行，律，六律也。《周禮》典同以六律、六同，「辨天地四方陰陽之聲，以爲樂器」。小大，謂高聲、正聲之類也。終始，謂始於宫，終於羽。宗廟，黄鍾爲宫，大吕爲角，大蔟爲徵，應鍾爲羽，以象事行，宫爲君，商爲臣。使親疏、貴賤、長幼、男女之理，皆形見於樂，故曰「樂觀其深矣」。謂同聽之，莫不和敬，莫不和順，莫不和親。土敝則草木不長，水煩則魚鼈不大，氣衰則生物不遂，世亂則禮慝而樂淫。是故其聲哀而不莊，樂而不安，慢易以犯節，流湎以忘本，廣則容姦，狹則思欲，感條暢之氣，而滅平和之德，是以君子賤之也。遂，猶成也。慝，穢也。廣，謂聲緩也。狹，謂聲急也。感，動也。動人條暢之善氣，使失其所。

凡姦聲感人，而逆氣應之。逆氣成象，而淫樂興焉。正聲感人，而順氣應之。順氣成象，而和樂興焉。倡和有應，回邪曲直各歸其分，而萬物之理，各以類相動也。成象者，謂人樂習焉。是故君子反情以和其志，比類以成其行，姦聲亂色不留聰明，淫樂慝禮不接心術，惰慢邪辟之氣不設於身體，使耳目、鼻口、心知、百體皆由順正，以行其義。反，猶本也。術，猶道也。然後發以聲音，而文以琴瑟，動以干戚，飾以羽旄，從以簫管，奮至德之光，動四氣之和，以著萬物之理。奮，猶動也。動至德之光，謂降天神，出地祇，假祖考。著，猶成也。是故清明象天，廣大象地，終始象四時，周還象風雨，五色成文而不亂，八風從律而不姦，百度得數而有常，小大相成，終始相生，倡和清濁，迭相爲經。清明，謂人聲也。廣大，謂鐘鼓也。周還，謂舞者。五色，五行也。八風從律，應節至也。百度，百刻也。言日月晝夜不失正也。清謂蕤賓至應鐘也。濁謂黄鐘至中吕。故樂行而倫清，耳目聰明，血氣和平，移風易俗，天下皆寧。言樂用則正人理，和陰陽也。倫，謂人道也。故曰：樂者，樂也。君子樂得其道，小人樂得其欲。以道制欲，則樂而不亂；以欲忘道，則惑而不樂。道，謂仁義也。欲，謂邪淫也。是故君子反情以和其志，廣樂以成其教，樂行而民鄉方，可以觀德矣。方，猶道也。德者，性之端也。樂者，德之華也。金石絲竹，樂之器也。詩，言其志也。歌，詠其聲也。舞，動其容也。三者本於心，然後樂氣從之。是故情深而文明，氣盛而化神，和順積中而英華發外，唯樂不可以爲僞。三者本，志也、聲也、容也。言無此本於内，則不能爲樂也。樂者，心之動也。聲者，樂之象也。文采節奏，聲之飾也。君子動其本，樂其象，然後治其飾。是故先鼓以警戒，三步以見方，再始以著往，復亂以飭歸，奮疾而不拔，極幽而不隱，獨樂其志，不厭其道，備舉其道，不私其欲。是故情見而義立，樂終而德尊，君子以好善，小人以聽過。故曰：生民之道，樂爲大焉。文采，樂之威儀也。先鼓，將奏樂，先擊鼓，以警戒衆也。三步，謂將舞必先三舉足，以見其舞之漸也。再始以著往，武王除喪，至盟津之上，紂未可伐，還歸二年，乃遂伐之。《武》舞再更始，以明伐時再往也。復亂以飭歸，謂鳴鐃而退，明以整歸也。奮疾，謂舞者也。極幽，謂歌者也。

樂也者，施也。禮也者，報也。言樂出而不反，而禮有往來也。樂樂其所自生，而禮反其所自始。樂章德，禮報情，反始也。自，由也。

所謂大輅者，天子之車也。龍旂九旒，天子之旌也。青黑緣者，天子之寶龜也。從之以牛羊之群。則所以贈諸侯也。贈諸侯，謂來朝將去，送之以禮。

樂也者，情之不可變者也。禮也者，理之不可易者也。理，猶事也。樂統同，禮辨異。統同，同和合也。辨異，異尊卑也。禮樂之説，管乎人情矣。管，猶包也。

窮本知變，樂之情也。著誠去僞，禮之經也。禮樂偩天地之情，達神明之德，降興上下之神，而凝是精粗之體，領父子君臣之節。偩，猶依象也。降，下也。興，猶出也。凝，成也。精粗，謂萬物大小也。領，猶理治也。是故大人舉禮樂，則天地將爲昭焉。言天地將爲之昭然明也。天地訢欣。合，陰陽相得，煦嫗覆育萬物。然後草木茂，區勾。萌達，羽翼奮，角觡格。生，蟄蟲昭蘇，羽者嫗伏，毛者孕鬻，胎生者不殰，瀆。而卵生者不殈，呼闃。則樂之道歸焉耳。訢，讀爲「熹」。熹，猶烝也。氣曰煦，體曰嫗。屈生曰區，無䚡曰觡。昭，曉也。蟄蟲以發出爲曉，更息曰蘇。孕，任也。鬻，生也。内敗曰殰。殈，裂也。今齊人語有殈者。

樂者，非謂黄鐘、大吕、弦歌、干揚也，樂之末節也，故童者舞之。鋪筵席，陳尊俎，列籩豆，以升降爲禮者，禮之末節也，故有司掌之。言禮樂之本，由人君也。禮本著誠去僞，樂本窮本知變。樂師辨乎聲詩，故北面而弦。宗、祝辨乎宗廟之禮，故後尸。商祝辨乎喪禮，故後主人。辨，猶别也，正也。弦，謂鼓琴瑟也。後尸，居後贊禮儀。此言知本者尊，知末者卑。是故德成而上，藝成而下，行成而先，事成而後。德，三德也。行，三行也。藝，才技也。先，謂位在上也。後，謂位在下也。是故先王有上有下，有先有後，然後可以有制於天下也。言尊卑備，乃可制作以爲治法。

魏文侯問於子夏曰：「吾端冕而聽古樂，則唯恐臥。聽鄭、衛之音，則不知倦。敢問古樂之如彼，何也？新樂之如此，何也？」魏文侯，晉大夫畢萬之後，僭諸侯者也。端，玄衣也。古樂，先王之正樂也。子夏對曰：「今夫古樂：進旅退旅，和正以廣。弦匏笙簧，會守拊鼓。始奏以文，復亂以武。治亂以相，訊疾以雅。君子於是語，於是道古。脩身及家，平均天下。此古樂之發也。旅，猶俱也。俱進俱退，言其齊一也。和正以廣，無姦聲也。會，猶合也，皆也。言衆皆待擊鼓乃作。《周禮·大師職》曰：「大祭祀，帥瞽登歌，合奏擊拊，下管播樂器，合奏鼓朄。」文，謂鼓也。武，謂金也。相，即拊也，亦以節樂。拊者，以韋爲表，裝之以糠。

穅，一名相，因以名焉。今齊人或謂穅爲相。雅，亦樂器名也，狀如漆筩，中有椎。今夫新樂：進俯退俯，姦聲以濫，溺而不止。及優侏儒，獶雜子女，不知父子。樂終，不可以語，不可以道古。此新樂之發也。俯，猶曲也，言不齊一也。濫，濫竊也。「溺而不止」，聲淫亂，無以治之。獶，獮猴也。言舞者如獮猴戲也，亂男女之尊卑。獶，或爲「優」。今君之所問者樂也，所好者音也。夫樂者，與音相近而不同。」言文侯好音而不知樂也。鏗鎗之類皆爲音，應律乃爲樂。文侯曰：「敢問何如？」欲知音、樂異意。子夏對曰：「夫古者，天地順而四時當，民有德而五穀昌，疾疢不作而無妖祥，此之謂大當。然後聖人作，爲父子、君臣，以爲紀綱。紀綱既正，天下大定。天下大定，然後正六律，和五聲，弦歌《詩》《頌》，此之謂德音。德音之謂樂。當，謂樂不失其所。《詩》云：『莫默。其德音，其德克明。克明克類，克長克君。王此大邦，克順克俾。次又。俾于文王，其德靡悔。既受帝祉，施于孫子。』此之謂也。此有德之音，所謂樂也。德正應和曰莫，照臨四方曰明，勤施無私曰類，教誨不倦曰長，慶賞刑威曰君，慈和遍服曰順。俾，當爲「比」，聲之誤也。擇善從之曰比。施，延也。言文王之德，皆能如此，故受天福，延於後世也。今君之所好者，其溺音乎！」言無文王之德，則所好非樂也。文侯曰：「敢問溺音何從出也？」玩習之久，不知所由出也。子夏對曰：「鄭音好濫淫志，宋音燕女溺志，衛音趨數煩志，齊音敖辟喬志。此四者，皆淫於色而害於德，是以祭祀弗用也。言四國皆出此溺音。濫，濫竊姦聲也。燕，安也。《春秋傳》曰：「懷與安，實敗名。」趨數，讀爲「促速」，聲之誤也。煩，勞也。祭祀者不用淫樂。《詩》云：『肅雍和鳴，先祖是聽。』夫肅肅，敬也。雍雍，和也。夫敬以和，何事不行？言古樂敬且和，故無事而不用，溺音無所施。爲人君者，謹其所好惡而已矣。君好之，則臣爲之。上行之，則民從之。《詩》云：『誘民孔易。』此之謂也。誘，進也。孔，甚也。言民從君所好惡，進之於善無難。

然後聖人作爲鞉、鼓、椌、腔。楬、丘八。壎、篪，此六者，德音之音也。六者爲本，以其聲質也。椌、楬，謂柷、敔也。壎篪，或爲「簨虡」。然後鐘、磬、竽、瑟以和之，干、戚、旄、狄以舞之，此所以祭先王之廟也，所以獻、酬、酳、酢也，所以官序貴賤各得其宜也，所以示後世有尊卑長幼之序也。官序貴賤，謂尊卑樂器列數有差次。鐘聲鏗，鏗以立號，號以立横，古曠。横以立武。君子聽鐘聲，則思武臣。號，號令，所以警衆也。横，充也，謂氣作充滿也。石聲磬，磬以立辨，辨以致死。君子聽磬聲，則思死封疆之臣。「石聲磬」，「磬」，當爲「罄」，字之誤也。辨，謂分明於節義。絲聲哀，哀以立廉，廉以立志。君子聽琴瑟之聲，則思志義之臣。廉，廉隅也。竹聲濫，濫以立會，會以聚衆。君子聽竽、笙、簫、管之聲，則思畜聚之臣。濫之意，猶擥聚也。會，猶聚也。聚，或爲「最」。鼓鼙之聲讙，讙以立動，動以進衆。君子聽鼓鼙之聲，則思將帥之臣。聞讙囂則人意動作。讙，或爲「歡」。動，或爲「勳」。君子之聽音，非聽其鏗鎗而已也，彼亦有所合之也。以聲合成己之志。

賓牟賈侍坐於孔子。孔子與之言及樂，曰：「夫《武》之備戒之已久，何也？」對曰：「病不得其衆也。」《武》，謂周舞也。備戒，擊鼓警衆。病，猶憂也。以不得衆心爲憂，憂其難也。「咏歎之，淫液之，何也？」對曰：「恐不逮事也。」咏歎、淫液，歌遲之也。逮，及也。事，伐事也。「發揚蹈厲之已蚤，何也？」對曰：「及時事也。」時至武事當施也。「《武》坐，致右憲左，何也？」對曰：「非《武》坐也。」

言《武》之事無坐也。致，謂膝至地也。憲，讀爲「軒」，聲之誤。「聲淫及商，何也？」對曰：「非《武》音也。」言《武》歌在正其軍，不貪商也。時人或説其義爲貪商也。子曰：「若非《武》音，則何音也？」對曰：「有司失其傳也。若非有司失其傳，則武王之志荒矣。」有司，典樂者也。傳，猶説也。荒，老耄也。言典樂者失其説也，而時人妄説也。《書》曰：「王耄荒。」子曰：「唯。丘之聞諸萇弘，亦若吾子之言是也。」萇弘，周大夫。

賓牟賈起，免席而請曰：「夫《武》之備戒之已久，則既聞命矣，敢問遲之遲而又久，何也？」遲之遲，謂久立於綴。子曰：「居，吾語女。夫樂者，象成者也。摠干而山立，武王之事也。發揚蹈厲，大公之志也。《武》亂皆坐，周、召之治也。居，猶安坐也。成，謂已成之事也。摠干，持盾也。山立，猶正立也。象武王持盾正立待諸侯也。發揚蹈厲，所以象威武時也。《武》舞，象戰鬭也。亂，謂失行列也。失行列則皆坐，象周公、召公以文止武也。且夫《武》，始而北出，再成而滅商，三成而南，四成而南國是疆，五成而分，周公左，召公右，六成復綴以崇。成，猶奏也。每奏《武》曲一終爲一成。始奏，象觀兵盟津時也。再奏，象克殷時也。三奏，象克殷有餘力而反也。四奏，象南方荊蠻之國侵畔者服也。五奏，象周公、召公分職而治也。六奏，象兵還振旅也。復綴，反位止也。崇，充也。凡六奏，以充武樂也。天子夾振之而駟伐，盛威於中國也。夾振之者，王與大將夾舞者，振鐸以爲節也。駟，當爲「四」，聲之誤也。《武》舞，戰象也。每奏四伐，一擊一刺爲一伐。《牧誓》曰「今日之事，不過四伐五伐。」分夾而進，事蚤濟也。分，猶部曲也。事，猶爲也。濟，成也。舞者各有部曲之列，又夾振之者，象用兵務於早成也。久立於綴，以待諸侯之至也。象武王伐紂待諸侯也。且女獨未聞牧野之語乎？欲語以作《武》樂之意。武王克殷反及。商，未及下車，而封黃帝之後於薊，封帝堯之後於祝，封帝舜之後於陳。下車而封夏后氏之後於杞，投殷之後於宋，封王子比干之墓。釋箕子之囚，使之行商容而復其位。庶民弛政，庶士倍禄。濟河而西，馬散之華山之陽而弗復乘，牛散之桃林之野而弗復服，車甲衅而藏之府庫而弗復用，倒載干戈，包之以虎皮，將帥之士使爲諸侯，名之曰『建櫜』。然後天下知武王之不復用兵也。反，當爲「及」，字之誤也。及商，謂至紂都也。《牧誓》曰：「至于商郊牧野。」封，謂故無土地者也。投，舉徙之辭也。時武王封紂子武庚於殷墟，所徙者微子也，後周公更封而大之。積土爲封。封比干墓，崇賢也。行，猶視也。使箕子視商禮樂之官，賢者所處，皆令反其居也。弛政，去其紂時苛政也。倍禄，復其紂時薄者也。散，猶放也。桃林，在華山旁。甲，鎧也。衅，「釁」字也。包干戈以虎皮，明能以武服兵也。建，讀爲「鍵」，字之誤也。兵甲之衣曰櫜。鍵櫜，言閉藏兵甲也。《詩》曰：「載櫜弓矢。」《春秋傳》曰：「垂櫜而入。」《周禮》曰：「櫜之欲其約也。」薊，或爲「續」。祝，或爲「鑄」。散軍而郊射：左射《貍首》，右射《騶虞》，而貫革之射息也。裨冕搢笏，而虎賁之士説劍也。祀乎明堂，而民知孝。朝覲，然後諸侯知所以臣。耕藉，然後諸侯知所以敬。五者，天下之大教也。郊射，爲射宫於郊也。左，東學也。右，西學也。《貍首》、《騶虞》，所以歌爲節也。貫革，射穿甲革也。裨冕，衣裨衣而冠冕也。裨衣，衮之屬也。搢，猶插也。賁，憤怒也。文王之廟爲明堂制。耕藉，藉田也。食三老、五更於大學，天子袒而割牲，執醬而饋，執爵而酳，冕而揔干，所以教諸侯之弟也。三老、五更，互言之耳，皆老人更知三德五事者也。冕而揔干，親在舞位也。周名大學曰東膠。若此，則周道四達，禮樂交通，則夫《武》之遲久，不亦宜乎！」言《武》遲久，爲重禮樂。

君子曰：禮樂不可斯須去身。致樂以治心，則易、直、子、慈。諒之心油然生矣。易、直、子、諒之心生則樂，樂則安，安則久，久則天，天則神。天則不言而信，神則不怒而威，致樂以治心者也。致，猶深審也。子，讀如「不子」之「子」，油然，新生好貌也。善心生則寡於利欲，寡於利欲則樂矣。志明行成，不言而見信如天也，不怒而見畏如神也。樂由中出，故治心。致禮以治躬，則莊敬，莊敬則嚴威。躬，身也。禮自外作，故治身。心中斯須不和不樂，而鄙詐之心入之矣。鄙詐入之，謂利欲生。外貌斯須不莊不敬，而易慢之心入之矣。易，經易也。故樂也者，動於内者也。禮也者，動於外者也。樂極和，禮極順，内和而外順，則民瞻其顔色而弗與争也，望其容貌而民不生易慢焉。故德煇動於内，而民莫不承聽。理發諸外，而民莫不承順。德煇，顔色潤澤也。理，容貌之進止也。故曰：致禮樂之道，舉而錯之天下，無難矣。樂也者，動於内者也。禮也者，動於外者也。故禮主其減，樂主其盈。禮主其減，人所倦也。樂主其盈，人所歡也。禮減而進，以進爲文。樂盈而反，以反爲文。進，謂自勉强也。反，謂自抑止也。文，猶美也，善也。禮減而不進則銷，樂盈而不反則放，故禮有報而樂有反。放，淫於聲，樂不能止也。報，讀爲「褒」。褒，猶進也。禮得其報則樂，樂得其反則安。得謂曉其義，知其吉凶之歸。禮之報，樂之反，其義一也。俱趨立於中，不銷不放也。

夫樂者，樂也，人情之所不能免也。樂必發於聲音，形於動静，人之道也。聲音動静，性術之變，盡於此矣。免，猶自止也。人道，人之所爲也。性術，言此出於性也。盡於此，不可過。故人不耐無樂，樂不耐無形。形而不爲道，不耐無亂。形，聲音動静也。耐，古書「能」字也，後世變之，此獨存焉。古以「能」爲「三台」字。先王耻其亂，故制《雅》《頌》之聲以道之，使其聲足樂而不流，使其文足論而不息，使其曲直、繁瘠、廉肉、節奏足以感動人之善心而已矣，不使放心邪氣得接焉。是先王立樂之方也。流，猶淫放也。文，篇辭也。息，猶銷也。曲直，歌之曲折也。繁瘠、廉肉，聲之鴻殺也。節奏，闋作進止所應也。方，道也。是故樂在宗廟之中，君臣上下同聽之則莫不和敬。在族長鄉里之中，長幼同聽之則莫不和順。在閨門之内，父子兄弟同聽之則莫不和親。故樂者，審一以定和，比物以飾節，節奏合以成文，所以合和父子君臣、附親萬民也。是先王立樂之方也。審一，審其人聲也。比物，謂雜金、革、土、匏之屬也。以成文，五聲八音克諧相應和。故聽其《雅》、《頌》之聲，志意得廣焉。執其干戚，習其俯仰詘伸，容貌得莊焉。行其綴兆，要其節奏，行列得正焉，進退得齊焉。故樂者，天地之命，中和之紀，人情之所不能免也。綴，表也，所以表行列也。《詩》云：「荷戈與綴。」兆，域也，舞者進退所至也。要，猶會也。命，教也。紀，揔要之名也。夫樂者，先王之所以飾喜也。軍旅鈇鉞者，先王之所以飾怒也。故先王之喜怒皆得其儕焉。儕，猶輩類。喜則天下和之，怒則暴亂者畏之。先王之道，禮樂可謂盛矣。天子之於天下，喜怒節之以禮樂，則兆民和從而畏敬之。禮樂，王者所常興則盛也。

子贛見師乙而問焉，曰：「賜聞聲歌各有宜也。如賜者宜何歌也？」子貢，孔子弟子。師，樂官也。乙，名。聲歌各有宜，氣順性也。師乙曰：「乙，賤工也，何足以問所宜？請誦其所聞，而吾子自執焉。樂人稱工。執，猶處也。愛者宜歌《商》，温良而能斷者宜歌《齊》。夫歌者，直己而陳德也。動己而天地應焉，四時和焉，星辰理焉，萬物育焉。故《商》者，五帝之遺聲也。寬而静、柔而正者宜歌《頌》，廣大而静、疏達而信者宜歌《大雅》，恭儉而好禮者宜歌《小雅》，正直而静、廉而謙者宜歌《風》。肆直而慈愛，此文換簡失其次。「寬而静」，宜在上。「愛者宜歌《商》」，宜承此下行，讀云「肆直而慈愛者宜歌《商》。」《商》，宋詩也。愛，或爲「哀」。直己而陳德，各因其德，歌所宜。育，生也。商之遺聲也。商人識之，故謂之《商》。《齊》者，三代之遺聲也。齊人識之，故謂之《齊》。云「商之遺聲也」，衍字也，又誤。上所云「故《商》者五帝之遺聲也」，當居此衍字處也。明乎《商》之音者，臨事而屢斷。明乎《齊》之音者，見利而讓。屢，數也。數斷事，以其肆直也。見利而讓，以其温良能斷也。斷，猶決也。臨事而屢斷，勇也。見利而讓，義也。有勇有義，非歌孰能保此？保，猶安也，知也。故歌者上如抗，下如隊，曲如折，止如槀木，倨中矩，句中鉤，纍纍乎端如貫珠。言歌聲之著，動人心之審，如有此事。故歌之爲言也，長言之也。説之，故言之。言之不足，故長言之。長言之不足，故嗟歎之。嗟歎之不足，故不知手之舞之，足之蹈之也。」長言之，引其聲也。嗟歎，和續之也。不知手之舞之、足之蹈之，歡之至也。子貢問樂。上下同美之也。

禮記卷第十二

雜記上第二十

劉氏《别録》屬《喪服》。秀巖李氏曰：「此篇記諸侯以下死喪、祭祀、冠昏之禮。以簡帙重多，分爲上、下。而下篇皆喪服也。合而言之，宜爲《通論》。」

鄭氏注

諸侯行道有喪，諸侯。而死於館，則其復如於其國。如於道，則升其乘車之左轂，以其綏復。館，主國所致舍。復，招魂復魄也。如於其國，主國館賓，與使有之，得升屋招用褒衣也。如於道，道上廬宿也。升車左轂，象升屋東榮。綏，當爲「緌」，讀如「蕤賓」之「蕤」，字之誤也。緌，謂旌旗之旄也。去其旒而用之，異於生也。其輤有裧，尺占。緇布裳帷，素錦以爲屋，而行。輤，載柩將殯之車飾也。輤，取名於櫬與蒨，讀如「蒨旆」之「蒨」。櫬，棺也。蒨，染赤色者也。將葬，載柩之車飾曰柳。裧，謂鼈甲邊緣。緇布裳帷，圍棺者也。裳帷用緇，則輤用赤矣。輤象宮室。屋，其中小帳。櫬，覆棺者。若未大斂，其載尸而歸，車飾皆如之。至於廟門，不毁牆，遂入，適所殯，唯輤爲説脱。於廟門外。廟，所殯宮。牆，裳帷也。適所殯，謂兩楹之閒。去輤乃入廟門，以其入自有宮室也。毁，或爲「徹」。凡柩自外來者，正棺於兩楹之閒，尸亦侇之於此，皆因殯焉。異者，柩入自闕，升自西階；尸入自門，升自阼階。其殯必於兩楹之閒者，以其死不於室而自外來，留之於中，不忍遠也。

大夫士死於道，大夫、士。則升其乘車之左轂，以其綏復。如於館死，則其復如於家。綏，亦綏也。大夫復於家，以玄冕，士以爵弁服。大夫以布爲輤而行，至於家而説輤，載以輲車，入自門，至於阼階下而説車，舉自阼階，升適所殯。大夫輤言用布，白布不染也。言輤者，達名也。不言「裳帷」，俱用布，無所別也。至門，亦説輤乃入。言「載以輲車入自門」，明車不易也。輲，讀爲「輇」，或作「槫」。許氏《説文解字》曰：「有輻曰輪，無輻曰輇。」《周禮》又有蜃車，天子以載柩。蜃、輇聲相近，其制同乎？輇崇，蓋半乘車之輪。諸侯言「不毁牆」，大夫士言「不易車」，互相明也。不易者，不易以輴也。廟中有載柩以輴之禮，此不耳。士輤，葦席以爲屋，蒲席以爲裳帷。言以葦席爲屋，則無素錦爲帳。凡訃，訃。於其君，曰：「君之臣某死。」訃，或皆作「赴」。赴，至也。臣死，其子使人至君所告之。父、母、妻、長子，曰：「君之臣某之某死。」此臣於其家喪所主者。君，訃於他國之君，曰：「寡君不禄，敢告於執事。」夫人，曰：「寡小君不禄。」大子之喪，曰：「寡君之適子某死。」君、夫人不稱「薨」，告他國君，謙也。大夫訃於同國，適者，曰：「某不禄。」訃於士，亦曰：「某不禄。」訃於他國之君，曰：「君之外臣寡大夫某死。」訃於適者，曰：「吾子之外私寡大夫某不禄，使某實。實，一説如字。亦通。實，猶狀也。使其以實告。」訃於士，亦曰：「吾子之外私寡大夫某不禄，使某實。」適，讀爲「匹敵」之「敵」，謂爵同者也。實，當爲「至」，此讀，周、秦之人聲之誤也。士訃於同國大夫，曰：「某死。」訃於士，亦曰：「某死。」訃於他國之君，曰：「君之外臣某死。」訃於大夫，曰：「吾子之外私某死。」訃於士，亦曰：「吾子之外私某死。」

大夫次於公館以終喪，士練而歸。士次於公館。公館，公宫之舍也。練而歸之士，謂邑宰也。練而猶處公館，朝廷之士也。唯大夫三年無歸也。大夫居廬，士居堊室。謂未練時也。士居堊室，亦謂邑宰也。朝廷之士亦居廬。大夫爲其父母兄弟之未爲大夫者之喪服如士服，大夫士喪服之變，王肅非之。黄勉齋謂從肅説。士爲其父母兄弟之爲大夫者之喪服如士服。大夫雖尊，不以其服服父母兄弟，嫌若踰之也。士，謂大夫庶子爲士者也。己卑，又不敢服尊者之服。今《大夫喪禮》逸，與士異者，未得而備聞也。《春秋傳》曰：「齊晏桓子卒，晏嬰麤衰斬，苴絰、帶，杖，菅屨，食粥，居倚廬，寢苫，枕草。其老曰：『非大夫之禮也。』曰：『唯卿爲大夫。』」此平仲之謙也。言己非大夫，故爲父服士服耳。麤衰斬者，其縷在齊、斬之間。謂縷如三升半而三升，不緝也。斬衰以三升爲正，微細焉則屬於麤也。然則士與大夫爲父服異者，有麤衰斬、枕草矣。其爲母五升縷而四升，爲兄弟六升縷而五升乎？唯大夫以上乃能備儀盡飾，士以下則以臣服君之斬衰爲其父，以臣從軍而服之齊衰爲其母與兄弟，亦以勉人爲高行也。大功以下，大夫、士服同。大夫之適子，服大夫之服。仕至大夫，賢著而德成，適子得服其服，亦尊其適象賢。大夫之庶子爲大夫，則爲其父母服大夫服，其位與未爲大夫者齒。雖庶子，得服其服，尚德也。使齒於士，不可不宗適。士之子爲大夫，則其父母弗能主也，使其子主之，無子則爲之置後。大夫之子，得用大夫之禮，而士不得也。置，猶立也。大夫卜宅與葬日，大夫喪禮。有司麻衣、布衰、布帶，因喪屨，緇布冠不蕤。占者皮弁。有司，卜人也。麻衣，白布深衣。而著衰焉，及布帶、緇布冠。此服非純吉，亦非純凶也。皮弁，則純吉之尤者也。占者尊於有司。卜求吉，其服彌吉。大夫、士朔服皮弁。如筮，則史練冠、長衣以筮，占者朝服。筮者，筮宅也。謂下大夫若士也。筮史，筮人也。長衣，深衣之純以素也。長衣練冠，純凶服也。朝服，純吉服也。大夫士日朝服以朝也。大夫之喪，既薦馬，薦馬者哭踊，出，乃包奠，而讀書。嫌與士異，記之也。《既夕禮》曰：「包牲，取下體。」又曰：「主人之史請讀賵。」大夫之喪，大宗人相，小宗人命龜，卜人作龜。卜葬及日也。相，相主人禮也。命龜，告以所問事也。作龜，謂揚火灼之以出兆。内子以鞠衣褒衣，素沙，下大夫以襢衣，其餘如士。此復所用衣也。當在「夫人狄稅素沙」下，爛脱失處，在此上耳。內子，卿之適妻也。《春秋傳》曰「晉趙姬請逆叔隗於狄，趙衰以爲內子而已下之」是也。下大夫，謂下大夫之妻。禮，《周禮》作「展」。王后之服六，唯上公夫人亦有褘衣，侯伯夫人自揄狄而下，子男夫人自闕狄而下，卿妻自鞠衣而下，大夫妻自展衣而下，士妻稅衣而已。素沙，若今紗縠之帛也。六服皆袍制，不禪，以素紗裹之，如今袿袍襈重繒矣。褎衣者，始爲命婦見加賜之衣也。其餘如士之妻，則亦用稅衣。復，復。諸侯以褎衣、冕服、爵弁服。復，招魂復魄也。冕服者，上公五，侯伯四，子男三。褎衣，亦始命爲諸侯及朝覲見加賜之衣也。褎，猶進也。夫人稅裏。衣揄搖。狄，狄稅素沙。言其招魂用稅衣，上至揄狄也。狄稅素沙，言皆以白紗縠爲裏。復西上。北面而西上，陽長左也。復者多少，各如其命之數。大夫不揄絞屬於池下。池飾，有説文。謂池飾也。揄，揄翟也。采青黄之閒曰絞。屬，猶繫也。人君之柳，其池繫絞繒於下，而畫翟雉焉，名曰振容，又有銅魚在其閒。大夫去振容，士去魚。此無「人君」及「士」，亦爛脱。

大夫附於士。祔。士不附於大夫，附於大夫之昆弟，無昆弟則從其昭穆，雖王父母在亦然。附，讀皆爲「祔」。大夫祔於士，不敢以己尊自殊於其祖也。士不祔於大夫，自卑，別於尊者也。大夫之昆弟，謂爲士者也。從其昭穆中一以上，祖又祖而已。祔者，祔於先死者。婦附於其夫之所附之妃，無妃則亦從其昭穆之妃。妾附於妾祖姑，無妾祖姑則亦從其昭穆之妾。夫所附之妃，於婦則祖姑。男子附於王父則配，女子附於王母則不配。配，謂并祭王母。不配，則不祭王父也。有事於尊者可以及卑，有事於卑者不敢援尊，配與不配，祭饌如一，祝辭異，不言「以某妃配某氏」耳。女子，謂未嫁者也。嫁未三月而死，猶歸葬於女氏之黨。公子附於公子。不敢戚君。

君薨，傳重。大子號稱子，待猶君也。謂未踰年也。雖稱「子」，與諸侯朝會如君矣。《春秋》魯僖公九年夏，葵丘之會，宋襄公稱「子」而與諸侯序。待，或爲「侍」。　有三年之練冠，既練，遭大功之喪。則以大功之麻易之，唯杖、屨不易。謂既練而遭大功之喪者也。練除首絰，要絰葛，又不如大功之麻重也。言練冠、易麻，互言之也。唯杖、屨不易，言其餘皆易也。屨不易者，練與大功俱用繩耳。　有父母之喪，尚功衰，而附兄弟之殤，附兄弟之殤。則練冠附於殤，稱「陽童某甫」，不名，神也。此兄弟之殤，謂大功親以下之殤也。斬衰、齊衰之喪練，皆受以大功之衰，此謂之功衰。以是時而祔大功親以下之殤，大功親以下之殤輕，不易服。冠而兄爲殤，謂同年者也。兄十九而死，己明年因喪而冠。陽童，謂庶殤也，宗子則曰陰童。童，未成人之稱也。某甫，且字也。尊神不名，爲之造字。

凡異居，始聞兄弟之喪，異居奔兄弟之喪。唯以哭對可也。惻怛之痛，不以辭言爲禮也。　其始麻，散帶絰。與居家同也。凡喪，小斂而麻。　未服麻而奔喪，及主人之未成絰也，疏者與主人皆成之，親者終其麻帶絰之日數。疏者，謂小功以下也。親者，大功以上也。疏者及主人之節，則用之。其不及，亦自用其日數。

主妾之喪，妾之喪。則自附，至於練、祥，皆使其子主之。　其殯、祭不於正室。祔自爲之者，以其祭於祖廟。　君不撫僕妾。略於賤也。

女君死，則妾爲女君之黨服。妾爲女君之黨。　攝女君，則不爲先女君之黨服。妾於女君之親，若其親然。

聞兄弟之喪，奔兄弟之喪。大功以上，見喪者之鄉而哭。奔喪節也。　適兄弟之送葬者弗及，葬。遇主人於道，則遂之於墓。言骨肉之親，不待主人也。　凡主兄弟之喪，主。雖疏亦虞之。喪事，虞、祔乃畢。　凡喪服未畢，有弔者，受弔之變。則爲位而哭，拜踴。客始來，主人不可以殺禮待之。

大夫之哭大夫，大夫之服。弁絰。大夫與殯亦弁絰。弁絰者，大夫錫衰相弔之服也。如爵弁而素，加環絰曰弁絰。大夫有私喪之葛，則於其兄弟之輕喪則弁絰。私喪，妻子之喪也。輕喪，緦麻也。大夫降焉，弔服而往，不以私喪之末臨兄弟。爲長子杖，爲長子。則其子不以杖即位。辟尊者。爲妻，爲妻。父母在，不杖，不稽顙。尊者在，不敢盡禮於私喪也。母在，不稽顙。稽顙者，其贈也拜。言獨母在，於贈、拜得稽顙。則父在，贈、拜不得稽顙。

違諸侯，之大夫，不反服。不反服。違大夫，之諸侯，不反服。其君尊卑異也。違，猶去也。去諸侯仕諸侯，去大夫仕大夫，乃得爲舊君服。

喪冠條屬，喪冠，帶。以別吉凶。三年之練冠，亦條屬，右縫。別吉凶者，吉冠不條屬也。條屬者，通屈一條繩若布爲武，垂下爲纓，屬之冠，象大古喪事略也。吉冠則纓，武異材焉。右縫者，右辟而縫之。小功以下，左。左辟象吉，輕也。緦冠繰纓。繰，當爲「澡麻帶絰」之「澡」，聲之誤也。謂有事其布以爲纓。大功以上，散帶。小功、緦輕，初而絞之。

朝服十五升，緦制。去其半而緦，加灰，錫也。緦精麤與朝服同。去其半，則六百縷而疏也。又無事其布，不灰焉。

諸侯相襚，襚。以後路與冕服，先路與褒衣不以襚。不以己之正者施於人，以彼不以爲正也。後路，貳車，貳車行在後也。

遣車視牢具。遣。言車多少各如所包遣奠牲體之數也。然則遣車載所包遣奠而藏之者與？遣奠，天子大牢，包九个。諸侯亦大牢，包七个。大夫亦大牢，包五个。士少牢，包三个。大夫以上乃有遣車。疏布輤，四面有章，置于四隅。輤，其蓋也。四面皆有章蔽，以隱翳牢肉。四隅，椁中之四隅。載粻，餦。有子曰：「非禮也。」粻，米糧也。喪奠，脯醢而已。言死者不食糧也。遣奠本無黍、稷。

祭，祝號。稱「孝子孝孫」，喪，通喪。稱「哀子哀孫」。各以其義稱。端衰、喪車，皆無等。喪車，惡車也。喪者衣衰及所乘之車，貴賤同，孝子於親一也。衣衰言「端」者，玄端吉時常服，喪之衣衰當如之。大白冠，冠。緇布之冠，皆不蕤。委武玄縞而后蕤。不蕤，質無飾也。大白冠，大古之布冠也。《春秋傳》曰：「衛文公大布之衣，大白之冠。」委武，冠卷也。秦人曰委，齊東曰武。玄，玄冠也。縞，縞冠也。

大夫冕而祭於公，冕。弁而祭於己。弁。士弁而祭於公，冠而祭於己。弁，爵弁也。冠，玄冠也。祭於公，助君祭也。大夫爵弁而祭於己，唯孤爾。士弁而親迎，然則士弁而祭於己可也。緣類欲許之也。親迎雖亦己之事，攝盛服爾，非常也。

暢，祭器。臼以椈，杵以梧。所以擣鬱也。椈，柏也。枇匕。以桑，長三尺，或曰五尺。枇，所以載牲體者。此謂喪祭也。吉祭，枇用棘。畢用桑，長三尺，刊其柄與末。畢所以助主人載者。刊，猶削也。

率帶，率帶。諸侯、大夫皆五采，士二采。此謂襲尸之大帶。率，繂也。繂之，不加箴功。大夫以上，更飾以五采，士以朱、緑。襲事成於帶，變之，所以異於生。醴者，葬物。稻醴也。甕、甒、筲、衡。實見閒，而後折入。此謂葬時藏物也。衡，當爲「桁」，所以庪甕、甒之屬，聲之誤也。實見閒，藏於見外、椁内也。折，承席也。重，埋重。既虞而埋之。就所倚處埋之。

凡婦人，婦人。從其夫之爵位。婦人無專制，生禮死事，以夫爲尊卑。小斂、斂。大斂、啓，皆辯拜。

嫌當事來者終不拜，故明之也。此既事皆拜。朝夕哭，不帷。殯。緣孝子心欲見殯肂也。既出則施其房，鬼神尚幽闇也。無柩者，不帷。既塟。謂既葬也。棺柩已去，鬼神在室，堂無事焉，遂去帷。君若載而後弔之，將塟君弔。則主人東面而拜，門右北面而踊，出待，反而後奠。主人拜踊於賓位，不敢迫君也。君即位車東。出待，不必君留也。君反之使奠。

子羔之襲也：襲。繭衣裳與稅彖。衣纁袡而占。爲一，素端一，皮弁一，爵弁一，玄冕一。曾子曰：「不襲婦服。」繭衣裳者，若今大襺也。纊爲繭，縕爲袍，表之以稅衣，乃爲一稱爾。稅衣，若玄端而連衣裳者也。大夫而以纁爲之緣，非也。唯婦人纁袡。禮以冠名服，此襲其服，非襲其冠。曾子譏襲婦服而已。玄冕又大夫服，未聞子羔曷爲襲之。玄冕，或爲「玄冠」，或爲「玄端」。爲君使而死，道有喪。公館復，私館不復。公館者，公宮與公所爲也。私館者，自卿大夫以下之家也。公所爲君所作離宮館也。

公七踊，踊。大夫五踊，婦人居間。士三踊，婦人皆居間。公，君也。始死及小斂、大斂而踊，君、大夫、士一也，則皆三踊矣。君五日而殯，大夫三日而殯，士二日而殯。士小斂之朝不踊，君、大夫大斂之朝乃不踊。婦人居間者，踊必拾，主人踊，婦人踊，賓乃踊。公襲：襲。卷衣一，玄端一，朝服一，素積一，纁裳一，爵弁二，玄冕一，褒衣一，朱綠帶，申加大帶於上。朱綠帶者，襲衣之帶。飾之雜以朱綠，異於生也。此帶亦以素爲之。申，重也。重於革帶也。革帶以佩韍。必言「重加大帶」者，明雖有變，必備此二帶也。士襲三稱，子羔襲五稱，今公襲九稱，則尊卑襲數不同矣。諸侯七稱，天子十二稱與？

小斂環絰，斂。公、大夫、士一也。環絰者，一股，所謂纏絰也。士素委貌，大夫以上素爵弁，而加此絰焉，散帶。公視大斂，公升，商祝鋪席，乃斂。《喪大記》曰：「大夫之喪，將大斂，既鋪絞、紟、衾，君至。」此君升乃鋪席，則君至爲之改，始新之。

魯人之贈也，贈。三玄二纁，廣尺，長終幅。言失之也。《士喪禮》下篇曰：「贈用制幣玄纁束。」弔者即位于門西，弔。東面。其介在其東南，北面，西上，西於門。賓立門外，不當門。主孤西面。立於阼階下。相者受命曰：「孤某使某請事。」客曰：「寡君使某，如何不淑！」受命，受主人命以出也。不言「擯」者，喪無接賓。淑，善也。如何不善，言君痛之甚，使某弔。相者入告，出曰：「孤某須矣。」稱其君名者，君薨稱「子某」，使人知適嗣也。須矣，不出迎也。弔者入，主人升堂，西面。弔者升自西階，東面致命，曰：「寡君聞君之喪，寡君使某，如何不淑！」子拜稽顙。弔者降，反位。子，孤子也。降反位者，出反門外位。無「出」字，脱。

含者執璧將命曰：含。「寡君使某含。」相者入告，出曰：「孤某須矣。」含玉爲璧制，其分寸大小未聞。含者入，升堂致命。子拜稽顙。含者坐委于殯東南，有葦席。既葬，蒲席。降，出反位。言「降出反位」，則是介也。《春秋》有既葬歸含、賵、襚，無譏焉，皆受之於殯宮。宰夫朝服，即喪屨，升自西階，西面坐取璧，降自西階，以東。朝服，告鄰國之禮也。即，就也。以東，藏於內也。

襚者曰：襚。「寡君使某襚。」相者入告，出曰：「孤某須矣。」襚者執冕服，左執領，右執要，入，升堂致命曰：「寡君使某襚。」子拜稽顙。委衣于殯東。亦於席上所委璧之北，順其上下。襚者降，受爵弁服於門內霤，將命，子拜稽顙如初。受皮弁服於中庭，自西階受朝服，自堂受玄端，將命，子拜稽顙皆如初。襚者降，出反位。授襚者以服者，賈人。宰夫五人，舉以東，降自西階，其舉亦西面。亦西面者，亦襚者委衣時。

上介賵，賵。執圭將命曰：「寡君使某賵。」相者入告，反命曰：「孤某須矣。」陳乘黄、大路於中庭，北輈。執圭將命，客使自下由路西。子拜稽顙。坐委于殯東南隅，宰舉以東。輈，轅也。自，率也。下，謂馬也。馬在路之下。《覲禮》曰：「路下四亞之。」客紿使者入，設乘黄於大路之西，客入則致命矣。使，或爲「史」。凡將命，鄉殯將命，子拜稽顙，西面而坐委之。宰舉璧與圭，宰夫舉襚，升自西階，西面坐取之，降自西階。凡者，説不見者也。鄉殯將命，則將命時立於殯之西南。宰夫，宰之佐也。此言「宰舉璧與圭」，則上「宰夫朝服」，衍「夫」字。賵者出，反位于門外。乃著言「門外」，明禮畢將更有事。

上客臨，臨，如字。曰：「寡君有宗廟之事，不得承事，使一介老某相執綍。弗。」上客，弔者也。臨，視也。言欲入視喪所不足而給助之，謙也，其實爲哭耳。相者反命曰：「孤某須矣。」臨者入門右，介者皆從之，立于其左，東上。入門右，不自同於賓客。宗人納賓，升，受命于君，降曰：「孤敢辭吾子之辱，請吾子之復位。」客對曰：「寡君命某毋敢視賓客，敢辭。」宗人反命曰：「孤敢固辭吾子之辱，請吾子之復位。」客對曰：「寡君命某毋敢視賓客，敢固辭。」宗人反命曰：「孤敢固辭吾子之辱，請吾子之復位。」客對曰：「寡君命使臣某毋敢視賓客，是以敢固辭。固辭不獲命，敢不敬從。」賓三辭而稱「使臣」，爲恭也。爲恭者，將從其命。客立于門西，介立于其左，東上。孤降自阼階，拜之，升哭，與客拾其劫。踊三。拜客，謝其厚意。客出，送于門外，拜稽顙。不迎而送，喪無接賓之禮。

其國有君喪，國有喪，《喪大記》脱文。不敢受弔。辟其痛傷己之親如君。外宗房中南面，小臣鋪席，商祝鋪絞、紟、衾，士盥于盤北，舉遷尸于斂上。卒斂，宰告，子馮之踴，夫人東面坐，馮之興踴。此《喪大記》脱字，重著於是。士喪有與天子同者三：士喪禮。其終夜燎，及乘人，專道而行。乘人，謂使人執引也。專道，人辟之。

雜記下第二十一

鄭氏注

有父之喪，重有喪。如未没喪而母死，其除父之喪也？服其除服，卒事，反喪服。没，猶竟也。除服，謂祥祭之服也。卒事，既祭。反喪服，服後死者之服。雖諸父、昆弟之喪，如當父母之喪，其除諸父昆弟之喪也，皆服其除喪之服，卒事，反喪服。雖有親之大喪，猶爲輕服者除，骨肉之恩也。唯君之喪，不除私服。言「當」者，期、大功之喪，或終始皆在三年之中，小功、緦麻則不除，殤長、中乃除。如三年之喪，則既穎，犬迥。其練、祥皆行。言今之喪既服穎，乃爲前三年者變除而練、祥祭也。此主謂先有父母之服，今又喪長子者。其先有長子之服，今又喪父母，其禮亦然。然則言「未没喪」者，已練、祥矣。穎，草名。無葛之鄉，去麻則用穎。王父死，未練、祥而孫又死，猶是附於王父也。未練、祥，嫌未祫祭序於昭穆爾。王父既附，則孫可祔焉。猶，當爲「由」。由，用也。附，皆當作「祔」。

有殯，聞外喪，外喪。哭之他室。明所哭者異也。哭之爲位。入奠，卒奠出，改服即位，如始即位之禮。謂後日之哭，朝入奠於其殯，既乃更即位就他室，如始哭之時。

大夫士將與祭於公，公祭聞喪。既視濯而父母死，則猶是與祭也，次於異宮。既祭，釋服出公門外，哭而歸，其它如奔喪之禮。如未視濯，則使人告，告者反而后哭。猶，亦當爲「由」。次於異宮，不可以吉與凶同處也。使者反而後哭，不敢專己於君命也。如諸父、昆弟、姑、姊妹之喪，則既宿則與祭。卒事，出公門，釋服而后歸。其它如奔喪之禮。如同宮，則次于異宮。宿則與祭，出門乃解祭服，皆爲差緩也。

曾子問曰：「卿大夫將爲尸於公，公尸有喪。受宿矣，而有齊衰內喪，則如之何？」孔子曰：「出舍乎公宮以待事，禮也。」尸重，受宿則不得哭內喪同宮也。孔子曰：「尸弁冕而出，卿、大夫、士皆下之，尸必式，必有前驅。」冕兼言弁者，君之尸，或服士大夫之服也。諸臣見尸而下車敬也，尸式以禮。

父母之喪，將祭，練祥聞喪。而昆弟死，既殯而祭。如同宮，則雖臣妾，葬而後祭。祭，主人之升降散等，執事者亦散等。雖虞、附亦然。將祭，謂練祥也。言「若同宮」，則是昆弟異宮也。古者昆弟異居同財，有東宮，有西宮，有南宮，有北宮。有父母之喪，當在殯宮，而在異宮者，疾病或歸者。主人，適子。散等，衆階，爲新喪略威儀。

自諸侯達諸士，喪祭。小祥之祭，主人之酢也嚌才細。之，衆賓、兄弟則皆啐七內。之。大祥，主人啐之，衆賓兄弟皆飲之可也。嚌、啐，皆嘗也。嚌至齒，啐入口。

凡侍祭喪者，告賓祭薦而不食。喪禮通論。薦，脯醢也。吉祭告賓祭薦，賓既祭而食之。喪祭賓不食。

子貢問喪，子曰：「敬爲上，哀次之，瘠爲下。顏色稱其情，戚容稱其服。」問喪，問居父母之喪也。

喪尚哀，言敬爲上者，疾時尚不能敬也。容，威儀也。《孝經》曰：「容止可觀。」「請問兄弟之喪。」子曰：「兄弟之喪，則存乎書策矣。言疏者如禮行之，未有加也。齊、斬之喪，哀容之體，經不能載矣。君子不奪人之喪，重喪禮。重喪禮也。亦不可奪喪也。」不可以輕之於己也。

孔子曰：「少連、大連善居喪。居喪。三日不怠，三月不解，期悲哀，三年憂，東夷之子也。」言其生於夷狄而知禮也。怠，惰也。解，倦也。三年之喪，言語。言而不語，對而不問。廬、堊室之中，不與人坐焉。在堊室之中，非時見乎母也，不入門。言，言己事也。爲人説爲語。在堊室之中，以時事見乎母，乃後入門，則居廬時不入門。疏衰皆居堊室，居處。不廬。廬，嚴者也。言廬哀敬之處，非有其實則不居。

妻視叔父母，哀戚之殺。姑、姊妹視兄弟，長、中、下殤視成人。視，猶比也。所比者，哀容居處也。親喪外除，日月已竟而哀未忘。兄弟之喪内除。日月未竟，而哀已殺。視君之母與妻，比之兄弟。發諸顔色者，亦不飲食也。言小君服輕，亦内除也。發於顔色，謂醲美酒食，使人醉飽。免喪之外，免喪。行於道路，見似目瞿，九遇。聞名心瞿，弔死而問疾，顔色戚容，必有以異於人也。如此而後可以服三年之喪，其餘則直道而行之是也。惻隱之心能如是，則其餘齊衰以下直道而行，盡自得也。似，謂容貌似其父母也。名與親同。

祥，祥變服。主人之除也，於夕爲期，朝服。祥因其故服。爲期，爲祭期也。朝服以期，至明日而祥祭亦朝服，始即吉，正祭服也。《喪服小記》曰「除成喪者，其祭也，朝服縞冠」是也。祭猶縞冠，未純吉也。既祭，乃服大祥素縞、麻衣。《釋禫之禮》云：「玄衣黄裳。」則是禫祭玄冠矣。黄裳者，未大吉也。既祭乃服禫服朝服、綅冠。踰月吉祭，乃玄冠、朝服，既祭，玄端而居，復平常也。子游曰：「既祥，雖不當縞者必縞，然後反服。」謂有以喪事贈賵來者，雖不及時，猶變服，服祥祭之服以受之，重其禮也。其於此時始弔者，則衛將軍文子之爲之是矣。反服，反素縞、麻衣也。

當袒，袒受弔。大夫至，雖當踴，絶踴而拜之，反改成踴，乃襲。尊大夫，來至則拜之，不待事已也。更成踴者，新其事也。於士，既事成踴，襲而後拜之，不改成踴。於士，士至也。事，謂大小斂之屬。

上大夫之虞也虞祔。少牢。卒哭成事、附，皆大牢。下大夫之虞也，犆牲。卒哭成事、附，皆少牢。卒哭成事、附言「皆」，則卒哭成事、附與虞異矣。下大夫虞以犆牲，與《士虞禮》同與？

祝稱卜葬、虞，祝稱。子孫曰「哀」，夫曰「乃」，兄弟曰「某」，卜葬其兄弟曰「伯子某」。祝稱卜葬、虞者，卜葬、卜虞，祝稱主人之辭也。孫，謂爲祖後者，稱曰「哀孫某卜葬其祖某甫」，夫曰「乃某卜葬其妻某氏」。兄弟相爲卜，稱名而已也。

古者貴賤皆杖。杖。叔孫武叔朝，見輪人以其杖關轂而輠胡罪。輪者，於是有爵而后杖也。記庶人失禮所由始也。叔孫武叔，魯大夫叔孫州仇也。輪人，作車輪之官。

鑿巾以飯，飯。公羊賈爲之也。記士失禮所由始也。士親飯，必發其巾。大夫以上，賓爲飯焉，則有鑿巾。

冒者何也？冒。所以揜形也。自襲以至小斂，不設冒則形，是以襲而後設冒也。言設冒者爲其形人將惡之也。襲而設冒言「後」，衍字耳。

或問於曾子曰：「夫既遣而包其餘，遣。猶既食而裹其餘與？君子既食則裹其餘乎？」言遣既奠而又包之，是與食於人，已而裹其餘將去，何異與？君子寧爲是乎？言傷廉也。曾子曰：「吾子不見大饗乎？夫大饗，既饗，卷三牲之俎歸于賓館。父母而賓客之，所以爲哀也。子不見大饗乎？」既饗歸賓俎，所以厚之也。言父母，家之主，今賓客之，是孝子哀親之去也。非爲人喪，問與？賜與？此上滅脱，未聞其首云何。是言非爲人喪而問之與？人喪而賜之與？問，遺也。久無事曰問。

三年之喪，以其喪拜。非三年之喪，以吉拜。謂受問、受賜者也。稽顙而後拜曰喪拜，拜而后稽顙曰吉拜。三年之喪，如或遺之酒肉，喪受遺。則受之必三辭，主人衰絰而受之。受之必正服，明不苟於滋味。如君命，則不敢辭，受而薦之。薦於廟，貴君之禮。喪者不遺人。人遺之，雖酒肉受也。從父昆弟以下，既卒哭，遺人可也。言齊斬之喪重，志不在施惠於人。

縣子曰：「三年之喪如斬，父母之喪。期之喪如剡。」言其痛之惻怛有淺深也。期之喪，父在爲母。十一月而練，十三月而祥，十五月而禫。此謂父在爲母也。當在「練則弔」上，爛脱在此。三年之喪，雖功衰，不弔，自諸侯達諸士。如有服而將往哭之，則服其服而往。功衰，既練之服也。諸侯服新死者之服而往哭，謂所不臣也。練則弔。父在爲母，功衰可以弔人者，以父在，故輕於出也。然則凡齊衰十一月，皆可以出矣。既葬，大功，弔，哭而退，不聽事焉。聽，猶待也。事，謂襲、斂、執紼之屬。期之喪，未葬，弔於鄉人，哭而退，不聽事焉。功衰，弔，待事不執事。謂爲姑、姊妹無主，殯不在己族者。小功、緦，執事不與於禮。禮，饋奠也。相趨也，會葬之節。出宫而退。相揖也，哀次而退。相問也，既封而退。相見也，反哭而退。

朋友，虞附而退。此弔者恩薄厚、去遲速之節也。相趨，謂相問姓名來會喪事也。相揖，嘗會於他也。相問，嘗相惠遺也。相見，嘗執摯相見也。附，皆當爲「祔」。弔，非從主人也。四十者執紼。言弔者，必助主人之事。從，猶隨也。成人二十以上，至四十丁壯時。鄉人五十者從反哭，四十者待盈坎。非鄉人則長少皆反，優遠也。坎，或爲「壙」。

喪食雖惡，毁瘠之節。必充飢。飢而廢事，非禮也。飽而忘哀，亦非禮也。視不明，聽不聰，行不正，不知哀，君子病之。故有疾飲酒食肉，五十不致毁，六十不毁，七十飲酒食肉，皆爲疑死。病，猶憂也。疑，猶恐也。

有服，人召之食，不往。大功以下，既葬適人，人食之，其黨也食之，非其黨弗食也。往而見食，則可食也。爲食而往則不可。黨，猶親也。非親而食，則是食於人無數也。功衰，食菜果，飲水漿。無鹽酪，不能食食，鹽酪可也。功衰，齊、斬之末也。酪，酢截。孔子曰：「身有瘍羊。則浴，首有創則沐，病則飲酒食肉。毁瘠爲病，君子弗爲也。毁而死，君子謂之無子。」毁而死，是不重親。

非從柩與反哭，無免於堩。亘。免。言喪服出入，非此二事皆冠也。免，所以代冠。人於道路，不可以無飾。堩，道路。凡喪，小功以上，非虞、附、練、祥，無沐浴。沐浴。言不有飾事則不沐浴。疏衰之喪，既葬，人請見之則見，見人。不請見人。小功，請見人可也。大功，不以執摯。唯父母之喪，不辟涕泣而見人。言重喪不行求見人爾。人來求見己，亦可以見之矣。不辟涕泣，言至哀無飾也。

三年之喪，庶人喪祭。祥而從政。期之喪，卒哭而從政。九月之喪，既葬而從政。小功、緦之喪，既殯而從政。以《王制》言之，此謂庶人也。從政，從爲政者教令，謂給繇役。

曾申問於曾子曰：「哭父母有常聲乎？」哭聲。曰：「中路嬰兒失其母焉，何嘗聲之有？」嬰，猶鷖彌也，言其若小兒亡母啼號，安得常聲乎？所謂哭不偯。

卒哭而諱。諱。自此而鬼神事之尊，而諱其名。王父母、兄弟、世父、叔父、姑、姊妹，子與父同諱。父爲其親諱，則子不敢不從諱也。謂王父母以下之親諱，是謂士也。天子、諸侯諱群祖。母之諱，宮中諱。妻之諱，不舉諸其側。與從祖昆弟同名則諱。母之所爲其親諱，子孫於宮中不言。妻之所爲其親諱，夫於其側亦不言也。孝子聞名心瞿，凡不言人諱者，亦爲其相感動也。子與父同諱，則子可盡曾祖之親也。從祖昆弟在其中，於父輕，不爲諱。與母、妻之親同名，重則諱之。

以喪冠者，因喪而冠。雖三年之喪可也。既冠於次，入，哭踊三者三，乃出。言「雖」者，明齊衰以下皆可以喪冠也。始遭喪以其冠月，則喪服因冠矣。非其冠月，待變除卒哭而冠。次，廬也。「雖」，或爲「唯」。大功之末可以冠子，自凶而吉。可以嫁子。父小功之末，可以冠子，可以嫁子，可以取婦。己雖小功，既卒哭，可以冠，取妻。下殤之小功則不可。此皆謂可用吉禮之時。父大功卒哭而可以冠子、嫁子，小功卒哭而可以取婦。己大功卒哭而可以冠子，小功卒哭而可以取妻。必偕祭乃行也。下殤小功，齊衰之親，除喪而後可爲昏禮。凡冠者，其時當冠則因喪而冠之。凡弁絰，弔服。其衰侈袂。侈，猶大也。弁絰服者，弔服也。其衰：錫也，緦也，疑也。袂之小者二尺二寸，大者半而益之，則侈袂三尺三寸。

父有服，聽樂之節。宮中子不與於樂。母有服，聲聞焉，不舉樂。妻有服，不舉樂於其側。宮中子，與父同宮者也。禮，由命士以上，父子異宮，不與於樂，謂出行見之，不得觀也。大功將至，辟琴瑟。亦所以助哀也。至，來也。小功至，不絶樂。姑、姊妹，其夫死，而夫黨無兄弟，使夫之族人主喪。主喪。妻之黨，雖親弗主。此謂姑、姊妹無子，寡而死也。夫黨無兄弟，無緦之親也。其主喪，不使妻之親，而使夫之族人。婦人外成，主必宜得夫之姓類。夫若無族矣，則前後家，東西家。無有，則里尹主之。喪無無主也。里尹，閭胥、里宰之屬。《王度記》曰：「百户爲里，里一尹，其禄如庶人在官者。」里，或爲「士」。諸侯弔於異國之臣，則其君爲主。里尹主之，亦斯義也。或曰：主之，而附於夫之黨。妻之黨自主之，非也。夫之黨，其祖姑也。

麻者不紳，吉凶異服。執玉不麻，麻不加於采。吉凶不相干也。麻，謂絰也。紳，大帶也。喪以要絰代大帶也。麻不加於采，衣采者不麻，謂弁絰者必服弔服是也。采，玄纁之衣。

國禁哭則止，國禁哭。朝夕之奠，即位自因也。禁哭，謂大祭祀。時雖不哭，猶朝夕奠。自因，自用故事。

童子哭，童子喪禮。不偯，不踴，不杖，不菲，扶味。不廬。未成人者，不能備禮也。當室則杖。

孔子曰：「伯母、叔母疏衰，踴不絶地。踴節。姑、姊妹之大功，踴絶於地。如知此者，由文矣哉！由文矣哉！」由，用也。言知此踴絶地，不絶地之情者，能用禮文哉！能用禮文哉！美之也。伯母、叔母，義也。姑、姊妹，骨肉也。

世柳之母死，相禮之失。相者由左。世柳死，其徒由右相。由右相，世柳之徒爲之也。亦記失禮所由始也。世柳，魯穆公時賢人也。相，相主人之禮。天子飯九貝，飯含萐虞之節。諸侯七，大夫五，士三。此蓋夏時禮也。周禮天子飯含用玉。士三月而葬，是月也卒哭。大夫三月而葬，五月而卒哭。諸侯五月而葬，七月而卒哭。士三虞，大夫五，諸侯七。尊卑恩之差也。天子至士，葬即反虞。諸侯使人弔，諸侯使人弔。其次含、襚、賵、臨，皆同日而畢事者也。其次如此也。言五者相次同時。

卿大夫疾，諸侯問疾、哀死之節。君問之無算。士，壹問之。君於卿大夫，比葬不食肉，比卒哭不舉樂，爲士，比殯不舉樂。升正柩，柩行。諸侯，執綍五百人。四綍，皆銜枚。司馬執鐸，左八人，右八人。匠人執羽葆御柩。大夫之喪，其升正柩也，執引者三百人，執鐸者左右各四人，御柩以茅。升正柩者，謂將葬朝于祖，正棺於廟也。五百人，謂一黨之民。諸侯之大夫，邑有三百户之制。綍、引同耳，廟中曰綍，在塗曰引，互言之。御柩者，居前道正之。大夫、士皆二綍。

孔子曰：「管仲鏤簋而朱紘，僭偪。旅樹而反坫，山節而藻棁，賢大夫也，而難爲上也。言其僭天子、諸侯。鏤簋，刻爲蟲獸也。冠有笄者爲紘。紘在纓處，兩端上屬，下不結。旅樹，門屏也。反坫，反爵之坫也。山節薄櫨，刻之爲山。棁，侏儒柱，畫之爲藻文。晏平仲祀其先人，豚肩不揜豆，賢大夫也，而難爲下也。言其偪士庶人也。豚，俎實。豆，徑尺。言并豚兩肩不能覆豆，喻小也。君子上不僭上，下不偪下。」

婦人非三年之喪，婦人奔喪。不踰封而弔。踰封，越竟也。或爲「越疆」。如三年之喪，則君夫人歸。奔父母喪也。夫人其歸也，以諸侯之弔禮。其待之也，若待諸侯然。謂夫人行道車服，主國致禮。夫人至，入自闈門，升自側階，君在阼。其他如奔喪禮然。女子子不自同於女賓也。宮中之門曰闈門，爲相通者也。側階，亦旁階也。他，謂哭、踊、髽、麻。闈門，或爲「帷門」。嫂不撫叔，遠嫌。叔不撫嫂。遠別也。君子有三患：通論。未之聞，患弗得聞也。既聞之，患弗得學也。既學之，患弗能行也。君子有五恥：居其位，無其言，君子恥之。有其言，無其行，君子恥之。既得之，而又失之，君子恥之。地有餘，而民不足，君子恥之。衆寡均而倍焉，君子恥之。恥民不足者，古者居民，量地以制邑，度地以居民，地邑民居，必參相得也。衆寡均，謂俱有役事，人數等也。倍焉，彼功倍已也。

孔子曰：「凶年則乘駑馬，凶殺。祀以下牲。」自貶損，亦取易供也。駑馬，六種最下者。下牲，少牢若特豕、特豚也。恤由之喪，哀公使孺悲之孔子學士喪禮，士喪禮。《士喪禮》於是乎書。時人轉而僭上，士之喪禮已廢矣，孔子以教孺悲，國人乃復書而存之。

子貢觀於蜡，乍。蜡。孔子曰：「賜也樂乎？」對曰：「一國之人皆若狂，賜未知其樂也。」蜡也者，索也，歲十二月，合聚萬物而索饗之祭也。國索鬼神而祭祀，則黨正以禮屬民而飲酒于序，以正齒位。於是時，民無不醉者如狂矣。曰「未知其樂」，怪之。子曰：「百日之蜡，一日之澤，非爾所知也。」蜡之祭，主先穡也。大飲烝，勞農以休息之。言民皆勤稼穡，有百日之勞，喻久也。今一日使之飲酒燕樂，是君之恩澤。非女所知，言其義大。張而不弛，文武弗能也。弛而不張，文武弗爲也。一張一弛，文武之道也。張、弛，以弓弩喻人也。弓弩久張之則絶其力，久弛之則失其體。

孟獻子曰：「正月日至，可以有事於上帝。七月日至，可以有事於祖。」七月而禘，獻子爲之也。記魯失禮所由也。孟獻子，魯大夫仲孫蔑也。魯以周公之故，得以正月日至之後郊天，亦以始祖后稷配之。獻子欲尊其祖，以郊天之月對月禘之，非也。魯之宗廟猶以夏時之孟月爾。《明堂位》曰：「季夏六月，以禘禮祀周公於大廟。」

夫人之不命於天子，夫人。自魯昭公始也。亦記魯失禮所由也。周之制，同姓百世昏姻不通。吴，大伯之後，魯同姓。昭公取於吴，謂之吴孟子，不告於天子。自此後取者遂不告於天子，天子亦不命之。

外宗爲君，夫人，猶内宗也。皆爲嫁於國中者也。爲君服斬，夫人齊衰，不敢以其親服服至尊也。外宗，謂姑、姊妹之女，舅之女及從母，皆是也。内宗，五屬之女也。其無服而嫁於諸臣者，從爲夫之君。嫁於庶人，從爲國君。

厩焚，灾弔。孔子拜鄉人爲火來者。拜謝之。拜之，士壹，大夫再，亦相弔之道也。言「拜之」者，爲其來弔已。《宗伯職》曰：「以弔禮哀禍災。」

孔子曰：「管仲遇盜，取二人焉，上以爲公臣，曰：『其所與遊，辟也。可人也。』言此人可也，但居惡人之中，使之犯法。管仲死，桓公使爲之服。義反服。宦於大夫者之爲之服也，自管仲始也。有君命焉爾也。」亦記失禮所由也。善桓公不忘賢者之舉。宦，猶仕也。此仕於大夫，更升於公，與「違大夫之諸侯」同爾，禮不反服。

過而舉君之諱，則起。諱。舉，猶言也。起立者，失言而變自新。與君之諱同，則稱字。謂諸臣之名也。

内亂不與焉，君臣之義。内亂，如父子兄弟争立之事，如衛輒之亂，子羔不與。外患弗辟也。謂卿大夫也。同僚將爲亂，己力不能討，不與而已。至於鄰國爲寇，則當死之也。《春秋》魯公子友如陳葬原仲，《傳》曰：「君子辟内難而不辟外難。」

《贊大行》曰：圭，圭。公九寸，侯伯七寸，子男五寸。博三寸，厚半寸，剡上左右各寸半，玉也。藻，三采六等。《贊大行》者，書説大行人之禮者名也。藻，薦玉者也。三采六等，以朱、白、蒼畫之再行也。子、男執璧，作此《贊》者失之矣。

哀公問子羔曰：問禄。「子之食奚當？」問其先人始仕食禄，以何君時。對曰：「文公之下執事也。」

成廟則釁之。釁。其禮祝、宗人、宰夫、雍人，皆爵弁純緇。衣。廟新成，必釁之，尊而神之也。宗人先請於君曰：「請命以釁某廟。」君諾之，乃行。雍人拭羊，宗人視之，宰夫北面于碑南，東上。居上者，宰夫也。宰夫，攝主也。拭，静也。雍人舉羊升屋，自中，中屋南面，刲羊，血流于前，乃降。門、夾室皆用雞，先門而後夾室。其衈皆於屋下。割雞：門，當門。夾室，中室。自，由也。衈，謂將刲割牲以釁，先滅耳旁毛薦之。耳，聽聲者，告神欲其聽之。《周禮》有「刉衈」。有司皆鄉室而立，門則有司當門，北面。有司，宰夫、祝、宗人。既事，宗人告事畢，乃皆退。告者，告宰夫。反命于君曰：「釁某廟事畢。」反命于寢，君南鄉于門内，朝服。既反命，乃退。君朝服者，不至廟也。路寢成，則考之而不釁。釁屋者，交神明之道也。言路寢者，生人所居。不釁者，不神之也。考之者，設盛食以落之爾。《檀弓》曰「晉獻文子成室，諸大夫發焉」是也。凡宗廟之器，其名者成，則釁之以豭豚。宗廟名器，謂尊彝之屬。

諸侯出夫人，夫人比畀。至于其國，以夫人之禮行。至，以夫人入。行道以夫人之禮者，棄妻致命其家乃義絶，不用此爲始。使者將命曰：「寡君不敏，不能從而事社稷宗廟，使使臣某敢告於執事。」主人對曰：「寡君固前辭不教矣，寡君敢不敬須以俟命。」前辭不教，謂納采時也。此辭，賓在門外，擯者傳焉。賓入，致命如初。主人卒辭曰：「敢不聽命。」有司官陳器皿，主人有司亦官受之。器皿，其本所齎物也。律，棄妻畀所齎。妻出，夫使人致之曰：「某不敏，不能從而共粢盛，使某也敢告於侍者。」主人對曰：「某之子不肖，不敢辟誅，敢不敬須以俟命。」使者退，主人拜送之。肖，似也。不似，言不如人。誅，猶罰也。如舅在則稱舅，舅没則稱兄，無兄則稱夫。言棄妻者，父兄在則稱之，命當由尊者出也。唯國君不稱兄。主人之辭曰：「某之子不肖。」如姑、姊妹，亦皆稱之。姑、姊妹見棄，亦曰「某之姑、某之姊若妹不肖」。

孔子曰：「吾食於少施氏而飽，賓禮。少施氏食我以禮。言貴其以禮待己而爲之飽也。時人倨慢，若季氏則不以禮矣。少施氏，魯惠公子施父之後。吾祭，作而辭曰：『疏食不足祭也。』吾飡，作而辭曰：『疏食也，不敢以傷吾子。』」

納幣一束，嘉禮、納幣。束五兩，兩五尋。納幣，謂昏禮納徵也。十个爲束，貴成數。兩兩者合其卷，是謂五兩。八尺曰尋。一兩五尋，則每卷二丈也，合之則四十尺。今謂之匹，猶匹偶之云與？

婦見舅姑，婦初見。兄弟、姑、姊妹皆立于堂下，西面北上，是見已。婦來爲供養也。其見主於尊者，兄弟以下在位，是爲已見，不復特見。見諸父，各就其寢。旁尊也，亦爲見時不來。

女雖未許嫁，女未嫁。年二十而笄，禮之，婦人執其禮。雖未許嫁，年二十，亦爲成人矣。禮之，酌以成之。言「婦人執其禮」，明非許嫁之笄。燕則鬈首。既笄之後去之，猶若女有鬌紒也。

韠，韠。長三尺，下廣二尺，上廣一尺。會去上五寸，紕𠶷。以爵韋六寸，不至下五寸。純以素，紃以五采。會，謂上領縫也。領之所用，蓋與紕同。在旁曰紕，在下曰純。素，生帛也。紕六寸者，中執之，表裏各三寸也。純紕所不至者五寸，與會去上同。紃，施諸縫中，若今時絛也。

禮記卷第十三

喪大記第二十二

鄭氏注

疾病，始死。外内皆埽。爲賓客將來問病也。疾困曰病。君、大夫徹縣，士去琴瑟。聲音動人，病者欲静也。凡樂器，天子宫縣，諸侯軒縣，大夫判縣，士特縣。去琴瑟者，不命之士。寢東首於北牖下。牖，當作「墉」。謂君來視之時也。病者恒居北牖下，或爲「北墉下」。廢牀，徹褻衣，加新衣，體一人。廢，去也。人始生在地，去牀，庶其生氣反。徹褻衣，則所加者新朝服矣，互言之也。加朝服者，明其終於正也。體，手足也，四人持之，爲其不能自屈伸也。男女改服。爲賓客來問病，亦朝服也。庶人深衣。屬纊以俟絶氣。纊，今之新緜，易動摇，置口鼻之上以爲候。男子不死於婦人之手，婦人不死於男子之手。君子重終，爲其相褻。君、夫人卒於路寢，大夫、世婦卒於適寢。内子未命，則死於下室，遷尸于寢。士、士之妻，皆死于寢。言死者必皆於正處也。寢、室通耳，其尊者所不燕焉。君謂之路寢，大夫謂之適寢，士或謂之適室。此變「命婦」言「世婦」者，明尊卑同也。世婦以君下寢之上爲適寢。内子，卿之妻也。下室，其燕處也。

復，復。有林麓則虞人設階，無林麓則狄人設階。復，招魂復魄也。階，所乘以升屋者。虞人，主林麓之官也。狄人，樂吏之賤者。階，梯也，簨虡之類。小臣復，復者朝服。君以卷，夫人以屈闕。狄。大夫以玄赬，世婦以襢知彥。衣。士以爵弁，士妻以稅彖。衣。皆升自東榮，中屋履危，北面三號，捲衣投于前，司服受之，降自西北榮。小臣，君之近臣也。朝服而復，所以事君之衣也。用朝服而復之者，敬也。復用死者之祭服，以其求於神也。君以卷，謂上公也，夫人以屈狄，互言耳。上公以衮，則夫人用褘衣。而侯、伯以鷩，其夫人用揄狄。子男以毳，其夫人乃用屈狄矣。赬，赤也。玄衣赤裳，所謂「卿大夫自玄冕而下」之服也。其世婦亦以襢衣。榮，屋翼。升東榮者，謂卿、大夫、士也。天子、諸侯言「東霤」。危，棟上也。號，若云「皐某復」也。司服以篋待衣於堂前。其爲賓，則公館復，私館不復。其在野，則升其乘車之左轂而復。私館，卿大夫之家也。不於之復，爲主人之惡。復衣不以衣尸，不以斂。不以衣尸，謂不以襲也。復者，庶其生也，若以其衣襲斂，是用生施死，於義相反。《士喪禮》云，以衣衣尸，浴而去之。婦人復，不以袡。如占。袡，嫁時上服，而非事鬼神之衣。凡復，男子稱名，婦人稱字。婦人不以名行。唯哭先復。復而後行死事。氣絶則哭，哭而復。復而不蘇，可以爲死事。

始卒，主人啼，兄弟哭，婦人哭踊。悲哀有深淺也。若嬰兒中路失母，能勿啼乎！既正尸，哭位。子坐于東方，卿、大夫、父兄、子姓立于東方。有司庶士哭于堂下，北面。夫人坐于西方。內命婦、姑、姊妹、子姓立于西方。外命婦率外宗哭于堂上，北面。正尸者，謂遷尸牖下，南首也。子姓，謂衆子孫也。姓之言生也。其男子立於主人後，女子立於夫人後。世婦爲內命婦，卿、大夫之妻爲外命婦。外宗，姑、姊妹之女。大夫之喪，主人坐于東方，主婦坐于西方。其有命夫、命婦則坐，無則皆立。命夫、命婦來哭者，同宗父兄、子姓、姑、姊妹、子姓也。凡此哭者，尊者坐，卑者立。士之喪，主人、父兄、子姓，皆坐于東方，主婦、姑、姊妹、子姓，皆坐于西方。士賤，同宗尊卑皆坐。凡哭尸于室者，主人二手承衾而哭。承衾哭者，哀慕若欲攀援。

君之喪，未小斂，爲寄公、國賓出。受弔。大夫之喪，未小斂，爲君命出。士之喪，於大夫，不當斂則出。父母始死悲哀，非所尊不出也。出者，或至庭，或至門。國賓，聘大夫。不當斂，其來非斂時。凡主人之出也，徒跣，扱插。衽，拊心，降自西階。君拜寄公、國賓于位。大夫於君命，迎于寢門外。使者升堂致命，主人拜于下。士於大夫親弔，則與之哭，不逆於門外。拜寄公、國賓於位者，於庭鄉其位而拜之。此時寄公位在門西，國賓位在門東，皆北面。小斂之後，寄公東面，國賓門西，北面。士於大夫親弔，謂大夫身來弔士也。與之哭，既拜之，即位西階，東面哭。大夫特來，則北面。夫人爲寄公夫人出，命婦爲夫人之命出。士妻不當斂，則爲命婦出。出拜之於堂上也。此時寄公夫人、命婦位在堂上，北面。小斂之後，尸西，東面。

小斂，小斂。主人即位于户内，主婦東面，乃斂。卒斂，主人馮之踊，主婦亦如之。主人袒，説髦，括髮以麻。婦人髽，側瓜。帶麻于房中。士既殯説髦，此云小斂，蓋諸侯禮也。士之既殯，諸侯之小斂，於死者俱三日也。婦人之髽，帶麻於房中，則西房也。天子、諸侯有左右房。徹帷，男女奉尸夷于堂，奉尸夷于堂，拜賓。降拜。夷之言尸也。於遷尸，主人、主婦以下從而奉之，孝敬之心。降拜，拜賓也。君拜寄公、國賓，大夫、士拜卿、大夫於位，於士旁三拜。夫人亦拜寄公夫人於堂上，大夫内子、士妻特拜命婦，汜泛。拜衆賓於堂上。衆賓，謂士妻也。尊者皆特拜。拜士與其妻，皆旅之。主人即位，襲帶絰，踊。即位，阼階之下位也。有襲絰乃踊，尊卑相變也。母之喪，即位而免。記異者。禮，斬衰括髮，齊衰免，以至成服而冠。爲母重，初亦括髮，既小斂則免。乃奠。小斂奠也。弔者襲裘，加武、帶、絰，與主人拾其劫。踊。始死，弔者朝服裼裘，如吉時也。小斂則改襲而加武與帶、絰矣。武，吉冠之卷也。加武者，明不改冠，亦不免也。《檀弓》曰：「主人既小斂，子游趨而出，襲裘帶絰而入。」君喪，虞人出木、角，狄人出壺，雍人出鼎，司馬縣之，乃官代哭。代哭。代，更也。未殯，哭不絶聲，爲其罷倦，既小斂，可以爲漏刻，分時而更哭也。木，給爨竈。角，以爲斞水斗。壺，漏水之器也。冬漏以火爨鼎沸而後沃之，此挈壺氏所掌也。屬司馬，司馬涖縣其器。大夫，官代哭，不縣壺。下君也。士代哭，不以官。自以親疏哭也。

君，堂上二燭，設燎。下二燭。大夫，堂上一燭，下二燭。士，堂上一燭，下一燭。燭，所以照饌也。滅燎而設燭。賓出，徹帷。君與大夫之禮也。士卒斂即徹帷。徹，或爲「廢」。

哭尸于堂上，奉尸夷于堂。拜賓，附前章下。主人在東方，由外來者在西方，諸婦南鄉。由外來，謂奔喪者也。無奔喪者，婦人猶東面。婦人迎客、送客不下堂，下堂不哭。男子出寢門見人，不哭。婦人所有事自堂及房，男子所有事自堂及門。非其事處而哭，猶野哭也。出門見人，謂迎賓也。其無女主，則男主拜女賓于寢門内；其無男主，則女主拜男賓于阼階下。子幼，則以衰抱之人，爲之拜。爲後者不在，則有爵者辭，無爵者人爲之拜。在竟内則俟之，在竟外則殯葬可也。喪有無後，無無主。拜者，皆拜賓於位也。爲後者有爵，攝主爲之辭於賓耳，不敢當尊者禮也。

君之喪，三日，子、夫人杖。五日，既殯，授大夫、世婦杖。子、大夫，寢門之外杖，寢門之内輯之。夫人、世婦，在其次則杖，即位則使人執之。子有王命則去杖，國君之命則輯杖，聽卜、有事於尸則去杖。大夫於君所則輯杖，於大夫所則杖。三日者，死之後三日也。爲君杖不同日，人君禮大，可以見親疏也。輯，斂也。斂者，謂舉之不以柱地也。夫人、世婦次於房中，即位堂上，堂上近尸殯，使人執杖，不敢自持也。子於國君之命輯杖，下成君，不敢敵之也。卜，卜葬、卜日也。凡喪祭，虞而有尸。大夫於君所輯杖，謂與之俱即寢門外位也，獨焉則杖。君，謂子也。於大夫所杖，俱爲君杖，不相下也。大夫之喪，三日之朝既殯，主人、主婦、室老皆杖。大夫有君命則去杖，大夫之命則輯杖。內子爲夫人之命去杖，爲世婦之命授人杖。大夫有君命去杖，此指大夫之子也，而云「大夫」者，通實大夫有父母之喪也。授人杖，與使人執之同也。士之喪，二日而殯。三日之朝，主人杖，婦人皆杖。於君命、夫人之命，如大夫。於大夫、世婦之命，如大夫。士二日而殯者，下大夫也。士之禮，死與往日，生與來日，此「二日」，於死者亦得三日也。婦人皆杖，謂主婦、容妾爲君、女子子在室者。子皆杖，不以即位。子，謂凡庶子也。不以即位，與去杖同。大夫、士，哭殯則杖，哭柩則輯杖。哭殯，謂既塗也。哭柩，謂啓後也。大夫、士之子，於父，父也，尊近，哭殯可以杖。天子、諸侯之子，於父，父也，君也，尊遠，杖不入廟門。棄杖者，斷短而棄之於隱者。杖以喪至尊，爲人得而褻之。此一節也在「棄子」之下。

君設大盤造冰焉，用冰，《儀禮通解》在「沐浴」章內。大夫設夷盤造冰焉。士併瓦盤，無冰。設牀襢展。笫，滓。有枕。含一牀，襲一牀，遷尸于堂又一牀，遷屍：楔齒，綴足。皆有枕席，君、大夫、士一也。此事皆沐浴之後，宜承「濡濯棄於坎」下，札爛脱在此耳。造，猶内也。襢笫，袒簀也。謂無席，如浴時牀也。禮，自仲春之後，尸既襲，既小斂，先内冰盤中，乃設牀於其上，不施席而遷尸焉。秋涼而止。士不用冰，以瓦爲盤，併以盛水耳。漢禮大盤廣八尺，長丈二，深三尺，赤中。夷盤小焉。《周禮》天子夷盤，《士喪禮》君賜冰，亦用夷盤。然則其制宜同之。始死，遷尸于牀。幠呼。用斂衾，去死衣。小臣楔齒用角柶，綴足用燕几。君、大夫、士一也。牀，謂所設牀第當牖者也。《士喪禮》曰：「士死於適室，幠用斂衾。」去死衣，病時所加新衣及復衣也。去之，以俟沐浴。管人汲，不説繘，屈之。盡階不升堂，授御者。御者入浴，小臣四人抗衾，御者二人浴。浴水用盆，沃水用枓，主。浴用絺巾，挋震。用浴衣，如它日。小臣爪足。浴餘水棄于坎。其母之喪，則内御者抗衾而浴。抗衾者，蔽上，重形也。挋，拭也。爪足，斷足爪也。管人汲，授御者，御者差沐于堂上。君沐粱，大夫沐稷，士沐粱。甸人爲垼役。于西牆下，陶人出重鬲。管人受沐，乃煮之。甸人取所徹廟之西北厞扶味。薪，用爨之。管人授御者沐，乃沐。沐用瓦盤，挋用巾，如它日。小臣爪手翦須。濡乃亂。濯棹。棄于坎。差，淅也。淅飯米，取其潘以爲沐也。浴沃用枓，沐於盤中，文相變也。《士喪禮》沐稻，此云「士沐粱」，蓋天子之士也。以差率而上之，天子沐黍與？

君之喪，喪命之節。子、大夫、公子、衆士皆三日不食。子、大夫、公子食粥，納財，朝一溢米，莫一溢米，食之無算。士疏食水飲，食之無算。夫人、世婦、諸妻皆疏食水飲，食之無算。納財，謂食穀也。二十兩曰溢。於粟米之法，一溢爲米一升二十四分升之一。諸妻，御妾也。同言「無算」。則是皆一溢米，或粥或飯。大夫之喪，主人、室老、子姓皆食粥，衆士疏食水飲，妻妾疏食水飲。室老，其貴臣也。衆士，所謂「衆臣」。士亦如之。如其子食粥，妻妾疏食水飲。既葬，主人疏食水飲，不食菜果，婦人亦如之，君、大夫、士一也。練而食菜果，祥而食肉。果，瓜、桃之屬。食粥於盛不盥，食於篹思管。者盥。食菜以醯醬。始食肉者，先食乾肉。始飲酒者，先飲醴酒。盛，謂今時杯、杅也。篹，竹筥也。歠者不盥，手飯者盥。蕢，或作「簣」。期之喪，三不食。食，疏食水飲，不食菜果。三月既葬，食肉飲酒。期，終喪不食肉，不飲酒，父在爲母，爲妻。九月之喪，食飲猶期之喪也。食肉飲酒，不與人樂之。食肉飲酒，亦謂既葬。五月、三月之喪，壹不食、再不食可也。比葬，食肉飲酒，不與人樂之。叔母、世母、故主、宗子，食肉飲酒。義服恩輕也。故主，謂舊君也。言故主者，關大夫君也。不能食粥，羹之以菜可也。謂性不能者，可食飯菜羹。有疾，食肉飲酒可也。爲其氣微。五十不成喪，成，猶備也。所不能備，謂不致毁、不散送之屬也。七十唯衰麻在身。言其餘居處飲食與吉時同也。既葬，若君食之，則食之。大夫、父之友食之，則食之矣。不辟粱肉，若有酒醴則辭。尊者之前，可以食美也。變於顔色亦不可。

小斂於户内，小斂。大斂於阼。君以簟席，大夫以蒲席，士以葦席。簟，細葦席也。三者下皆有莞。小斂，布絞，爻。陳小斂衣。縮者一，横者三。君錦衾，大夫縞衾，士緇衾，皆一。衣十有九稱。君陳衣于序東，大夫、士陳衣于房中，皆西領，北上。絞、紟其鴆不在列。絞，既斂所用束堅之者。縮，從也。衣十有九稱，法天地之終數也。《士喪禮》小斂陳衣於房中，「南領，西上」，與大夫異。今此同，亦蓋天子之士也。絞、紟不在列，以其不成稱，不連數也。小斂無紟，因絞不在列見之也。或曰「縮者二」。大斂布絞，陳大斂衣。縮者三，横者五。布紟，二衾，君、大夫、士一也。君陳衣于庭，百稱，北領，西上。大夫陳衣于序東，五十稱，西領，南上。士陳衣于序東，三十稱，西領，南上。絞、紟如朝服。絞一幅爲三，不辟。百。紟五幅，無紞。二衾者，或覆之，或薦之。如朝服者，謂布精麤，朝服十五升。小斂之絞也，廣終幅，析其末，以爲堅之强也。大斂之絞，一幅三析用之，以爲堅之急也。紞，以組類爲之，綴之領側，若今被識矣。生時禪被有識，死者去之，異於生也。《士喪禮》大斂，亦陳衣於房中，「南領，西上」，與大夫異，今此又同，亦蓋天子之士。紞，或爲「點」。

小斂之衣，小斂之衣。祭服不倒。尊祭服也。斂者要方。散衣有倒。君無襚，大夫、士畢主人之祭服。親戚之衣受之，不以即陳。無襚者，不陳，不以斂。小斂，君、大夫、士皆用複衣複衾。大斂，大斂衣衾。君、大夫、士祭服無筭，君褶褋。衣褶衾，大夫、士猶小斂也。褶，袷也。君衣尚多，去其著也。袍必有表，不禪。丹。衣必有裳，謂之一稱。袍，褻衣，必有以表之乃成稱也。《雜記》曰「子羔之襲，繭衣裳與税衣纁袡爲一」是也。《論語》曰：「當暑袗絺綌，必表而出之。」亦爲其褻也。凡陳衣者實之篋，取衣者亦以篋，升降者自西階。取，猶受也。凡陳衣不詘，屈。非列采不入，絺、綌、紵宁。不入。不屈，謂舒而不卷也。列采，謂正服之色也。絺、綌、紵者，當暑之褻衣也。襲尸重形，冬、夏用袍，及斂則用正服。凡斂者袒，斂。遷尸者襲。袒者，於事便也。君之喪，大胥是斂，衆胥佐之。大夫之喪，大胥侍之，衆胥是斂。士之喪，胥爲侍，士是斂。胥，樂官也，不掌喪事。胥，當爲「祝」，字之誤也。侍，猶臨也。《大祝之職》：「大喪贊斂。」《喪祝》：「卿大夫之喪掌斂。」《士喪禮》：「商祝主斂。」小斂、大斂，祭服不倒。皆左衽，結絞不紐。左衽，衽鄉左，反生時也。斂者既斂必哭。士與其執事則斂，斂焉則爲之壹不食。凡斂者六人。小斂。斂者必使所與執事者，不欲妄人褻之。執，或爲「慹」。君錦冒黼殺，綴旁七。大夫玄冒黼殺，綴旁五。士緇冒赬殺，綴旁三。凡冒，質長與手齊，殺三尺。自小斂以往用夷衾，夷衾質殺之裁猶冒也。冒者，既襲所以韜尸，重形也。殺，冒之下帬，韜足上行者也。小斂又覆以夷衾。裁，猶制也，字或爲「材」。

君將大斂，大斂。子弁絰，即位于序端。卿大夫即位于堂廉楹西，北面東上。父兄堂下，北面。夫人、命婦尸西，東面。外宗房中，南面。入斂，則尸南首，故父兄反在堂下，臨首也。外宗南面臨之也。小臣鋪席，商祝鋪絞、紟、衾、衣，士盥于盤上，士舉遷尸于斂上。卒斂，宰告，子馮之踊，夫人東面，亦如之。子弁絰者，未成服。弁如爵弁而素。大夫之喪，子亦弁絰。大夫之喪，將大斂，既鋪絞、紟、衾、衣，君至，主人迎，先入門右，巫止于門外。君釋菜，祝先入，升堂。君即位于序端。卿大夫即位于堂廉楹西，北面東上。主人房外，南面。主婦尸西，東面。遷尸，卒斂，宰告，主人降，北面于堂下。君撫之，主人拜稽顙。君降，升主人馮之，命主婦馮之。先入右者，入門而右也。巫止者，君行必與巫，巫主辟凶邪也。釋菜，禮門神也。必禮門神者，禮，君非問疾弔喪不入諸臣之家也。主人房外南面，大夫之子尊，得升視斂也。士之喪，將大斂，君不在，其餘禮猶大夫也。其餘，謂卿大夫及主婦之位。鋪絞、紟，踊。踊。鋪衾，踊。鋪衣，踊。遷尸，踊。斂衣，踊。斂衾，踊。斂絞、紟，踊。目孝子踊節。君撫大夫，憑尸、撫尸。撫內命婦。大夫撫室老，撫姪迭。娣。撫，以手按之也。內命婦，君之世婦。君、大夫馮父、母、妻、長子，不馮庶子。士馮父、母、妻、長子、庶子。庶子有子，則父母不馮其尸。凡馮尸者，父母先，妻子後。目於其親所馮也。馮，謂扶持服膺。君於臣撫之，父母於子執之。子於父母馮之，婦於舅姑奉之，舅姑於婦撫之。妻於夫拘之，夫於妻、於昆弟執之。此恩之深淺、尊卑之儀也。馮之類，必當心。馮尸不當君所。不敢與尊者所馮同處。凡馮尸，興必踊。悲哀之至，馮尸必坐。

父母之喪居喪。居倚廬，不塗，寢苫始占。枕凷，塊。非喪事不言。君爲廬，宮之。大夫、士襢之。宮，謂圍障之也。襢，袒也，謂不鄣。既葬，柱主。楣塗廬，不於顯者。君、大夫、士皆宮之。不於顯者，不塗見面。凡非適子者，自未葬，以於隱者爲廬。不欲人屬目，蓋廬於東南角，既葬猶然。既葬，與人立，言語，常禮。君言王事，不言國事。大夫、士言公事，不言家事。此常禮也。君既葬，事爲、權禮。王政入於國，既卒哭而服王事。大夫、士既葬，公政入於家，既卒哭，弁絰帶，金革之事無辟也。此權禮也。弁絰、帶者，變喪服而弔服，輕可以即事也。既練，除。居堊室，不與人居。君謀國政，大夫、士謀家事。既祥，黝於糾。堊。祥而外無哭者，禫而内無哭者，樂作矣故也。黝堊，堊室之飾也。地謂之黝，牆謂之堊。外無哭者，於門外不哭也。内無哭者，入門不哭也。禫踰月而可作樂，樂作無哭者。黝堊，或爲「要期」。禫，或皆作「道」。

禫而從御，御内之節。吉祭而復寢。從御，御婦人也。復寢，不復宿殯宮也。期居廬，終喪不御於内者，父在爲母、爲妻齊衰期者。大功布衰九月者，皆三月不御於内。

婦人不居廬，婦人居喪。不寢苫。喪父母，既練而歸。期、九月者，既葬而歸。歸，謂歸夫家也。公之喪，大夫俟練，士卒哭而歸。歸，大夫、士素在君所者歸私家，大夫、士有喪歸其宮。此公，公士大夫有地者也。其大夫、士歸者，謂素在君所食都邑之臣。大夫、士，父母之喪，既練而歸。朔月忌日，則歸哭于宗室。諸父、兄弟之喪，既卒哭而歸。歸，謂歸其宮也。忌日，死日也。宗室，宗子之家，謂殯宮也。禮，命士以上，父子異宮。父不次於子，兄不次於弟。謂不就其殯宮爲次而居。

君於大夫、世婦，大斂焉。君臨臣喪，喪大小斂。爲之賜，則小斂焉。爲之賜，謂有恩惠也。於外命婦，既加蓋而君至。於臣之妻略也。於士，既殯而往。爲之賜，大斂焉。夫人於世婦，夫人。大斂焉。爲之賜，小斂焉。於諸妻，爲之賜，大斂焉。於大夫、外命婦，既殯而往。既殯。大夫、士既殯，而君往焉，君弔。使人戒之。主人具殷奠之禮，俟于門外，見馬首，先入門右。巫止于門外，祝代之先。君釋菜于門内，祝先升自阼階，負墉，南面。君即位于阼，小臣二人執戈立于前，二人立于後。殷，猶大也。朝夕小奠，至月朔則大奠。君將來，則具大奠之禮以待之，榮君之來也。祝負墉，南面，直君北，房户東也。小臣執戈先後君，君升而夾階立。大夫殯即成服，成服則君亦成服，錫衰而往弔之。擯者進，當贊主人也，始立門東，北面。主人拜稽顙。君稱言，視祝而踊。主人踊。稱言，舉所以來之辭也。視祝而踊，祝相君之禮，當節之也。大夫則奠可也。士則出俟于門外，命之反奠，乃反奠。卒奠，主人先俟于門外。君退，主人送于門外，拜稽顙。迎不拜，拜送者，拜迎則爲君之答己。君於大夫疾，三問之。在殯，三往焉。士疾，壹問之。在殯，壹往焉。所以致殷勤也。君弔，則復殯服。復，反也。反其未殯、未成服之服，新君事也。謂臣喪既殯後，君乃始來弔也。復，或爲「服」。夫人弔於大夫、士，夫人弔。主人出迎于門外，見馬首，先入門右。夫人入，升堂即位。主婦降自西階，拜稽顙于下。夫人視世子而踊，奠如君至之禮。夫人退，主婦送于門内，拜稽顙。主人送于大門之外，不拜。視世子而踊，世子從夫人，夫人以爲節也。世子之從夫人，位如祝從君也。大夫君，不迎于門外，入即位于堂下。主人北面，衆主人南面，婦人即位于房中。若有君命，命夫命婦之命、四鄰賓客，其君後主人而拜。入即位於下，不升堂而立阼階之下，西面，下正君也。衆主人南面，於其北。婦人即位於房中，君雖不升堂，猶辟之也。後主人而拜者，將拜賓，使主人陪其後而君前拜。不俱拜者，主人無二也。君弔，見尸柩而后踊。塗之後，雖往不踊也。踊，或爲「哭」，或爲「浴」。

大夫、士，若君不戒而往，不具殷奠，君退必奠。榮君之來。

君大棺八寸，棺。屬六寸，椑僻。四寸。上大夫大棺八寸，屬六寸。下大夫大棺六寸，屬四寸。士棺六寸。大棺，棺之在表者也。《檀弓》曰：「天子之棺四重：水、兕革棺被之，其厚三寸，杝棺一，梓棺二。四者皆周。」此以内説而出也。然則大棺及屬用梓，椑用杝。以是差之，上公革棺不被，三重也。諸侯無革棺，再重也。大夫無椑，一重也。士無屬，不重也。庶人之棺四寸。上大夫，謂列國之卿也。趙簡子云：「不設屬、椑。」時僭也。君裏棺用朱緑，用雜金鐕。兹甘。大夫裏棺用玄緑，用牛骨鐕。士不緑。鐕，所以琢著裏。君蓋用漆，三衽三束。大夫蓋用漆，二衽二束。士蓋不用漆，二衽二束。用漆者，塗合牝牡之中也。衽，小要也。君、大夫鬊舜爪實于緑，中士埋之。緑，當爲「角」，聲之誤也。角中，謂棺内四隅也。鬊，亂髮也。將實爪髮棺中，必爲小囊盛之。此「緑」或爲「簍」。君殯用輴，春。殯欑才冠。至于上，畢塗屋。大夫殯以幬，欑置于西序，塗不暨于棺。士殯見衽，塗上帷之。欑，猶菆也。屋，殯上覆如屋者也。幬，覆也。暨，及也。此《記》參差，以《檀弓》參之，天子之殯，居棺以龍輴，欑木題湊象椁，上四注如屋以覆之，盡塗之。諸侯輴不畫龍，欑不題湊象椁，其他亦如之。大夫之殯廢輴，置棺西牆下，就牆欑其三面，塗之不及棺者，言欑中狹小，裁取容棺。然則天子、諸侯差寬大矣。士不欑，掘地下棺，見小要耳。帷之，鬼神尚幽闇也，士達於天子，皆然。幬，或作「錞」，或作「埻」。

熬，熬。君四種八筐，大夫三種六筐，士二種四筐，加魚腊焉。熬者，煎穀也。將塗，設於棺旁，所以惑蚍蜉，使不至棺也。《士喪禮》曰：「熬，黍稷各二筐。」又曰：「設熬，旁各一筐。」大夫三種，加以粱。君四種，加以稻。四筐，則手足皆一，其餘設於左右。飾棺：君龍帷，戴、披。齊荒，紐帷，振容。三池，振容。黼荒，火三列，黻三列。素錦褚，加僞荒，纁紐六。齊，五采，五貝。黼翣二，黻翣二，畫翣二，皆戴圭。戴、披，池魚。魚躍拂池。君纁戴六，纁披六。大夫畫帷，二池，不振容。畫荒，火三列，黻三列，素錦褚。纁紐二，玄紐二。齊，三采，三貝。黻翣二，畫翣二，皆戴綏。魚躍拂池。大夫戴，前纁後玄，披亦如之。士布帷，布荒，一池，揄搖。絞。爻。纁紐二，緇紐二。齊，三采，一貝。畫翣二，皆戴綏。士戴，前纁後緇，二披用纁。飾棺者，以華道路及壙中，不欲衆惡其親也。荒，蒙也。在旁曰帷，在上曰荒，皆所以衣柳也。士布帷、布荒者，白布也。君、大夫加文章焉。黼荒，緣邊爲黼文。畫荒，緣邊爲雲氣。火、黻爲列於其中耳。僞，當爲「帷」，或作「于」，聲之誤也。大夫以上，有褚以襯覆棺，乃加帷、荒於其上。紐所以結連帷、荒者也。池以竹爲之，如小車笭，衣以青布。柳象宮室，縣池於荒之爪端，若承霤然云。君、大夫以銅爲魚，縣於池下。揄，揄翟也，青質五色，畫之於絞繒而垂之，以爲振容，象水草之動搖，行則又魚上拂池。《雜記》曰：「大夫不揄絞屬於池下。」是不振容也。士則去魚。齊，象車蓋蕤，縫合雜采爲之，形如爪分然，綴貝落其上及旁。戴之言值也，所以連繫棺束與柳材，使相值，因而結前後披也。漢禮，翣以木爲筐，廣三尺，高二尺四寸，方兩角高，衣以白布。畫者，畫雲氣。其餘各如其象。柄長五尺，車行，使人持之而從，既窆，樹於壙中。《檀弓》曰「周人牆置翣」是也。綏，當爲緌，讀如「冠蕤」之「蕤」，蓋五采羽注於翣首也。

君葬用輴，春。喪車，紼。四綍二碑，御棺用羽葆。大夫葬用輴，船。二綍二碑，御棺用茅。士葬用國船。車，二綍，無碑，比畀。出宮，御棺用功布。大夫廢輴，此言「輴」，非也。輴，皆當爲「載以輇車」之「輇」，聲之誤也。輇字或作「團」，是以又誤爲國。輇車，柩車也。尊卑之差也，在棺曰綍，行道曰引。至壙將窆，又曰綍而設碑，是以連言之。碑，桓楹也。御棺，居前爲節度也。士言「比出宮用功布」，則出宮而止，至壙無矣。綍，或爲「率」。凡封，窆。用綍去碑負引。君封以衡，大夫、士以咸。君，命毋譁，以鼓封。大夫命毋哭。士，哭者相止也。封，《周禮》作「窆」。窆，下棺也。此「封」或皆作「斂」。《檀弓》曰：「公輸若方小斂，般請以機封。」謂此斂也。

然則棺之入坎爲斂。與斂尸相似，記時同之耳。咸，讀爲「緘」。凡柩車及壙，説載除飾，而屬紼於柩之緘，又樹碑於壙之前後，以紼繞碑間之鹿盧，輓棺而下之。此時棺下窆，使輓者皆繫紼而繞要，負引，舒縱之，備失脱也。用紼去碑者，謂縱下之時也。衡，平也。人君之喪，又以木横貫緘耳，居旁持而平之，又擊鼓爲縱舍之節。大夫、士旁牽緘而已。庶人縣窆，不引紼也。禮，唯天子葬有隧。今齊人謂棺束爲緘繩。咸，或爲「椷」。君松椁，椁。大夫柏椁，士雜木椁。椁，謂周棺者也。天子柏椁以端長六尺。夫子制於中都，使庶人之椁五寸。五寸，謂端方也。此謂尊者用大材，卑者用小材耳。自天子、諸侯、卿、大夫、士、庶人六等，其椁長自六尺而下，其方自五寸而上，未聞其差所定也。抗木之厚，蓋與椁方齊，天子五重，上公四重，諸侯三重，大夫再重，士一重。棺椁之閒，君容柷，大夫容壺，士容甀。武。間，可以藏物，因以爲節。君裏椁、虞筐，大夫不裏椁，士不虞筐。裏椁之物，虞筐之文，未聞也。

禮記卷第十四

祭法第二十三

以下三篇《別録》屬制度、祭祀。文公曰：「此篇即《國語》之言，但文有先後。」

鄭氏注

祭法：有虞氏禘黄帝而郊嚳，祖顓頊而宗堯。夏后氏亦禘黄帝而郊鯀，祖顓頊而宗禹。殷人禘嚳而郊冥，祖契而宗湯。周人禘嚳而郊稷，祖文王而宗武王。禘、郊、祖、宗，謂祭祀以配食也。此禘，謂祭昊天於圜丘也。祭上帝於南郊曰郊，祭五帝、五神於明堂曰祖、宗。祖、宗通言爾。下有「禘」、「郊」、「宗」、「祖」。《孝經》曰：「宗祀文王於明堂，以配上帝。」《明堂月令》：「春曰其帝太昊，其神句芒。夏曰其帝炎帝，其神祝融。中央曰其帝黄帝，其神后土。秋曰其帝少昊，其神蓐收。冬曰其帝顓頊，其神玄冥。」有虞氏以上尚德，禘、郊、祖、宗，配用有德者而已。自夏已下，稍用其姓代之。先後之次，有虞氏、夏后氏宜郊顓頊，殷人宜郊契。郊祭一帝，而明堂祭五帝。小德配寡，大德配衆，亦禮之殺也。

燔柴於泰壇，祭天也。瘞埋於泰折，祭地也。用騂犢。壇、折，封土爲祭處也。壇之言坦也。坦，明貌也。折，炤晳也。必爲炤明之名，尊神也。地，陰祀，用黝牲，與天俱用犢，連言爾。埋少牢於泰昭，祭時也。相祖。近迎。於坎壇，祭寒暑也。王宮，祭日也。夜明，祭月也。幽宗，如字。祭星也。雩宗，祭水旱也。四坎壇，祭四方也。山林、川谷、丘陵，能出雲，爲風雨，見怪物，皆曰神。有天下者祭百神。諸侯在其地則祭之，亡其地則不祭。昭，明也，亦謂壇也。時，四時也，亦謂陰陽之神也。埋之者，陰陽出入於地中也。凡此以下，皆祭用少牢。相近，當爲「禳祈」，聲之誤也。禳，猶卻也。祈，求也。寒暑不時，則或禳之，或祈之。寒於坎，暑於壇。王宮，日壇。王，君也，日稱君。宮壇，營域也。夜明，亦謂月壇也。宗，皆當爲「禜」，字之誤也。幽禜，亦謂星壇也。星以昏始見，禜之言營也。雩禜，亦謂水旱壇也。雩之言吁嗟也。《春秋傳》曰：「日月星辰之神，則雪霜風雨之不時，於是乎禜之。山川之神，則水旱癘疫之不時，於是乎禜之。」四方，即謂山林、川谷、丘陵之神也。祭山林、丘陵於壇，川谷於坎，每方各爲坎爲壇。怪物，雲氣非常見者也。有天下，謂天子也。百者，假成數也。大凡生於天地之閒者皆曰命，其萬物死皆曰折，人死曰鬼，此五代之所不變也。生時形體異，可同名。至死，腐爲野土，異其名，嫌同也。折，棄敗之言也。鬼之言歸也。五代，謂黃帝、堯、舜、禹、湯、周之禮樂所存法也。七代之所更立者，禘、郊、宗、祖，其餘不變也。七代，通數顓頊及嚳也。所不變者，則數其所法而已。變之，則通數所不法，爲記者之微意也。少昊氏脩黃帝之法，後王無所取焉。

天下有王，分地建國，置都立邑，設廟、祧、壇、墠而祭之，乃爲親疏多少之數。是故王立七廟、一壇、一墠：曰考廟，曰王考廟，曰皇考廟，曰顯考廟，曰祖考廟，皆月祭之。遠廟爲祧，有二祧，享嘗乃止。去祧爲壇，去壇爲墠，壇墠有禱焉祭之，無禱乃止。去墠曰鬼。諸侯立五廟、一壇、一墠：曰考廟，曰王考廟，曰皇考廟，皆月祭之。顯考廟、祖考廟，享嘗乃止。去祖爲壇，去壇爲墠，壇墠有禱焉祭之，無禱乃止。去墠爲鬼。大夫立三廟、二壇：曰考廟，曰王考廟，曰皇考廟，享嘗乃止。顯考、祖考無廟，有禱焉，爲壇祭之。去壇爲鬼。適士二廟、一壇：曰考廟，曰王考廟，享嘗乃止。顯考無廟，有禱焉，爲壇祭之。去壇爲鬼。官師一廟，曰考廟。王考無廟而祭之，去王考爲鬼。庶士、庶人無廟，死曰鬼。建國，封諸侯也。置都立邑，爲卿大夫之采地，及賜士有功者之地。廟之言貌也。宗廟者，先祖之尊貌也。祧之言超也，超上去意也。封土曰壇，除地曰墠。《書》曰：「三壇同墠。」王、皇，皆君也。顯，明也。祖，始也。名先人以君、明、始者，所以尊本之意也。天子遷廟之主，以昭、穆合藏於二祧之中。諸侯無祧，藏於祖考之廟中。《聘禮》曰：「不腆先君之祧。」是謂始祖廟也。享嘗，謂四時之祭。天子諸侯爲壇墠，所禱，謂後遷在祧者也。既事，則反其主於祧。鬼亦在祧，顧遠之於無事，祫乃祭之爾。《春秋》文二年秋，「大事於大廟」，《傳》曰「毁廟之主，陳于大祖，未毁廟之主，皆升合食於大祖」是也。魯煬公者，伯禽之子也，至昭公、定公久已爲鬼，而季氏禱之，而立其宫，則鬼之主在祧明矣。唯天子、諸侯有主，禘祫。大夫有祖考者，亦鬼其百世，不禘祫，無主爾。其無祖考者，庶士以下鬼其考、王考，官師鬼其皇考，大夫、適士鬼其顯考而已。大夫祖考，謂別子也。凡鬼者，薦而不祭。《王制》曰：「大夫士有田則祭，無田則薦。」適士，上士也。官師，中士、下士。庶士，府史之屬。此適士云「顯考無廟」，非也。當爲「皇考」字之誤。

王爲群姓立社曰大社，王自爲立社曰王社。諸侯爲百姓立社曰國社，諸侯自爲立社曰侯社。大夫以下成群立社曰置社。群，衆也。大夫以下，謂下至庶人也。大夫不得特立社，與民族居百家以上則共立一社，今時里社是也。《郊特牲》曰：「唯爲社事，單出里。」

王爲群姓立七祀，曰司命，曰中霤，曰國門，曰國行，曰泰厲，曰户，曰竈。王自爲立七祀。諸侯爲國立五祀，曰司命，曰中霤，曰國門，曰國行，曰公厲。諸侯自爲立五祀。大夫立三祀，曰族厲，曰門，曰行。適士立二祀，曰門，曰行。庶士、庶人立一祀，或立户，或立竈。此非大神所祈報大事者也。小神居人之閒，司察小過，作譴告者爾。《樂記》曰：「明則有禮樂，幽則有鬼神。」鬼神，謂此與？司命，主督察三命。中霤，主堂室居處。門、户，主出入。行，主道路行作。厲，主殺罰。竈，主飲食之事。《明堂月令》：「春曰其祀户，祭先脾。夏曰其祀竈，祭先肺。中央曰其祀中霤，祭先心。秋曰其祀門，祭先肝。冬曰其祀行，祭先腎。」《聘禮》曰：

「使者出，釋幣於行。歸，釋幣於門。」《士喪禮》曰：「疾病，禱於五祀。」司命與厲，其時不著。今時民家，或春秋祠司命、行神、山神，門、户、竈在旁，是必春祠司命，秋祠厲也，或者合而祠之。山，即厲也。民惡言「厲」，巫、祝以厲山爲之，謬乎！《春秋傳》曰：「鬼有所歸，乃不爲厲。」

王下祭殤五：適子、適孫、適曾孫、適玄孫、適來孫。諸侯下祭三，大夫下祭二，適士及庶人祭子而止。祭適殤者，重適也。祭適殤於廟之奥，謂之陰厭。王子、公子祭其適殤於其黨之廟，大夫以下，庶子祭其適殤於宗子之家，皆當室之白，謂之陽厭。凡庶殤不祭。

夫聖王之制祭祀也，法施於民則祀之，以死勤事則祀之，以勞定國則祀之，能禦大菑則祀之，能捍大患則祀之。是故厲山氏之有天下也，其子曰農，能殖百穀，夏之衰也，周棄繼之，故祀以爲稷。共工氏之霸九州也，其子曰后土，能平九州，故祀以爲社。帝嚳能序星辰以著衆，堯能賞均刑法以義終，舜勤衆事而野死，鯀鄣鴻水而殛死，禹能脩鯀之功，黄帝正名百物以明民共財，顓頊能脩之，契爲司徒而民成，冥勤其官而水死，湯以寬治民而除其虐，文王以文治，武王以武功去民之菑，此有功烈於民者也。及夫日月星辰，民所瞻仰也。山林、川谷、丘陵，民所取財用也。非此族也，不在祀典。此所謂大神也。《春秋傳》曰：「封爲上公，祀爲大神。」厲山氏，炎帝也，起於厲山。或曰有烈山氏。棄，后稷名也。共工氏無録而王謂之霸，在大昊、炎帝之閒。著衆，謂使民興事，知休作之期也。賞，賞善。謂禪舜封禹、稷等也。能刑，謂去四凶。義終，謂既禪二十八載乃死也。野死，謂征有苗，死於蒼梧也。殛死，謂不能成其功也。明民，謂使之衣服有章也。民成，謂知五教之禮也。冥，契六世之孫也，其官玄冥，水官也。虐、菑，謂桀、紂也。烈，業也。族，猶類也。祀典，謂祭祀也。

祭義第二十四

秀巖李氏曰：「《祭義篇》中最粹者，乃《大戴·曾子大孝篇》全文。」

鄭氏注

祭不欲數，數則煩，煩則不敬。祭不欲疏，疏則怠，怠則忘。是故君子合諸天道，春禘禴。秋嘗。孝，事死。忘與不敬，違禮莫大焉。合於天道，因四時之變化，孝子感時念親，則以此祭之也。春禘者，夏、殷禮也。周以禘爲殷祭，更名春祭曰祠。霜露既降，君子履之，必有悽愴之心，非其寒之謂也。春，雨露既濡，君子履之，必有怵惕之心，如將見之。「非其寒之謂」，謂悽愴及怵惕，皆爲感時念親也。霜露既降，《禮》説在秋，此無「秋」字，蓋脱爾。樂以迎來，哀以送往，故禘禴。有樂，而嘗無樂。迎來而樂，樂親之將來也。送去而哀，哀其享否不可知也。小言之，則爲一祭之間，孝子不知鬼神之期。推而廣之，放其去來於陰陽。致齊於内，齊。散齊於外。齊之日，思其居處，思其笑語，思其志意，思其所樂，思其所嗜。齊三日，乃見其所爲齊者。致齊思此五者也。散齊七日，不御，不樂，不弔耳。見所爲齊者，思之孰也。所嗜，素所欲飲食也。《春秋傳》曰：「屈到嗜芰。」祭之日，入室，僾愛然必有見乎其位。周還出户，肅然必有聞乎其容聲。出户而聽，愾然必有聞乎其嘆息之聲。周還出户，謂薦設時也。無尸者，闔户，若食閒，則有出户而聽之。是故先王之孝也，色不忘乎目，聲不絶乎耳，心志嗜欲不忘乎心。致愛則存，致慤則著，著存不忘乎心，夫安得不敬乎！存、著，則謂其思念也。

君子生則敬養，死則敬享，思終身弗辱也。享，猶祭也，饗也。君子有終身之喪，忌日之謂也。

忌。忌日不用，非不祥也，言夫日，志有所至，而不敢盡其私也。忌日，親亡之日。忌日者，不用舉他事，如有時日之禁也。祥，善也。志有所至，至於親以此日亡，其哀心如喪時。唯聖人爲能饗帝，孝子爲能饗親。謂祭之能使之饗也。帝，天也。饗者，鄉也，鄉之，然後能饗焉。言中心鄉之，乃能使其祭見饗也。上「饗」，或爲「相」。是故孝子臨尸而不怍。諸侯之祭。君牽牲，夫人奠盎。君獻尸，夫人薦豆。卿大夫相君，命婦相夫人。齊齊乎其敬也，愉愉乎其忠也，勿勿諸其欲其饗之也。色不和曰怍。奠盎，設盎齊之奠也。此時君牽牲，將薦毛血，君獻尸，而夫人薦豆，謂繹日也。儐尸，主人獻尸，主婦自東房薦韭菹醢。勿勿，猶勉勉也，愨愛之貌。

文王之祭也，文王之祭。事死者如事生，思死者如不欲生，忌日必哀，稱諱如見親。祀之忠也，如見親之所愛，如欲色然，其文王與！思死者如不欲生，言思親之深也。如欲色者，以時人於色厚，假以喻之。《詩》云：「明發不寐，有懷二人。」文王之詩也。祭之明日，明發不寐，饗而致之，又從而思之。祭之日，樂與哀半，饗之必樂，已至必哀。「明發不寐」，謂夜而至旦也。「祭之明日」，謂繹日也，言繹之夜不寐也。二人，謂父母，容尸、侑也。

仲尼嘗，仲尼之祭。奉薦而進，其親也愨，其行也趨趨以數。嘗，秋祭也。親，謂身親執事時也。愨與趨趨，言少威儀也。趨，讀如「促」。數之言速也。已祭，子贛問曰：「子之言祭，濟濟漆漆然。今子之祭，無濟濟漆漆，何也？」子曰：「濟濟者，容也，遠也。容也，遠也，容以遠若。古注以遠白。漆漆者，容也，自反也。容以遠，若容以自反也，夫何神明之及交？夫何濟濟漆漆之有乎？漆漆，讀如「朋友切切」。「自反」，猶言自脩整也。「容以遠」，言非所以接親親也。「容以自反」，言非孝子所以事親也。及，與也。此皆非與神明交之道。反饋樂成，薦其薦俎，序其禮樂，備其百官，君子致其濟濟漆漆，夫何慌惚之有乎？天子、諸侯之祭，或從血腥始。至反饋，是進孰也。薦俎，豆與俎也。慌惚，思念益深之時也。言祭事既備，使百官助己祭，然而見其容而自反，是無慌惚之思念。夫言豈一端而已，夫各有所當也。」豈一端，言不可以一概也。禮各有所當行，祭宗廟者，賓客濟濟漆漆，主人慤而趨趨。

孝子將祭，慮事不可以不豫，比時具物，不可以不備，虛中以治之。比時，猶先時也。虛中，言不兼念餘事。宮室既脩，牆屋既設，百物既備，夫婦齊戒、沐浴、盛服，奉承而進之，洞洞乎，屬屬乎，如弗勝，如將失之，其孝敬之心至也與！脩、設，謂埽除及黝堊。薦其薦俎，序其禮樂，備其百官，奉承而進之。百官，助主人進之。於是諭其志意，以其慌惚以與神明交，庶或饗之。庶或饗之，孝子之志也。諭其志意，謂使祝祝饗及侑尸也。或，猶有也。言想見其傷佛來。孝子之祭也，盡其慤而慤焉，盡其信而信焉，盡其敬而敬焉，盡其禮而不過失焉。進退必敬，如親聽命，則或使之也。言當盡己而已，如居父母前，將受命而使之。孝子之祭可知也：其立之也敬以詘，其進之也敬以愉，其薦之也敬以欲。退而立，如將受命，已徹而退，敬齊如字。之色不絕於面。詘，充詘，形容喜貌也。進之，謂進血腥也。愉，顏色和貌也。薦之，謂進孰也。欲，婉順貌。齊，謂齊莊。孝子之祭也，立而不詘，固也。進而不愉，疏也。薦而不欲，不愛也。退立而不如受命，敖也。已徹而退，無敬齊之色，而忘本也。如是而祭失之矣。固，猶質陋也。「而忘本」，「而」，衍字。

孝子之有深愛者，事死如事生，因及事生之孝。必有和氣。有和氣者，必有愉色。有愉色者，必有婉容。和氣，謂立而詘。孝子如執玉，如奉盈，洞洞屬屬然，如弗勝，如將失之。嚴威儼恪，非所以事親也，成人之道也。成人，既冠者。然則孝子不失其孺子之心也。先王之所以治天下者五：貴有德，貴貴，貴老，敬長，慈幼。因孝以及忠順弟慈。此五者，先王之所以定天下也。貴有德何爲也？爲其近於道也。貴貴，爲其近於君也。貴老，爲其近於親也。敬長，爲其近於兄也。慈幼，爲其近於子也。言治國有家道。是故至孝近乎王，至弟近乎霸。至孝近乎王，雖天子必有父。至弟近乎霸，雖諸侯必有兄。先王之教，因而弗改，所以領天下國家也。天子有所父事，諸侯有所兄事，謂若三老、五更也。天子衰，諸侯興，故曰霸。

子曰：「立愛自親始，教民睦也。立敬自長始，教民順也。親、長，父、兄也。睦，和厚也。教以慈睦，而民貴有親。教以敬長，而民貴用命。尊長，出教令者。孝以事親，順以聽命，錯諸天下，無所不行。」

郊之祭也，聖人饗帝。喪者不敢哭，凶服者不敢入國門，敬之至也。祭者吉禮，不欲聞見凶人。

祭之日，孝子饗親，承上文。君牽牲，穆答君，卿大夫序從。祭，謂祭宗廟也。穆，子姓也。答，對也。序，以次第從也。序，或爲「豫」。既入廟門，麗于碑，卿大夫袒，而毛牛尚耳，鸞刀以刲，奎。取膟律。膋力彫。乃退。爓徐廉。祭，祭腥，而退，敬之至也。麗，猶繫也。毛牛尚耳，以耳毛爲上也。膟膋，血與腸間脂也。爓祭，祭腥，祭爓肉、腥肉也。湯肉曰爓。爓祭、祭腥，或爲「合祭腥泄腤孰」也。

郊之祭，聖人饗帝。大報天而主日，配以月。夏后氏祭其闇，殷人祭其陽，周人祭日以朝及闇。主日者，以其光明，天之神可見者莫著焉。闇，昏時也。陽，讀爲「曰雨曰暘」之「暘」，謂日中時也。朝，日出時也。夏后氏大事以昏，殷人大事以日中，周人大事以日出，亦謂此郊祭也。以朝及闇，謂終日有事。祭日於壇，祭月於坎，以別幽明，以制上下。幽明者，謂日照晝，月照夜。祭日於東，祭月於西，以別外內，以端其位。端，正。日出於東，月生於西，陰陽長短，終始相巡，如字。以致天下之和。巡，讀如「沿漢」之沿，謂更相從道。

天下之禮，捴論。致反始也，致鬼神也，致和用也，致義也，致讓也。因祭之義，泛説禮也。致之言至也，使人勤行，至於此也。至於反始，謂報天之屬也。至於鬼神，謂祭宗廟之屬也。至於和用，謂治民之事以足用也。致反始，以厚其本也。致鬼神，以尊上也。致物用，以立民紀也。致義，則上下不悖逆矣。致讓，以去争也。合此五者以治天下之禮也，雖有奇居衣。邪，而不治者則微矣。物，猶事也。變「和」言「物」，互之也。微，猶少也。

宰我曰：「吾聞鬼神之名，鬼神，推所以廟祭之原。不知其所謂。」子曰：「氣也者，神之盛也。魄也者，鬼之盛也。合鬼與神，教之至也。」氣，謂噓吸出入者也。耳目之聰明爲魄。合鬼神而祭之，聖人之教致之也。衆生必死，死必歸土，此之謂鬼。骨肉斃于下，陰爲野土。陰，讀爲「依蔭」之「蔭」。言人之骨肉，蔭於地中爲土壤。其氣發揚于上爲昭明，焄蒿悽愴，文公曰：「夫子答宰我問鬼神一段，好。陰陽乍離之際，彷彿如有所睹。昭明所謂光景者。焄蒿是升騰氣象，悽愴是令人感動模樣。墟墓之間，未施哀於民而民哀是也。洋洋乎如在其上，如在其左右，正謂此。」履祥按：「洋洋乎」二句是説昭明焄蒿，「墟墓之間」是説悽愴。此百物之精也，神之著也。君，謂香臭也。蒿，謂氣烝出貌也。上言衆生，此言百物，明其與人同也，不如人貴爾。蒿，或爲「藨」。因物之精，制爲之極，明命鬼神，以爲黔首則，百衆以畏，萬民以服。明命，猶尊名也。尊極於鬼神，不可復加也。黔首，謂民也。則，法也。爲民作法，使民亦事其祖禰。鬼神，民所畏服。聖人以是爲未足也，築爲宮室，廟。設爲宗祧，以別親疏遠邇，教民反古復始，不忘其所由生也。衆之服自此，故聽且速也。自，由也。言人由此服於聖人之教也。聽，謂順教令也。速，疾也。二端既立，祭。報以二禮。建設朝事，燔燎羶薌，見間。以蕭光，以報氣也。此教衆反始也。薦黍稷，羞肝肺首心，見間以俠甒，武。加以鬱鬯，以報魄也。教民相愛，上下用情，禮之至也。二端既立，謂氣也，魄也，更有尊名云鬼神也。二禮，謂朝事與薦黍稷也。朝事，謂薦血腥時也。薦黍稷，所謂饋食也。「見」及「見間」，皆當爲「覸」，字之誤也。羶，當爲「馨」，聲之誤也。燔燎馨香，覸以蕭光，取牲祭脂也。光，猶氣也。有虞氏祭首，夏后氏祭心，殷祭肝，周祭肺，覸以俠甒，謂雜之兩甒醴酒也。相愛，用情，謂此以人道祭之也。報氣以氣，報魄以實，各首其類。君子反古復始，不忘其所由生也。是以致其敬，發其情，竭力從事以報其親，不敢弗盡也。從事，謂脩薦可以祭者也。是故昔者天子爲藉千畝，粢盛。冕而朱紘，躬秉耒。諸侯爲藉百畝，冕而青紘，宏。躬秉耒。以事天地、山川、社稷、先古，以爲醴酪齊咨。盛，於是乎取之，敬之至也。藉，藉田也。先古，先祖。古者天子、諸侯必有養獸之官，犧牲。及歲時，齊戒沐浴而躬朝之，犧牷祭牲必於是取之，敬之至也。君召牛，納而視之。擇其毛而卜之，吉然後養之。君皮弁素積，朔月、月半君巡牲，所以致力，孝之至也。歲時齊戒沐浴而躬朝之，謂將祭祀卜牲，君朔月，月半巡視之。君召牛，納而視之，更本擇牲意。古者天子、諸侯必有公桑蠶室，衣服。近川而爲之，築宮，仞有三尺，棘牆而外閉之。及大昕欣。之朝，君皮弁素積，卜三宮之夫人、世婦之吉者，使入蠶于蠶室，奉種浴于川，桑于公桑，風戾以食之。大昕，季春朔日之朝也。諸侯夫人三宮，半王后也。風戾之者，及早涼脆采之，風戾之使露氣燥，乃以食蠶。蠶性惡濕。歲既單丹。矣，世婦卒蠶，奉繭以示于君，遂獻繭于夫人。夫人曰：「此所以爲君服與？」遂副褘揮。而受之。因少牢以禮之。歲單，謂三月月盡之後也。言「歲」者，蠶歲之大功，事畢於此也。副褘，王后之服而云「夫人」，記者容二王之後與？禮之，禮奉繭之世婦。「古之獻繭者，其率用此與？」問者之辭。及良日，夫人繅，三盆手，遂布于三宮夫人、世婦之吉者使繅，遂朱緑之，玄黄之，以爲黼黻文章。服既成，君服以祀先王先公，敬之至也。三盆手者，三淹也。凡繅，每淹大摠而手振之，以出緒也。

君子曰：禮樂不可斯須去身。禮樂，見前《樂記》。斯須，猶須臾也。致樂以治心，則易直子諒之心油然生矣。子諒，慈良。易直子諒之心生則樂，樂則安，安則久，久則天，天則神。天則不言而信，神則不怒而威，致樂以治心者也。子，讀如「不子」之子。諒，信也。油然，物始生好美貌。致禮以治躬則莊敬，莊敬則嚴威。躬，身也。心中斯須不和不樂，而鄙詐之心入之矣。外貌斯須不莊不敬，而慢易之心入之矣。故樂也者，動於內者也。禮也者，動於外者也。樂極和，禮極順，內和而外順，則民瞻其顔色而不與争也，望其容貌而衆不生慢易焉。極，至也。故德煇動乎內，而民莫不承聽。理發乎外，而衆莫不承順。理，謂言行也。故曰：致禮樂之道，而天下塞焉，舉而錯之無難矣。塞，充滿也。樂也者，動於內者也。禮也者，動於外者也。故禮主其減，樂主其盈。禮減而進，以進爲文。樂盈而反，以反爲文。減，猶倦也。盈，猶溢也。樂以統情，禮以理行。人之情有溢而行有倦，倦則進之，以能進者爲文；溢則使反，以能反者爲文。文謂才美。禮減而不進則銷，樂盈而不反則放，故禮有報而樂有反。報，皆當爲「褒」，聲之誤。禮得其報則樂，樂得其反則安。禮之報，樂之反，其義一也。

曾子曰：「孝有三。孝事生以事死。大孝尊親，其次弗辱，其下能養。」公明儀問於曾子曰：「夫子可以爲孝乎？」曾子曰：「是何言與？是何言與？君子之所謂孝者，先意承志，諭父母於道。參直養者也，安能爲孝乎？」公明儀，曾子弟子。曾子曰：「身也者，父母之遺體也。行父母之遺體，敢不敬乎？居處不莊，非孝也。事君不忠，非孝也。涖官不敬，非孝也。朋友不信，非孝也。戰陳無勇，非孝也。五者不遂，裁及於親，敢不敬乎？遂，猶成也。亨孰羶薌，嘗而薦之，非孝也，養也。君子之所謂孝也者，國人稱願然曰：『幸哉有子如此！』所謂孝也已。然，猶而也。衆之本教曰孝，其行曰養。養可能也，敬爲難。敬可能也，安爲難。安可能也，卒爲難。父母既没，慎行其身，不遺父母惡名，可謂能終矣。仁者，仁此者也。禮者，履此者也。義者，宜此者也。信者，信此者也。强者，强此者也。樂自順此生，刑自反此作。」曾子曰：「夫孝，置之而塞乎天地，溥如字。之而横乎四海，施諸後世而無朝夕，推而放諸東海而準，推而放諸西海而準，推而放諸南海而準，推而放諸北海而準。無朝夕，言常行無輟時也。放，猶至也。準，猶平也。《詩》云：『自西自東，自南自北，無思不服。』此之謂也。」曾子曰：「樹木以時伐焉，禽獸以時殺焉。夫子曰：『斷短。一樹，殺一獸，不以其時，非孝也。』夫子，孔子也。曾子述其言以云。孝有三：小孝用力，中孝用勞，大孝不匱。勞，猶功也。思慈愛忘勞，可謂用力矣。尊仁安義，可謂用勞矣。博施備物，可謂不匱矣。思慈愛忘勞，思父母之慈愛己，而自忘己之勞苦。父母愛之，嘉而弗忘。父母惡之，懼而無怨。無怨，無怨於父母之心。父母有過，諫而不逆。順而諫之。父母既沒，必求仁者之粟以祀之，此之謂禮終。」喻貧困猶不取惡人物以事亡親。

樂正子春下堂而傷其足，數月不出，猶有憂色。門弟子曰：「夫子之足瘳矣，數月不出，猶有憂色，何也？」樂正子春曰：「善如爾之問也，善如爾之問也。吾聞諸曾子，曾子聞諸夫子曰：『天之所生，地之所養，無人爲大。父母全而生之，子全而歸之，可謂孝矣。不虧其體，不辱其身，可謂全矣。』曾子聞諸夫子，述曾子所聞於孔子之言。故君子頃步而弗敢忘孝也。今予忘孝之道，予是以有憂色也。頃，當爲「跬」，聲之誤也。予，我也。壹舉足而不敢忘父母，壹出言而不敢忘父母。壹舉足而不敢忘父母，是故道而不徑，舟而不游，不敢以先父母之遺體行殆。壹出言而不敢忘父母，是故惡言不出於口，忿言不反於身。不辱其身，不羞其親，可謂孝矣。」徑，步，邪趨疾也。「忿言不反於身」，人不能無忿怒，忿怒之言，當由其直，直則人服，不敢以忿言來也。

昔者有虞氏貴德而尚齒，弟。夏后氏貴爵而尚齒，殷人貴富而尚齒，周人貴親而尚齒。貴，謂燕賜有加於諸臣也。尚，謂有事尊之於其黨也。臣能世禄曰富。舜時多仁聖有德，後德則在小官。虞夏殷周，天下之盛王也，未有遺年者。年之貴乎天下久矣，次乎事親也。言其先老也。是故朝廷同爵則尚齒。七十杖於朝，君問則席。八十不俟朝，君問則就之，而弟達乎朝廷矣。同爵尚齒，老者在上也。君問則席，爲之布席於堂上而與之言。凡朝位立於庭，魯哀公問於孔子，命席。不俟朝，君揖之即退，不待朝事畢也。就之，就其家也。老而致仕，君或不許，異其禮而已。行肩而不併，不錯則隨，見老者則車徒辟，斑白者不以其任行乎道路，而弟達乎道路矣。錯，雁行也。父黨隨行，兄黨雁行。車徒辟，乘車步行皆辟老人也。斑白者，髮雜色也。任，所檐持也。不以任，少者代之。居鄉以齒，而老窮不遺，强不犯弱，衆不暴寡，而弟達乎州巷矣。老窮不遺，以鄉人尊而長之，雖貧且無子孫，無棄忘也。一鄉者五州。巷，猶閭也。古之道，五十不爲甸乘。徒，頒禽隆諸長者，而弟達乎獀狩矣。四井爲邑，四邑爲丘，四丘爲甸，甸六十四井也。以爲軍田出役之法。五十始衰，不從力役之事也。頒之言分也。隆，猶多也。及田者分禽，多其老者，謂竭作未五十者。春獵爲獀，冬獵爲狩。軍旅什伍，同爵則尚齒，而弟達乎軍旅矣。什伍，士卒部曲也。《少儀》曰：「軍尚左，卒尚右。」孝弟發諸朝廷，揔孝弟。行乎道路，至乎州巷，放乎獀狩，脩乎軍旅，衆以義死之而弗敢犯也。死之，死此孝弟之禮。祀乎明堂，所以教諸侯之孝也。食三老、五更於大學，更，從蔡邕作「叟」。所以教諸侯之弟也。祀先賢於西學，所以教諸侯之德也。耕藉，所以教諸侯之養也。朝覲，所以教諸侯之臣也。五者，天下之大教也。祀乎明堂，宗祀文王。西學，周小學也。先賢，有道德王所使教國子者。食三老、五更於大學，天子袒而割牲，執醬而饋，執爵而酳，以刃。冕而揔干，所以教諸侯之弟也。是故鄉里有齒，而老窮不遺，强不犯弱，衆不暴寡，此由大學來者也。割牲，制俎實也。冕而揔干，親在舞位，以樂侑食也。教諸侯之弟，次事親。天子設四學，當入學而大子齒。四學，謂周四郊之虞庠也。《文王世子》曰：「行一物而三善皆得，唯世子而已，其齒於學之謂也。」天子巡守，諸侯待于竟，天子先見百年者。問其國君以百年者所在而往見之。八十、九十者，東行，西行者弗敢過；西行，東行者弗敢過。欲言政者，君就之可也。弗敢過者，謂道經之則見之。壹命齒于鄉里，再命齒于族，三命不齒。族有七十者，弗敢先。此謂鄉射飲酒時也。齒者，謂以年次立若坐也。三命，列國之卿也。不復齒，席之於賓東。不敢先族之七十者，謂既一人舉觶乃入也。雖非族亦然。承「齒乎族」，故言族爾。七十者，不有大故不入朝。若有大故而入，君必與之揖讓，而後及爵者。謂致仕在家者。其入朝，君先與之爲禮，而後揖卿大夫士。

天子有善，讓德於天。諸侯有善，歸諸天子。卿大夫有善，薦於諸侯。士庶人有善，本諸父母，存諸長老。禄爵慶賞，成諸宗廟。所以示順也。薦，進也。成諸宗廟，於宗廟命之。《祭統》有十倫，六曰「見爵賞之施焉」。

昔者聖人建陰陽天地之情，立以爲《易》。易抱龜南面，天子卷衮。冕北面，雖有明知之心，必進斷其志焉，示不敢專，以尊天也。善則稱人，過則稱己，教不伐，以尊賢也。「立以爲《易》」，謂作《易》。「易抱龜」，易，官名，《周禮》曰大卜。大卜主三兆、三易、三夢之占。

孝子將祭祀，必有齊莊之心以慮事，以具服物，以脩宮室，以治百事。謂齊之前後也。及祭之日，顏色必温，行必恐，如懼不及愛然。如懼不及見其所愛者。其奠之也，容貌必温，身必詘，如語焉而未之然。奠之，謂酌尊酒奠之及酳之屬也。「如語焉而未之然」，如有所以語親而未見答。宿者皆出，其立卑静以正，如將弗見然。「宿者皆出」，謂賓助祭者，事畢出去也。「如將不見然」，祭事畢而不知親所在，思念之深，如不見出也。及祭之後，陶陶遂遂，如將復入然。思念既深，如覩親將復入也。陶陶遂遂，相隨行之貌。是故慤善不違身，耳目不違心，思慮不違親。結諸心，形諸色，而術省之，孝子之志也。術，當爲「述」，聲之誤也。

建國之神位，右社稷而左宗廟。周尚左也。

祭統第二十五

鄭氏注

凡治人之道，莫急於禮。禮有五經，莫重於祭。禮有五經，謂吉禮、凶禮、賓禮、軍禮、嘉禮也。「莫重於祭」，謂以吉禮爲首也。《大宗伯職》曰：「以吉禮事邦國之鬼神祇。」夫祭者，非物自外至者也，自中出，生於心也。心怵而奉之以禮，是故唯賢者能盡祭之義。怵，感念親之貌也。怵，或爲「述」。賢者之祭也，必受其福，非世所謂福也。福者，備也。備。備者，百順之名也。無所不順者之謂備，言内盡於己而外順於道也。忠臣以事其君，孝子以事其親，其本一也。世所謂福者，謂受鬼神之祐助也。賢者之所謂福者，謂受大順之顯名也。其本一者，言忠孝俱由順出也。上則順於鬼神，外則順於君長，内則以孝於親，如此之謂備。唯賢者能備，能備然後能祭。是故賢者之祭也，致其誠信，與其忠敬，奉之以物，道之以禮，安之以樂，參之以時，明薦之而已矣，不求其爲。此孝子之心也。心。明，猶絜也。爲，謂福祐爲己之報。

祭者所以追養繼孝也。孝者，畜敎六。也。順於道，不逆於倫，是之謂畜。畜，謂順於德教。是故孝子之事親也有三道焉：行。生則養，没則喪，喪畢則祭。養則觀其順也，喪則觀其哀也，祭則觀其敬而時也。盡此三道者，孝子之行也。没，終也。

既内自盡，又外求助，助。昏禮是也。故國君取夫人之辭曰：「請君之玉女與寡人共有敝邑，事宗廟社稷。」此求助之本也。言玉女者，美言之也。君子於玉比德焉。夫祭也者，必夫婦親之，所以備外内之官也。官備則具備。具，謂所供衆物。水草之菹，陸産之醢，小物備矣。三牲之俎，八簋之實，美物備矣。昆蟲之異，草木之實，陰陽之物備矣。水草之菹，芹、茆之屬。陸産之醢，蚳、蝝之屬。天子之祭八簋，昆蟲，謂温生寒死之蟲也。《内則》可食之物有蜩、范。草木之實，蔆、芡、榛栗之屬。地之所長，苟可薦者，莫不咸在，示盡物也。外則盡物，内則盡志，此祭之心也。咸，皆也。

是故天子親耕於南郊，以共齊盛。王后蠶於北郊，以共純緇。服。諸侯耕於東郊，亦以共齊盛。夫人蠶於北郊，以共冕服。天子、諸侯非莫耕也，王后、夫人非莫蠶也，身致其誠信，誠信之謂盡，盡之謂敬，敬盡然後可以事神明。此祭之道也。純服，亦冕服也，互言之爾。純以見繒色，冕以著祭服。東郊，少陽，諸侯象也。夫人不蠶於西郊，婦人禮少變也。齊，或作「粢」。

及時將祭，君子乃齊。齊。齊之爲言齊也，齊不齊以致齊者也。是故君子非有大事也，非有恭敬也，則不齊。不齊，則於物無防也，嗜欲無止也。及其將齊也，防其邪物，訖其嗜欲，耳不聽樂，故《記》曰：「齊者不樂。」言不敢散其志也。心不苟慮，必依於道。手足不苟動，必依於禮。訖，猶止也。是故君子之齊也，專致其精明之德也。故散齊七日以定之，致齊三日以齊之。定之之謂齊，齊者，精明之至也，然後可以交於神明也。定者，定其志意。是故先期旬有一日，宮宰宿夫人，夫人亦散齊七日，致齊三日。宮宰，守宮官也。宿，讀爲「肅」。肅，猶戒也。戒輕肅重也。君致齊於外，祭。夫人致齊於内，然後會於大廟。君純冕立於阼，夫人副褘立於東房。君執圭瓚祼尸，大宗執璋瓚亞祼。及迎牲，君執紖，赤軫。卿大夫從，士執芻，宗婦執盎從，夫人薦涚詩銳。水。君執鸞刀羞嚌，才乂。夫人薦豆。此之謂夫婦親之。大廟，始祖廟也。圭瓚、璋瓚，祼器也。以圭、璋爲柄，酌鬱鬯曰祼。大宗亞祼，容夫人有故，攝焉。紖，所以牽牲也。《周禮》作「絼」。芻，謂藁也，殺牲時用薦之。《周禮·封人》：「祭祀飾牲，共其水藁。」涚，盎齊也。盎齊，涚酌也。凡尊有明水，因兼云水爾。嚌，嚌肺，祭肺之屬也。君以鸞刀割制之。天子、諸侯之祭禮，先有祼尸之事，乃後迎牲。芻，或爲「穇」。

及入舞，樂。君執干戚就舞位。君爲東上，冕而揔干，率其群臣，以樂皇尸。是故天子之祭也，與天下樂之。諸侯之祭也，與竟内樂之。冕而揔干，率其群臣，以樂皇尸，此與竟内樂之之義也。君爲東上，近主位也。皇，君也。言君尸者尊之。夫祭有三重焉：獻之屬莫重於祼，聲莫重於升歌，舞莫重於《武宿夜》。此周道也。《武宿夜》，武曲名也。周道，猶周之禮。凡三道者，所以假於外而以增君子之志也，故與志進退，志輕則亦輕，志重則亦重。輕其志而求外之重也，雖聖人弗能得也。是故君子之祭也，必身自盡也，所以明重也。道之以禮，以奉三重而薦諸皇尸，此聖人之道也。

夫祭有餕，餕。餕者祭之末也，不可不知也。是故古之人有言曰：「善終者如始。」餕其是已。是故古之君子曰：「尸亦餕鬼神之餘也，惠術也，可以觀政矣。」術，猶法也。爲政尚施惠，盡美能知能惠。《詩》云：「維此惠君，民人所瞻。」是故尸謖，縮，起也。君與卿四人餕。君起，大夫六人餕，臣餕君之餘也。大夫起，士八人餕。賤餕貴之餘也。士起，各執其具以出，陳于堂下，百官進，徹之，下餕上之餘也。進，當爲「餕」，聲之誤也。百官，謂有事於君之祭者也。既餕，乃徹之而去，所謂自卑至賤。進、徹，或俱爲「餕」。凡餕之道，每變以衆，所以別貴賤之等，而興施惠之象也，是故以四簋黍見其脩於廟中也。廟中者，竟内之象也。鬼神之惠遍廟中，如國君之惠遍竟内也。祭者，澤之大者也。是故上有大澤，則惠必及下，顧上先下後耳，非上積重而下有凍餒之民也。是故上有大澤，則民夫人待于下流，知惠之必將至也，由餕見之矣。故曰：「可以觀政矣。」鬼神有祭，不獨饗之，使人餕之，恩澤之大者也。國君有蓄積，不獨食之，亦以施惠於竟内也。

夫祭之爲物大矣，其興物備矣，順以備者也，其教之本與！教。爲物，猶爲禮也。興物，謂薦百品。是故君子之教也，外則教之以尊其君長，内則教之以孝於其親。是故明君在上，則諸臣服從。崇事宗廟社稷，則子孫順孝。盡其道，端其義，而教生焉。崇，猶尊也。是故君子之事君也，必身行之：所不安於上，則不以使下。所惡於下，則不以事上。非諸人，行諸己，非教之道也。必身行之，言恕己乃行之。是故君子之教也，必由其本，順之至也，祭其是與！故曰：祭者，教之本也已。教由孝順生也。

夫祭有十倫焉：十倫。見事鬼神之道焉，見君臣之義焉，見父子之倫焉，見貴賤之等焉，見親疏之殺焉，見爵賞之施焉，見夫婦之别焉，見政事之均焉，見長幼之序焉，見上下之際焉。此之謂十倫。倫，猶義也。鋪筵設同几，爲依神也。鬼神之道。詔祝於室，而出于祊，此交神明之道也。同之言詷也。祭者以其妃配，亦不特几也。詔祝，告事於尸也。出於祊，謂索祭也。

君迎牲而不迎尸，君臣之義。别嫌也。尸在廟門外則疑於臣，在廟中則全於君。君在廟門外則疑於君，入廟門則全於臣，全於子。是故不出者，明君臣之義也。不迎尸者，欲全其尊也。尸，神象也。鬼神之尊在廟中，人君之尊出廟門則伸。

夫祭之道，父子之倫。孫爲王父尸。所使爲尸者，於祭者子行也。父北面而事之，所以明子事父之道也，此父子之倫也。子行，猶子列也。祭祖則用孫列，皆取於同姓之適子也。天子、諸侯之祭，朝事延尸於户外，是以有北面事尸之禮。

尸飲五，貴賤之等。君洗玉爵獻卿。尸飲七，以瑶爵獻大夫。尸飲九，以散爵獻士及群有司。皆以齒，明尊卑之等也。尸飲五，謂酳尸五獻也。大夫士祭，三獻而獻賓。

夫祭有昭穆。親疏之殺。昭穆者，所以别父子、遠近、長幼、親疏之序而無亂也。是故有事於大廟，則群昭群穆咸在而不失其倫，此之謂親疏之殺也。昭穆咸在，同宗父子皆來。

古者，爵賞之施。明君爵有德而禄有功，必賜爵禄於大廟，示不敢專也。故祭之日，一獻，君降立于阼階之南，南鄉，所命北面，史由君右執策命之，再拜稽首，受書以歸，而舍奠于其廟。

此爵賞之施也。一獻，一酳尸也。舍，當爲「釋」，聲之誤也。非時而祭曰奠。

君卷冕立于阼，夫婦之別。夫人副褘立于東房。夫人薦豆執校，效。執醴授之執鐙。登。尸酢夫人執柄，夫人受尸執足。夫婦相授受，不相襲處，酢必易爵，明夫婦之別也。校，豆中央直者也。執醴授醴之人，授夫人以豆則執鐙。鐙，豆下跗也。凡爲俎者，以骨爲主。政事之均。骨有貴賤，殷人貴髀，俾。周人貴肩。凡前貴於後。俎者，所以明祭之必有惠也。是故貴者取貴骨，賤者取賤骨，貴者不重，賤者不虛，示均也。惠均則政行，政行則事成，事成則功立。功之所以立者，不可不知也。俎者，所以明惠之必均也。善爲政者如此，故曰「見政事之均焉」。殷人貴髀，爲其厚也。周人貴肩，爲其顯也。凡前貴於後。謂脊、脅、臂、臑之屬。凡賜爵，昭爲一，穆爲一，昭與昭齒，穆與穆齒，凡群有司皆以齒，此之謂長幼有序。昭、穆，猶《特牲》、《少牢饋食之禮》衆兄弟也，群有司，猶衆賓下及執事者。君賜之爵，謂若酬之。

夫祭有畀煇、運。胞、庖。翟、狄。閽者，惠下之道也。上下之祭。唯有德之君爲能行此。明足以見之，仁足以與之。畀之爲言與也，能以其餘畀其下者也。煇者，甲吏之賤者也。胞者，肉吏之賤者也。翟者，樂吏之賤者也。閽者，守門之賤者也。古者不使刑人守門。此四守者，吏之至賤者也。尸又至尊，以至尊既祭之末而不忘至賤，而以其餘畀之，是故明君在上，則竟内之民無凍餒者矣。此之謂上下之際。「明足以見之」，見此卑者也。「仁足以與之」，與此卑者也。煇，《周禮》作「韗」。謂韗磔皮革之官也。翟，謂教羽舞者也。古者不使刑人守門，謂夏殷時。

凡祭有四時，嘗禘。春祭曰礿，夏祭曰禘，秋祭曰嘗，冬祭曰烝。謂夏殷時禮也。礿、禘，陽義也。義。嘗、烝，陰義也。禘者，陽之盛也。嘗者，陰之盛也。故曰「莫重於禘、嘗」。夏者尊卑著，而秋萬物成。古者於禘也，發爵賜服，順陽義也。於嘗也，出田邑，發秋政，順陰義也。言爵命屬陽，國邑屬陰。故《記》曰：「嘗之日，發公室，示賞也。」草艾刈。則墨，未發秋政，則民弗敢草也。發公室，出賞物也。草艾，謂艾取草也。秋草木成，可芟艾給爨亨。時則始行小刑也。故曰：禘、嘗之義大矣，治國之本也，不可不知也。明其義者君也，能其事者臣也。不明其義，君人不全；不能其事，爲臣不全。全，猶具也。夫義者，所以濟志也，諸德之發也。是故其德盛者其志厚，其志厚者其義章，其義章者其祭也敬。祭敬，則竟内之子孫莫敢不敬矣。濟，成也。發，謂機發也。竟内之子孫，萬人爲子孫。是故君子之祭也，必身親涖之，有故則使人可也。雖使人也，君不失其義者，君明其義故也。涖，臨也。「君不失其義者」，言君雖不自親祭。祭禮無闕，於君德不損也。其德薄者其志輕，疑於其義而求祭，使之必敬也弗可得已。祭而不敬，何以爲民父母矣？

夫鼎有銘，鼎銘。銘者，自名也。自名以稱揚其先祖之美，而明著之後世者也。爲先祖者，莫不有美焉，莫不有惡焉。銘之義，稱美而不稱惡，此孝子孝孫之心也，唯賢者能之。銘，謂書之刻之，以識事者也。自名，謂稱揚其先祖之德，著己名於下。銘者，論譔其先祖之有德善、功烈、勳勞、慶賞、聲名，列於天下，而酌之祭器，自成其名焉，以祀其先祖者也。顯揚先祖，所以崇孝也。身比毗志。焉，順也。明示後世，教也。烈，業也。王功曰勳，事功曰勞。「酌之祭器」，言斟酌其美，傳著於鐘鼎也。

「身比焉」，謂自著名於下也。「順也」，自著名以稱揚先祖之德，孝順之行也。「教也」，所以教後世。夫銘者，壹稱而上下皆得焉耳矣。是故君子之觀於銘也，既美其所稱，又美其所爲。「美其所爲」，美此人爲此銘。爲之者，明足以見之，仁足以與之，知足以利之，可謂賢矣。賢而勿伐，可謂恭矣。「明足以見之」，見其先祖之美也。「仁足以與之」，與其先祖之銘也。非有仁恩，君不使與之也。「知足以利之」，利己名得比於先祖。故衛孔悝之鼎銘曰：「六月丁亥，公假于大廟。孔悝，衛大夫也。公，衛莊公蒯聵也。得孔悝之立己，依禮褒之，以静國人自固也。假，至也。至於大廟，謂以夏之孟夏禘祭。公曰：『叔舅！乃祖莊叔，左右成公，成公乃命莊叔隨難于漢陽，即宫于宗周，奔走無射。亦。「公曰叔舅」者，公爲策書，尊呼孔悝而命之也。乃，猶女也。莊叔，悝七世之祖衛大夫孔達也。隨難者，謂成公爲晉文公所伐，出奔楚，命莊叔從焉。漢，楚之川也。「即宫於宗周」，後反得國，坐殺弟叔武，晉人執而歸之於京師，寘之深室也。射，厭也。言莊叔常奔走，至勞苦而不厭倦也。周既去鎬京，猶名王城爲宗周也。啓右獻公，獻公乃命成叔纂乃祖服。獻公衛侯衎，成公曾孫也，亦失國得反。言莊叔之功流於後世，啓右獻公使得反國也。成叔，莊叔之孫成子烝鉏也。右，助也。纂，繼也。服，事也。獻公反國，命成子繼女祖莊叔之事，欲其忠如孔達也。乃考文叔，興舊嗜欲，作率慶士，躬恤衛國。其勤公家，夙夜不解，民咸曰休哉！』文叔者，成叔之曾孫文子圉，即悝父也。作，起也。率，循也。慶，善也。士之言事也，言文叔能興行先祖之舊德，起而循其善事。公曰：『叔舅！予女銘，若纂乃考服。』若、乃，猶女也。公命悝：予女先祖以銘以尊顯之，女繼女父之事。欲其忠如文子也。成公、獻公、莊公，皆失國得反，言孔氏世有功焉，寵之也。悝拜稽首，曰：『對揚以辟璧。之，對，遂也。辟，明也。言遂揚君命以明我先祖之德也。辟，朱子作「君辟」讀，謂以其君之勤大命而施之彝鼎也。

勤大命，施于烝彝鼎。』」施，猶著也。言我將行君之命，又刻著於烝祭之。彝，尊也。《周禮》：「大約劑，書於宗彝。」此衛孔悝之鼎銘也。言銘之類衆多也，略取此一以言之。古之君子，論譔其先祖之美，而明著之後世者也，以比其身，以重其國家如此。如莊公命孔悝之爲也。莊公、孔悝，雖無令德以終其事，於禮是，行之非。子孫之守宗廟社稷者，其先祖無美而稱之，是誣也。有善而弗知，不明也，知而弗傳，不仁也。此三者，君子之所耻也。

昔者周公旦有勳勞於天下，魯禮。周公既没，成王、康王追念周公之所以勳勞者，而欲尊魯，故賜之以重祭。外祭則郊、社是也，内祭則大嘗禘是也。言此者，王室所銘，若周公之功。夫大嘗禘，升歌《清廟》，下而管《象》，朱干玉戚以舞《大武》，八佾以舞《大夏》，此天子之樂也。康周公，故以賜魯也。《清廟》，頌文王之詩也。管《象》，吹管而舞《武象》之樂也。朱干，赤盾。戚，斧也。此《武象》之舞所執也。佾，猶列也。《大夏》，禹樂，文舞也，執羽籥。文武之舞皆八列，互言之耳。康，猶褒大也。《易·晉卦》曰：「康侯用錫馬。」子孫纂之，至于今不廢，所以明周公之德，而又以重其國也。「不廢」，不廢其此禮樂也。重，猶尊也。

禮記卷第十五

經解第二十六

秀巖李氏曰：「此篇多《荀子·禮論》及《大戴·禮察篇》之文。」《別録》屬《通論》。

鄭氏注

孔子曰：起二句夫子語，其下學者之所發明。「入其國，其教可知也。習俗之原。觀其風俗，則知其所以教。其爲人也，温柔敦厚，《詩》教也。疏通知遠，《書》教也。廣博易良，《樂》教也。絜静精微，《易》教也。恭儉莊敬，《禮》教也。屬辭比事，《春秋》教也。屬，猶合也。《春秋》多記諸侯朝、聘、會、同，有相接之辭，罪辯之事。故《詩》之失愚，習俗之失。《書》之失誣，《樂》之失奢，《易》之失賊，《禮》之失煩，《春秋》之失亂。失，謂不能節其教者也。《詩》敦厚，近愚。《書》知遠，近誣。《易》精微，愛惡相攻，遠近相取，則不能容人，近於傷害。《春秋》習戰争之事，近亂。其爲人也，習俗之正。温柔敦厚而不愚，則深於《詩》者也。疏通知遠而不誣，則深於《書》者也。廣博易良而不奢，則深於《樂》者也。絜静精微而不賊，則深於《易》者也。恭儉莊敬而不煩，則深於《禮》者也。屬辭比事而不亂，則深於《春秋》者也。」言深者，既能以教，又防其失。

天子者，與天地參，治化之本。故德配天地，兼利萬物，與日月並明，明照四海，而不遺微小。其在朝廷則道仁聖禮義之序，燕處則聽《雅》《頌》之音，行步則有環佩之聲，升車則有鸞和之音。居處有禮，進退有度，百官得其宜，萬事得其序。《詩》云：「淑人君子，其儀不忒。其儀不忒，正是四國。」此之謂也。道，猶言也。環佩，佩環、佩玉也，所以爲行節也。《玉藻》曰：「進則揖之，退則揚之，然後玉鏘鳴也。」環取其無窮止，玉則比德焉。孔子佩象環五寸。人君之環，其制未聞也。鸞、和，皆鈴也，所以爲車行節也。《韓詩内傳》曰：「鸞在衡，和在軾前。」升車則馬動，馬動則鸞鳴，鸞鳴則和應。居處，朝廷與燕也。進退，行步與升車也。

發號出令而民説謂之和，治化之用。上下相親謂之仁，民不求其所欲而得之謂之信，除去天地之害謂之義。義與信，和與仁，霸王之器也。有治民之意而無其器，則不成。器，謂所操以作事者也。義、信、和、仁，皆存乎禮。「禮之於正國也，禮。猶衡之於輕重也，繩墨之於曲直也，規矩之於方圜也。故衡誠縣，不可欺以輕重。繩墨誠陳，不可欺以曲直。規矩誠設，不可欺以方圜。君子審禮，不可誣以姦詐。衡，稱也。縣，謂錘也。陳、設，謂彈畫也。誠，猶審也。或作「成」。是故隆禮由禮，禮意。謂之有方之士。不隆禮不由禮，謂之無方之民。敬讓之道也。故以奉宗廟則敬，以入朝廷則貴賤有位，以處室家則父子親、兄弟和，以處鄉里則長幼有序。」孔子曰：又引夫子語，結上生下。「安上治民，莫善於禮。」此之謂也。隆禮，謂盛行禮也。方，猶道也。《春秋傳》曰：「教之以義方。」

故朝覲之禮，禮之教。所以明君臣之義也。聘問之禮，所以使諸侯相尊敬也。喪祭之禮，所以明臣子之恩也。鄉飲酒之禮，所以明長幼之序也。昏姻之禮，所以明男女之别也。夫禮，禁亂之所由生，猶坊防。止水之所自來也。故以舊坊爲無所用而壞之者，必有水敗。以舊禮爲無所用而去之者，必有亂患。春見曰朝，小聘曰問，其篇今亡。昏姻，謂嫁取也。壻曰昏，妻曰姻。自，亦由也。故昏姻之禮廢，禮之廢。則夫婦之道苦，而淫辟之罪多矣。鄉飲酒之禮廢，則長幼之序失，而争鬬之獄繁矣。喪祭之禮廢，則臣子之恩薄，而倍死忘生者衆矣。聘、覲之禮廢，則君臣之位失，諸侯之行惡，而倍畔、侵陵之敗起矣。苦，謂不至、不答之屬。故禮之教化也微，其止邪也於未形，使人日徙善遠罪而不自知也，是以先王隆之也。《易》曰：「君子慎始。差若豪氂，繆以千里。」此之謂也。隆，謂尊盛之也。始，謂其微時也。禮之爲防甚微，而治大失之。雖微而亂則大，故引《易》語以結之。《易》今無此語，崔駰《史記註》謂《易緯》有之。按此二句出《易緯·河洛篇》。

哀公問第二十七

劉氏《别録》屬《通論》。此篇亦後人得夫子之言而附會成書。夫子對君之言，不若是絮而緩，此非盡夫子之言也。李氏曰：「此篇即《大戴禮記·襄公問孔子篇》。」

鄭氏注

哀公問於孔子曰：「大禮何如？君子之言禮，何其尊也？」孔子曰：「丘也小人，不足以知禮。」謙不答也。君曰：「否，吾子言之也。」孔子曰：「丘聞之，民之所由生，禮爲大。非禮無以節事天地之神也，非禮無以辨君臣上下長幼之位也，非禮，無以別男女、父子、兄弟之親，昏姻疏數之交也。君子以此之爲尊敬然。言君子以此故尊禮。然後以其所能教百姓，不廢其會節。君子以其所能於禮教百姓，使其不廢此上事之期節。有成事，然後治其雕鏤、文章、黼黻以嗣。上事行於民有成功，乃後續以治文飾，以爲尊卑之差。其順之，然後言其喪算，備其鼎俎，設其豕腊，脩其宗廟，歲時以敬祭祀，以序宗族，即安其居，節醜其衣服，卑其宮室，車不雕幾，祈。器不刻鏤，食不貳味，以與民同利。昔之君子之行禮者如此。」言，語也。算，數也。即，就也。醜，類也。幾，附纏之也。言君子既尊禮，民以爲順，乃後語以喪祭之禮，就安其居處，正其衣服，教之節儉。與之同利者，上下俱足也。公曰：「今之君子胡莫之行也？」孔子曰：「今之君子，好實無厭，淫德不倦。荒怠敖慢，固民是盡，午其衆以伐有道，求得當欲，不以其所。昔之用民者由前，今之用民者由後，今之君子莫爲禮也。」實，猶富也。淫，放也。固，猶故也。午其衆，逆其族類也。當，猶稱也。所，猶道也。由前，用上所言。由後，用下所言。

孔子侍坐於哀公。哀公曰：「敢問人道誰爲大？」孔子愀七小。然作色而對曰：「君之及此言也，百姓之德也，固臣敢無辭而對？人道政爲大。」愀然，變動貌也。作，猶變也。德，猶福也。辭，讓也。公曰：「敢問何謂爲政？」孔子對曰：「政者，正也。君爲正，則百姓從政矣。君之所爲，百姓之所從也。君所不爲，百姓何從？」言君當務於政。公曰：「敢問爲政如之何？」孔子對曰：「夫婦別，父子親，君臣嚴，「君臣嚴」一節於當時事體尤切，哀公不能詳問。「夫婦別、父子親」，亦是其本原。三者正則庶物從之矣。」庶物，猶衆事也。公曰：「寡人雖無似也，願聞所以行三言之道，可得聞乎？」無似，猶言不肖。孔子對曰：「古之爲政，愛人爲大。所以治愛人，禮爲大。所以治禮，敬爲大。敬之至矣，大昏爲大。自「大昏」爲大問答，附會絮緩，殊不簡切，然哀公之病亦或有。大昏至矣。大昏既至，冕而親迎，親之也。親之也者，親之也。是故君子興敬爲親，舍敬是遺親也。弗愛不親，弗敬不正。愛與敬，其政之本與！」大昏，國君取禮也。至矣，言至大也。興敬爲親，言相敬則親。

公曰：「寡人願有言然。冕而親迎，不已重乎？」已，猶大也。怪親迎乃服祭服。孔子愀然作色而對曰：「合二姓之好，以繼先聖之後，以爲天地、宗廟、社稷之主，君何謂已重乎？」先聖，周公也。公曰：「寡人固不固，焉得聞此言也？寡人欲問，不得其辭，請少進。」固不固，言吾由鄙固故也。請少進，欲其爲言以曉己。孔子曰：「天地不合，萬物不生。大昏，萬世之嗣也，君何謂已重焉？」孔子遂言曰：「内以治宗廟之禮，足以配天地之神明。出以治直言之禮，足以立上下之敬，物耻足以振之，國耻足以興之。爲政先禮，禮其政之本與！」宗廟之禮，祭宗廟也。夫婦配天地，有日月之象焉。《禮器》曰：「君在阼，夫人在房。大明生於東，月生於西。此陰陽之分，夫婦之位也。」直，猶正也。正言，謂出政教也。政教有夫婦之禮焉。《昏義》曰：「天子聽外治，后聽内職，教順成俗，外内和順，國家理治，此之謂盛德。」物，猶事也。事耻，臣耻也。振，猶救也。國耻，君耻也。君臣之行有可耻者，禮足以救之，足以興復之。孔子遂言曰：「昔三代明王之政，必敬其妻子也，有道。妻也者，親之主也，敢不敬與？子也者，親之後也，敢不敬與？君子無不敬也，敬身爲大。身也者，親之枝也，敢不敬與？不能敬其身，是傷其親。傷其親，是傷其本。傷其本，枝從而亡。三者，百姓之象也。身以及身，子以及子，妃以及妃，君行此三者，則愾迄。乎天下矣，大王之道也。如此，國家順矣。」愾，猶至也。大王居豳，爲狄所伐，乃曰：「土地所以養人也，君子不以其所養害所養。」乃去之岐。是言百姓之身猶吾身也，百姓之妻子猶吾妻子也，不忍以土地之故而害之，去之岐而王迹興焉。公曰：「敢問何謂敬身？」孔子對曰：「君子過言則民作辭，過動則民作則。君子言不過辭，動不過則，百姓不命而敬恭。如是，則能敬其身。能敬其身，則能成其親矣。」則，法也。民者，化君者也。君之言雖過，民猶稱其辭。君之行雖過，民猶以爲法。公曰：「敢問何謂成親？」孔子對曰：「君子也者，人之成名也。百姓歸之名，謂之君子之子，是使其親爲君子也，是爲成其親之名也已。」孔子遂言曰：「古之爲政，愛人爲大。不能愛人，不能有其身。不能有其身，不能安土。不能安土，不能樂天。不能樂天，不能成其身。」有，猶保也。不能保身者，言人將害之也。不能安土，動移失業也。不能樂天，不知己過而怨天也。公曰：「敢問何謂成身？」孔子對曰：「不過乎物。」物，猶事也。公曰：「敢問君子何貴乎天道也？」孔子對曰：「貴其不已，如日月東西相從而不已也，是天道也。不閉其久，是天道也。無爲而物成，是天道也。已成而明，是天道也。」已，猶止也。「是天道也」者，言人君法之當如是也。日月相從，君臣相朝會也。不閉其久，通其政教，不可以倦。無爲而成，使民不可以煩也。已成而明，照察有功。公曰：「寡人惷升雍。愚冥煩，子志之心也！」志，讀爲識。識，知也。冥煩者，言不能明理此事子之心所知也。欲其要言使易行。孔子蹴然辟席而對曰：「仁人不過乎物，不過乎物，此義甚大。惜乎哀公不能詳問。孝子不過乎物。是故仁人之事親也如事天，事天如事親。是故孝子成身。」蹴然，敬貌。物，猶事也。事親、事天，孝敬同也。《孝經》曰：「事父孝，故事天明。」舉無過事，以孝事親，是所以成身。公曰：「寡人既聞此言也，無如後罪何？」既聞此言也者，欲勤行之也。無奈後日過於事之罪何，爲謙辭。孔子對曰：孔子再引起，哀公訖不能問。「君之及此言也，是臣之福也。」善哀公及此言。此言，善言也。

仲尼燕居第二十八

鄭氏注

仲尼燕居，子張、子貢、言游侍，縱言至於禮。言游，言偃子游也。縱言，泛説事。子曰：「居，女三人者，吾語女禮，使女以禮周流，無不遍也。」「居女三人」者，女三人且坐也。使之坐。凡與尊者言，更端則起。子貢越席而對曰：「敢問何如？」對，應也。子曰：「敬而不中禮謂之野，恭而不中禮謂之給，勇而不中禮謂之逆。」子曰：「給奪慈仁。」奪，猶亂也。巧言足恭之人似慈仁，實鮮仁。特言是者，感子貢也。子貢辯，近於給。子曰：「師，爾過，而商也不及。子産猶衆人之母也，能食之，不能教也。」過與不及，言敏、鈍不同，俱違禮也。衆人之母，言子産慈仁，多不矜莊，又與子張相反。子産嘗以其乘車濟冬涉者，而車梁不成，是慈仁亦違禮。子貢越席而對曰：「敢問將何以爲此中者也？」子曰：「禮乎禮。夫禮，所以制中也。」禮乎禮，唯有禮也。

子貢退，言游進曰：「敢問禮也者，領惡而全好者與？」子曰：「然。」領，猶治也。好，善也。「然則何如？」子曰：「郊社之義，鄭氏曰：「仁猶存也。凡存此者，所以全善之道也。」〇孔氏曰：「仁，謂仁恩，相存念也。」〇馬氏曰：「郊社、嘗禘、饋奠之禮，所以全好於其幽者也。射饗，饗之禮，所以全好於其明者也。仁者有推恩而及之之義。郊社，外之祭也，所以仁鬼神。嘗禘，外之祭也，所以仁昭穆。嘗禘，可以言鬼神，而郊社不可以言昭穆。事天地，主於敬，故於郊社言鬼神。事宗廟主於愛，故於禘嘗言昭穆。饋奠之禮，始死之奠也。始死而致祭之，則不仁。此饋奠，所以仁死喪也。習射尚功，所以使之争。習鄉尚齒，所以使之讓。有所争，則壯者有以勵。有所讓，則頒白者不負戴，而車徒避老者。此鄉射之禮，所以待鄉黨者盡矣。故曰射鄉所以仁鄉黨，食以示其愛，饗以示其敬。食饗，所以待賓客者盡矣。然禮始於冠，本於昏，重於喪祭，尊於朝聘，和於射鄉。此不及冠昏者，蓋冠昏在我之事，在我則不可推恩及之，是以不言。」所以仁鬼神也。嘗禘之禮，所以仁昭穆也。饋奠之禮，所以仁死喪也。射鄉之禮，所以仁鄉黨也。食饗之禮，所以仁賓客也。」仁，猶存也。凡存此者，所以全善之道也。郊社、嘗禘、饋奠，存死之善者也。射鄉、食饗，存生之善者也。郊有后稷，社有句龍。鄭氏又曰：「郊社、嘗禘、奠饋，存死之善。射鄉、食饗，存生之善。」孔氏又曰：「註稱后稷、句龍，解經『郊社仁鬼神』之義。」

子曰：「明乎郊社之義，嘗禘之禮，治國其如指諸掌而已乎！是故以之居處有禮，故長幼辨也。以之閨門之内有禮，故三族和也。以之朝廷有禮，故官爵序也。以之田獵有禮，故戎事閑也。以之軍旅有禮，故武功成也。是故宫室得其度，量鼎得其象，味得其時，樂得其節，車得其式，鬼神得其饗，喪紀得其哀，辨説得其黨，官得其體，政事得其施，加於身而錯於前，凡衆之動得其宜。」「治國指諸掌」，言易知也。郊社、嘗禘，尊卑之事，有治國之象焉。辨，别也。三族，父、子、孫也。凡言「得」者，得法於禮也。量，豆、區、斗、斛也。味，酸、苦之屬也。四時有所多，及獻所宜也。式，謂載也。所載有尊卑。辨禮之説，謂《禮》《樂》之官教學者。黨，類也。體，尊卑異而合同。

子曰：「禮者何也？即事之治也。君子有其事，必有其治。治國而無禮，譬猶瞽之無相與！倀昌。倀乎其何之？譬如終夜有求於幽室之中，非燭何見？若無禮，則手足無所錯，耳目無所加，進退揖讓無所制。是故以之居處，嚴陵方氏曰：「居言其常居，處言其暫處，田以所處之利言，獵以所獲之物言之。室有奥阼，席有上下，所謂居處有禮也。故長幼辨，父父、子子、兄兄、弟弟、夫夫、婦婦，所謂閨門有禮也，故族和。設官分職，列爵分土，所謂朝廷有禮也，故官爵序。春蒐夏苗，秋獮冬狩，所謂田獵有禮也，故戎事閑。進退有度，左右有局，所謂軍旅有禮也，故武功成。戎以器言，武以道言。三族：父子、兄弟、夫婦。」長幼失其別，閨門、三族失其和，鄭氏曰：「三族，父、子、孫也。」○孔氏曰：「三族，族屬也。」朝廷、官爵失其序，田獵、戎事失其策，軍旅、武功失其制，宮室失其度，量鼎失其象，味失其時，樂失其節，車失其式，鬼神失其饗，喪紀失其哀，辨説失其黨，官失其體，政事失其施，加於身而錯於前，凡衆之動失其宜。如此則無以祖洽於衆也。」凡言「失」者，無禮故也。策，謀也。祖，始也。洽，合也。言失禮無以爲衆倡始，無以合和衆。

子曰：「慎聽之，女三人者。吾語女禮，猶有九焉，大饗有四焉。苟知此矣，雖在畎畝之中，事之，聖人已。兩君相見，揖讓而入門，入門而縣興。揖讓而升堂，升堂而樂闋。下管《象》《武》，《夏》《籥》序興，陳其薦俎，序其禮樂，備其百官，如此而後，君子知仁焉。行中規，還中矩，和鸞中《采齊》，慈。客出以《雍》，徹以《振羽》，是故君子無物而不在禮矣。入門而金作，示情也。升歌《清廟》，示德也。下而管《象》，示事也。是故古之君子不必親相與言也，以禮樂相示而已。」「猶有九焉」，吾所欲語女餘有九也，但大饗有四。大饗，謂饗諸侯來朝者也。四者，謂金再作，升歌《清廟》，下管《象》也。事之，謂立置於位也。聖人已者，是聖人也。縣興，金作也。金再作者，獻主君又作也。下，謂堂下也。《象》、《武》，武舞也。《夏》、《籥》，文舞也。序，更也。堂下吹管，舞文武之樂更起也。「知仁焉」，知禮樂所存也。《采齊》、《雍》、《振羽》，皆樂章也。《振羽》、《振鷺》及《雍》。「金作，示情也」，賓主人各以情相示也。金性内明，象人情也。「示德也」，相示以德也。《清廟》，頌文王之德。「示事也」，相示以事也。《武》，象武王之大事也。

子曰：「禮也者，理也。樂也者，節也。君子無理不動，無節不作。不能《詩》，於禮繆。

不能樂，於禮素。薄於德，於禮虛。」繆，誤也。素，猶質也。歌《詩》，所以通禮意也。作樂，所以同成禮文也。崇德，所以實禮行也。《王制》曰：「樂正崇四術，立四教，順先王《詩》《書》《禮》《樂》以造士。春秋教以《禮》《樂》，冬夏教以《詩》《書》。王大子、王子，群后之大子，卿、大夫、元士之適子，國之俊選，皆造焉。」則古之人，皆知諸侯之禮樂。

子曰：「制度在禮，文爲在禮，行之，其在人乎！」文，爲文章所爲。子貢越席而對曰：「敢問夔其窮與？」《舜典》，命伯夷典禮，而伯拜稽首，讓於夔龍。則夔非不達於禮者。此亦後世流傳之辭。夫子亦因其言戒學者耳。見其不達於禮。子曰：「古之人與？古之人也。達於禮而不達於樂，謂之素。達於樂而不達於禮，謂之偏。夫夔達於樂而不達於禮，是以傳於此名也。古之人也。」素與偏，具不備耳。夔達於樂，傳世名。此賢人也，非不能，非所謂窮。

子張問政。子曰：「師乎？前。吾語女乎！君子明於禮樂，舉而錯之而已。」言禮樂足以爲政也。錯，猶施行也。子張復問。子曰：「師，爾以爲必鋪几筵，升降、酌獻、酬酢，然後謂之禮乎？爾以爲必行綴兆，興羽籥，作鐘鼓，然後謂之樂乎？言而履之，禮也。行而樂之，樂也。君子力此二者，以南面而立，夫是以天下大平也。諸侯朝，萬物服體，而百官莫敢不承事矣。禮之所興，衆之所治也。禮之所廢，衆之所亂也。目巧之室則有奧阼，席則有上下，車則有左右，行則有隨，立則有序，古之義也。室而無奧阼，則亂於堂室也。席而無上下，則亂於席上也。車而無左右，則亂於車也。行而無隨，則亂於塗也。立而無序，則亂於位也。昔聖帝、明王、諸侯，辨貴賤、長幼、遠近、男女，外內莫敢相踰越，皆由此塗出也。」「服體」，體服也，謂萬物之符長皆來爲瑞應也。「衆之所治」，衆之所以治也。「衆之所亂」，衆之所以亂也。目巧，謂但用巧目善意作室，不由法度，猶有奥阼賓主之處也。自「目巧」以下，古今常事，不可廢改也。三子者既得聞此言也於夫子，昭然若發矇矣。」乃曉禮樂不可廢改之意也。

孔子閒居第二十九

此篇亦後人附會成書。

鄭氏注

孔子閒居，子夏侍。子夏曰：「敢問《詩》云『凱弟君子，民之父母』，何如斯可謂『民之父母』矣？」凱弟，樂易也。孔子曰：「夫民之父母乎，必達於禮樂之原，以致五至而行三無，以横於天下，四方有敗，必先知之。此之謂民之父母矣。」原，猶本也。横，充也。敗，謂禍災也。子夏曰：「民之父母，既得而聞之矣。敢問何謂五至？」孔子曰：「志之所至，《詩》亦至焉。《詩》之所至，禮亦至焉。禮之所至，樂亦至焉。樂之所至，哀亦至焉。哀樂相生。是故正明目而視之，不可得而見也。傾耳而聽之，不可得而聞也。志氣塞乎天地，此之謂五至。」凡言至者，至於民也。志，謂恩意也。言君恩意至於民，則其《詩》亦至也。《詩》，謂好惡之情也。自此以下，皆謂民之父母者，善推其所有以與民共之。人耳不能聞，目不能見，行之在胸心也。塞，滿也。子夏曰：「五至既得而聞之矣。敢問何謂三無？」孔子曰：「無聲之樂，無體之禮，無服之喪，此之謂三無。」子夏曰：「三無既得略而聞之矣，敢問何《詩》近之？」於意未察，求其類於《詩》，《詩》長人情。孔子曰：「『夙夜其命宥密』，無聲之樂也。『威儀逮逮，不可選也』。無體之禮也。『凡民有喪，匍匐救之』。無服之喪也。」《詩》讀「其」爲「基」，聲之誤也。基，謀也。密，靜也。言君夙夜謀爲政教以安民，則民樂之，此非有鐘鼓之聲也。逮逮，安和之貌也。言君之威儀安和逮逮然，則民傚之，此非有升降揖讓之禮也。救之，賙恤之。言君於民有喪，有以賙恤之，則民傚之，此非有衰經之服。子夏曰：「言則大矣，美矣，盛矣，言盡於此而已乎？」孔子曰：「何爲其然也？君子之服之也，猶有五起焉。」言盡於此乎，意以爲說未盡也。服，猶習也。君子習讀此詩，起此之義，其說有五也。子夏曰：「何如？」孔子曰：「無聲之樂，氣志不違。無體之禮，威儀遲遲。無服之喪，內恕孔悲。無聲之樂，氣志既得。無體之禮，威儀翼翼。無服之喪，施及四國。無聲之樂，氣志既從。無體之禮，上下和同。無服之喪，以畜萬邦。無聲之樂，日聞四方。無體之禮，日就月將。無服之喪，純德孔明。無聲之樂，氣志既起。無體之禮，施及四海。無服之喪，施于孫子。」不違者，民不違君之氣志也。孔，甚也。施，易也。從，順也。畜，孝也。使萬邦之民競爲孝也。就，成也。將，大也。使民之傚禮，日有所成，至月則大矣。起，猶行也。子夏曰：「三王之德，參於天地。敢問何如斯可謂參天地矣？」孔子曰：「奉三無私以勞天下。」三王，謂禹、湯、文王也。參天地者，其德與天地爲三也。勞，勞來。子夏曰：「敢問何謂三無私？」孔子曰：「天無私覆，地無私載，日月無私照。奉斯三者以勞天下，此之謂三無私。其在《詩》曰：『帝命不違，至于湯齊。湯降不遲，聖敬日齊。昭假遲遲，上帝是祗。帝命式于九圍。』是湯之德也。帝，天帝也。《詩》讀「湯齊」爲「湯躋」。躋，升也。降，下也。齊，莊也。昭，明也。假，至也。祗，敬也。式，用也。九圍，九州之界也。此《詩》云殷之先君，其爲政不違天之命。至於湯升爲君，又下天之政教甚疾，其聖敬日莊嚴，其明道至於民遲遲然安和。天是用敬之，命之用事於九州，謂使王也。是湯之德者，是湯奉天無私之德也。此章語意，却有自來。天有四時，春秋冬夏，風雨霜露，無非教也。地載神氣，神氣風霆，風霆流形，庶物露生，無非教也。言天之施化收殺，地之載生萬物，此非有所私也。無非教者，皆人君所當奉行以爲政教。清明在躬，氣志如神，嗜欲將至，有開必先，文公曰：「嗜欲將至，有開必先」，《家語》作「有物將至，其兆必先」。却是若説嗜欲，則又成不好底意。天降時雨，山川出雲。其在《詩》曰：『嵩高惟嶽，峻極于天。惟嶽降神，生甫及申。惟申及甫，惟周之翰。四國于蕃，四方于宣。』此文、武之德也。「清明在躬，氣志如神」，謂聖人也。「嗜欲將至」，謂其王天下之期將至也。神有以開之，必先爲之生賢知之輔佐，若天將降時雨，山川爲之先出雲矣。峻，高大也。翰，幹也。言周道將興，五嶽爲之生賢輔佐仲山甫及申伯，爲周之幹臣，天下之蕃衛，宣德於四方，以成其王功。此文、武之德也，是文王、武王奉天地無私之德也。此宣王《詩》也。文、武之時其德如此，而《詩》無以言之，取類以明之。三代之王也，必先其令聞。《詩》云：『明明天子，令聞不已。』三代之德也。令，善也。言以名德善聞，天乃命之王也。不已，不倦止也。『弛其文德，協此四國』。大王之德也。」弛，施也。協，和也。大王，文王之祖。周道將興，始有令聞。子夏蹶然而起，負牆而立，曰：「弟子敢不承乎！」承，奉承不失墜也。起負牆者，所問竟，辟後來者。

坊記第三十

秀巖李氏曰：「《坊記》《表記》文字體製，絶與《緇衣篇》同，疑亦公孫尼子所作。」鄭氏注

子言之：「君子之道，辟則坊防。與？坊民之所不足者也。民所不足，謂仁義之道也。失道則放辟

邪侈也。大爲之坊，民猶踰之，言嚴其禁尚不能止，況不禁乎？故君子禮以坊德，刑以坊淫，命以坊欲。」命，謂教令。

子云：「小人貧斯約，富斯驕。富貴之坊。約斯盗，驕斯亂。約，猶窮也。禮者，因人之情而爲之節文，以爲民坊者也。故聖人之制富貴也，使民富不足以驕，貧不至於約，貴不慊於上，故亂益亡。」此「節文」者，謂農有田里之差，士有爵命之級也。慊，恨不滿之貌也。慊，或爲「嫌」。

子云：「貧而好樂，富而好禮，衆而以寧者，天下其幾矣。言如此者寡也。寧，安也。大族衆家，恒多爲亂。《詩》云：『民之貪亂，寧爲荼毒。』言民之貪爲亂者，安其荼毒之行，惡之也。故制國不過千乘，都城不過百雉，家富不過百乘。以此坊民，諸侯猶有畔者。」古者方十里，其中六十四井，出兵車一乘，此兵賦之法也。成國之賦千乘。雉，度名也。高一丈，長三丈爲雉。百雉爲長三百丈，方五百步。子、男之城方五里。百雉者，此謂大都三國之一。

子云：「夫禮者，所以章疑別微，以爲民坊者也。故貴賤有等，衣服有別，朝廷有位，則民有所讓。」位，朝位也。子云：「天無二日，土無二王，家無二主，尊無二上，示民有君臣之別也。君臣之坊。《春秋》不稱楚、越之王喪。禮，君不稱天，大夫不稱君，恐民之惑也。楚、越之君，僭號稱王，不稱其喪，謂不書葬也。《春秋傳》曰：「吳、楚之君不書葬，辟其僭號也。」臣者天君，稱天子爲天王，稱諸侯不言天公，辟王也。大夫有臣者稱之曰主，不言君，辟諸侯也。此者，皆爲使民疑惑，不知孰者尊也。《周禮》曰：「主友之讎視從父昆弟。」《詩》云：『相彼盍渴。旦，尚猶患之。』」盍旦，夜鳴求旦之鳥也。求不可得也，人猶惡其欲反晝夜而亂晦明，況於臣之僭君、求不可得之類，亂上下惑衆也。子云：「君不與同姓同車，與異姓同車不同服，示民不嫌也。以此坊民，民猶得同姓以弒其君。」同姓者，謂先王、先公子孫，有繼及之道者也。其非此則無嫌也。僕、右恒朝服，君則各以時事，唯在軍同服爾。

子云：「君子辭貴不辭賤，貪冒之坊。辭富不辭貧，則亂益亡。亡，無也。故君子與其使食浮於人也，寧使人浮於食。」食，謂禄也。在上曰浮。禄勝己則近貪，己勝禄則近廉。子云：「觴酒、豆肉，讓而受惡，民猶犯齒。社席之上，讓而坐下，民猶犯貴。朝廷之位，讓而就賤，民猶犯君。犯，猶僭也。齒，年也。禮，六十以上，籩豆有加。貴，秩異者。《詩》云：『民之無良，相怨一方。受爵不讓，至于己斯亡。』」良，善也。言無善之人，善遥相怨，貪爵禄，好得無讓，以至亡己。

子云：「君子貴人而賤己，先人而後己，則民作讓。故稱人之君曰君，自稱其君曰寡君。」寡君，猶言少德之君，言之謙。

子云：「利禄先死者而後生者，則民不偝。先亡者而後存者，則民可以托。言不偷於死亡，則於生存信。《詩》云：『先君之思，以畜寡人。』此衛夫人定姜之詩也。定姜無子，立庶子衎，是爲獻公。畜，孝也。獻公無禮於定姜，定姜作詩，言獻公當思先君定公，以孝於寡人。以此坊民，民猶偝死而號無告。」死者見偝，其家之老弱號呼稱冤，無所告無理也。子云：「有國家者，貴人而賤禄，則民興讓。尚技而賤車，則民興藝。言人君貴尚賢者能者，而不吝於班禄賜車服，則讓道興。賢者能者，人所服也。技，猶藝也。故君子約言，小人先言。」言人尚德不尚言也。「約」與「先」，互言爾。君子約，則小人多矣；小人先，則君子後矣。《易》曰：「君子以多識前言往行，以畜其德。」子云：「上酌民言，則下天上施。上不酌民言，則犯也。下不天上施，則亂也。酌，猶取也。取衆民之言以爲政教則得民心，得民心則恩澤所加，民受之如天矣。言其尊。故君子信讓以莅百姓，則民之報禮重。涖，臨也。報禮重者，猶言能死其難。《詩》云：『先民有言，詢于芻蕘。』」先民，謂上古之君也。詢，謀也。芻蕘，下民之事也。言古之人君，將有政教，必謀之於庶民乃施之。

子云：「善則稱人，專擅之坊。過則稱己，則民不争。善則稱人，過則稱己，則怨益亡。《詩》云：『爾卜爾筮，履無咎言。』」爾，女也。履，禮也。言女鄉卜筮，然後與我爲禮，則無咎惡之言矣。言惡在己，彼過淺。子云：「善則稱人，過則稱己，則民讓善。《詩》云：『考卜惟王，度是鎬京。惟龜正之，武王成之。』」度，謀也。鎬京，鎬宫也。言武王卜而謀居此鎬邑，龜則出吉兆正之，武王築成之，此臣歸美於君。

子云：「善則稱君，過則稱己，則民作忠。忠。《君陳》曰：『爾有嘉謀嘉猷，入告爾君于内。女乃順之于外，曰「此謀此猷，惟我君之德」。於乎！是惟良顯哉！』」君陳，蓋周公之子，伯禽弟也。名篇，在《尚書》，今亡。嘉，善也。猷，道也。「於乎，是惟良顯哉」，美君之德。

子云：「善則稱親，過則稱己，則民作孝。《大誓》曰：『予克紂，非予武，惟朕文考無罪。紂克予，非朕文考有罪，惟予小子無良。』」《大誓》，《尚書》篇名也。克，勝也。非予武，非我武功也。文考，文王也。無罪，則言有德也。無良，無功善也。此武王誓衆以伐紂之辭也。今《大誓》無此章，則其篇散亡。子云：「君子弛其親之過而敬其美。弛，猶棄忘也。孝子不藏識父母之過。《論語》曰：『三年無改於父之道，可謂孝矣。』不以己善駁親之過。高宗云：『三年其惟不言，言乃讙。』」高宗，殷王武丁也。名篇，在《尚書》。三年不言，有父小乙喪之時也。讙，當爲「歡」，聲之誤也。其既言，天下皆歡喜，樂其政教也。子云：「從命不忿，微諫不倦，勞而不怨，可謂孝矣。微諫不倦者，子於父母尚和順，不用鄂鄂。《論語》曰：「事父母幾諫，見志不從，又敬不違。」《内則》曰：「父母有過，下氣怡色，柔聲以諫。諫若不入，起敬起孝，説則復諫。」此所謂不倦。《詩》云：『孝子不匱。』」匱，乏也。孝子無乏止之時。

子云：「睦於父母之黨，可謂孝矣。睦，厚也。黨，猶親也。故君子因睦以合族。合族，謂與族人燕，與族人食。《詩》云：『此令兄弟，綽綽有裕。不令兄弟，交相爲瘉。』」令，善也。綽綽，寬容貌也。交，猶更也。瘉，病也。

子云：「於父之執，可以乘其車，不可以衣其衣。君子以廣孝也。」父之執，與父執志同者也。可以乘其車，車於身差遠也。謂今與己位等。子云：「小人皆能養其親，君子不敬，何以辨？」辨，别也。子云：「父子不同位，以厚敬也。同位，尊卑等，爲其相褻。《書》云：『厥辟不辟，忝厥祖。』」厥，其也。辟，君也。忝，辱也。爲君不君，與臣子相褻，則辱先祖矣。君父之道，宜尊嚴。子云：「父母在，不稱老。言孝不言慈。閨門之内，戲而不歎。孝上施，言慈則嫌下流也。戲，謂孺子言笑者也。《孟子》曰：「舜年五十，而不失其孺子之心。」歎，謂有憂戚之聲也。君子以此坊民，民猶有薄於孝而厚於慈。」薄孝之坊。

子云：「長民者，朝廷敬老，則民作孝。」長民，謂天子、諸侯也。子云：「祭祀之有尸也，宗廟之有主也，示民有事也。脩宗廟，敬祀事，教民追孝也。有事，有所尊事。以此坊民，民猶忘其親。」

子云：「敬則用祭器。飲食之坊。祭器，籩、豆、簋、鉶之屬也。有敬事於賓客則用之，謂饗食也。盤盂之屬爲燕器。故君子不以菲廢禮，不以美没禮。言不可以其薄不及禮而不行禮，亦不可以其美過禮而去禮。禮主敬，廢滅之，是不敬。故食禮，主人親饋則客祭，主人不親饋則客不祭。故君子苟無禮，雖美不食焉。《易》曰：『東鄰殺牛，不如西鄰之禴祭，寔受其福。』東鄰，謂紂國中也。西鄰，謂文王國中也。此辭在《既濟》。《既濟》，離下坎上，離爲牛，坎爲豕。西鄰禴祭則用豕與？言殺牛而凶，不如殺豕受福，喻奢而慢不如儉而敬也。《春秋傳》曰：「黍稷非馨，明德惟馨。」信矣。《詩》云：『既醉以酒，既飽以德。』言君子饗燕，非專爲酒肴，亦以觀威儀，講德美。以此示民，民猶争利而忘義。」

子云：「七日戒，三日齊，祭祀之坊。承一人焉以爲尸，過之者趨走，以教敬也。戒，謂散齊也。承，猶事也。醴酒在室，醍酒在堂，澄酒在下，示民不淫也。淫，猶貪也。澄酒，清酒也。三酒，尚質不尚味。尸飲三，衆賓飲一，示民有上下也。上下，猶尊卑也。主人、主婦、上賓獻尸，乃後主人降，洗爵獻賓。因其酒肉，聚其宗族，以教民睦也。言祭有酒肉，群昭群穆皆至而獻酬之，咸有薦俎。故堂上觀乎室，堂下觀乎上。謂祭時肅敬之威儀也。《詩》云：『禮儀卒度，笑語卒獲。』」卒，盡也。獲，得也。言在廟中者不失其禮儀，皆歡喜得其節也。

子云：「賓禮每進以讓，喪禮每加以遠。喪禮之坊。浴於中霤，飯於牖下，小斂於户内，大斂於阼，殯於客位，祖於庭，葬於墓，所以示遠也。遠之，所以崇敬也。阼，或爲「堂」。殷人弔於壙，周人弔於家，示民不偝也。」既葬，哀而哭踴，於是弔之。子云：「死，民之卒事也。吾從周，周於送死尤備。以此坊民，諸侯猶有薨而不葬者。」

子云：「升自客階，受弔於賓位，爭奪之坊。教民追孝也。謂反哭時也，既葬矣，猶不由阼階，不忍即父位也。未没喪，不稱君，示民不争也。故《魯春秋》記晉喪曰：『殺其君之子奚齊，及其君卓。』没，終也。《春秋傳》曰：「諸侯於其封内，三年稱子。」至其臣子，踰年則謂之君矣。奚齊與卓子，皆獻公之子也。獻公卒，其年奚齊殺，明年而卓子殺矣。以此坊民，子猶有弒其父者。」弒父，不子之甚。

子云：「孝以事君，弟以事長，示民不貳也。故君子有君不謀仕，唯卜之日稱二君。不貳，不自貳於尊者也。自貳，謂若鄭叔段者也。君子有君，謂君之子父在者也。不謀仕，嫌遲爲政也。卜之日，謂君有故而爲之卜也，二，當爲「貳」。唯卜之時，辭得曰「君之貳某」爾。晉惠公獲於秦，命其大夫歸擇立君，曰「其卜貳圉也」。喪父三年，喪君三年，示民不疑也。不疑於君之尊也。君無骨肉之親，不重其服，至尊不明。父母在，不敢有其身，不敢私其財，示民有上下也。身及財，皆當統於父母也。有，猶專也。故天子四海之内無客禮，莫敢爲主焉。故君適其臣，升自阼階，即位於堂，示民不敢有其室也。臣，亦統於君。父母在，饋獻不及車馬，示民不敢專也。車馬，家物之重者。以此坊民，民猶忘其親而貳其君。」

子云：「禮之先幣帛也，欲民之先事而後禄也。此禮謂所執之摯以見者也。既相見，乃奉幣帛以脩好也。或云：「禮之先辭而後幣帛。」先財而後禮則民利，財，幣帛也。利，猶貪也。無辭而行情則民争，辭，辭讓也。情主利欲也。故君子於有饋者弗能見，則不視其饋。饋，遺也。不能見，謂有疾也。不視，猶不内也。《易》曰：『不耕穫，不菑緇。畬，余。凶。』言必先種之乃得穫，若先菑乃得畬也，安有無事而取利者乎？田一歲曰菑，二歲曰畬，三歲曰新田。以此坊民，民猶貴禄而賤行。」行，猶事也。言務得其禄，不務其事。

子云：「君子不盡利以遺民。不與民争利也。《詩》云：『彼有遺秉，此有不斂穧，才乂。伊寡婦之利。』言穫者之遺餘，捃拾所以爲利。故君子仕則不稼，田則不漁，食時不力珍，大夫不坐羊，士不坐犬。食時，謂食四時之膳也。力，猶務也。天子、諸侯有秩膳。古者殺牲，食其肉，坐其皮。不坐犬、羊，是不無故殺之。《詩》云：『采葑采菲，無以下體。德音莫違，及爾同死。』葑，蔓菁也。陳、宋之閒謂之葑。菲，蒠類也。下體，謂其根也。采葑菲之菜者，采其葉而可食，無以其根美則并取之，苦則棄之。并取之，是盡利也。此詩故親今疏者，言人之交當如采葑采菲，取一善而已，君子不求備於一人，能如此，則德美之音不離令名，我願與女同死矣。《論語》曰：「故舊無大故，則不棄也。」以此坊民，民猶忘義而争利，以亡其身。」

子云：「夫禮，坊民所淫，章民之别，使民無嫌，以爲民紀者也。淫，猶貪也。章，明也。嫌，嫌疑也。故男女無媒不交，無幣不相見，恐男女之無别也。重男女之會，所以遠别之於禽獸也。有幣者必有媒，有媒者不必有幣。仲春之月，會男女之時，不必待幣。以此坊民，民猶有自獻其身。獻，猶進也。《詩》云：『伐柯如之何？匪斧不克。取妻如之何？匪媒不得。蓺麻如之何？横從其畝。取妻如之何？必告父母。』」伐柯，伐木以爲柯也。克，能也。蓺，猶樹也。横從，横行治其田也。言取妻之法，必有媒，如伐柯之必須斧也。取妻之道，必告父母，如樹麻當先易治其田。子云：「取妻不取同姓，以厚别也。厚，猶遠也。故買妾不知其姓則卜之。妾言「買」者，以其賤，同之於衆物也。士庶之妾，恒多凡庸，有不知其姓者。以此坊民，《魯春秋》猶去夫人之姓曰『吴』，其死曰『孟子卒』。」吴大伯之後，魯同姓也。昭公取焉，去「姬」曰「吴」而已，至其死，亦略云「孟子卒」，不書「夫人某氏薨」。孟子，蓋其且字。子云：「禮，非祭，男女不交爵。交爵，謂相獻酢。以此坊民，陽侯猶殺繆侯而竊其夫人。同姓也，以貪夫人之色，至殺君而立。其國，未聞。故大饗廢夫人之禮。」大饗，饗諸侯來朝者也。夫人之禮使人攝。子云：「寡婦之子，不有見焉，則弗友也，君子以辟遠也。有見，謂睹其才藝也。同志爲友。故朋友之交，主人不在，不有大故，則不入其門。大故，喪疾。以此坊民，民猶以色厚於德。」子云：「好德如好色，此句似不足。《論語》曰：「未見好德如好色。」疾時人厚於色之甚，而薄於德也。諸侯不下漁色，謂不内取於國中也。内取國中爲下漁色。昏禮始納采，謂采擇其可者也。國君而内取，象捕魚然，中網取之，是無所擇。故君子遠色，以爲民紀。故男女授受不親，不親者，不以手相與也。《内則》曰：「非祭非喪，不相授器。其相授，則女受以篚。其無篚，則皆坐奠之，而後取之。」御婦人則進左手。御者在右，前左手，則身微偝之。姑、姊妹、女子子已嫁而反，男子不與同席而坐。女子十年而不出也。嫁及成人，可以出矣，猶不與男子共席而坐，遠別。寡婦不夜哭。嫌思人道。婦人疾，問之，不問其疾。嫌媚，略之也。問增損而已。以此坊民，民猶淫泆而亂於族。」亂族，犯非妃匹也。子云：「昏禮，壻親迎，見於舅姑，舅姑承子以授壻，恐事之違也。舅姑，妻之父母也。妻之父爲外舅，妻之母爲外姑。父戒女曰：「夙夜毋違命。」毋戒女曰：「毋違宫事。」以此坊民，婦猶有不至者。」不至，不親夫以孝舅姑也。《春秋》成公九年春二月，「伯姬歸於宋」。夏五月，「季孫行父如宋致女」。是時宋共公不親迎，恐其有違而致之也。

禮記卷第十六

中庸第三十一

鄭氏注

天命之謂性，率性之謂道，脩道之謂教。天命，謂天所命生人者也，是謂性命。木神則仁，金神則義，火神則禮，水神則信，土神則知。《孝經説》曰：「性者，生之質。命，人所稟受度也。」率，循也。循性行之是謂道。脩，治也。治而廣之，人放傚之，是曰教。道也者，不可須臾離也，可離非道也。道，猶道路也。出入動作由之，離之惡乎從也？是故君子戒慎乎其所不睹，恐懼乎其所不聞。小人閒居爲不善，無所不至也。君子則不然，雖視之無人，聽之無聲，猶戒慎恐懼自脩正，是其不須臾離道。莫見乎隱，莫顯乎微，故君子慎其獨也。慎獨者，慎其間居之所爲。小人於隱者，動作言語，自以爲不見睹。不見聞，則必肆盡其情也。若有佔聽之者，是爲顯見，甚於衆人之中爲之。喜怒哀樂之未發，謂之中。發而皆中節，謂之和。中也者，天下之大本也。和也者，天下之達道也。中爲大本者，以其含喜怒哀樂，禮之所由生，政教自此出也。致中和，天地位焉，萬物育焉。致，行之至也。位，猶正也。育，生也，長也。

仲尼曰：「君子中庸，小人反中庸。君子之中庸也，君子而時中。小人之中庸也，小人而無忌憚也。」庸，常也。用中爲常道也。反中庸者，所行非中庸，然亦自以爲中庸也。君子而時中者，其容貌君子，而又時節其中也。小人而無忌憚，其容貌小人，又以無畏難爲常行，是其反中庸也。子曰：「中庸其至矣乎！民鮮能久矣。」鮮，罕也。言中庸爲道至美，顧人罕能久行。子曰：「道之不行也，我知之矣。知者過之，愚者不及也。道之不明也，我知之矣。賢者過之，不肖者不及也。人莫不飲食也，鮮能知味也。」罕知其味，謂愚者所以不及也。過與不及，使道不行，唯禮能爲之中。子曰：「道其不行矣夫！」閔無明君教之。子曰：「舜其大知也與！舜好問而好察邇言，隱惡而揚善，執其兩端，用其中於民，其斯以爲舜乎！」邇，近也。近言而善，易以進人，察而行之也。兩端，過與不及也。用其中於民，賢與不肖皆能行之也。斯，此也。其德如此，乃號爲舜，舜之言充也。子曰：「人皆曰予知，驅而納諸罟擭陷阱之中，而莫之知辟也。人皆曰予知，擇乎中庸，而不能期月守也。」予，我也。言凡人自謂有知，人使之入罟不知辟也。自謂擇中庸而爲之，亦不能久行。言其實愚，又無恒。子曰：「回之爲人也，擇乎中庸，得一善，則拳拳服膺而弗失之矣。」拳拳，奉持之貌。子曰：「天下國家可均也，爵禄可辭也，白刃可蹈也，中庸不可能也。」言中庸難，爲之難。

子路問强。强，勇者所好也。子曰：「南方之强與？北方之强與？抑而强與？」言三者所以爲强者異也。抑，辭也。而之言女也，謂中國也。寬柔以教，不報無道，南方之强也，君子居之。南方以舒緩爲强，不報無道，謂犯而不校也。衽金革，死而不厭，北方之强也，而强者居之。衽，猶席也。北方以剛猛爲强。故君子和而不流，强哉矯！中立而不倚，强哉矯！國有道，不變塞焉，强哉矯！國無道，至死不變，强哉矯！」此抑女之强也。流，猶移也。塞，猶實也。國有道，不變以趨時，國無道，不變以辟害。有道無道一也。矯，强貌。塞，或爲「色」。子曰：「素隱行怪，後世有述焉，吾弗爲之矣。素，讀如「攻城攻其所傃」之「傃」。傃，猶鄉也。言方鄉辟害，隱身而行佹譎，以作後世名也。弗爲之矣，耻之也。君子遵道而行，半塗而廢，吾弗能已矣。廢，猶罷止也。「弗能已矣」，汲汲行道，不爲時人之隱行。君子依乎中庸，遯世不見知而不悔，唯聖者能之。言隱者當如此也，唯舜爲能如此。君子之道費而隱。言可隱之節也。費，猶佹也。道不費則仕。夫婦之愚，可以與知焉，及其至也，雖聖人亦有所不知焉。夫婦之不肖，可以能行焉，及其至也，雖聖人亦有所不能焉。與，讀爲「贊者皆與」之「與」。言匹夫匹婦愚耳，亦可以其與有所知，可以其能有所行者，以其知行之極也。聖人有不能如此。舜好察邇言，由此故歟！天地之大也，人猶有所憾。憾，恨也。天地至大，無不覆載，人尚有所恨焉，況於聖人能盡備之乎？故君子語大，天下莫能載焉。語小，天下莫能破焉。語，猶説也。所説大事，謂先王之道也。所説小事，謂若愚不肖夫婦之知行也。聖人盡兼行。《詩》云：『鳶飛戾天，魚躍于淵。』言其上下察也。察，猶著也。言聖人之德，至於天則鳶飛戾天，至於地則魚躍於淵。是其著明於天地也。君子之道，造端乎夫婦，及其至也，察乎天地。」夫婦，謂匹夫匹婦之所知所行。

子曰：「道不遠人，人之爲道而遠人，不可以爲道。言道即不遠於人，人不能行也。《詩》云：『伐柯伐柯，其則不遠。』執柯以伐柯，睨而視之，猶以爲遠。則，法也。言持柯以伐木，將以爲柯，近以柯爲尺寸之法。此法不遠，人尚遠之，明爲道不可以遠。故君子以人治人，改而止。言人有罪過，君子以人道治之，其人改則止，赦之，不責以人所不能。忠恕違道不遠，施諸己而不願，亦勿施於人。違，猶去也。君子之道四，丘未能一焉：所求乎子以事父，未能也；所求乎臣以事君，未能也；所求乎弟以事兄，未能也；所求乎朋友先施之，未能也。聖人而曰我「未能」，明人當勉之無已。庸德之行，庸言之謹。有所不足，不敢不勉。有餘，不敢盡。言顧行，行顧言。庸，猶常也。言德常行也，言常謹也。聖人之行，實過於人，有餘不敢盡，常爲人法，從禮也。君子胡不慥慥爾！君子，謂衆賢也。慥慥，守實，言行相應之貌。君子素其位而行，不願乎其外。素富貴，行乎富貴。素貧賤，行乎貧賤。素夷狄，行乎夷狄。素患難，行乎患難。君子無入而不自得焉。素，讀皆爲「傃」。不願乎其外，謂思不出其位也。自得，謂所鄉不失其道。在上位不陵下，在下位不援上，援，謂牽持之也。正己而不求於人，則無怨。上不怨天，下不尤人。無怨，人無怨之者也。《論語》曰：「君子求諸己，小人求諸人。」故君子居易以俟命，小人行險以徼幸。」易，猶平安也。俟命，聽天任命也。險，謂傾危之道。子曰：「射有似乎君子，失諸正鵠，反求諸其身。反求於其身，不以怨人。畫曰正，棲皮曰鵠。君子之道，譬如行遠必自邇，譬如登高必自卑。自，從也。邇，近也。行之以近者、卑者始，以漸致之高遠。《詩》曰：『妻子好合，如鼓瑟琴。兄弟既翕，和樂且耽。宜爾室家，樂爾妻帑。』」瑟琴，聲相應和也。翕，合也。耽，亦樂也。古者謂子孫曰帑。此詩言和室家之道，自近者始。子曰：「父母其順矣乎！」謂其教令行，使室家順。

子曰：「鬼神之爲德，其盛矣乎！視之而弗見，聽之而弗聞，體物而不可遺。體，猶生也。可，猶所也。不有所遺，言萬物無不以鬼神之氣生也。使天下之人齊明盛服，以承祭祀，洋洋乎如在其上，如在其左右。明，猶絜也。洋洋，人想思其傍僾之貌。《詩》曰：『神之格思，不可度思，矧可射思。』格，來也。矧，況也。射，厭也。思，皆聲之助。言神之來其形象不可億度，而知事之盡敬而已，況可厭倦乎！夫微之顯，誠之不可揜，如此夫！」言神無形而著，不言而誠。

子曰：「舜其大孝也與！德爲聖人，尊爲天子，富有四海之內。宗廟饗之，子孫保之。保，安也。故大德必得其位，必得其禄，必得其名，必得其壽。名，令聞也。故天之生物，必因其材而篤焉。材，謂其質性也。篤，厚也。言善者天厚其福，惡者天厚其毒，皆由其本而爲之。故栽者培之，傾者覆之。栽，讀如「文王初載」之「載」。栽，猶殖也。培，益也。今時人名草木之殖曰栽，築牆立板亦曰栽。栽，或爲「滋」。覆，敗也。《詩》曰：『嘉樂君子，憲憲令德。宜民宜人，受禄于天。保佑命之，自天申之。』故大德者必受命。」憲憲，興盛之貌。保，安也。佑，助也。

子曰：「無憂者，其唯文王乎！以王季爲父，以武王爲子，父作之，子述之。聖人以立法度爲大事，子能述成之，則何憂乎！堯、舜之父子則有凶頑，禹、湯之父子則寡令聞。父子相成，唯有文王。武王纘大王、王季、文王之緒，壹戎衣而有天下，身不失天下之顯名。尊爲天子，富有四海之內。宗廟饗之，子孫保之。纘，繼也。緒，業也。戎，兵也。衣，讀如「殷」，聲之誤也。齊人言殷聲如衣。虞、夏、商、周氏者多矣，今姓有衣者，殷之賢與？壹戎殷者，壹用兵伐殷也。武王末受命，周公成文、武之德，追王大王、王季，上祀先公以天子之禮。斯禮也，達乎諸侯、大夫及士、庶人。父爲大夫，子爲士，葬以大夫，祭以士。父爲士，子爲大夫，葬以士，祭以大夫。期之喪達乎大夫，三年之喪達乎天子。父母之喪，無貴賤，一也。」末，猶老也。追王大王、王季者，以王迹起焉。先公，組紺以上至后稷也。斯禮達於諸侯、大夫、士、庶人者，謂葬之從死者之爵，祭之用生者之禄也。言大夫葬以大夫，士葬以士，則追王者，改葬之矣。期之喪達於大夫者，謂旁親所降在大功者，其正統之期，天子、諸侯猶不降也。大夫所降，天子、諸侯絶之，不爲服，所不臣，乃服之也。承葬祭説期、三年之喪者，明子事父以孝，不用其尊卑變。

子曰：「武王、周公，其達孝矣乎！夫孝者，善繼人之志，善述人之事者也。春秋脩其祖廟，陳其宗器，設其裳衣，薦其時食。脩，謂埽糞也。宗器，祭器也。裳衣，先祖之遺衣服也。設之，當以授尸也。時食，四時祭也。宗廟之禮，所以序昭穆也。序爵，所以辨貴賤也。序事，所以辨賢也。旅酬下爲上，所以逮賤也。燕毛，所以序齒也。序，猶次也。爵，謂公、卿、大夫、士也。事，謂薦羞也。以辨賢者，以其事別所能也，若司徒羞牛，宗伯共雞牲矣。《文王世子》曰：「宗廟之中，以爵爲位，崇德也。宗人授事以官，尊賢也。」旅酬下爲上者，謂若《特牲饋食之禮》賓弟子、兄弟之子各舉觶於其長也。逮賤者，宗廟之中以有事爲榮也。燕，謂既祭而燕也。燕以髮色爲坐，祭時尊尊也，至燕親親也。齒，亦年也。踐其位，行其禮，奏其樂，敬其所尊，愛其所親，事死如事生，事亡如事存，孝之至也。踐，猶升也。其者，其先祖也。踐，或爲「纘」。郊社之禮，所以事上帝也。宗廟之禮，所以祀乎其先也。社祭地神。不言后土者，省文。明乎郊社之禮，禘嘗之義，治國其如示諸掌乎！」示，讀如「寘諸河干」之「寘」。寘，置也。物而在掌中，易爲知力者也。序爵、辨賢、尊尊、親親，治國之要。

哀公問政。子曰：「文武之政，布在方策。其人存，則其政舉。其人亡，則其政息。方，版也。策，簡也。息，猶滅也。人道敏政，地道敏樹。敏，猶勉也。樹，謂殖草木也。人之無政，若地無草木矣。敏，或爲「謀」。夫政也者，蒲盧也。蒲盧，蜾蠃，謂土蜂也。《詩》曰：「螟蛉有子，蜾蠃負之。」螟蛉，桑蟲也。蒲盧取桑蟲之子去而變化之，以成爲己子。政之於百姓，若蒲盧之於桑蟲然。故爲政在人，在於得賢人也。取人以身，脩身以道，脩道以仁。取人以身，言明君乃能得人。仁者人也，親親爲大。義者宜也，尊賢爲大。親親之殺，尊賢之等，禮所生也。人也，讀如「相人偶」之「人」，以人意相存問之言。在下位不獲乎上，民不可得而治矣。此句其屬在下，著脱誤，重在此。故君子不可以不脩身，思脩身，不可以不事親。思事親，不可以不知人。思知人，不可以不知天。言脩身乃知孝，知孝乃知人，知人乃知賢不肖，知賢不肖乃知天命所保佑。天下之達道五，所以行之者三。曰君臣也，父子也，夫婦也，昆弟也，朋友之交也，五者天下之達道也。知、仁、勇，三者天下之達德也，所以行之者一也。達者常行，百王所不變也。或生而知之，或學而知之，或困而知之，及其知之，一也。困而知之，謂長而見禮義之事，己臨之而有不足，乃始學而知之。此達道也。或安而行之，或利而行之，或勉强而行之。及其成功，一也。」利，謂貪榮名也。勉强，耻不若人。

子曰：「好學近乎知，力行近乎仁，知耻近乎勇。知斯三者，則知所以脩身。知所以脩身，則知所以治人。知所以治人，則知所以治天下國家矣。言有知、有仁、有勇，乃知脩身，則脩身以此三者爲基。凡爲天下國家有九經，曰脩身也，尊賢也，親親也，敬大臣也，體群臣也，子庶民也，來百工也，柔遠人也，懷諸侯也。體，猶接納也。子，猶愛也。遠人，蕃國之諸侯也。脩身則道立，尊賢則不惑，親親則諸父昆弟不怨，敬大臣則不眩，體群臣則士之報禮重，子庶民則百姓勸，來百工則財用足，柔遠人則四方歸之，懷諸侯則天下畏之。不惑，謀者良也。不眩，所任明也。齊明盛服，非禮不動，所以脩身也。去讒遠色，賤貨而貴德，所以勸賢也。尊其位，重其禄，同其好惡，所以勸親親也。官盛任使，所以勸大臣也。忠信重禄，所以勸士也。時使薄斂，所以勸百姓也。日省月試，既廩稱事，所以勸百工也。送往迎來，嘉善而矜不能，所以柔遠人也。繼絶世，舉廢國，治亂持危，朝聘以時，厚往而薄來，所以懷諸侯也。同其好惡，不特有所好惡於同姓，雖恩不同，義必同也。尊重其禄位，所以貴之，不必授以官守，天官不可私也。「官盛任使」，大臣皆有屬官所任使，不親小事也。「忠信重禄」，有忠信者重其禄也。「時使」，使之以時。「日省月試」，考校其成功也。既，讀爲「餼」。餼廩，稍食也。《稾人職》曰：「乘其事，考其弓弩，以下上其食。」凡爲天下國家有九經，所以行之者一也。凡事豫則立，不豫則廢。言前定則不跲，事前定則不困，行前定則不疚，道前定則不窮。一，謂當豫也。跲，躓也。疚，病也。人不能病之。在下位不獲乎上，民不可得而治矣。獲，得也。言臣不得於君，則不得居位治民。獲乎上有道，不信乎朋友，不獲乎上矣。信乎朋友有道，不順乎親，不信乎朋友矣。順乎親有道，反諸身不誠，不順乎親矣。誠身有道，不明乎善，不誠乎身矣。言知善之爲善，乃能行誠。誠者，天之道也。誠之者，人之道也。誠者不勉而中，不思而得，從容中道，聖人也。誠之者，擇善而固執之者也。言誠者，天性也。誠之者，學而誠之者也。因誠身説有大至誠。博學之，審問之，慎思之，明辨之，篤行之，有弗學，學之弗能弗措也。有弗問，問之弗知弗措也。有弗思，思之弗得弗措也。有弗辨，辨之弗明弗措也。有弗行，行之弗篤弗措也。人一能之，己百之。人十能之，己千之。果能此道矣，雖愚必明，雖柔必强。此勸人學誠其身也。果，猶決也。自誠明，謂之性。自明誠，謂之教。誠則明矣，明則誠矣。自，由也。由至誠而有明德，是聖人之性者也。由明德而有至誠，是賢人學以成之也。有至誠則必有明德，有明德則必有至誠。唯天下至誠，爲能盡其性。能盡其性，則能盡人之性。能盡人之性，則能盡物之性。能盡物之性，則可以贊天地之化育。可以贊天地之化育，則可以與天地參矣。盡性者，謂順理之，使不失其所也。贊，助也。育，生也。助天地之化生，謂聖人受命在王位，致太平。其次致曲。曲能有誠，誠則形，形則著，著則明，明則動，動則變，變則化。唯天下至誠爲能化。其次，謂自明誠者也。致，至也。曲，猶小小之事也。不能盡性，而有至誠於有義焉而已。形，謂人見其功也。盡性之誠，人不能見也。著，形之大者也。明，著之顯者也。動，動人心也。變，改惡爲善也。變之久，則化而性善也。至誠之道，可以前知。國家將興，必有禎祥。國家將亡，必有妖孽。見乎蓍龜，動乎四體。禍福將至，善必先知之，不善必先知之。故至誠如神。可以前知者，言天不欺至誠者也。前，亦先也。禎祥、妖孽，蓍龜之占，雖其時有小人愚主，皆爲至誠能知者出也。四體，謂龜之四足：春占後左，夏占前左，秋占前右，冬占後右。誠者自成也。而道，自道也。言人能至誠，所以自成也。有道藝，所以自道達。誠者，物之終始，不誠無物。物，萬物也，亦事也。大人無誠，萬物不生。小人無誠，則事不成。是故君子誠之爲貴。言貴至誠。誠者，非自成己而已也，所以成物也。成己，仁也。成物，知也。性之德也，合外内之道也。以至誠成己則仁道立，以至誠成物則知彌博。此五性之所以爲德也，外内所須而合也。外内，猶上下。故時措之宜也。時措，言得其時而用也。故至誠無息。不息則久，久則徵，徵則悠遠，悠遠則博厚，博厚則高明。徵，猶效驗也。此言至誠之德，既著於四方，其高厚日以廣大也。徵，或爲「徹」。博厚，所以載物也。高明，所以覆物也。悠久，所以成物也。博厚配地，高明配天，悠久無疆。後言「悠久」者，言至誠之德，既至博厚高明，配乎天地，又欲其長久行之。如此者，不見而章，不動而變，無爲而成。天地之道，可壹言而盡也。言其德化與天地相似，可一言而盡，要在至誠。其爲物不貳，則其生物不測。言至誠無貳，乃能生萬物多無數也。天地之道：博也，厚也，高也，明也，悠也，久也。此言其著見成功也。今夫天，斯昭昭之多，及其無窮也，日月星辰繫焉，萬物覆焉。今夫地，一撮土之多，及其廣厚，載華嶽而不重，振河海而不洩，萬物載焉。今夫山，一卷石之多，及其廣大，草木生之，禽獸居之，寶藏興焉。今夫水，一勺之多，及其不測，黿鼉、鮫龍、魚鼈生焉，貨財殖焉。此言天之高明，本生昭昭。地之博厚，本由撮土。山之廣大，本起卷石。水之不測，本從一勺。皆合少成多，自小致大。爲至誠者，亦如此乎！昭昭，猶耿耿，小明也。振，猶收也。卷，猶區也。《詩》曰：『惟天之命，於穆不已。』蓋曰天之所以爲天也。『於乎不顯，文王之德之純』。蓋曰文王之所以爲文也，純亦不已。天所以爲天，文王所以爲文，皆由行之無已，爲之不止，如天地山川之云也。《易》曰：「君子以順德，積小以高大。」是與？大哉聖人之道，洋洋乎發育萬物，峻極于天。育，生也。峻，高大也。優優大哉！禮儀三百，威儀三千，待其人然後行。故曰：苟不至德，至道不凝焉。言爲政在人，政由禮也。凝，猶成也。故君子尊德性而道問學，致廣大而盡精微，極高明而道中庸。温故而知新，敦厚以崇禮。德性，謂性至誠者。道，猶由也。問學，學誠者也。廣大，猶博厚也。温，讀如「燖温」之「温」，謂故學之孰矣。後時習之，謂之温。是故居上不驕，爲下不倍。國有道，其言足以興；國無道，其默足以容。興，謂起在位也。《詩》曰：『既明且哲，以保其身。』其此之謂與？」保，安也。

子曰：「愚而好自用，賤而好自專，生乎今之世，反古之道，如此者裁及其身者也。反古之道，謂曉一孔之人，不知今王之新政可從。非天子不議禮，不制度，不考文。此天下所共行，天子乃能一之也。禮，謂人所服行也。度，國家宮室及車輿也。文，書名也。今天下車同軌，書同文，行同倫。今，孔子謂其時。雖有其位，苟無其德，不敢作禮樂焉。雖有其德，苟無其位，亦不敢作禮樂焉。」言作禮樂者，必聖人在天子之位。

子曰：「吾説夏禮，杞不足徵也。吾學殷禮，有宋存焉。吾學周禮，今用之，吾從周。徵，猶明也。吾能説夏禮，顧杞之君不足與明之也。吾從周，行今之道。王天下有三重焉，其寡過矣乎！三重，三王之禮。上焉者雖善無徵，無徵不信，不信民弗從。下焉者雖善不尊，不尊不信，不信民弗從。上，謂君也。君雖善，善無明徵，則其善不信也。下，謂臣也。臣雖善，善而不尊君，則其善亦不信也。徵，或爲「登」。故君子之道，本諸身，徵諸庶民，考諸三王而不繆，建諸天地而不悖，質諸鬼神而無疑，百世以俟聖人而不惑。質諸鬼神而無疑，知天也。百世以俟聖人而不惑，知人也。知天、知人，謂知其道也。鬼神，從天地者也。《易》曰：「故知鬼神之情狀，與天地相似。」聖人則之，百世同道。徵，或爲「登」。是故君子動而世爲天下道，行而世爲天下法，言而世爲天下則。遠之則有望，近之則不厭。用其法度，想思若其將來也。《詩》曰：『在彼無惡，在此無射。庶幾夙夜，以永終譽。』君子未有不如此而蚤有譽於天下者也。」射，厭也。永，長也。

仲尼祖述堯、舜，憲章文、武，上律天時，下襲水土。此以《春秋》之義説孔子之德。孔子曰：「吾志在《春秋》，行在《孝經》。」二經固足以明之。孔子祖述堯、舜之道，而制《春秋》，而斷以文王、武王之法度。《春秋傳》曰：「君子曷爲爲《春秋》，撥亂世，反諸正，則莫近諸《春秋》。其諸君子樂道堯、舜之道與？末不亦樂乎堯、舜之知君子也？」又曰：「是子也，繼文王之體，守文王之法度。文王之法無求而求，故譏之也。」又曰：「王者孰謂？謂文王也。」此孔子兼包堯、舜、文、武之盛德而著之《春秋》以俟後聖者也。律，述也。述、天時，謂編年四時具也。襲，因也。因水土，謂記諸夏之事山川之異。譬如天地之無不持載，無不覆幬；譬如四時之錯行，如日月之代明。萬物並育而不相害，道並行而不相悖。小德川流，大德敦化，此天地之所以爲大也。聖人制作，其德配天地如此，唯五始可以當焉。幬，亦覆也。小德川流，浸潤萌牙，喻諸侯也。大德敦化，厚生萬物，喻天子也。幬，或作「燾」。唯天下至聖，爲能聰明叡知，足以有臨也。寬裕温柔，足以有容也。發强剛毅，足以有執也。齊莊中正，足以有敬也。文理密察，足以有别也。言德不如此不可以君天下也。蓋傷孔子有其德而無其命。溥博淵泉，而時出之。言其臨下普遍，思慮深重，非得其時，不出政教。溥博如天，淵泉如淵。見而民莫不敬，言而民莫不信，行而民莫不説。是以聲名洋溢乎中國，施及蠻貊。舟車所至，人力所通，天之所覆，地之所載，日月所照，霜露所墜，凡有血氣者，莫不尊親，故曰配天。如天，取其運照不已也。如淵，取其清深不測也。尊親，尊而親之。唯天下至誠，爲能經綸天下之大經，立天下之大本，知天地之化育。至誠，性至誠，謂孔子也。大經，謂六藝而指《春秋》也。大本，《孝經》也。夫焉有所倚？肫肫其仁，淵淵其淵，浩浩其天。安有所倚，言無所偏倚也。人人自以被德尤厚，似偏頗者。肫肫，讀如「誨爾忳忳」之「忳忳」，懇誠貌也。肫肫，或爲「純純」。苟不固聰明聖知達天德者，其孰能知之？言唯聖人乃能知聖人也。《春秋傳》曰：「末不亦樂乎堯舜之知君子。」明凡人不知。《詩》曰：「衣錦尚絅。」惡其文之著也。故君子之道，闇然而日章。小人之道，的然而日亡。言君子深遠難知，小人淺近易知。人所以不知孔子，以其深遠。禪爲絅。錦衣之美，而君子以絅表之，爲其文章露見，似小人也。君子之道，淡而不厭，簡而文，温而理，知遠之近，知風之自，知微之顯，可與入德矣。淡，其味似薄也。簡而文，温而理，猶簡而辨，直而温也。自，謂所從來也。三知者，皆言其睹末察本，探端知緒也。入德，入聖人之德。《詩》云：「潛雖伏矣，亦孔之昭。」故君子内省不疚，無惡於志。孔甚，也。昭，明也。言聖人雖隱遁，其德亦甚明矣。疚，病也。君子自省身無愆病，雖不遇世，亦無損害於己志。君子所不可及者，其唯人之所不見乎？《詩》云：「相在爾室，尚不愧于屋漏。」言君子雖隱居，不失其君子之容德也。相，視也。室西北隅謂之屋漏。視女在室獨居耳，猶不愧於屋漏。屋漏，非有人也，況有人乎！故君子不動而敬，不言而信。《詩》曰：「奏假無言，時靡有争。」假，大也。此頌也。言奏大樂於宗廟之中，人皆肅敬，金聲玉色，無有言者，以時大平和合，無所争也。是故君子不賞而民勸，不怒而民威於鈇鉞。《詩》曰：「不顯惟德，百辟其刑之。」不顯，言顯也。辟，君也。此顯也，言不顯乎文王之德。百君盡刑之，謂諸侯法之也。是故君子篤恭而天下平。《詩》云：「予懷明德，不大聲以色。」予，我也。懷，歸也。言我歸有明德者，以其不大聲爲嚴厲之色以威我也。

子曰：「聲色之於以化民，末也。《詩》曰：『德輶如毛。』輶，輕也。言化民當以德。德之易舉而用，其輕如毛耳。毛猶有倫；『上天之載，無聲無臭。』至矣。」倫，猶比也。載，讀曰栽，謂生物也。言毛雖輕，尚有所比，有所比則有重。上天之造生萬物，人無聞其聲音者，無知其臭氣者，化民之德，清明如神，淵淵浩浩，然後善。

禮記卷第十七

表記第三十二

鄭氏注

子言之：「歸乎！君子隱而顯，不矜而莊，莊、威、信。不厲而威，不言而信。」此孔子行應聘諸侯，莫能用己，心厭倦之辭也。矜，謂自尊大也。厲，謂嚴顏色。

子曰：「君子不失足於人，不失色於人，不失口於人。是故君子貌足畏也，色足憚也，言足信也。失，謂失其容止之節也。《玉藻》曰：「足容重，色容莊，口容止。」《甫刑》曰：『敬忌而罔有擇言在躬。』」《甫刑》，《尚書》篇名。忌之言戒也。言己外敬而心戒慎，則無有可擇之言加於身也。

子曰：「裼、襲之不相因也，欲民之毋相瀆也。」不相因者，以其或以裼爲敬，或以襲爲敬。禮盛者以襲爲敬，執玉龜之屬也；禮不盛者，以裼爲敬，受享是也。

子曰：「祭極敬，不繼之以樂。朝極辨，不繼之以倦。」極，猶盡也。辨，分別政事也。《祭義》曰：「祭之日，樂與哀半。饗之必樂，已至必哀。」

子曰：「君子慎以辟禍，篤以不揜，恭以遠耻。」篤，厚也。揜，猶困迫也。子曰：「君子莊敬日强，安肆日偷。肆，猶放恣也。偷，苟且也。肆，或爲「褻」。伊川先生甚愛此論。君子不以一日使其躬儳仕鑑。焉，如不終日。」傀焉，可輕賤之貌也。如不終日，言人而無禮，死無時。　君子不可一日使其心褻然雜，使如不可度日。蓋不肯一日墮於非正也。子曰：「齊戒以事鬼神，擇日月以見君，恐民之不敬也。」擇日月以見君，謂臣在邑竟者。子曰：「狎侮，死焉而不畏也。」忕於無敬心也。子曰：「無辭不相接也，無禮不相見也，欲民之毋相褻也。辭，所以通情也。禮，謂摯也。《春秋傳》曰「古者諸侯有朝聘之事，號辭必稱先君以相接」也。《易》曰：『初筮告，再三瀆，瀆則不告。』」瀆之言褻之。

子言之：「仁者，天下之表也。義者，天下之制也。報者，天下之利也。」仁、義、報。　報，謂禮也。禮尚往來。子曰：「以德報德，報。則民有所勸。以怨報怨，則民有所懲。懲，謂創艾。《詩》曰：『無言不讎，無德不報。』讎，猶答也。《大甲》曰：『民非后，無能胥以寧。后非民，無以辟四方。』」大甲，湯孫也。《書》以名篇。胥，相也。民非君，不能以相安。子曰：「以德報怨，則寬身之仁也。以怨報德，則刑戮之民也。」寬，猶愛也。愛身以息怨，非禮之正也。仁，亦當言「民」，聲之誤。

子曰：「無欲而好仁者，仁。無畏而惡不仁者，天下一人而已矣。是故君子議道自己，而置法以民。」一人而已，喻少也。自己，自盡己所能行。子曰：「仁有三，與仁同功而異情。三，謂安仁也，利仁也，强仁也。利仁、强仁，功雖與安仁者同，本情則異。與仁同功，其仁未可知也。與仁同過，然後其仁可知也。仁者安仁，知者利仁，畏罪者强仁。功者，人所貪也。過者，人所辟也。在過之中，非其本情者，或有悔者焉。仁者右也，道者左也。仁者人也，道者義也。右也，左也，言相須而成也。人也，謂施以人恩也。義也，謂斷以事宜也。《春秋傳》曰：「執未有言舍之者，此其言舍之何？人也。」厚於仁者薄於義，仁義。親而不尊。

厚於義者薄於仁，尊而不親。言仁、義並行者也。仁多則人親之，義多則人尊之。道有至，有。義有考。至道以王，義道以霸，考道以爲無失。」此讀當言「道有至、有義、有考」，字脱一「有」耳。有至，謂兼仁義者。有義，則無仁矣。有考，考，成也。能取仁義之一成之，以不失於人，非性也。

子言之：「仁有數，仁。義有長短小大。中心憯怛，愛人之仁也。率法而强之，資仁者也。資，取也。數與長短小大，互言之耳。性仁義者，其數長大。取仁義者，其數短小。《詩》云：『豐水有芑，武王豈不仕。詒厥孫謀，以燕翼子。武王烝哉！』數世之仁也。芑，枸檵也。仕之言事也。詒，遺也。燕，安也。烝，君也。言武王豈不念天下之事乎，如豐水之有芑矣，乃遺其後世之子孫以善謀，以安翼其子也。君哉武王，美之也。《國風》曰：『我今不閱，皇恤我後。』終身之仁也。」閱，猶容也。皇，暇也。恤，憂也。言我今尚恐不能自容，何暇憂我後之人乎！

子曰：「仁之爲器重，其爲道遠，舉者莫能勝也，行者莫能致也。取數多者，仁也。夫勉於仁者，不亦難乎！「取數多者」，言計天下之道，仁居其多。是故君子以義度人，則難爲人。以人望人，則賢者可知已矣。」言以先王成法儗度人，則難中也。當以時人相比方耳。子曰：「中心安仁者，天下一人而已矣。《大雅》曰：『德輶如毛，民鮮克舉之。我儀圖之，惟仲山甫舉之，愛莫助之。』輶，輕也。鮮，罕也。儀，匹也。圖，謀也。愛，猶惜也。言德之輕如毛耳，人皆以爲重，罕能舉行之者。作此詩者，周宣王之大臣也。言我之匹謀之，仲山甫則能舉行之，美之也。惜乎時人無能助之者，言賢者少。《小雅》曰：『高山仰止，景行行止。』」仰高勤行者，仁之次也。景，明也。有明行者，謂古賢聖也。子曰：「詩之好仁如此。鄉道而行，中道而廢，忘身之老也。不知年數之不足也，俛焉日有孳孳，斃而後已。」廢，喻力極罷頓，不能復行則止也。俛焉，勤勞之貌。斃，仆也。子曰：「仁之難成久矣，人人失其所好，言仁道不成，人所由不得其志。故仁者之過易辭也。」辭，猶解説也。仁者恭儉，雖有過，不甚矣。唯聖人無過。子曰：「恭近禮，恭、儉、信。儉近仁，信近情，敬讓以行。此雖有過，其不甚矣。夫恭寡過，情可信，儉易容也。以此失之者，不亦鮮乎！言罕以此失之。《詩》云：『温温恭人，惟德之基。』」子曰：「仁之難成久矣，唯君子能之。言能成仁道者少也。是故君子不以其所能者病人，不以人之所不能者愧人。病、愧，謂罪咎之。是故聖人之制行也，不制以己，使民有所勸勉愧恥，以行其言。以中人爲制，則賢者勸勉，不及者愧恥，聖人之言乃行也。禮以節之，信以結之，容貌以文之，衣服以移尺止。之，朋友以極之，欲民之有壹也。移，讀如「禾氾移」之「移」。移，猶廣大也。極，致也。壹，謂專心於善。《小雅》曰：『不愧于人，不畏于天。』言人有所行，當慙怖於天人也。是故君子服其服，服，恭信之事。則文以君子之容。有其容，則文以君子之辭。遂其辭，則實以君子之德。遂，猶成也。是故君子恥服其服而無其容，恥有其容而無其辭，恥有其辭而無其德，恥有其德而無其行。「無其行」，謂不行其德。是故君子衰絰則有哀色，端冕則有敬色，甲冑則有不可辱之色。言色稱其服也。《詩》云：『惟鵜在梁，不濡其翼。彼記之子，不稱其服。』」鵜，鵜胡，污澤也。污澤善居泥水之中，在魚梁以不濡污其翼爲才，如君子以稱其服爲有德。

子言之：「君子之所謂義者，君臣之義。貴賤皆有事於天下。天子親耕，粢盛秬鬯，以事上帝，故諸侯勤以輔事於天子。」言無事而居位食祿，是不義而富且貴。子曰：「下之事上也，雖有庇民之大德，不敢有君民之心，仁之厚也。庇，覆也。無君民之心，是思不出其位。是故君子恭儉以求役仁，信讓以求役禮。不自尚其事，不自尊其身。儉於位而寡於欲，讓於賢，卑己而尊人，小心而畏義，求以事君。役之言爲也。求以事君者，欲成其忠臣之名也。得之自是，不得自是，以聽天命。言不易道徼禄利也。《詩》云：『莫莫葛藟，施于條枚。凱弟君子，求福不回。』凱，樂也。弟，易也。言樂易之君子，其求福脩德以俟之，不爲回邪之行以要之，如葛藟之延蔓於條枚，是其性也。其舜、禹、文王、周公之謂與？有君民之大德，有事君之小心。言此德當不回也。《詩》云：『惟此文王，小心翼翼。昭事上帝，聿懷多福。厥德不回，以受方國。』昭，明也。上帝，天也。聿，述也。懷，至也。言述行上帝之德，以至於多福也。方，四方也。受四方之國，謂王天下。子曰：「先王謚以尊名，行名。節以壹惠，耻名之浮於行也。謚者，行之迹也。名者，謂聲譽也。言先王論行以爲謚，以尊名者。使聲譽可得而尊言也。壹，讀爲「一」。惠，猶善也。言聲譽雖有衆多者，節以其行一大善者爲謚耳。在上曰浮。君子勤行成功，聲譽踰行，是所耻。是故君子不自大其事，不自尚其功，以求處情。過行弗率，以求處厚。彰人之善，而美人之功，以求下賢。率，循也。過行不復循行，猶不貳過。是故君子雖自卑而民敬尊之。」言謙者所以成行立德。子曰：「后稷，天下之爲烈也，豈一手一足哉！烈，業也。言后稷造稼穡，天下世以爲業，豈一手一足？喻用之者多無數也。唯欲行之浮於名也，故自謂便人。」亦言其謙也。辟仁聖之名，云「吾便習於此事之人耳」。子言之：「君子之所謂仁者，其難乎！《詩》云：『凱弟君子，民之父母。』父母之義。凱以强教之，弟以説安之，樂而毋荒，有禮而親，威莊而安，孝慈而敬，使民有父之尊，有母之親。如此而後可以爲民父母矣，非至德其孰能如此乎？有父之尊，有母之親，謂其尊親己如父母。今父之親子也，親賢而下無能。母之親子也，賢則親之，無能則憐之。母親而不尊，父尊而不親。水之於民也親而不尊，火尊而不親。土之於民也，親而不尊，天尊而不親。命之於民也，親而不尊，鬼尊而不親。」或見尊，或見親，以其嚴與恩所尚異也。命，謂四時政令，所以教民勤事也。鬼，謂四時祭祀，所以訓民事君也。子曰：「夏道尊命，三代政俗。事鬼敬神而遠之，近人而忠焉，先禄而後威，先賞而後罰，親而不尊。遠鬼神、近人，謂外宗廟、内朝廷。其民之敝，惷而愚，喬而野，朴而不文。以本不困於刑罰，少詐諼也。敝，謂政教衰失之時也。殷人尊神，率民以事神，先鬼而後禮，先罰而後賞，尊而不親。先鬼後禮，謂内宗廟、外朝廷也。禮者，君臣朝會，凡以摯交接相施予。其民之敝，蕩而不静，勝而無耻。以本怢於鬼神虚無之事，令其心放蕩無所定，困於刑罰，苟勝免而無耻也。《月令》曰：「無作淫巧，以蕩上心。」周人尊禮尚施，事鬼敬神而遠之，近人而忠焉，其賞罰用爵列，親而不尊。「賞罰用爵列」，以尊卑爲差。其民之敝，利而巧，文而不慙，賊而蔽。」以本數交接以言辭，尊卑多獄訟。子曰：「夏道未瀆辭，不求備，不大望於民，民未厭其親。殷人未瀆禮，而求備於民。周人强民，未瀆神，而賞爵刑罰窮矣。」「未瀆辭」者，謂時王不尚辭，民不褻爲也。「不求備，不大望」，言其政寬，貢税輕也。「强民」，言承殷難變之敝也。「賞爵刑罰窮矣」，言其繁文備設。子曰：此二句亦非孔子之言。「虞夏之道，虞。寡怨於民。殷周之道，不勝其敝。」勝，猶任也。言殷周極文，民無耻而巧利，後世之政難復。子曰：「虞夏之質，殷周之文，至矣。言後有王者，其作質、文，不能易之。虞夏之文，不勝其質。殷周之質，不勝其文。」言王者相變，質文各有所多。子言之曰：「後世雖有作者，虞帝弗可及也已矣。君天下，生無私，死不厚其子，子民如父母，有憯怛之愛，有忠利之教。親而尊，安而敬，威而愛，富而有禮，惠而能散。其君子尊仁畏義，恥費輕實，忠而不犯，義而順，文而靜，寬而有辨。「死不厚其子」，言既不傳位，又無以豐饒於諸臣也。「恥費」，不爲辭費出空言也。實，謂財貨也。辨，別也，猶「寬而栗」也。靜，或爲「情」。　孔氏曰：「生無私言，序爵必以德，子民如父母愛子也。愛民之志，悽愴惻怛，有忠恕利益之教。君子謂虞朝之臣，君聖臣賢，由舜而得然也。」呂氏又曰：「節於物，義也。周於物，仁也。尊而有教，義也。親而有愛，仁也。此君子所以尊仁畏義也。所謂君子貴者也，賢者也。有道之世，惟賢者得在高位，富而有禮，故恥費，恐用之不以道也。惠而能散，故輕實，蓋不必藏於己也。實之爲言，財貨之謂也，費則費用其財而已。愛之至，則必忠，忠至於犯則不敬。敬至則有義。一以義斷，或入于不順，則不愛。敬主於別，別則文，文煩則不靜。愛主於恩，恩則寬，寬而踰則無辨。故忠而不犯，義而順，文而靜，寬而有辨，皆尊仁畏義，親而尊之之道也。」《甫刑》曰：『德威惟威，德明惟明。』非虞帝，其孰能如此乎！」德所威，則人皆畏之，言服罪也。德所明，則人皆尊寵之，言得人也。

子言之：「事君，事君之道。先資其言，拜自獻其身，以成其信。」資，謀也。獻，猶進也。言臣事君，必先謀定其言，乃後親進爲君言也。是故君有責於其臣，臣有死於其言，故其受祿不誣，其受罪益寡。」死其言者，竭力於其所言之事，死而不負於事。不信曰誣。子曰：「事君，大言入則望大利，小言入則望小利。大言可以立大事也，小言可以立小事也。入，謂君受之。利，祿賞也。入，或爲「人」。故君子不以小言受大祿，不以大言受小祿。言臣受祿，各用其德能也。《易》曰：『不家食，吉。』」此《大畜・彖辭》也。《彖》曰：「不家食，吉，養賢也。」言君有大畜積，不與家食之而已，必以祿賢者。賢有大小，祿有多少。子曰：「事君不下達，不尚辭，非其人弗自。「不下達」，不以私事自通於君也。「不尚辭」，不多出浮華之言也。「弗自」，不身與相親。

《小雅》曰：『靖共爾位，正直是與。神之聽之，式穀以女。』」靖，治也。爾，女也。式，用也。穀，禄也。言敬治女位之職事，正直之人乃與爲倫友，神聽女之所爲，用禄與女。子曰：「事君遠而諫，則讇也。近而不諫，則尸利也。」尸，謂不知人事，無辭讓也。子曰：「邇臣守和，宰正百官，大臣慮四方。」邇，近也。和，謂調和君事者也。齊景公曰：「唯據與我和。」宰，冢宰也。冢宰主治百官。子曰：「事君欲諫不欲陳。陳，謂言其過於外也。《詩》云：『心乎愛矣，瑕不謂矣。中心藏之，何日忘之？』」瑕之言胡也，謂猶告也。子曰：「事君難進而易退，則位有序。易進而難退，則亂也。亂，謂賢否不別。故君子三揖而進，一辭而退，以遠亂也。」進難者，爲主人之擇己也。退速者，爲君子之倦也。子曰：「事君三違而不出竟，則利禄也。人雖曰不要，吾弗信也。」違，猶去也。利禄，言爲貪禄留也。臣以道去君，至於三而不遂去，是貪禄，必以其强，與君要也。子曰：「事君慎始而敬終。」輕交易絶，君子所耻。子曰：「事君可貴可賤，可富可貧，可生可殺，而不可使爲亂。」亂，謂違廢事君之禮。子曰：「事君，軍旅不辟難，朝廷不辭賤。言尚忠且謙也。處其位而不履其事，則亂也。履，猶行也。故君使其臣，得志則慎慮而從之，否則孰慮而從之，終事而退，臣之厚也。使，謂使之聘問師役之屬也。「慎慮而從之」者，此己志也，欲其必有成也。否，謂非己志也。「孰慮而從之」，又計於己利害也。「終事而退」，非己志者，事成則去也。事，或爲「身」。《易》曰：『不事王侯，高尚其事。』」言臣致仕而去，不復事君也。君猶高尚其所爲之事，言尊大其成功也。子曰：「唯天子受命于天，士受命于君。言皆有所受，不敢專也。唯，當爲「雖」，字之誤也。故君命順則臣有順命，君命逆則臣有逆命。言臣受順則行順，受逆則行逆，如其所受於君，則爲君不易矣。《詩》曰：『鵲之姜姜，鶉之賁賁，人之無良，我以爲君。』」姜姜、賁賁，争鬭惡貌也。良，善也。言我以惡人爲君，亦使我惡，如大鳥姜姜於上，小鳥賁賁於下。子曰：「君子不以辭盡人，辭。不見人之言語則以爲善，言其餘行，或時惡也。故天下有道，則行有枝葉。天下無道，則辭有枝葉。「行有枝葉」，所以益德也。「言有枝葉」，是衆虚華也。枝葉依幹而生，言行亦由禮出。是故君子於有喪者之側，不能賻焉，則不問其所費。於有病者之側，不能饋焉，則不問其所欲。有客，不能館，則不問其所舍。皆辟有言而無其實。故君子之接如水，小人之接如醴。君子淡以成，小人甘以壞。水相得，合而已。酒醴相得則敗。淡，無酸酢少味也。接，或爲「交」。《小雅》曰：『盜言孔甘，亂是用餤。』」盜，賊也。孔，甚也。餤，進也。子曰：「君子不以口譽人，則民作忠。譽，繩也。故君子問人之寒則衣之，問人之飢則食之，稱人之美則爵之。皆爲有言不可以無實。《國風》曰：『心之憂矣，於我歸説。税。』」欲歸其所説忠信之人也。子曰：「口惠而實不至，怨菑及其身。善言而無信，人所惡也。是故君子與其有諾責也，寧有已怨。已，謂不許也。言諾而不與，其怨大於不許。《國風》曰：『言笑晏晏，信誓旦旦。不思其反，反是不思，亦已焉哉！』」此皆相爲昏禮而不終也。言始合會，言笑和説，要誓甚信。今不思其本恩之反覆，反覆之不思，亦已焉哉，無如此人何，怨之深也。子曰：「君子不以色親人。色。情疏而貌親，在小人則穿窬之盜也與？」子曰：「情欲信，辭欲巧。」巧，謂順而説也。

子言之：「昔三代明王，皆事天地之神明，無非卜筮之用，卜筮、祭祀。不敢以其私褻事上帝。言動任卜筮也。神明，謂群神也。是故不犯日月，不違卜筮。日月，謂冬夏至、正月及四時也。所不違者，日與牲尸也。卜、筮不相襲也。襲，因也。大事則卜，小事則筮。大事有時日，大事，有事於大神，有常時常日也。

小事無時日，有筮。有事於小神無常時常日。有筮，臨有事筮之。外事用剛日，內事用柔日。順陰陽也。陽爲外，陰爲內。事之外內，別乎四郊。不違龜筮。」子曰：「牲牷、禮樂、齊盛，是以無害乎鬼神，無怨乎百姓。」牷，猶純也。子曰：「后稷之祀易富也。其辭恭，其欲儉，其禄及子孫。富之言備也。以傳世之禄，共儉者之祭，易備也。《詩》曰：『后稷兆祀，庶無罪悔，以迄于今。』」兆，四郊之祭處也。迄，至也。言祀后稷於郊以配天，庶幾其無罪悔乎！福禄傳世，乃至於今。子曰：「大人之器威敬。言其用之尊嚴。天子無筮，謂征伐出師若巡守也。天子至尊，大事皆用卜也。《春秋傳》曰：「先王卜征五年，歲襲其祥。」諸侯有守筮。守筮，守國之筮，國有事則用之。天子道以筮。始將出，卜之。道有小事則用筮。諸侯非其國不以筮，卜宅寢室。入他國則不筮，不敢問吉凶於人之國也。諸侯受封乎天子，因國而國，唯宮室欲改易者得卜之耳。天子不卜處大廟。」卜可建國之處吉，則宮廟吉可知。子曰：「君子敬則用祭器，謂朝聘待賓客崇敬，不敢用燕器也。是以不廢日月，不違龜筮，以敬事其君長。用龜筮問所貢獻也。是以上不瀆於民，下不褻於上。」言上之於下以直，則下應之以正，不褻慢也。

緇衣第三十三

秀巖李氏曰：「劉瓛曰：『此篇公尼仲子所作。』」

鄭氏注

子言之曰：「爲上易事也，爲下易知也，則刑不煩矣。」言君不苛虐，臣無姦心，則刑可以措。子曰：「好賢如《緇衣》，惡惡如《巷伯》，好、惡。則爵不瀆而民作愿，刑不試而民咸服。《緇衣》、《巷伯》，皆《詩》篇名也。《緇衣》首章曰：「緇衣之宜兮，敝予又改爲兮。適子之館兮，還予授子之粲兮。」言此緇衣者，賢者也，宜長爲國君。其衣敝，我願改制，授之以新衣。是其好賢，欲其貴之甚也。《巷伯》六章曰：「取彼譖人，投畀豺虎。豺虎不食，投畀有北。有北不受，投畀有昊。」此其惡惡，欲其死亡之甚也。爵不瀆者，不輕爵人也。試，用也。咸，皆也。《大雅》曰：『儀刑文王，萬國作孚。』」刑，法也。孚，信也。儀法文王之德而行之，則天下無不爲信者也。文王爲政，克明德慎罰。子曰：「夫民，教之以德，齊之以禮，則民有格心；教之以政，齊之以刑，則民有遯心。格，來也。遯，逃也。故君民者子以愛之，則民親之；信以結之，則民不倍；恭以涖之，則民有孫心。涖，臨也。孫，順也。《甫刑》曰：『苗民匪用命，制以刑，惟作五虐之刑曰法。』是以民有惡德，而遂絕其世也。」《甫刑》，《尚書》篇名。匪，非也。命，謂政令也。高辛氏之末，諸侯有三苗者作亂，其治民不用政令，專制御之以嚴刑，乃作五虐蚩尤之刑，以是爲法。於是民皆爲惡，起倍畔也。三苗由此見滅，無後世，由不任德。子曰：「下之事上也，不從其所令，從其所行。言民化行，不拘於言。上好是物，下必有甚者矣。甚者，甚於君也。故上之所好惡，不可不慎也，是民之表也。」言民之從君，如影逐表。子曰：「禹立三年，百姓以仁遂焉，豈必盡仁？言百姓效禹爲仁，非本性能仁也。遂，猶達也。《詩》云：『赫赫師尹，民具爾瞻。』《甫刑》曰：『一人有慶，兆民賴之。』《大雅》曰：『成王之孚，下土之式。』」皆言化君也。孚，信也。式，法也。子曰：「上好仁，則下之爲仁爭先人。故長民者章志、貞教、尊仁，以子愛百姓，民致行己，以說其上矣。章，明也。貞，正也。「民致行己」者，民之行皆盡己心。《詩》云：『有梏覺。德行四國順之。』」梏，大也，直也。子曰：「王言如絲，言、行。其出如綸。王言如綸，其出如綍。弗。言言出彌大也。綸，今有秩、嗇夫所佩也。綍，引棺索也。故大人不倡游言。游，猶浮也。不可用之言也。可言也不可行，君子弗言也。可行也不可言，君子弗行也。則民言不危行，而行不危言矣。危，猶高也。言不高於行，行不高於言，言行相應也。《詩》云：『淑慎爾止，不僭愆。于儀。』淑，善也。僭，過也。言善慎女之容止，不可過於禮之威儀也。子曰：「君子道人以言，而禁人以行，禁，猶謹也。故言必慮其所終，而行必稽其所敝，則民謹於言而慎於行。稽，猶考也，議也。《詩》云：『慎爾出話，胡快。敬爾威儀。』話，善言也。《大雅》曰：『穆穆文王，於緝熙敬止。』」緝、熙，皆明也。言於明乎，敬其容止。子曰：「長民者衣服不貳，從容有常，以齊其民，則民德壹。二，不一也。《詩》云：『彼都人士，狐裘黄黄。其容不改，出言有章。行歸于周，萬民所望。』」黄衣則狐裘，大蜡之服也。詩人見而說焉。章，文章也。忠信爲周。此詩毛氏有之，三家則亡。子曰：「爲上可望而知也，爲下可述而志也，則君不疑於其臣，而臣不惑於其君矣。志，猶知也。《尹吉》曰：『惟尹躬及湯，咸有壹德。』吉，當爲「告」。告，古文「誥」字之誤也。尹告，伊尹之誥也。《書序》以爲《咸有壹德》，今亡。咸，皆也。君臣皆有壹德不貳，則無疑惑也。《詩》云：『淑人君子，其儀不忒。』」子曰：「有國者章義義，當作「善」。癉丁但。惡。以示民厚，則民情不貳。章，明也。癉，病也。《詩》云：『靖共爾位，好是正直。』」子曰：「上人疑則百姓惑，下難知則君長勞。難知，有姦心也。故君民者章好以示民俗，慎惡以御民之淫，則民不惑矣。淫，貪侈也。《孝經》曰：「示之以好惡而民知禁。」臣儀行，不重辭，不援其所不及，不煩其所不知，則君不勞矣。儀，當爲「義」，聲之誤也。言臣義事則行也。重，猶尚也。援，猶引也。引君所不及，謂必使其君所行如堯舜也。不煩以其所不知，謂必使其知慮如聖人也。凡告喻人，當隨其才以誘之。《詩》云：『上帝板板，下民卒癉。』上帝，喻君也。板板，辟也。卒，盡也。瘽，病也。此君使民惑之詩。《小雅》曰：『匪其止共，惟王之邛。』」匪，非也。邛，勞也。言臣不止於恭敬其職，惟使王之勞。此臣使君勞之詩也。

子曰：「政之不行也，教之不成也，爵祿不足勸也，刑罰不足耻也，故上不可以褻刑而輕爵。言政教所以明賞罰。《康誥》曰：『敬明乃罰。』《甫刑》曰：『播刑之不迪。』」康，康叔也，作《誥》《尚書》篇名也。播，猶施也。不，衍字耳。迪，道也。言施刑之道。

子曰：「大臣不親，百姓不寧，則忠敬不足，而富貴已過也。大臣不治，而邇臣比毗志。矣。忠敬不足，謂臣不忠於君，君不敬其臣。邇，近也。言近以見遠，言大以見小，互言之。比，私相親也。故大臣不可不敬也，是民之表也。邇臣不可不慎也，是民之道也。民之道，言民循從也。君毋以小謀大，毋以遠言近，毋以内圖外。圖，亦謀也。言凡謀之，當各於其黨。於其黨，知其過審也。大臣柄權於外，小臣執命於內，或時交争，轉相陷害。則大臣不怨，邇臣不疾，而遠臣不蔽矣。疾，猶非也。葉公之《顧命》曰：『毋以小謀敗大作，毋以嬖御人疾莊后，毋以嬖御士疾莊士、大夫、卿士。』」葉公，楚縣公葉公子高也。臨死遺書曰《顧命》。小謀，小臣之謀也。大作，大臣之所爲也。嬖御人，愛妾也。疾，亦非也。莊后，適夫人齊莊得禮者。嬖御士，愛臣也。莊士，亦謂士之齊莊得禮者，今爲大夫卿士。

子曰：「大人不親其所賢，而信其所賤，民是以親失，而教是以煩。親失，失其所當親也。教煩，由信賤也。賤者無壹德也。《詩》云：『彼求我則，如不我得。執我仇仇，亦不我力。』言君始求我，如恐不得我。既得我，持我仇仇然不堅固，亦不力用我，是不親信我也。《君陳》曰：『未見聖，若己弗克見。既見聖，亦不克由聖。』」克，能也。由，用也。

子曰：「小人溺於水，君子溺於口，大人溺於民，皆在其所褻也。言人不溺於所敬者。溺，謂覆没不能自理出也。夫水，近於人而溺人。

德，易狎而難親也，易以溺人。言水，人所沐浴自絜清者，至於深淵洪波，所當畏慎也。由近人之故，或泳之游之，褻慢而無戒心，以取溺焉。有德者亦如水矣，初時學其近者小者，以從人事，自以爲可，則侮狎之。至於先王大道，性與天命，則遂扞格不入，迷惑無聞，如溺於大水矣。難親，親之當肅敬，如臨深淵。口費而煩，易出難悔，易以溺人。費，猶惠也。言口多空言，且煩數也。過言一出，駟馬不能及，不可得悔也。口舌所覆，亦如溺矣。費，或爲「哱」，或爲「悖」。夫民閉於人而有鄙心，可敬不可慢，易以溺人。言民不通於人道而心鄙詐，難卒告喻，人君敬慎以臨之則可。若陵虐而慢之，分崩怨畔，君無所尊，亦如溺矣。故君子不可以不慎也。慎所可褻，乃不溺矣。《太甲》曰：『毋越厥命以自覆也。若虞機張，往省括于厥度則釋。』越之言蹷也。厥，其也。覆，敗也。言無自顛蹷女之政教以自毁敗。虞，主田獵之地者也。機，弩牙也。度，謂所擬射也。虞人之射禽，弩已張，從機間視括，與所射參相得，乃後釋弦發矢。爲政亦當以己心參於群臣及萬民，可乃後施也。《兑命》曰：『惟口起羞，惟甲胄起兵，惟衣裳在笥，惟干戈省厥躬。』兑，當爲「説」。謂殷高宗之臣傅説也，作書以命高宗。《尚書》篇名也。羞，猶辱也。衣裳，朝祭之服也。惟口起辱，當慎言語也。惟甲胄起兵，當慎軍旅之事也。惟衣裳在笥，當服以爲禮也。惟干戈省厥躬，當恕己不尚害人也。《太甲》曰：『天作孽，可違也。自作孽，不可以逭。』違，猶辟也。逭，逃也。《尹吉》曰：『惟尹躬天見于西邑夏，自周有終，相亦惟終。』尹吉，亦《尹誥》也。天，當爲「先」字之誤。忠信爲周。相，助也，謂臣也。伊尹言：尹之先祖，見夏之先君臣皆忠信以自終，今天絶桀者，以其自作孽。伊尹始仕於夏，此時就湯矣。夏之邑在亳西。見，或爲「敗」。邑，或爲「予」。子曰：「民以君爲心，君以民爲體，心莊則體舒，心肅則容敬。心好之，身必安之。君好之，民必欲之。心以體全，亦以體傷。君以民存，亦以民亡。莊，齊莊也。《詩》云：『昔吾有先正，其言明且清。國家以寧，都邑以成，庶民以生。』『誰能秉國成？

不自爲正，卒勞百姓。』先正，先君長也。誰能秉國成？傷今無此人也。成，邦之八成也。誰能秉行之？不自以所爲者正，盡勞來百姓憂念之者與？疾時大臣專功争美。《君雅》曰：『夏日暑雨，小民惟曰怨。資冬祁寒，小民亦惟曰怨。』」雅，《書序》作「牙」，假借字也。《君雅》，周穆王司徒作，《尚書》篇名也。資，當爲「至」，齊、魯之語，聲之誤也。祁之言是也，齊西偏之語也。夏日暑雨，小民怨天。至冬是寒，小民又怨天。言民恒多怨，爲其君難。子曰：「下之事上也，身不正，言不信，則義不壹，行無類也。」類，謂比式。子曰：「言有物而行有格也，是以生則不可奪志，死則不可奪名。物，謂事驗也。格，舊法也。故君子多聞，質而守之。多志，質而親之。精知，略而行之。質，猶少也。多志，謂博交泛愛人也。精知，孰慮於衆也。精，或爲「清」。《君陳》曰：『出入自爾師虞，庶言同。』自，由也。師、庶，皆衆也。虞，度也。言出内政教，當由女衆之所謀度，衆言同乃行之。政教當由壹也。《詩》云：『淑人君子，其儀一也。』」子曰：「唯君子能好其正，如字。小人毒其正。正，當爲「匹」字之誤也。匹，謂知識朋友。故君子之朋友有鄉，其惡有方。鄉、方，喻輩類也。小人徼利，其友無常也。是故邇者不惑，而遠者不疑也。言其可望而知。邇，近也。《詩》云：『君子好仇。』」仇，匹也。子曰：「輕絶貧賤，而重絶富貴，則好賢不堅，而惡惡不著也。人雖曰不利，吾不信也。言此近徼利也。《詩》云：『朋友攸攝，攝以威儀。』」攸，所也。言朋友以禮義相攝正，不以貧富貴賤之利也。子曰：「私惠不歸德，君子不自留焉。私惠，謂不以公禮相慶賀，時以小物相問遺也。言其物不可以爲德，則君子不以身留此人也。相惠以褻瀆邪辟之物，是爲不歸於德。歸，或爲「懷」。《詩》云：『人之好我，示我周行。』」行，道也。言示我以忠信之道。子曰：「苟有車，必見其軾。苟有衣，必見其敝。人苟或言之，必聞其聲；苟或行之，必見其成。言凡人舉事，必有後驗也。見其軾，謂載也。敝，敗衣也。衣或在内，新時不見。《葛覃》曰：『服之無射。』」射，厭也。言己願采葛以爲君子之衣，令君子服之無厭。言不虛也。子曰：「言從而行之，則言不可飾也。行從而言之，則行不可飾也。從，猶隨也。故君子寡言而行，以成其信，則民不得大其美而小其惡。以行爲驗，虛言無益於善也。寡，當爲「顧」，聲之誤也。《詩》云：『白圭之玷，尚可磨也。斯言之玷，不可爲也。』玷，缺也。言圭之缺，尚可磨而平之。言之缺，無如之何。《小雅》曰：『允也君子，展也大成。』允，信也。展，誠也。《君奭》曰：『昔在上帝，周田觀文王之德，其集大命于厥躬。』」奭，召公名也。作《尚書》篇名也。古文「周田觀文王之德」爲「割申勸寧王之德」，今博士讀爲「厥亂勸寧王德」，三者皆異，古文似近之。割之言蓋也。言文王有誠信之德，天蓋申勸之，集大命於其身。謂命之使王天下也。子曰：「南人有言曰：『人而無恒，不可以爲卜筮。』古之遺言與？龜筮猶不能知也，而況於人乎？恒，常也。不可爲卜筮，言卦兆不能見其情，定其吉凶也。《詩》云：『我龜既厭，不我告猶。』猶，道也。言褻而用之，龜厭之，不告以吉凶之道也。《兑命》曰：『爵無及惡德，民立而正。事純而祭祀，是爲不敬。事煩則亂，事神則難。』惡德，無恒之德。純，猶皆也。言君祭祀，賜諸臣爵，無與惡德之人也。民將立以爲正，言放傚之疾。事皆如是，而以祭祀，是不敬鬼神也。惡德之人使事煩，事煩則亂，使事鬼神，又難以得福也。純，或爲「煩」。《易》曰：『不恒其德，或承之羞。恒其德，偵，貞。婦人吉，夫子凶。』」羞，猶辱也。偵，問也。問正爲偵。婦人，從人者也。以問正爲常德則吉。男子當專行幹事，而以問正爲常德，是亦無恒之人也。

禮記卷第十八

奔喪第三十四

季巖李氏曰：「賈氏謂此《逸曲禮》之正篇。漢儒取爲記。」

鄭氏注

奔喪之禮：始聞親喪，聞喪，奔喪。以哭答使者，盡哀。問故，又哭盡哀。親，父母也。以哭答使者，驚怛之哀無辭也。問故，問親喪所由也。雖非父母，聞喪而哭，其禮亦然也。遂行，日行百里，不以夜行。雖有哀戚，猶辟害也。晝夜之分，別於昏明。哭則遂行者，不爲位。唯父母之喪，見星而行，見星而舍。侵晨冒昏，彌益促也。言唯著異也。若未得行，則成服而後行。謂以君命有爲者也。成喪服，得行則行。過國至竟，哭，盡哀而止。感此念親。哭辟市朝。爲驚衆也。望其國竟哭。斬衰者也。自是哭且遂行。

至於家，至家。入門左，升自西階，殯東。西面坐，哭盡哀，括髮，袒。括髮袒者，去飾也。未成服者，素委貌，深衣。已成服者，固自喪服矣。降，堂東即位，西鄉哭，成踊。已殯者位在下。襲，絰于序東，絞帶，反位，拜賓成踊。襲，服衣也。不於又哭乃絰者，發喪已踰日，節於是可也。其未小斂而至，與在家同耳。不散帶者，不見尸柩。凡拜賓者，就其位。既拜，反位，哭踊。送賓，反位。有先後至者，則拜之成踊，送賓皆如初。衆主人、兄弟皆出門，出門哭止，闔門。相者告就次。次，倚廬也。於又哭，括髮，袒，成踊。於三哭，猶括髮，袒，成踊。又哭，至明日朝也。三哭，又其明日朝也。皆升堂括髮，袒，如始至。必又哭、三哭者，象小斂、大斂時也。《雜記》曰：「士三踊。」其夕哭從朝。夕哭不括髮、不袒，不踊，不以爲數。三日成服，拜賓、送賓皆如初。三日，三哭之明日也。既哭，成其喪服，杖於序東。奔喪者非主人，非主人，齊衰以下。則主人爲之拜賓送賓。奔喪者自齊衰以下，入門左，中庭北面，哭盡哀。免麻于序東，即位袒，與主人哭成踊。不升堂哭者，非父母之喪，統於主人也。麻，亦絰帶也。於此言「麻」者，明所奔喪雖有輕者，不至喪所，無改服也。凡袒者於位，襲於序東，袒、襲不相因位。此麻乃袒，變於爲父母也。於又哭、三哭，皆免袒。有賓，則主人拜賓、送賓。又哭、三哭，亦入門左，中庭北面，如始至時也。丈夫、婦人之待之也，皆如朝夕哭，位無變也。待奔喪者無變，嫌賓客之也。於賓客以哀變爲敬，此骨肉，哀則自哀矣。於此乃言「待之」，明奔喪者至三哭，猶不以序入也。奔母之喪，奔母之喪。西面哭，盡哀，括髮，袒。降，堂東即位，西鄉哭，成踊，襲免絰于序東。拜賓、送賓，皆如奔父之禮。於又哭，不括髮。爲母於又哭而免，輕於父也。其他則同。婦人奔喪，婦人奔喪。升自東階，殯東，西面坐，哭盡哀。東髽，即位，與主人拾踊。婦人，謂姑、姊妹、女子子也。東階，東面階也。婦人入者由闈門。東髽，髽於東序，不髽於房，變於在室者也。去纚大紒曰髽。拾，更也。主人與之更踊，賓客之。

奔喪者不及殯，奔喪不及殯。先之墓，北面坐，哭盡哀。主人之待之也，即位於墓左，婦人墓右。成踊，盡哀，括髮。東即主人位，絰，絞帶，哭，成踊。拜賓，反位成踊。相者告事畢。主人之待之，謂在家者也。哭於墓，爲父母則袒。告事畢者，於此後無事也。遂冠，歸入門左，北面，哭盡哀，括髮，袒，成踊。東即位，拜賓成踊。賓出，主人拜送。有賓後至者，則拜之成踊，送賓如初。衆主人、兄弟皆出門，出門哭止，相者告就次。於又哭，括髮，成踊。於三哭，猶括髮，成踊。三日成服。於五哭，相者告事畢。又哭、三哭不袒者，哀戚已久，殺之也。逸《奔喪禮》説不及殯曰：「於又哭猶括髮，即位不袒。」告事畢者，五哭而不復哭也。成服之朝爲四哭。此謂既期乃後歸至者也。其未期，猶朝夕哭，不止於五哭。爲母所以異於父者，壹括髮，其餘免以終事，他如奔父之禮。壹括髮，謂歸入門哭時也。於此乃言「爲母異於父」者，明及殯不及殯，其異者同。

齊衰以下，不及殯，齊衰以下不及殯。先之墓，西面哭盡哀。不北面者，亦統於主人。免麻于東方，即位，與主人哭成踊，襲。有賓，則主人拜賓、送賓。賓有後至者，拜之如初。相者告事畢。不言「袒」言「襲」者，容齊衰親者或袒可。遂冠，歸入門左，北面哭盡哀，免，袒，成踊。東即位，拜賓成踊。賓出，主人拜送。於又哭，免，袒衍文。成踊。於三哭，猶免，袒，成踊。三日成服。於五哭，相者告事畢。爲父，於又哭括髮而不袒。此又哭、三哭皆言「袒」。袒，衍字也。

聞喪不得奔喪，不得奔喪。哭盡哀。問故，又哭盡哀。乃爲位，括髮，袒，成踊。襲，絰，絞帶，即位。聞父母喪而不得奔，謂以君命有事。不然者，不得爲位。位有鄰列之處，如於家朝夕哭位矣。不於又哭乃絰者，喪至此踰日，節於是可也。拜賓，反位成踊。賓出，主人拜送于門外，反位。若有賓後至者，拜之成踊，送賓如初。於又哭，括髮，袒，成踊。於三哭，猶括髮，袒，成踊。三日成服。於五哭，拜賓、送賓如初。不言「就次」者，當從其事，不可以喪服廢公職也。其在官，亦告就次。言五哭者，以迫公事，五日哀殺，亦可以止。

若除喪而後歸，除喪後歸。則之墓，哭，成踊。東括髮，袒，絰，拜賓，成踊。送賓，反位。又哭盡哀，遂除。於家不哭。東，東即主人位，如不及殯者也。遂除，除於墓而歸。主人之待之也，無變於服，與之哭，不踴。無變於服，自若時服也。亦即位于墓左，婦人墓右。自齊衰以下，所以異者免麻。

凡爲位，爲位。非親喪。齊衰以下皆即位哭盡哀，而東免，絰，即位，袒，成踴。謂無君事，又無故可得奔喪，而以己私未奔者也。唯父母之喪，則不爲位，其哭之，不離聞喪之處。齊衰以下，更爲位而哭，皆可行乃行。襲，拜賓反位，哭成踴，送賓反位，相者告就次。三日五哭卒，主人出送賓。衆主人、兄弟皆出門，哭止。相者告事畢。成服，拜賓。卒，猶止也。三日五哭者，始聞喪，訖夕爲位，乃出就次，一哭也。與明日、又明日之朝、夕而五哭。不五朝哭，而數朝、夕，備五哭而止，亦爲急奔喪，己私事當畢，亦明日乃成服。凡云「五哭」者，其後有賓，亦與之哭而拜之。若所爲位家遠，則成服而往。謂所當奔者外喪也。外喪緩而道遠，成服乃行，容待齎也。

齊衰望鄉而哭，奔喪親疏哭節。大功望門而哭，小功至門而哭，緦麻即位而哭。奔喪哭，親疏遠近之差也。

哭父之黨於廟，爲位之節。母、妻之黨於寢，師於廟門外，朋友於寢門外，所識於野張帷。此因五服聞喪而哭，列人恩諸所當哭者也。黨，謂族類無服者也。逸《奔喪禮》曰：「哭父族與母黨於廟，妻之黨於寢，朋友於寢門外，壹哭而已，不踴。」言「壹哭而已」，則不爲位矣。凡爲位不奠。臣聞君喪未奔，爲位日數。以其精神不存乎是。哭天子九，諸侯七，卿大夫五，士三。此臣聞君喪而未奔，爲位而哭，尊卑日數之差也。士亦有屬吏，賤不得君臣之名。大夫哭諸侯，不敢拜賓。謂哭其舊君，不敢拜賓辟爲主。諸臣在他國，在異國。爲位而哭，不敢拜賓。謂大夫士使於列國。與諸侯爲兄弟，亦爲位而哭。族親昏姻在異國者。凡爲位者壹袒。謂於禮正，可爲位而哭也。始聞喪，哭而袒，其明日則否。父母之喪，自若三袒也。

所識者弔，所識。先哭于家，而後之墓，皆爲之成踴，從主人北面而踴。從主人而踴，拾踴也。北面，自外來便也。主人墓左西面。

凡喪：父在，父爲主。喪主。與賓客爲禮，宜使尊者。父没，兄弟同居，各主其喪。各爲其妻、子之喪爲主也。祔則宗子主之。親同，長者主之。父母没，如昆弟之喪，宗子主之。不同，親者主之。從父昆弟之喪。

聞遠兄弟之喪，既除喪而後聞喪，既除聞喪。免袒成踴，拜賓則尚左手。小功、緦麻不税者也。雖不服，猶免袒。尚左手，吉拜也。逸《奔喪禮》曰：「凡拜，吉喪皆尚左手。」

無服而爲位者，無服爲位。唯嫂叔及婦人降而無服者麻。雖無服，猶弔服加麻，袒免，爲位哭也。正言嫂叔，尊嫂也。兄公於弟之妻則不能也。婦人降而無服，族姑、姊妹嫁者也。逸《奔喪禮》曰：「無服袒免爲位者，唯嫂與叔。凡爲其男子服，其婦人降而無服者麻。」凡奔喪，有大夫至，士大夫至。袒，拜之，成踴而後襲。於士，襲而後拜之。主人袒，降哭，而大夫至，因拜之，不敢成己禮，乃禮尊者。或曰「大夫後至者，袒，拜之爲之成踴」。

問喪第三十五

鄭氏注

親始死，始死。雞斯徒跣，扱插。上衽，交手哭。惻怛之心，痛疾之意，傷腎、乾肝、焦肺，水漿不入口。三日不舉火，故鄰里爲之糜粥以飲食之。親，父母也。雞斯，當爲「笄纚」，聲之誤也。親始死，去冠，二日乃去笄纚，括髮也。今時始喪者邪巾貊頭，笄纚之存象也。徒，猶空也。上衽，深衣之裳前。五藏者，腎在下，肝在中，肺在上。舉三者之焦傷，而心、脾在其中矣。五家爲鄰，五鄰爲里。夫悲哀在中，故形變於外也。痛疾在心，故口不甘味，身不安美也。言人情之中外相應。三日而斂，斂。在牀曰尸，在棺曰柩。動尸舉柩，哭踴無數。惻怛之心，痛疾之意，悲哀志懣氣盛，故袒而踴之，所以動體、安心、下氣也。婦人不宜袒，故發胸、擊心、爵踴，殷殷田田，如壞牆然，悲哀痛疾之至也。故曰「辟踴哭泣，哀以送之」。葬。送形而往，迎精而反也。「故袒而踴之」，言聖人制法，故使之然也。爵踴，足不絕地。辟，拊心也。哀以送之，謂葬時也。迎其精神而反，謂反哭及日中而虞也。其往送也，望望然，汲汲然，如有追而弗及也。其反哭也，反哭。皇皇然，若有求而弗得也。故其往送也如慕，其反也如疑。望望，瞻望之貌也。慕者，以其親之在前。疑者，不知神之來否。求而無所得之也，入門而弗見也，上堂又弗見也，入室又弗見也，亡矣喪矣，不可復見已矣，故哭泣辟踴，盡哀而止矣。説反哭之義也。心悵焉愴焉，惚焉愾焉，心絕志悲而已矣。祭之宗廟，祔。以鬼饗之，徼幸復反也。説虞之義。成壙而歸，不敢入處室，居於倚廬，哀親之在外也。寢苫枕塊，哀親之在土也。言親在外在土，孝子不忍反室自安也。「入處室」，或爲「入宫」。故哭泣無時，服勤三年，三年。思慕之心，孝子之志也，人情之實也。勤，謂憂勞。

或問曰：「死三日而後斂者，斂義。何也？」怪其遲也。曰：「孝子親死，悲哀志懣，故匍匐而哭之，若將復生然，安可得奪而斂之也？故曰三日而後斂者，以俟其生也。三日而不生，亦不生矣，孝子之心，亦益衰矣。家室之計，衣服之具，亦可以成矣。親戚之遠者，亦可以至矣。是故聖人爲之斷決，以三日爲之禮制也。」匍匐，猶顛蹷，或作「扶服」。

或問曰：「冠者不肉袒，袒免義。

何也？」怪冠衣之相爲也。曰：「冠至尊也，不居肉袒之體也，故爲之免以代之也。言身無飾者不敢冠，冠爲褻尊服。肉袒則著免。免狀如冠而廣一寸。然則禿者不免，傴者不袒，跛者不踴，非不悲也，身有錮疾，不可以備禮也。故曰喪禮唯哀爲主矣。女子哭泣悲哀，擊胸傷心；男子哭泣悲哀，稽顙觸地無容；哀之至也。」將踴先袒，將袒先免，此三疾俱不踴，不袒，不免。顧其所以否者，各爲一耳。擊胸傷心、稽顙觸地，不踴者若此而可。或曰「男女哭踴」。或問曰：「免者，免。以何爲也？」怪本所爲施也。曰：「不冠者之所服也。《禮》曰：『童子不緦，唯當室緦。』緦者其免也，當室則免而杖矣。」不冠者，猶未冠也。當室，謂無父兄而主家者也。童子不杖，不杖者不免，當室則杖而免。免，冠之細，以次成人也。緦者，其免也。言免乃有緦服也。或問曰：「杖者何也？」杖義。怪其義各異。曰：「竹、桐一也。故爲父苴杖，苴杖，竹也。爲母削杖，削杖，桐也。」言所以杖者，義一也，顧所用異耳。或問曰：「杖者以何爲也？」怪所爲施。曰：「孝子喪親，哭泣無數，服勤三年，身病體羸，以杖扶病也。言得杖乃能起也。數，或爲「時」。則父在不敢杖矣，尊者在故也。堂上不杖，辟尊者之處也。堂上不趨，示不遽也。此孝子之志也，人情之實也，禮義之經也。非從天降也，非從地出也，人情而已矣。」父在不杖，謂爲母喪也。尊者在不杖，尊者之處不杖，有事不趨，皆爲其感動，使之憂戚也。

服問第三十六

鄭氏注

《傳》曰：「有從輕而重，從服。公子之妻爲其皇姑。皇，君也。諸侯妾子之妻爲其君姑齊衰，與爲小君同，舅不厭婦也。有從重而輕，爲妻之父母。妻齊衰而夫從緦麻，不降一等，言非服差。有從無服而有服，公子之妻爲公子之外兄弟。謂爲公子之外祖父母、從母緦麻。有從有服而無服，公子爲其妻之父母。」凡公子厭於君，降其私親，女君之子不降也。

《傳》曰：「母出則爲繼母之黨服，母死則爲其母之黨服。爲其母之黨服，則不爲繼母之黨服。」雖外親，亦無二統。

三年之喪既練矣，重有喪。有期之喪既葬矣，則帶其故葛帶，絰期之絰，服其功衰。帶其故葛帶者，三年既練，期既葬，差相似也。絰期之葛絰，三年既練，首絰除矣。爲父，既練，衰七升。母既葬，衰八升。凡齊衰既葬，衰或八升，或九升。服其功衰，服麤衰。有大功之喪，亦如之。大功之麻，變三年之練葛。期既葬之葛帶，小於練之葛帶，又當有絰，亦反服其故葛帶，絰期之絰，差之宜也。此雖變麻服葛，大小同耳，亦服其功衰。凡三年之喪，既練，始遭齊衰、大功之喪，絰帶皆麻。小功，無變也。無所變於大功、齊、斬之服，不用輕累重也。麻之有本者，變三年之葛。有本，謂大功以上也。小功以下，澡麻斷本。既練，遇麻斷本者，於免，絰之。既免，去絰。每可以絰必絰，既絰則去之。雖無變，緣練無首絰，於有事則免絰如其倫。免無不絰，絰有不免，其無事則自若練服也。小功不易喪之練冠，如免，則絰其緦、小功之絰，因其初葛帶。緦之麻，不變小功之葛。小功之麻，不變大功之葛。以有本爲稅。吐外。稅，亦變易也。小功以下之麻，雖與上葛同，猶不變也。此要其麻有本者，乃變上耳。《雜記》曰：「有三年之練冠，則以大功之麻易之，唯杖屨不易也。」殤長、中，變三年之葛，終殤之月算，而反三年之葛。是非重麻，爲其無卒哭之稅。下殤則否。謂大功之親，爲殤在緦、小功者也。可以變三年之葛，正親親也。三年之葛，大功變既練，齊衰變既虞、卒哭，凡喪卒哭，受麻以葛。殤以麻終喪之月數，非重之而不變，爲殤未成人，文不縟耳。下殤則否，言賤也。男子爲大功之殤，中從上，服小功。婦人爲之，中從下，服緦麻。

君爲天子三年，君臣之服。夫人如外宗之爲君也。外宗，君外親之婦也。其夫與諸侯爲兄弟，服斬，妻從服期。諸侯爲天子服斬，夫人亦從服期。《喪大記》曰：「外宗房中南面。」世子不爲天子服。遠嫌也。不服，與畿外之民同也。君所主：夫人妻，大子，適婦。言妻見大夫以下，亦爲此三人爲喪主也。大夫之適子，爲君、夫人、大子，如士服。大夫不世子，不嫌也。士爲國君斬、小君期。大子君服斬，臣從服期。君之母非夫人，則群臣無服。唯近臣及僕、驂乘從服，唯君所服服也。妾，先君所不服也。禮，庶子爲後，爲其母緦。言「唯君所服」，伸君也。《春秋》之義，有以小君服之者。時若小君在，則益不可。公爲卿大夫錫衰以居，出亦如之，當事則弁絰。同僚相爲服。大夫相爲亦然。爲其妻，往則服之，出則否。弁絰，如爵弁而素加絰也。不當事則皮弁。出謂以他事不至喪所。

凡見人，無免絰。雖朝於君，無免絰。唯公門有稅齊衰。《傳》曰：「君子不奪人之喪，亦不可奪喪也。」見人，謂行求見人也。無免絰，絰重也。稅，猶免也。古者「說」或作「稅」。有免齊衰，謂不杖齊衰也。於公門有免齊衰，則大功有免絰也。《傳》曰：通論。「罪多而刑五，喪多而服五。上附下附，列也。」列，等比也。

閒傳第三十七

鄭氏注

斬衰何以服苴？喪禮容貌。苴，惡貌也。所以首其内而見諸外也。斬衰貌若苴，齊衰貌若枲，大功貌若止，小功、緦麻容貌可也。此哀之發於容體者也。有大憂者，面必深黑。止，謂不動於喜樂之事。枲，或爲「似」。斬衰之哭，聲音。若往而不反。齊衰之哭，若往而反。大功之哭，三曲而偯。於豈。小功、緦麻，哀容可也。此哀之發於聲音者也。三曲，一舉聲而三折也。偯，聲餘從容也。斬衰唯而不對，言語。齊衰對而不言，大功言而不議，小功、緦麻議而不及樂。此哀之發於言語者也。議，謂陳説非時事也。斬衰三日不食，飲食。齊衰二日不食，大功三不食，小功、緦麻再不食，士與斂焉則壹不食。故父母之喪，既殯食粥，朝一溢米，莫一溢米。齊衰之喪，疏食水飲，不食菜果。大功之喪，不食醯醬。小功、緦麻，不飲醴酒。此哀之發於飲食者也。父母之喪，再出父母之喪禮飲食之漸。既虞、卒哭，疏食水飲，不食菜果。期而小祥，食菜果。又期而大祥，有醯醬。中月而禫，禫而飲醴酒。始飲酒者，先飲醴酒。始食肉者，先食乾肉。先飲醴酒、食乾肉者，不忍發御厚味。父母之喪，居倚廬，居處。寢苫枕塊，不説絰帶。齊衰之喪，居堊室，苄下。翦不納。大功之喪，寢有席。小功、緦麻，牀可也。此哀之發於居處者也。父母之喪，再出父母喪禮居處之次。既虞、卒哭，柱主。楣翦屏，苄翦不納。期而小祥，居堊室，寢有席。又期而大祥，居復寢。中月而禫，禫而牀。苄，今之蒲苹也。

斬衰三升，衣服。齊衰四升、五升、六升，大功七升、八升、九升，小功十升、十一升、十二升。緦麻十五升，去其半。有事其縷，無事其布，曰緦。此哀之發於衣服者也。此齊衰多二等，大功、小功多一等，服主於受，是極列衣服之差也。斬衰三升，既虞，卒哭，受以成布六升，受服。冠七升。爲母疏衰四升，漸除。受以成布七升，冠八升。去麻服葛，葛帶三重。期而小祥，練冠縓緣，要經不除。男子除乎首，婦人除乎帶。男子何爲除乎首也？婦人何爲除乎帶也？男子重首，婦人重帶，除服者先重者，易服者易輕者。又期而大祥，素縞麻衣。中月而禫，禫而纖，無所不佩。葛帶三重，謂男子也。五分去一而四糾之。帶輕，既變，因爲飾也。婦人葛經，不葛帶。舊說云：「三糾之練而帶去一股。」去一股，則小於小功之經，似非也。易服，謂爲後喪所變也。婦人重帶，帶在下體之上，婦人重之，辟男子也。其爲帶，猶五分經去一耳。《喪服小記》曰：「除成喪者，其祭也朝服縞冠。」此素縞者，《玉藻》所云「縞冠素紕，既祥之冠」。麻衣，十五升布深衣也。謂之麻者，純用布，無采飾也。大祥除衰杖，黑經白緯曰纖。舊說：「纖，冠者采纓也。」無所不佩，紛帨之屬，如平常也。纖，或作「綅」。易服者何爲易輕者也？因上說而問之。斬衰之喪，重有喪。既虞、卒哭，遭齊衰之喪，輕者包，重者特。說所以易輕者之義也。既虞、卒哭，謂齊衰可易斬服之節也。輕者可施於卑，服齊衰之麻，以包斬衰之葛，謂男子帶，婦人經也。重者宜主於尊，謂男子之經，婦人之帶，特其葛不變之也。此言「包」「特」者，明於卑可以兩施，而尊者不可貳。既練，遭大功之喪，麻葛重。此言大功可易斬服之節也。斬衰已練，男子除經而帶獨存，婦人除帶而經獨存，謂之單。單，獨也。遭大功之喪，男子有麻經，婦人有麻帶，又皆易其輕者以麻，謂之重麻。既虞、卒哭，男子帶其故葛帶經期之葛經，婦人經其故葛經，帶期之葛帶，謂之重葛。齊衰之喪，既虞、卒哭，遭大功之喪，麻葛兼服之。此言大功可易齊衰期服之節也。兼，猶兩也。不言「包」、「特」而兩言者，包、特著其義，兼者明有經有帶耳。不言「重」者，三年之喪既練，或無經，或無帶。言「重」者，以明今皆有。期以下固皆有矣。兩者，有麻、有葛耳。葛者亦特其重，麻者亦包其輕。斬衰之葛，與齊衰之麻同。齊衰之葛，與大功之麻同。大功之葛，與小功之麻同。小功之葛，與緦之麻同。麻同則兼服之。此竟言有上服，既虞、卒哭，遭下服之差也。唯大功有變三年既練之服，小功以下，則於上皆無易焉。此言「大功之葛與小功之麻同。小功之葛，與緦之麻同」，主爲大功之殤長、中言之。兼服之服重者，則易輕者也。服重者，謂特之也。則者，則男子與婦人也。凡下服，虞卒哭，男子反其故葛帶，婦人反其故葛絰。其上服除，則固自受以下服之受矣。

三年問第三十八

鄭氏注

三年之喪，何也？曰：稱情而立文，因以飾群，別親疏貴賤之節，而弗可損益也。故曰：無易之道也。《荀子》作「無適不易道」。稱情而立文，稱人之情輕重而制其禮也。群，謂親之黨也。無易，猶不易也。創鉅者其日久，痛甚者其愈遲。三年者，稱情而立文，所以爲至痛極也。斬衰、苴杖、居倚廬、食粥、寢苫、枕塊，《荀》作「齊衰居廬席薪」。所以爲至痛飾也。飾情之章表也。三年之喪，中制。二十五月而畢，哀痛未盡，思慕未忘，然而服服，《荀》作「禮」。以是斷之者，豈不送死有已，復生有節也哉！復生，除喪反生者之事也。凡生天地之閒者，有血氣之屬必有知，物理。必有，《荀》作「莫不有」。有知之屬莫不知愛其類。今是大鳥獸則失喪其群匹，《荀》作「是大鳥」，「喪」作「亡」。越月踰時焉，則必反巡。過其故鄉，翔回焉，鳴號焉，蹢躅焉，踟躕焉。然後乃能去之。「巡」作「鉛」，「翔回」作「徘徊」，「去之」下並有「也」字。小者至於燕雀，猶有啁周。噍啾。之頃焉，然後乃能去之。故有血氣之屬者，莫知於人，故人於其親也，至死不窮。匹，偶也。言燕雀之恩不如大鳥獸，大鳥獸不如人，含血氣之類，最有知而恩深也。於其五服之親，念之至死無止已。將由夫患邪淫之人與？不肖之不及。則彼朝死而夕忘之，然而從之，則是曾鳥獸之不若也。夫焉能相與群居而不亂乎？「患」作「愚陋」，「從」作「縱」。「夫焉能」作「彼焉能」，「不亂」作「無亂」。言惡人薄於恩，死則忘之，其相與聚處，必失禮也。將由夫脩飾之君子與？賢者之過。則三年之喪，二十五月而畢，若駟之過隙，然而遂之，則是無窮也。駟之過隙，喻疾也。遂之，謂不時除也。故先王焉爲之立中制節，壹使足以成文理，則釋「釋」作「舍」。之矣。立中制節，謂服之年月也。釋，猶除也，去也。然則何以至期也？作「然則何以分之」。自期而除殺。言三年之義如此，則何以有降至於期也？期者，謂爲人後者，父在爲母也。曰：至親以期斷。言服之正，雖至親，皆期而除也。是何也？問服斷於期之義也。曰：天地則已易矣，四時則已變「變」作「遍」。矣，其在天地之中者，莫不更始焉，以是象之也。「天地之中者」作「字中者莫不更始也，故先王按以此象之也」。無「是」、「也」字。法此變易，可以期也。然則何以三年也？言法此變易可以期，何以乃三年爲？曰：加隆焉爾也，焉使倍之，按使倍之。故再期也。言於父母，加隆其恩，使倍期也。下「焉」猶「然」。由九月以下，何也？曰：焉使弗及也。按使弗及也。言使其恩不若父母。故三年以爲隆，緦、小功以爲殺，期、九月以爲閒。上取象於天，下取法於地，中取則於人，人之所以群居和壹之理無「之理」字。盡矣。取象於天地，謂法其變易也。自三年以至緦，皆歲時之數也。言既象天地，又足以盡人聚居純厚之恩也。故三年之喪，人道之至文者也。夫是之謂至隆，言三年之喪，喪禮之最盛也。是百王之所同，古今之所壹也，《荀》止「所壹也」。未有知其所由來者也。不知其所從來，喻此三年之喪，前世行之久矣。孔子曰：「子生三年，然後免於父母之懷。夫三年之喪，天下之達喪也。」達，謂自天子至於庶人。

深衣第三十九

《别録》屬制度。慈溪黄氏曰：「深衣者，古上衣下裳，此衣裳相連而爲體深邃，故謂之深衣。規圓矩方，繩直權衡，平袂在前，應規；袷在中，應矩；縫在後，應繩；齊在下，應權衡也。短毋見膚，長毋被土，與身長短適相稱也。」非借本人。

鄭氏注

古者深衣，蓋有制度，以應規、矩、繩、權、衡。言聖人制事，必有法度。短毋見膚，衣取蔽形。長毋被土，爲汚辱也。續衽，鉤邊。續，猶屬也。衽，在裳旁者也，屬連之，不殊裳前後也。鉤，讀如「鳥喙必鉤」之「鉤」。鉤邊，若今曲裾也。續，或爲「裕」。要縫半下。三分要中，减一以益下，下宜寬也。要，或爲「優」。袼各。之高下，可以運肘。肘不能不出入。袼，衣袂當腋之縫也。袂之長短，反詘之及肘。袂，屬幅於衣，詘而至肘，當臂中爲節。臂骨上下各尺二寸，則袂，肘以前尺二寸。肘，或爲「腕」。帶，下毋厭於甲。髀，俾。上毋厭脅，當無骨者。當骨，緩急難爲中也。制：十有二幅，以應十有二月。裳六幅，幅分之，以爲上下之殺。袂圜，以應規。謂胡下也。曲袷如矩，以應方。袷，交領也。古者方領，如今小兒衣領。負繩及踝，胡瓦。以應直。繩，謂裻與後幅相當之縫也。踝，跟也。下齊如權衡，以應平。齊，緝。故規者，行舉手以爲容。行舉手，謂揖讓。負繩、抱方者，以直其政、方其義也。故《易》曰：「《坤》六二之動，直以方也。」言深衣之直、方，應《易》之文也。政，或爲「正」。下齊如權衡者，以安志而平心也。心平志安，行乃正。或低若仰，則心有異志者與？五法已施，故聖人服之。言非法不服也。故規、矩取其無私，繩取其直，權、衡取其平，故先王貴之。貴此衣也。故可以爲文，可以爲武，可以擯相，可以治軍旅，完且弗費，善衣之次也。「完且弗費」，言可苦衣而易有也。深衣者，用十五升布，鍛濯灰治，純之以采。善衣，朝、祭之服也。自士以上，深衣爲之次。庶人吉服，深衣而已。具父母、大父母，衣純準。以繢。具父母，衣純以青。如孤子，衣純以素。尊者存，以多飾爲孝。繢，畫文也。三十已下，無父稱孤。純袂緣、純邊，廣各寸半。純，謂緣之也。緣袂，謂其口也。緣，緆也。緣邊，衣裳之側。廣各寸半，則表裹共三寸矣。唯袷廣二寸。

禮記卷第十九

投壺第四十

鄭氏注

投壺之禮，主人奉矢，司射奉中，使人執壺。投具。矢，所以投者也。中，士則鹿中也。射人奉之者，投壺射之類也。其奉之，西階上，北面。主人請曰：主人請。「某有枉矢哨七笑。壺，請以樂賓。」賓曰：「子有旨酒嘉肴，某既賜矣。又重以樂，敢辭。」賓辭。燕飲酒，既脱屨升坐，主人乃請投壺也。否則或射，所謂燕射也。枉、哨，不正貌。爲謙辭。主人曰：「枉矢哨壺，不足辭也。敢固以請。」賓曰：「某既賜矣，又重以樂，敢固辭。」固之言如故也。言如故辭者，重辭也。主人曰：「枉矢哨壺，不足辭也，敢固以請。」賓曰：「某固辭不得命，敢不敬從。」不得命，不以命見許。賓再拜受，賓交矢。主人般還，曰：「辟。」賓再拜受，拜受矢也。主人既辟，進授矢兩楹之閒也。主人阼階上拜送，賓般還，曰：「辟。」拜送，送矢也。辟，亦於其階上。已拜，受矢，進即兩楹閒。退反位，揖賓就筵。主人既拜送矢，又自受矢。進即兩楹閒者，言將有事於此也。退乃揖賓即席，欲與偕進，明爲偶也。賓席，主人席，皆南鄉，閒相去如射物。司射進度壺，閒以二矢半，反位，設中，東面，執八算，興。度壺，度其所設之處也。壺去坐二矢半，則堂上去賓席，主人席邪行各七尺也。反位，西階上位也。設中，東面。既設中，亦實八算於中，横委其餘於中西，執算而立，以請賓俟投。請賓曰：

司射請投。「順投爲入，比投不釋，勝飲不勝者。正爵既行，請爲勝者立馬。一馬從二馬，三馬既立，請慶多馬。」請主人亦如之。請，猶告也。順投，矢本入也。比投，不拾也。勝飲不勝，言以能養不能也。正爵，所以正禮之爵也。或以罰，或以慶。馬，勝算也。謂之馬者，若云技藝如此，任爲將帥乘馬也。射、投壺，皆所以習武，因爲樂。命弦者曰：「請奏《貍首》，樂。間若一。」大師曰：「諾。」弦，鼓瑟者也。《貍首》，《詩》篇名也。今逸。《射義》所云「《詩》曰『曾孫侯氏』」是也。間若一者，投壺當以爲志，取節焉。左右告矢具，請拾其劫。投。有入者，則司射坐而釋一算焉。中算。賓黨於右，主黨於左。拾，更也。告矢具、請更没者，司射也。司射東面立，釋算則坐。以南爲右，北爲左也。已投者，退各反其位。卒投，司射執算曰：「左右卒投，請數。」請數。二算爲純，全。一純以取，一算爲奇。遂以奇算告曰：「某賢於某若干純。」奇則曰「奇」，鈞則曰「左右鈞」。卒，已也。賓主之黨畢已投，司射又請數其所釋左右算，如數射算。一純以取，實於左手，十純則縮而委之。每委異之。有餘則横諸純下。一算爲奇，奇則縮諸純下，兼斂左算，實於左手，一純以委，十則異之。其他如右獲。畢，則司射執奇算，以告於賓與主人也。若告云「某賢於某」者，未斥主黨勝與，賓黨勝與。以勝爲賢，尚技藝也。鈞，猶等也。等則左右手各執一算以告。命酌曰：「請行觴。」行觴不勝者。酌者曰：「諾。」司射又請於賓與主人，以行正爵。酌者，勝黨之弟子。當飲者皆跪奉觴曰：「賜灌。」勝者跪曰：「敬養。」酌者亦酌奠於豐上，不勝者坐取，乃退而跪飲之。灌，猶飲也。言「賜灌」者，服而爲尊敬辭也。《周禮》曰：「以灌賓客。」賜灌、敬養，各與其偶於西階上，如飲射爵。正爵既行，請立馬。慶馬勝者。馬各直其算。一馬從二馬，以慶。慶禮曰：「三馬既備，請慶多馬。」賓主皆曰：「諾。」禮半。飲不勝者畢，司射又請爲勝者立馬，當其所釋算之前。三立馬者，投壺如射，亦三而止也。三者，一黨不必三勝，其一勝者，并其馬於再勝者以慶之，明一勝不得慶也。飲慶爵者，偶親酌，不使弟子，無豐。正爵既行，請徹馬。投壺禮畢，可以去其勝算也。既徹馬，無算爵乃行。算多少，算。視其坐。算用當視坐投壺者之衆寡爲數也。投壺者人四矢，亦人四算。籌，籌。室中五扶，堂上七扶，庭中九扶。籌，矢也。鋪四指曰扶。一指案寸。《春秋傳》曰：「膚寸而合。」投壺者，或於室，或於堂，或於庭，其禮褻，隨晏早之宜，無常處。算，長尺二寸。其節三扶可也。或曰：「算長尺有握。」握，素也。壺，壺。頸脩七寸，腹脩五寸，口徑二寸半，容斗五升。壺中實小豆焉，爲其矢之躍而出也。壺去席二矢半。脩，長也。腹容斗五升，三分益一，則爲二斗，得圜囷之象，積三百二十四寸也。以腹脩五寸約之所得，求其圜周，圜周二尺七寸有奇，是爲腹徑九寸有餘也。實以小豆，取其滑且堅。矢，矢。以柘若棘，毋去其皮。取其堅且重也。舊説云：矢大七分，或言去其皮節。魯令弟子辭曰：命辭。「毋幠，呼。毋敖，毋偝立，毋踰言。偝立，踰言，有常爵！」薛令弟子辭曰：「毋幠，毋敖，毋偝立，毋踰言，若是者浮！」弟子，賓黨、主黨年稺者也。爲其立堂下相褻慢，司射戒令之。記魯、薛者，禮衰乖異，不知孰是也。幠、敖，慢也。偝立，不正鄉前也。踰言，遠談語也。常爵，常所以罰人之爵也。浮，亦謂是也。《晏子春秋》曰：「酌者奉觴而進曰：『君令浮！』」晏子時以罰梁丘據。浮，或作「匏」，或作「符」。踰，或爲「遥」。鼓：鼓。

○□○○□□○□○○□半○□○□○○○□□○□○魯鼓。○□○○○□□○□○○□□○□○○□□○半○□○○□□○薛鼓。此魯、薛擊鼓之節也。圜者擊鼙，方者擊鼓。古者舉事，鼓各有節，聞其節，則知其事矣。取「半」以下爲投壺禮，盡用之爲射禮。投壺之鼓，半射節者，投壺射之細也。射，謂燕射。司射、庭長及冠士立者，皆屬賓黨。樂人及使者、童子，皆屬主黨。庭長，司正也。使者，主人所使薦羞者。樂人，國子能爲樂者。此皆與於投壺。

魯鼓：○□○○□□○○半○□○□○○○○□○□○薛鼓：○□○○○○□○□○□○○○□○□○○□○半○□○□○○○○□○此二者，記兩家之異，故兼列之。

儒行第四十一

此篇非夫子之書，戰國儒者所作。本程子。

鄭氏注

魯哀公問於孔子曰：「夫子之服，其儒服與？」哀公館孔子，見其服與士大夫異，又與庶人不同，疑爲儒服而問之。孔子對曰：「丘少居魯，衣逢掖之衣。長居宋，冠章甫之冠。丘聞之也：君子之學也博，其服也鄉。丘不知儒服。」逢，猶大也。大掖之衣，大袂襌衣也。此君子有道藝者所衣也。孔子生魯，長而之宋而冠焉。宋，其祖所出也。衣少所居之服，冠長所居之冠，是之謂鄉。言不知儒服，非哀公意不在於儒，乃今問其服。庶人襌衣，袂二尺二寸，袪尺二寸。哀公曰：「敢問儒行？」孔子對曰：「遽數之不能終其物，悉數之乃留，更僕未可終也。」遽，猶卒也。物，猶事也。留，久也。僕，大僕也。君燕朝則正位，掌擯相。更之者，爲久將倦，使之相代。哀公命席。爲孔子布席於堂，與之坐也。君適其臣，升自阼階，所在如主。孔子侍，曰：「儒有席上之珍以待聘，席上之珍。孔氏謂儒能鋪陳上古堯舜美善之道，以待君上聘召也。謂此經論儒者，自學脩飾、立身之事，不應直云「席上之珍」可重，故鄭不從。夙夜强學以待問，懷忠信以待舉，力行以待取。其自立有如此者。席，猶鋪陳也。鋪陳往古堯舜之善道以待見問也。大問曰聘。舉，見舉用也。取，進取位也。儒有衣冠中，動作慎。其大讓如慢，小讓如僞。大則如威，小則如愧。其難進而易退也，粥祝。粥若無能也。其容貌有如此者。中，中間，謂不嚴厲也。如慢、如僞，言之不愊怛也。如威、如愧，如有所畏。儒有居處齊難，其坐起恭敬。言必先信，行必中正。道塗不争險易之利，冬夏不争陰陽之和。愛其死以有待也，養其身以有爲也。其備豫有如此者。齊難，齊莊可畏難也。行不争道，止不選處，所以遠鬭訟。儒有不寶金玉，而忠信以爲寶。不祈土地，立義以爲土地。不祈多積，多文以爲富。難得而易禄也，易禄而難畜也。非時不見，不亦難得乎？非義不合，不亦難畜乎？先勞而後禄，不亦易禄乎？其近人有如此者。祈，猶求也。立義以爲土地，以義自居也。難畜，難以非義久留也。勞，猶事也。積，或爲「貨」。儒有委之以貨財，淹之以樂好，見利不虧其義。劫之以衆，沮之以兵，見死不更其守。鷙蟲攫搏，不程勇者。引重鼎，不程其力。往者不悔，來者不豫。過言不再，流言不極。不斷其威，不習其謀。其特立有如此者。淹，謂浸漬之。劫，劫脅也。沮，謂恐怖之也。鷙蟲，猛鳥、猛獸也，字從鳥，鷙省聲也。程，猶量也。重鼎，大鼎也。搏猛引重，不量勇力堪之與否，當之則往也。雖有負者，後不悔也。其所未見，亦不豫備，平行自若也。不再，猶不更也。不極，不問所從出也。不斷其威，常可畏也。不習其謀，口及則言，不豫其説而順也。斷，或爲「繼」。儒有可親而不可劫也，可近而不可迫也，可殺而不可辱也。其居處不淫，其飲食不溽，其過失可微辨而不可面數也，其剛毅有如此者。淫，謂傾邪也。恣滋味爲溽。溽之言欲也。儒有忠信以爲甲胄，禮義以爲干櫓。戴仁而行，抱義而處，雖有暴政，不更其所。其自立有如此者。甲，鎧。胄，兜鍪也。干櫓，小盾、大盾也。儒有一畝之宫，環堵之室，篳門圭窬，蓬户甕牖。易衣而出，并日而食。上答之，不敢以疑。上不答，不敢以諂。其仕有如此者。言貧窮屈道，仕爲小官也。宫，謂牆垣也。環堵，面一堵也。五版爲堵，五堵爲雉。篳門，荆竹織門也。圭窬，門旁窬也，穿牆爲之如圭矣。井日而食，二日用一日食也。上答之，謂君應用其言。儒有今人與居，古人與稽。今世行之，後世以爲楷。適弗逢世，上弗援，下弗推，讒諂之民有比黨而危之者。身可危也，而志不可奪也。雖危，起居竟信其志，猶將不忘百姓之病也。其憂思有如此者。稽，猶合也。古人與合，則不合於今人也。援，猶引也，取也。推，猶進也，舉也。危，欲毁害之也。起居，猶舉事動作。信，讀如「屈伸」之「伸」，假借字也，猶圖也。信，或爲「身」。

儒有博學而不窮，篤行而不倦，幽居而不淫，上通而不困。禮之以和爲貴，忠信之美，優游之法。慕賢而容衆，毁方而瓦合。其寬裕有如此者。不窮，不止也。幽居，謂獨處時也。上通，謂仕道達於君也。既仕則不困於道德不足也。忠信之美，美忠信者也。優游之法，法和柔者也。毁方而瓦合，去己之大圭角，下與衆人小合也。必瓦合者，亦君子爲道不遠人。儒有内稱不辟親，外舉不辟怨。程功積事，推賢而進達之，不望其報。君得其志，苟利國家，不求富貴。其舉賢援能有如此者。君得其志者，君所欲爲，賢臣成之。

儒有聞善以相告也，見善以相示也，爵位相先也，患難相死也，久相待也，遠相致也。其任舉有如此者。相先，猶相讓也。久相待，謂其友久在下位不升，己則待之乃進也。遠相致者，謂己得明君而仕，友在小國不得志，則相致達也。儒有澡身而浴德，陳言而伏，静而正之，上弗知也。麤而翹之，又不急爲也。不臨深而爲高，不加少而爲多。世治不輕，世亂不沮。同弗與，異弗非也。其特立獨行有如此者。麤，猶疏也，微也。君不知己有善言正行，則觀色緣事而微翹發其意使知之，又必舒而脱脱焉。己爲之疾，則君納之速。君納之速，怪妬所由生也。「不臨深而爲高」，臨衆不以己位尊自振貴也。「不加少而爲多」，謀事不以己小勝自矜大也。「世治不輕」，不以賢者並衆不自重愛也。「世亂不沮」，不以道衰廢壞己志也。

儒有上不臣天子，下不事諸侯。愼靜而寬，强毅以與人，博學以知服。近文章，砥厲廉隅。雖分國，如錙銖。不臣，不仕。其規爲有如此者。「强毅以與人」，彼來辨言行而不正，不苟屈以順之也。「博學以知服」，不用己之知，勝於先世賢知之所言也。「雖分國，如錙銖」，言君分國以禄之，視之輕如錙銖矣。八兩曰錙。

儒有合志同方，營道同術。並立則樂，相下不厭。久不相見，聞流言不信。其行本方立義，同而進，不同而退。其交友有如此者。「同方」、「同術」，等志行也。「聞流言不信」，不信其友所行如毀謗也。

温良者，仁之本也。敬愼者，仁之地也。寬裕者，仁之作也。孫接者，仁之能也。禮節者，仁之貌也。言談者，仁之文也。歌樂者，仁之和也。分散者，仁之施也。儒皆兼此而有之，猶且不敢言仁也。其尊讓有如此者。此兼上十五儒，蓋聖人之儒行也。孔子嫌若斥己，假仁以爲説。仁，聖之次也。

儒有不隕穫於貧賤，不充詘於富貴，不慁君王，不累長上，不閔有司，故曰儒。隕穫，困迫失志之貌也。充詘，喜失節之貌。慁，猶辱也。累，猶係也。閔，病也。言不爲天子、諸侯、卿大夫、群吏所困迫而違道。孔子自謂也。充，或爲「統」。閔，或爲「文」。

今衆人之命儒也妄，常以儒相詬病。」妄之言無也。言今世名儒無有，常人遭人名爲儒，而以儒靳故相戲，此哀公輕儒之所由也。詬病，猶耻辱也。

孔子至舍，哀公館之，聞此言也，言加信，行加義：「終没吾世，不敢以儒爲戲。」《儒行》之作，蓋孔子自衛初反魯時也。孔子歸至其舍，哀公就而以禮館之，問儒服，而遂問儒行，乃始覺焉。言「没世不敢以儒爲戲」，當時服。

大學第四十二

鄭氏注

大學之道，在明明德，在親民，在止於至善。知止而後有定，定而後能靜，靜而後能安，安而後能慮，慮而後能得，物有本末，事有終始，知所先後，則近道矣。明明德，謂顯明其至德也。止，猶自處也。得，謂得事之宜也。

古之欲明明德於天下者，先治其國。欲治其國者，先齊其家。欲齊其家者，先脩其身。欲脩其身者，先正其心。欲正其心者，先誠其意。欲誠其意者，先致其知。知，謂知善惡吉凶之所終始也。致知在格物。格，來也。物，猶事也。其知於善深則來善物，其知於惡深則來惡物，言事緣人所好來也。此「致」或爲「至」。物格而後知至，知至而後意誠，意誠而後心正，心正而後身脩，身脩而後家齊，家齊而後國治，國治而後天下平。自天子以至於庶人，壹是皆以脩身爲本，其本亂而末治者否矣。其所厚者薄，而其所薄者厚，未之有也。此謂知本，此謂知之至也。壹是，專行是也。所謂誠其意者，毋自欺也。如惡惡臭，如好好色，此之謂自謙。故君子必慎其獨也。小人閒居爲不善，無所不至，見君子而後厭然，揜其不善而著其善。人之視己，如見其肺肝然，則何益矣？此謂誠於中，形於外，故君子必慎其獨也。謙，讀爲「慊」。慊之言厭也。厭，讀爲「黶」。黶，閉藏貌也。曾子曰：「十目所視，十手所指，其嚴乎！」富潤屋，德潤身，心廣體胖，故君子必誠其意。

嚴乎，言可畏敬也。胖，猶大也。三者言有實於內，顯見於外。《詩》云：「瞻彼淇澳，菉竹猗猗。有斐君子，如切如磋，如琢如磨。瑟兮僩兮，赫兮喧兮。有斐君子，終不可諠兮。」「如切如磋」者，道學也。「如琢如磨」者，自脩也。「瑟兮僩兮」者，恂慄也。「赫兮喧兮」者，威儀也。「有斐君子，終不可諠兮」者，道盛德至善，民之不能忘也。此心廣體胖之詩也。澳，隈崖也。「菉竹猗猗」，喻美盛。斐，有文章貌也。諠，忘也。道，猶言也。恂字，或作「峻」，讀如「嚴峻」之「峻」，言其容貌嚴栗也。民不能忘，以其意誠而德著也。《詩》云：「於戲前王不忘！」君子賢其賢而親其親，小人樂其樂而利其利，此以沒世不忘也。聖人既有親賢之德，其政又有樂利於民，君子小人各有以思之。《康誥》曰：「克明德。」《大甲》曰：「顧諟天之明命。」《帝典》曰：「克明峻德。」皆自明也。皆自明明德也。克，能也。顧，念也。諟，猶止也。《帝典》、《堯典》，亦《尚書》篇名也。峻，大也。諟，或爲「題」。湯之《盤銘》曰：「苟日新，日日新，又日新。」《康誥》曰：「作新民。」《詩》曰：「周雖舊邦，其命惟新。」是故君子無所不用其極。盤銘，刻戒於盤也。極，猶盡也。君子日新其德，常盡心力，不有餘也。《詩》云：「邦畿千里，惟民所止。」《詩》云：「緡蠻黃鳥，止于丘隅。」子曰：「於止，知其所止，可以人而不如鳥乎？」於止，於鳥之所止也。就而觀之，知其所止，知鳥擇岑蔚安閒而止處之耳，言人亦當擇禮義樂土而自止處也。《論語》曰：「里仁爲美。擇不處仁，焉得知？」《詩》云：「穆穆文王，於緝熙敬止。」爲人君，止於仁。爲人臣，止於敬。爲人子，止於孝。爲人父，止於慈。與國人交，止於信。緝熙，光明也。此美文王之德光明敬其所以自止處。

子曰：「聽訟，吾猶人也，必也使無訟乎！」無情者不得盡其辭，大畏民志。情，猶實也。無實者多虚誕之辭。聖人之聽訟與人同耳，必使民無實者不敢盡其辭，大畏其心志，使誠其意，不敢訟。此謂知本。本，謂誠其意也。所謂脩身在正其心者：身有所忿懥，則不得其正。有所恐懼，則不得其正。有所好樂，則不得其正。有所憂患，則不得其正。心不在焉，視而不見，聽而不聞，食而不知其味。此謂脩身在正其心。懥，怒貌也。或作「懫」，或爲「疐」。所謂齊其家在脩其身者：人之其所親愛而譬焉，之其所賤惡而譬焉，之其所畏敬而譬焉，之其所哀矜而譬焉，之其所敖惰而譬焉。故好而知其惡，惡而知其美者，天下鮮矣。故諺有之曰：「人莫知其子之惡，莫知其苗之碩。」此謂身不脩不可以齊其家。之，適也。譬，猶喻也。言適彼而以心度之曰：吾何以親愛此人？非以其有德美與？吾何以敖惰此人？非以其志行薄與？反以喻己，則身脩與否，可自知也。鮮，罕也。「人莫知其子之惡」，猶愛而不察。碩，大也。所謂治國必先齊其家者，其家不可教而能教人者，無之。故君子不出家而成教於國。孝者，所以事君也。弟者，所以事長也。慈者，所以使衆也。《康誥》曰：「如保赤子。」心誠求之，雖不中不遠矣。未有學養子而後嫁者也。養子者，推心爲之，而中於赤子之嗜欲也。一家仁，一國興仁；一家讓，一國興讓。一人貪戾，一國作亂。其機如此。此謂一言僨事，一人定國。一家、一人，謂人君也。戾之言利也。機，發動所由也。僨，猶覆敗也。《春秋傳》曰：「登戾之。」又曰：「鄭伯之車僨於濟。」戾，或爲「吝」。僨，或爲「犇」。堯舜率天下以仁，而民從之。桀紂率天下以暴，而民從之。其所令反其所好，而民不從。言民化君行也。君若好貨而禁民淫於財利，不能止也。是故君子有諸己而後求諸人，無諸己而後非諸人。所藏乎身不恕，而能喻諸人者，未之有也。故治國在齊其家。有於己，謂有仁讓也。無於己，謂無貪戾也。《詩》云：「桃之夭夭，其葉蓁蓁。之子于歸，宜其家人。」宜其家人，而後可以教國人。《詩》云：「宜兄宜弟。」宜兄宜弟，而後可以教國人。《詩》云：「其儀不忒，正是四國。」其爲父子兄弟足法，而後民法之也。此謂治國在齊其家。夭夭、蓁蓁，美盛貌。之子者，是子也。所謂平天下在治其國者，上老老而民興孝，上長長而民興弟，上恤孤而民不倍，是以君子有絜矩之道也。老老，長長，謂尊老敬長也。恤，憂也。民不倍，不相倍棄也。絜，猶結也，挈也。矩，法也。君子有挈法之道，謂常執而行之，動作不失之。倍，或作「偝」。矩，或作「巨」。所惡於上，毋以使下。所惡於下，毋以事上。所惡於前，毋以先後。所惡於後，毋以從前。所惡於右，毋以交於左。所惡於左，毋以交於右。此之謂絜矩之道。絜矩之道，善持其所有以恕於人耳。治國之要盡於此。《詩》云：「樂只君子，民之父母。」民之所好好之，民之所惡惡之，此之謂民之父母。言治民之道無他，取於己而已。《詩》云：「節彼南山，惟石巖巖。赫赫師尹，民具爾瞻。」有國者不可以不慎，辟則爲天下僇矣。巖巖，喻師尹之高嚴也。師尹，天子之大臣爲政者也。言民皆視其所行而則之，可不慎其德乎！邪辟失道，則有大刑。《詩》云：「殷之未喪師，克配上帝。儀監于殷，峻命不易。」道得衆則得國，失衆則失國。是故君子先慎乎德。有德此有人，有人此有土，有土此有財，有財此有用。德者本也，財者末也。外本内末，争民施奪。是故財聚則民散，財散則民聚。是故言悖而出者，亦悖而入。貨悖而入者，亦悖而出。師，衆也。克，能也。峻，大也。言殷王帝乙以上，未失其民之時，德亦有能配天者，謂天享其祭祀也。及紂爲惡，而民怨神怒，以失天下。監視殷時之事，天之大命，持之誠不易也。道，猶言也。用，謂國用也。施奪，施其劫奪之情也。悖，猶逆也。

言君有逆命，則民有逆辭也。上貪於利，則下人侵畔。《老子》曰：「多藏必厚亡。」《康誥》曰：「惟命不于常。」道善則得之，不善則失之矣。于，於也。天命不於常，言不專祐一家也。《楚書》曰：「楚國無以爲寶，惟善以爲寶。」《楚書》，楚昭王時書也。言以善人爲寶。時謂觀射父、昭奚恤也。舅犯曰：「亡人無以爲寶，仁親以爲寶。」舅犯，晉文公之舅狐偃也。亡人，謂文公也。時辟驪姬之讒，亡在翟，而獻公薨，秦穆公使子顯弔，因勸之復國，舅犯爲之對此辭也。仁親，猶言親愛仁道也，明不因喪規利也。《秦誓》曰：「若有一介臣，斷斷兮，無他技，其心休休焉，其如有容焉。人之有技，若己有之。人之彥聖，其心好之，不啻若自其口出。寔能容之，以能保我子孫，黎民尚亦有利哉！人之有技，媢疾以惡之。人之彥聖，而違之俾不通，寔不能容，以不能保我子孫，黎民亦曰殆哉！」《秦誓》，《尚書》篇名也。秦穆公伐鄭，爲晉所敗於殽，還，誓其群臣而作此篇也。斷斷，誠一之貌也。他技，異端之技也。有技，才藝之技也。若己有之，不啻若自其口出，皆樂人有善之甚也。美士爲彥。黎，衆也。尚，庶幾也。媢，妬也。違，猶戾也。俾，使也。佛戾賢人所爲，使功不通於君也。殆，危也。彥，或作「盤」。唯仁人放流之，迸諸四夷，不與同中國。此謂唯仁人爲能愛人，能惡人。放去惡人媢嫉之類者，獨仁人能之。如舜放四罪而天下咸服。見賢而不能舉，舉而不能先，命也。見不善而不能退，退而不能遠，過也。命，讀爲「慢」，聲之誤也。舉賢而不能使君以先己，是輕慢於舉人也。好人之所惡，惡人之所好，是謂拂人之性，菑必逮夫身。拂，猶佹也。逮，及也。是故君子有大道，必忠信以得之，驕泰以失之。道，行所由。生財有大道，生之者衆，食之者寡，爲之者疾，用之者舒，則財恒足矣。是不務禄不肖，而勉民以農也。仁者以財發身，不仁者以身發財。發，起也。言仁人有財，則務於施與以起身，成其令名。不仁之人有身，貪於聚斂以起財，務成富。未有上好仁而下不好義者也，未有好義其事不終者也，未有府庫財非其財者也。言君行仁道，則其臣必義。以義舉事，無不成者。其爲誠然，如己府庫之財爲己有也。孟獻子曰：「畜馬乘，不察於雞豚。伐冰之家，不畜牛羊。百乘之家，不畜聚斂之臣。與其有聚斂之臣，寧有盜臣。」此謂國不以利爲利，以義爲利也。孟獻子，魯大夫仲孫蔑也。畜馬乘，謂以士初試爲大夫也。伐冰之家，卿大夫以上，喪祭用冰。百乘之家，有采地者也。雞豚牛羊，民之所畜養以爲財利者也。國家利義不利財。盜臣損財耳，聚斂之臣乃損義。《論語》曰：「季氏富於周公，而求也爲之聚斂，非吾徒也，小子鳴鼓而攻之可也。」長國家而務財用者，必自小人矣。言務聚財爲己用者必忘義，是小人所爲也。彼爲善之，小人之使爲國家，菑害並至，雖有善者，亦無如之何矣。彼，君也。君將欲以仁義善其政，而使小人治其國家之事，患難猥至，雖云有善，不能救之，以其惡之已著也。此謂國不以利爲利，以義爲利也。

禮記卷第二十

冠義第四十三

《儀禮》有《冠禮》，《冠義》乃其傳也。《别録》屬吉事。

鄭氏注

凡人之所以爲人者，禮義也。禮義之始，在於正容體，齊顔色，順辭令。言人爲禮，以此三者爲始。容體正，顔色齊，辭令順，而後禮義備，以正君臣，親父子，和長幼。言三始既備，乃可求以三行也。君臣正，父子親，長幼和，而後禮義立。立，猶成也。故冠而後服備，服備而後容體正，顔色齊，辭令順。言服未備者，未可求以三始也。童子之服，采衣，紒。故曰：冠者，禮之始也。是故古者聖王重冠。古者冠禮：筮日、筮賓，所以敬冠事。敬冠事所以重禮，重禮所以爲國本也。國以禮爲本。故冠於阼，以著代也。醮於客位，三加彌尊，加有成也。阼，謂主人之北也。適子冠於阼。若不醴，則醮用酒，於客位敬而成之也。户西爲客位。庶子冠於房户外，又因醮焉，不代父也。冠者初加緇布冠，次加皮弁，次加爵弁，每加益尊，所以益成也。已冠而字之，成人之道也。字所以相尊也。見於母，母拜之。見於兄弟，兄弟拜之，成人而與爲禮也。玄冠玄端，奠摯於君，遂以摯見於鄉大夫、鄉先生，以成人見也。鄉先生，同鄉老而致仕者。服玄冠玄端，異於朝也。成人之者，將責成人禮焉也。責成人禮焉者，將責爲人子、爲人弟、爲人臣、爲人少者之禮行焉。將責四者之行於人，其禮可不重與？言責人以大禮者，已接之不可以苟。故孝弟忠順之行立，而後可以爲人。可以爲人，而後可以治人也。故聖王重禮。故曰：冠者，禮之始也，嘉事之重者也。是故古者重冠。重冠故行之於廟。行之於廟者，所以尊重事。尊重事，而不敢擅重事。不敢擅重事，所以自卑而尊先祖也。（嘉事，嘉禮也。宗伯掌五禮，有吉禮，有凶禮，有賓禮，有軍禮，有嘉禮，而冠屬嘉禮。《周禮》曰「以昏冠之禮，親成男女」也。）

昏義第四十四（《儀禮》有《昏禮》，《昏義》，乃其傳。）

鄭氏注

昏禮者，將合二姓之好，上以事宗廟，而下以繼後世也，故君子重之。是以昏禮，（六禮。）納采、問名、納吉、納徵、請期，皆主人筵几於廟，而拜迎於門外。入，揖讓而升，聽命於廟，所以敬慎重正昏禮也。（聽命，謂主人聽使者所傳壻家之命。）父親醮子而命之迎，（壻親迎。）男先於女也。子承命以迎，主人筵几於廟，而拜迎于門外。壻執雁入，揖讓升堂，再拜奠雁，蓋親受之於父母也。降出，御婦車，而壻授綏，御輪三周，先俟于門外。婦至，（婦至。）壻揖婦以入，共牢而食，合巹（謹。）而酳，（以刃。）所以合體，同尊卑，以親之也。（酌而無酬酢曰醮。醮之禮如冠醮與？其異者，於寢耳。壻御婦車輪三周，御者代之，壻自乘其車，先道之歸也。共牢而食，合巹而酳，成婦之義。）敬慎重正，而後親之，禮之大體，而所以成男女之別，而立夫婦之義也。男女有別，而後夫婦有義。夫婦有義，而後父子有親。父子有親，而後君臣有正。故曰：昏禮者，禮之本也。（言子受氣性純則孝，孝則忠也。）夫禮，始於冠，本於昏，重於喪、祭，尊於朝、聘，和於射、鄉。此禮之大體也。始，猶根也。本，猶幹也。鄉，鄉飲酒。「夙興，婦沐浴以俟見。婦見舅姑。質明，贊見婦於舅姑。婦執笲煩。棗、栗、段丁亂。脩以見。贊醴婦。婦祭脯醢，祭醴，成婦禮也。成其爲婦之禮也。贊醴婦，當作「禮」，聲之誤也。舅姑入室，婦以特豚饋，婦饋舅姑。明婦順也。」以饋明婦順者，供養之禮，主於孝順。「厥明，舅姑共饗婦以一獻之禮，奠酬。舅姑先降自西階，婦降自阼階」，以著代也。言既獻之，而授之以室事也。降者，各還其燕寢。婦見及饋饗於適寢。《昏禮》不言「厥明」，此言之者，容大夫以上禮多，或異日。成婦禮，明婦順，又申之以著代，所以重責婦順焉也。婦順者，順於舅姑，和於室人，而後當於夫，以成絲麻布帛之事，以審守委積蓋藏。室人，謂女妐、女叔諸婦也。當，猶稱也。後言稱夫者，不順舅姑，不和室人，雖有善者，猶不爲稱夫也。

是故婦順備，推原教女。而後内和理，内和理而後家可長久也。故聖王重之。順備者，行和當，事成審也。是以古者婦人先嫁三月，祖廟未毁，教于公宫；祖廟既毁，教于宗室。教以婦德、婦言、婦容、婦功。教成祭之，牲用魚，芼之以蘋藻，所以成婦順也。謂與天子諸侯同姓者也。嫁女者必就尊者教成之，教之者，女師也。祖廟，女所出之祖也。公，君也。宗室，宗子之家也。婦德，貞順也。婦言，辭令也。婦容，婉娩也。婦功，絲麻也。祭之，祭其所出之祖也。魚、蘋藻，皆水物，陰類也。魚爲俎實，蘋藻爲羹菜。祭無牲牢，告事耳，非正祭也，其齊盛用黍云。君使有司告之。宗子之家，若其祖廟已毁，則爲壇而告焉。

古者天子后立六宫、推廣，天子、王后。三夫人、九嬪、二十七世婦、八十一御妻。以聽天下之内治，以明章婦順，故天下内和而家理。天子立六官、三公、九卿、二十七大夫、八十一元士，以聽天下之外治，以明章天下之男教，故外和而國治。故曰：天子聽男教，后聽女順。天子理陽道，后治陰德。天子聽外治，后聽内職。教順成俗，外内和順，國家理治，此之謂盛德。天子六寢，而六宮在後，六官在前，所以承副，施外内之政也。三夫人以下，百二十人，周制也。三公以下，百二十人，似夏時也。合而言之，取其相應，有象天數也。内治，婦學之法也。陰德，謂主陰事、陰令也。是故男教不脩，陽事不得，適見於天，日爲之食。婦順不脩，陰事不得，適見於天，月爲之食。是故日食則天子素服，而脩六官之職，蕩天下之陽事。月食則后素服，而脩六宮之職，蕩天下之陰事。故天子之與后，猶日之與月，陰之與陽，相須而後成者也。適之言責也。食者，見道有虧傷也。蕩，蕩滌，去穢惡也。天子脩男教，父道也。后脩女順，母道也。故曰：天子之與后，猶父之與母也。故爲天王服斬衰，服父之義也。爲后服資衰，服母之義也。父母者，施教令於婦子者也。故其服同。資，當爲「齊」，聲之誤也。

鄉飲酒義第四十五

《儀禮》有《鄉飲酒禮》。《禮記》有《鄉飲酒義》。《儀禮》尚賢，《禮記》尚齒。《儀禮》是興賢之飲酒，此鄉大夫，所謂以禮禮賓者也。《禮記》是序齒之飲酒，此黨正所謂「以禮屬民，而飲酒于序，以正齒位者」也。《鄉飲酒》，《别録》屬吉事。

鄭氏注

鄉飲酒之義：主人拜迎賓于庠門之外，入，三揖而後至階，三讓而後升，所以致尊讓也。庠，鄉學也。州黨曰序。盥洗揚觶，所以致絜也。揚，舉也。今《禮》皆作「騰」。拜至，拜洗，拜受，拜送，拜既，所以致敬也。拜至，謂始升時拜，拜賓至。尊讓、絜、敬也者，君子之所以相接也。君子尊讓則不爭，絜敬則不慢。不慢不爭，則遠於鬬辨矣。不鬬辨，則無暴亂之禍矣。斯君子之所以免於人禍也。故聖人制之以道。道，謂此禮。鄉人、士、君子，尊於房户之閒，賓主共之也。尊有玄酒，貴其質也。鄉人，鄉大夫也。士，州長、黨正也。君子，謂卿、大夫也。卿、大夫、士飲國中賢者，亦用此禮也。共尊者，人臣卑，不敢專大惠。羞出自東房，主人共之也。羞，燕私可以自專也。洗當東榮，主人之所以自絜而以事賓也。絜，猶清也。賓主，象天地也。介僎，象陰陽也。三賓，象三光也。讓之三也，象月之三日而成魄也。文公曰：「三日成魄，不成文理。或云『當作月三日而成明』。方是。」四面之坐，象四時也。陰陽，助天地養成萬物之氣也。三賓，象天三光者，繫於天也。古文《禮》「僎」皆作「遵」。天地嚴凝之氣，始於西南而盛於西北，此天地之尊嚴氣也，此天地之義氣也。天地温厚之氣，始於東北而盛於東南，此天地之盛德氣也，此天地之仁氣也。凝，猶成也。主人者尊賓，故坐賓於西北，而坐介於西南以輔賓。賓者，接人以義者也，故坐於西北。「賓者接人以義」，言賓來以成主人之德。主人者，接人以仁，以德厚者也，故坐於東南，而坐僎於東北以輔主人也。以僎輔主人，以其仕在官也。仁義接，賓主有事，俎豆有數，曰聖，聖立而將之以敬曰禮，禮以體長幼曰德。聖，通也。所以通賓主之意也。將，猶奉也。德也者，得於身也。故曰：古之學術道者，將以得身也，是故聖人務焉。術，猶藝也。得身者，謂成己令名，免於刑罰也。言學術道，則此説賓賢能之禮。祭薦，祭酒，敬禮也。嚌才乂。肺，嘗禮也。啐取内。酒，成禮也。於席末，言是席之正，非專爲飲食也，爲行禮也。此所以貴禮而賤財也。卒觶，致實於西階上，言是席之上，非專爲飲食也，此先禮而後財之義也。先禮而後財，則民作敬讓而不爭矣。非專爲飲食，言主於相敬以禮也。致實，謂盡酒也。酒爲觴實，祭薦、祭酒、嚌肺於席中，唯啐酒於席末也。

鄉飲酒之禮：六十者坐，五十者立侍，以聽政役，所以明尊長也。六十者三豆，七十者四豆，八十者五豆，九十者六豆，所以明養老也。民知尊長養老，而後乃能入孝弟。民入孝弟，出尊長養老，而後成教，成教而後國可安也。君子之所謂孝作教。者，非家至而日見之也，合諸鄉射，教之鄉飲酒之禮，而孝弟之行立矣。此説鄉飲酒，謂《黨正》「國索鬼神而祭祀，則以禮屬民而飲酒于序，以正齒位」之禮也。其鄉射，則《州長》「春秋以禮會民而射于州序」之禮也。謂之鄉者，州、黨，鄉之屬也。或則鄉之所居州、黨，鄉大夫親爲主人焉。如今郡國下令長於鄉射飲酒，從大守相臨之禮也。孔子曰：「吾觀於鄉，而知王道之易易也。」鄉，鄉飲酒也。易易，謂教化之本，尊賢尚齒而已。主人親速賓及介，而衆賓自從之。至于門外，主人拜賓及介，而衆賓自入。貴賤之義別矣。速，謂即家召之。別，猶明也。三揖至于階，三讓以賓升，拜至、獻酬、辭讓之節繁。及介，省矣。至于衆賓，升受，坐祭，立飲，不酢而降。隆殺之義辨矣。繁，猶盛也。小減曰省。辨，猶別也。尊者禮隆，卑者禮殺，尊卑別也。工入，升歌三終，主人獻之。笙入，三終，主人獻之。間歌三終，合樂三終。工告樂備，遂出。一人揚觶，乃立司正焉。知其能和樂而不流也。工，謂樂正也。樂正既告備而降，言「遂出」者，自此至去，不復升也。流，猶失禮也。立司正以正禮，則禮不失可知。一人，或爲「二人」。賓酬主人，主人酬介，介酬衆賓，少長以齒，終於沃洗者焉。

知其能弟長而無遺矣。遺，猶脱也，忘也。降，説屨，升坐，脩爵無數。飲酒之節，朝不廢朝，莫不廢夕。賓出，主人拜送，節文終遂焉。終遂，猶充備也。知其能安燕而不亂也。朝、夕，朝莫聽事也。不廢之者，既朝乃飲，先夕則罷，其正也。貴賤明，隆殺辨，和樂而不流，弟長而無遺，安燕而不亂，此五行者，足以正身安國矣。彼國安而天下安，故曰：「吾觀於鄉，而知王道之易易也。」鄉飲酒之義：立賓以象天，立主以象地，設介僎以象日月，立三賓以象三光。古之制禮也，經之以天地，紀之以日月，參之以三光，政教之本也。日出於東，僎所在也。月生於西，介所在也。三光，三大辰也。天之政教，出於大辰焉。亨狗於東方，祖陽氣之發於東方也。祖，猶法也。狗所以養賓，陽氣主養萬物。洗之在阼，其水在洗東，祖天地之左海也。海，水之委也。尊有玄酒，教民不忘本也。大古無酒，用水而已。賓必南鄉。東方者春，春之爲言蠢也，産萬物者聖也。南方者夏，夏之爲言假也，養之，長之，假之，仁也。西方者秋，秋之爲言愁也，愁之以時察，守義者也。北方者冬，冬之爲言中也，中者藏也，是以天子之立也，左聖鄉仁，右義偝藏也。春，猶蠢也。蠢動，生之貌也。聖之言生也。假，大也。愁，讀爲「揫」。揫，斂也。察，猶察察，嚴殺之貌也。南鄉，鄉仁，貴長大萬物也。察，或爲「殺」。介必東鄉，介賓主也。獻酬之禮，主人將西，賓將南，介覸其間也。主人必居東方。東方者春，春之爲言蠢也，産萬物者也。主人者造之，産萬物者也。言禮之所共，由主人出也。月者三日則成魄，三月則成時。是以禮有三讓，建國必立三卿。三賓者，政教之本，禮之大參也。言禮者，陰也，大數取法於月也。

射義第四十六《别録》屬吉事，《射禮》之傳。　鄭氏注

古者諸侯之射也，必先行燕禮。卿、大夫、士之射也，必先行鄉飲酒之禮。故燕禮者，所以明君臣之義也。鄉飲酒之禮者，所以明長幼之序也。言别尊卑老穉，乃後射，以觀德行也。故射者，進退周還必中禮。内志正，外體直。然後持弓矢審固。持弓矢審固，然後可以言中。此可以觀德行矣。内正、外直，習於禮樂有德行者也。正鵠之名，出自此也。

其節：天子以《騶虞》爲節，諸侯以《貍首》爲節，卿大夫以《采蘋》爲節。士以《采繁》爲節。《騶虞》者，樂官備也。《貍首》者，樂會時也。《采蘋》者，樂循法也。《采繁》者，樂不失職也。是故天子以備官爲節，諸侯以時會天子爲節，卿大夫以循法爲節，士以不失職爲節。故明乎其節之志，以不失其事，則功成而德行立。德行立，則無暴亂之禍矣。功成則國安。故曰：射者，所以觀盛德也。《騶虞》、《采蘋》、《采繁》，今《詩》篇名。《貍首》，逸，下云「曾孫侯氏」是也。樂官備者，謂《騶虞》，曰「壹發五豝」，喻得賢者多也。「于嗟乎騶虞」，嘆仁人也。樂會時者，謂《貍首》，曰「小大莫處，御于君所」。樂循法者，謂《采蘋》，曰「于以采蘋，南澗之濱」。循澗以采蘋，喻循法度以成君事也。樂不失職者，謂《采繁》，曰「被之童童，夙夜在公」。

是故古者天子以射選諸侯、卿、大夫、士。射者，男子之事也，因而飾之以禮樂也。故事

之盡禮樂而可數爲以立德行者，莫若射，故聖王務焉。選士者，先考德行，乃後決之於射。男子生而有射事，長學禮樂以飾之。是故古者天子之制：諸侯歲獻貢士於天子，天子試之於射宮。其容體比於禮，其節比於樂，而中多者，得與於祭。其容體不比於禮，其節不比於樂，而中少者不得與於祭。數與於祭而君有慶，數不與於祭而君有讓。數有慶而益地，數有讓而削地。故曰：射者，射爲諸侯也。歲獻，獻國事之書及計偕物也。三歲而貢士，舊説云：「大國三人，次國二人，小國一人。」是以諸侯君臣盡志於射，以習禮樂。夫君臣習禮樂而以流亡者，未之有也。流，猶放也。《書》曰：「流共工于幽州。」故《詩》曰：「曾孫侯氏，四正具舉。大夫君子，凡以庶士，小大莫處，御于君所。以燕以射，則燕則譽。」言君臣相與盡志於射以習禮樂，則安則譽也。是以天子制之，而諸侯務焉。此天子之所以養諸侯而兵不用，諸侯自爲正之具也。此「曾孫」之詩，諸侯之射節也。四正，正爵四行也。四行者，獻賓、獻公、獻卿、獻大夫，乃後樂作而射也。莫處，無安居其官次者也。御，猶侍也。以燕以射，先行燕禮乃射也。則燕則譽，言國安則有名譽。譽，或爲「與」。孔子射於矍矍。相之圃，蓋觀者如堵牆。矍相，地名也。樹菜蔬曰圃。射至於司馬，使子路執弓矢出延射，曰：「賁軍之將，亡國之大夫，與爲人後者，不入其餘皆入。」蓋去者半，入者半。先行飲酒禮，將射，乃以司正爲司馬，子路執弓矢出延射，則爲司射也。延，進也。出進觀者欲射者也。賁，讀爲「僨」。僨，猶覆敗也。亡國，亡君之國者也。與，猶奇也。後人者，一人而已，既有爲者，而往奇之，是貪財也。子路陳此三者。而觀者畏其義，則或去也。延，或爲誓。又使公罔之裘、序點揚觶而語。公罔之裘揚觶而語曰：「幼壯孝弟，耆耋好禮，不從流俗，脩身以俟死者，不在此位也？」《家語》此段無

「不」字，止云：「在此位也。」文公曰：「吕與叔作『豈不在此位也』。是後著《家語》乃無『不』字，當從之。」蓋去者半，處者半。序點又揚觶而語曰：「好學不倦，好禮不變，旄期稱道不亂者，不在此位也？」蓋廑僅。有存者。之，發聲也。射畢，又使此二人舉觶者，古者於旅也語。語，謂説義理也。三十曰壯。耆、耋，皆老也。流俗，失俗也。處，猶留也。八十、九十曰旄，百年曰期、頤。稱，猶言也。行也者不，言有此行不？可以在此賓位也。序點，或爲「徐點」。壯，或爲「將」。旄期，或爲「旄。勤」，今《禮》「揚」皆作「騰」。

射之爲言者繹也，或曰舍也。繹者，各繹己之志也。故心平體正，持弓矢審固。持弓矢審固，則射中矣。故曰：爲人父者，以爲父鵠。爲人子者，以爲子鵠。爲人君者，以爲君鵠。爲人臣者，以爲臣鵠。故射者各射己之鵠。故天子之大射，謂之「射侯」。射侯者，射爲諸侯也。射中則得爲諸侯，射不中則不得爲諸侯。大射，將祭擇士之射也。以爲某鵠者，將射，還視侯中之時，意曰：此鵠乃爲某之鵠，吾中之則成人；不中之則不成人也。得爲諸侯，謂有慶也。不得爲諸侯，謂有讓也。文公曰：「『射中則得爲諸侯，不中則不得爲諸侯』。此等語皆難信。《書》謂『庶頑讒説，侯以明之』。然中間若有羿之能，又如何分别？恐大意略以射審定，非專以此去取也。」天子將祭，必先習射於澤。澤者，所以擇士也。已射於澤，而後射於射宮。射中者得與於祭，不中者不得與於祭。不得與於祭者，有讓，削以地。得與於祭者，有慶，益以地。進爵絀地是也。澤，宮名也。士，謂諸侯朝者，諸臣及所貢士也。皆先令習射於澤，已乃射於射宮，課中否也。諸侯有慶者先進爵，有讓者先削地。

故男子生，桑弧蓬矢六，以射天地四方。天地四方者，男子之所有事也。故必先有志於其所有事，然後敢用穀也，飯食之謂也。男子生則設弧於門左，三日負之，人爲之射，乃卜食子也。

射者，仁之道也。射求正諸己，己正而後發。發而不中，則不怨勝己者，求反諸己而已矣。諸，猶於也。孔子曰：「君子無所争，必也射乎？揖讓而升，下而飲，其争也君子。」「必也射乎」，言君子至於射，則有争也。下，降也。飲射爵者，亦揖讓而升降。勝者袒、決、遂，執張弓。不勝者襲，説決、拾，卻左手，右加弛弓於其上而升飲。君子恥之，是以射則争中。孔子曰：「射者何以射？何以聽？循聲而發，發而不失正鵠者，其唯賢者乎！若夫不肖之人，則彼將安能以中？」何以，言其難也。聲，謂樂節也。畫曰正，棲皮曰鵠。正之言正也，鵠之言梏也。梏，直也。言人正直乃能中也。發，或爲「射」。《詩》云：「發彼有的，以祈爾爵。」祈，求也，求中以辭爵也。酒者，所以養老也，所以養病也。求中以辭爵者，辭養也。發，猶射也。的，謂所射之識也。言射的必欲中之者，以求不飲女爵也。辭養，讓見養也。爾，或爲「有」。

燕義第四十七

《儀禮》有《燕禮》，《燕義》，其傳也。《别録》屬吉事。

鄭氏注

古者周天子之官，有庶子官。庶子官，職諸侯、卿、大夫、士之庶子之卒，取内。掌其戒令與其教治，别其等，正其位。職，主也。庶子，猶諸子也。《周禮》諸子之官，司馬之屬也。卒，讀皆爲「倅」，諸子副代父者也。戒令，致於大子之事。教治，脩德學道。位，朝位也。國有大事，則率國子而致於大子，唯所用之。若有甲兵之事，則授之以車甲，合其卒伍，置其有司，以軍法治之，司馬弗正。國子，諸子也。軍法：百人爲卒，五人爲伍。弗，不也。國子屬大子，司馬雖有軍事，不賦也。凡國之政事，國子存游卒，使之脩德學道，春合諸學，秋合諸射，以考其藝而進退之。游卒，未仕者也。學，大學也。射，射宮也。《燕禮》有庶子官，是以義載此以爲説。

燕禮始此。

諸侯燕禮之義：君立阼階之東南，南鄉爾，爾，與「邇」同。卿大夫皆少進，定位也。君席阼階之上，居主位也。君獨升立席上，西面特立，莫敢適敵。之義也。定位者，爲其始入踧踖，揖而安定也。設賓主，飲酒之禮也。使宰夫爲獻主，臣莫敢與君亢禮也。不以公卿爲賓，而以大夫爲賓，爲疑也，明嫌之義也。賓入中庭，君降一等而揖之，禮之也。設賓主者，飲酒致歡也。宰夫，主膳食之官也。天子使膳宰爲主人。公，孤也。疑，自下上至之辭也。公卿尊矣，復以爲賓，則尊與君大相近。君舉旅於賓，及君所賜爵，皆降，再拜稽首，升，成拜，明臣禮也。君答拜之，禮無不答，明君上之禮也。臣下竭力盡能以立功於國，君必報之以爵禄，故臣下皆務竭力盡能以立功，是以國安而君寧。禮無不答，言上之不虚取於下也。上必明正道以道民，民道之而有功，然後取其什一，故上用足而下不匱也。是以上下和親而不相怨也。和寧，禮之用也。此君臣上下之大義也。故曰：燕禮者，所以明君臣之義也。言聖人制禮，因事以托政。臣再拜稽首，是其竭力也。君答拜之，是其報以禄惠也。席，小卿次上卿，大夫次小卿，士、庶子以次就位於下。獻君，君舉旅行酬，而後獻卿；卿舉旅行酬，而後獻大夫；大夫舉旅行酬，而後獻士；士舉旅行酬，而後獻庶子。俎、豆、牲體、薦羞，皆有等差，所以明貴賤也。牲體，俎實也。薦，謂脯醢也。羞，庶羞也。

聘義第四十八

《儀禮》有《聘禮》，《聘義》，其傳也。《別録》屬吉事。秀巖李氏曰：「《聘義》其首則《大戴禮·朝事篇》之文，其尾則《荀子·法行篇》中語也。」

鄭氏注

聘禮：上公七介，侯伯五介，子男三介，所以明貴賤也。此皆使卿出聘之介數也。《大行人職》曰：「凡諸侯之卿，其禮各下其君二等。」介紹而傳命，君子於其所尊弗敢質，敬之至也。質，謂正自相當。三讓而後傳命，三讓而後入廟門，三揖而後至階，三讓而後升，所以致尊讓也。此揖讓，主謂賓也。三讓而後傳命，賓至廟門，主人請事時也。賓見主人陳擯，以大客禮當己，則三讓之。不得命，乃傳其君之聘命也。三讓而後入廟門，讓主人廟受也。《小行人職》曰：「凡四方之使者。大客則擯，小客則受其幣，聽其辭。」君使士迎于竟，大夫郊勞。君親拜迎于大門之内而廟受，北面拜貺，拜君命之辱，所以致敬也。貺，賜也。賓致命，公當楣再拜，拜聘君之恩惠，辱命來聘者也。敬讓也者，君子之所以相接也。故諸侯相接以敬讓，則不相侵陵。君子之相接，賓讓而主人敬也。卿爲上擯，大夫爲承擯，士爲紹擯。君親禮賓，賓私面私覿，致饔餼，還圭璋，賄贈，饗、食、燕，所以明賓客、君臣之義也。設大禮則賓客之也。或不親而使臣則爲君臣也。故天子制諸侯，比年小聘，三年大聘，相厲以禮。使者聘而誤，主君弗親饗食也，所以愧厲之也。諸侯相厲以禮，則外不相侵，内不相陵，此天子之所以養諸侯，兵不用而諸侯自爲正之具也。比年小聘，所謂歲相問也。三年大聘，所謂殷相聘也。以圭璋聘，重禮也。已聘而還圭璋，此輕財而重禮之義也。諸侯相厲以輕財重禮，則民作讓矣。圭，瑞也。尊圭璋之類也，用之、還之，皆爲重禮。禮必親之，不可以己之有，遥復之也。財，謂璧、琮、享幣也。受之爲輕財者，財可遥復，「重賄反幣」是也。主國待客，出入三積。餼客於舍，五牢之具陳於内，米三十車，禾三十車，芻薪倍禾，皆陳於外；乘禽日五雙，群介皆有餼牢；壹食再饗，燕與時賜無數，所以厚重禮也。厚重禮，厚此聘禮也。古之用財者不能均如此，然而用財如此其厚者，言盡之於禮也。盡之於禮，則内君臣不相陵，而外不相侵，故天子制之，而諸侯務焉爾。不能均如此，言無則從其實也。言盡之於禮，欲令富者不得過也。聘、射之禮，至大禮也。質明而始行事，日幾中而後禮成，非强有力者弗能行也。故强有力者，將以行禮也。禮成，禮畢也。或曰「行成」。酒清，人渴而不敢飲也。肉乾，人飢而不敢食也。日莫人倦，齊莊正齊而不敢解惰。以成禮節，以正君臣，以親父子，以和長幼。此衆人之所難，而君子行之，故謂之有行。有行之謂有義，有義之謂勇敢。故所貴於勇敢者，貴其能以立義也。所貴於立義者，貴其有行也。所貴於有行者，貴其行禮也。故所貴於勇敢者，貴其敢行禮義也。故勇敢强有力者，天下無事則用之於禮義，天下有事則用之於戰勝。用之於戰勝則無敵，用之於禮義則順治。外無敵，内順治，此之謂盛德。故聖王之貴勇敢强有力如此也。勇敢强有力而不用之於禮義、戰勝，而用之於争鬭，則謂之亂人。刑罰行於國，所誅者亂人也，如此則民順治而國安也。勝，克敵也。或爲「陳」。

子貢問於孔子曰：《荀子》亦引此章，微不同。「敢問君子貴玉而賤碈者何也？爲玉之寡而碈之多與？」碈，石似玉，或作「玟」也。孔子曰：「非爲碈之多故賤之也，玉之寡故貴之也。夫昔比德於玉焉：温潤而澤，仁也。色柔温潤似仁也。潤，或爲「濡」。縝密以栗，知也。縝，緻也。栗，堅貌。廉而不劌，義也。劌，傷也。義者，不苟傷人也。垂之如墜，禮也。禮尚謙卑。叩之，其聲清越以長，其終詘然，樂也。此下《荀》無。樂作則有聲，止則無也。越，猶揚也。詘，絶止貌也。《樂記》曰：「止如槀木。」瑕不揜瑜，瑜不揜瑕，忠也。瑕，玉之病也。瑜，其中間美者。玉之性，善惡不相揜，似忠也。孚尹旁達，信也。孚，讀爲「浮」。尹，讀如竹箭之「筠」。浮筠，謂玉采色也。采色旁達，不有隱翳，似信也。孚，或作「姇」，或爲「扶」。氣如白虹，天也。精神見于山川，地也。精神，亦謂精氣也。虹，天氣也。山川，地所以通氣也。圭璋特達，德也。特達，謂以朝聘也。璧、琮，則有幣。惟有德者無所不達，不有須而成也。天下莫不貴者，道也。道者，人無不由之。《詩》云：『言念君子，温其如玉。』故君子貴之也。」言，我也。貴玉者，以其似君子也。《别録》《投壺篇》及《冠義》以下至《聘義》，皆屬吉事。

喪服四制第四十九

李氏：「《别録》無此篇。鄭氏曰：『舊説屬《喪服》。愚稱此篇，太半皆《大戴禮記·命篇》之文。』」

鄭氏注

凡禮之大體，體天地，法四時，則陰陽，順人情，故謂之禮。訾之者，是不知禮之所由生也。禮之言體也，故謂之禮。言本有法則而生也。口毀曰訾。夫禮吉凶異道，不得相干，取之陰陽也。吉禮、凶禮異道，謂衣服容貌及器物也。喪有四制，變而從宜，取之四時也。有恩有理，有節有權，取之人情也。恩者，仁也。理者，義也。節者，禮也。權者，知也。仁、義、禮、知，人道具矣。「取之四時」，謂其數也。「取之人情」，謂其制也。其恩厚者其服重，恩制。故爲父斬衰三年，以恩制者也。服莫重斬衰也。門内之治恩揜義，義制。門外之治義斷恩。資於事父以事君，而敬同。貴貴，尊尊，義之大者也。故爲君亦斬衰三年，以義制者也。資，猶操也。貴貴，謂爲大夫、君也。尊尊，謂爲天子、諸侯也。三日而食，節制。三月而沐，期而練，毁不滅性，不以死傷生也。喪不過三年，苴衰不補，墳墓不培，祥之日鼓素琴，告民有終也，以節制者也。資於事父以事母，而愛同。天無二日，土無二王，國無二君，家無二尊，以一治之也。故父在爲母齊衰期者，見無二尊也。食，食粥也。沐，謂將虞祭時也。補、培，猶治也。鼓素琴，始存樂也。三年不爲樂，樂必崩。杖者何也？爵也。三日授子杖，五日授大夫杖，七日授士杖。或曰擔主，或曰輔病。婦人、童子不杖，不能病也。百官備，百物具，不言而事行者，扶而起。言而後事行者，杖而起。身自執事而後行者，面垢而已。秃者不髽，傴者不袒，跛者不踴，老病不止酒肉。凡此八者，以權制者也。五日、七日授杖，謂爲君喪也。扶而起，謂天子、諸侯也。杖而起，謂大夫、士也。面垢而已，謂庶民也。髽，婦人也。男子免而婦人髽。髽，或爲「免」。八者：權制。一、父在爲母，二、童子婦人，三、言而後事行者，四、身自執事者，五、秃者，六、傴者，七、跛者，八、老病者。權制。始死，三日不怠，三月不解，期悲哀，三年憂，恩之殺也。三年之喪。聖人因殺以制節，不怠，哭不絶聲也。不解，不解衣而居，不倦息也。此喪之所以三年，賢者不得過，不肖者不得不及。此喪之中庸也，王者之所常行也。《書》曰：「高宗諒闇，三年不言。」善之也。諒，古作「梁」。楣謂之梁。闇，讀如「鶉鵪」之「鵪」。闇，謂廬也。廬有梁者，所謂柱楣也。王者莫不行此禮，何以獨善之也？曰：高宗者武丁，武丁者殷之賢王也。繼世即位，而慈良於喪。當此之時，殷衰而復興，禮廢而復起，故善之。善之，故載之《書》中而高之，故謂之高宗。三年之喪，君不言，《書》云「高宗諒闇，三年不言」，此之謂也。然而曰「言不文」者，謂臣下也。「言不文」者，謂喪事辨不，所當共也。《孝經說》曰：「言不文者，指小民也。」禮：斬衰之喪唯而不對，齊衰之喪對而不言，大功之喪言而不議，緦、小功之喪議而不及樂。此謂與賓客也。唯而不對，侑者爲之應耳。言，謂先發口也。父母之喪：衰、冠、繩纓、菅屨，三日而食粥，三月而沐，期十三月而練冠，三年而祥。比終茲三節者，仁者可以觀其愛焉，知者可以觀其理焉，强者可以觀其志焉。禮以治之，義以正之。孝子、弟弟、貞婦，皆可得而察焉。仁有恩者也。理，義也。察，猶知也。

此撫州公使庫刻本《禮記》是南宋淳熙四年官書，於今日爲最古矣。末有名銜一紙，裝匠誤分入《釋文》首，不知者輒認以爲舊監本，非也。

嘉慶丙寅顧廣圻題。

近張古餘太尊開工重彫行世，嘉惠學子。兼成先從兄收藏此書之志，良可感也。若古香馣馤，原本獨絶我「小讀書堆」中，其永永寶之哉。澗蘋并記。

圖書在版編目(CIP)數據

禮記批注 /（宋）金履祥批注；黄靈庚，李聖華主編；黄靈庚整理. — 上海：上海古籍出版社，2022.12
（北山四先生全書）
ISBN 978-7-5732-0550-6

Ⅰ. ①禮… Ⅱ. ①金… ②黄… ③李… Ⅲ. ①禮儀—中國—古代 ②《禮記》—注釋 Ⅳ. ①K892.9

中國版本圖書館 CIP 數據核字(2022)第 216571 號

北山四先生全書
禮記批注
〔宋〕金履祥　批注
黄靈庚　李聖華　主編
黄靈庚　整理
上海古籍出版社出版發行
（上海市閔行區號景路 159 弄 1-5 號 A 座 5F　郵政編碼 201101）
（1）網址：www.guji.com.cn
（2）E-mail：guji1@guji.com.cn
（3）易文網網址：www.ewen.co
上海展强印刷有限公司印刷
開本 890×1240　1/32　印張 15.875　插頁 5　字數 316,000
2022 年 12 月第 1 版　2022 年 12 月第 1 次印刷
印數 1-1,800
ISBN 978-7-5732-0550-6

B.1296　定價：85.00 元
如有質量問題，請與承印公司聯繫
電話：021-66366565